MÉMOIRES DE LOUVET

MÉMOIRES DE DULAURE

PARIS. — IMPRIMERIE POUPART-DAVYL ET Cie,
Rue du Bac, 30.

MÉMOIRES
DE
LOUVET

AVEC UNE INTRODUCTION PAR M. E. MARON

MÉMOIRES
DE
DULAURE

AVEC UNE INTRODUCTION PAR M. L. DE LA SICOTIÈRE

PARIS

POULET-MALASSIS, LIBRAIRE-ÉDITEUR

97, RUE RICHELIEU, 97

—

1862

NOTICE

sur

LOUVET

I

Il y a deux faits qui dominent la vie de Louvet, et qui donnent à son nom une célébrité toute particulière : ce sont le roman de *Faublas* et le discours contre Robespierre. Le roman, qui ne jouit plus de sa réputation première, a cependant, pour les esprits légers, l'attrait du fruit défendu, et littérairement il est cité souvent comme le type du roman libertin du dix-huitième siècle, il éveille encore la curiosité, il est au premier rang des mauvais livres qui se glissent on ne sait comment dans les mains de la jeunesse et que les chefs d'institution redoutent le plus. Le discours est, pour des raisons plus sérieuses, très-souvent cité et analysé. Il a le mérite de contenir une accusation suivie contre Robespierre. On trouve dans les discours des girondins de nombreuses attaques contre le chef des jacobins, mais le discours de Louvet les concentre, les résume, et permet à l'historien de les embrasser toutes d'un seul coup d'œil ; il a sous ce rapport un grand intérêt politique et historique, sans parler de son mérite oratoire et littéraire qui est réel.

Mais quand on a dit de Louvet qu'il est l'auteur de *Faublas* et du discours contre Robespierre, on ne s'inquiète plus des autres événements de sa vie ; ils ne sont guère connus que de ceux auxquels est familière l'histoire anecdotique du dix-huitième siècle et de la révolution. L'histoire générale en tient peu de compte.

Cette vie contient pourtant des enseignements de plus d'un genre, et il est étonnant que les éditeurs des *Mémoires* de Louvet aient donné sur leur auteur si peu de détails.

Tout d'abord on est frappé de ce contraste saisissant qui nous montre un des derniers représentants de la littérature légère du dix-huitième siècle se précipiter dans la révolution, être absorbé par elle, s'y abandonner, s'y livrer avec une passion sérieuse, une conviction ardente et enthousiaste, au point d'en être pour ainsi dire dévoré. Or, pour se rendre compte des variations de *cette double vie*, il ne suffit pas d'en donner pour unique motif l'influence des époques sur les hommes, soumis aux passions et au milieu qui les entoure en raison de leur fragilité. Quelle que soit l'influence des époques, il est certain que tous les hommes n'en sont pas influencés de la même manière, et que leurs variations, plus souvent contradictoires en apparence qu'en réalité, ont leur véritable cause dans le caractère. C'est ainsi, nous osons le dire puisque cela est, que nous trouvons dans le roman de *Faublas* lui-même l'explication morale et psychologique du contraste bizarre que nous offre la vie de Louvet.

Qu'on ne nous accuse pas de vouloir réhabiliter *Faublas*, même pour un instant! Dieu nous garde de cette pensée! Mais enfin il ne faut pas que, par un scrupule trop méticuleux, nous renoncions à nous rendre compte, et puisque nous avons eu le courage de lire ce roman immoral et aussi ennuyeux aujourd'hui qu'il paraissait amusant autrefois, il faut bien aussi avoir le courage de nous y arrêter si cela est nécessaire.

Le roman de *Faublas* n'est pas une œuvre du dix-huitième siècle, seulement par les mœurs trop légères qui y sont complaisamment représentées, il l'est aussi par un ton philosophique constamment soutenu. Les idées de l'époque y apparaissent à chaque instant, et s'y étalent emphatiquement au moment où on s'y attend le moins et dans des occasions où il ne semblait pas qu'elles eussent quelque chose à faire. C'est ainsi qu'une scène érotique est suivie de phrases solennelles, sentimentales, poétiques et déclamatoires, imitées à la fois de Rousseau et de Bernardin de Saint-Pierre. Le passage où Louvet fait énumérer, par la bouche d'un de ses personnages, les noms d'écrivains célèbres et de littérateurs dont un homme d'esprit doit se souvenir, montre en effet qu'il n'était pas scrupuleux et que son imagination éclectique s'ouvrait à des sympathies qui ordinairement s'excluent. « O ma Sophie! s'écrie-t-il, pour échapper quel-
« quefois aux plaisirs douloureux de ton souvenir, il ne fal-
« rien moins que les plus estimables et les plus beaux génies
« dont notre moderne littérature puisse s'enorgueillir ; je lus
« Moncrif et Florian, Le Monier et Rinbert, Deshoulières et
« Beauharnais, Lafayette et Riccoboni, Colardeau et
« Léonard, Dorat et Bernis, de Belloy et Chénier, Crébillon
« fils et de Laclos, Sainte-Foi et Beaumarchais, Duclos et
« Marmontel, Destouches et de Bièvre, Gresset et Colin,
« Cochin et Linguet, Helvetius et Cérutti, Vertot et Raynal,
« Mably et Mirabeau, Jean-Baptiste Rousseau et Lebrun,
« Gessner et Delisle, Voltaire et *Philoctète* et *Mélanie*, ses
« élèves, *Jean-Jacques surtout*, Jean-Jacques et Bernardin de
« Saint-Pierre. » On le voit, la compagnie est singulièrement mêlée. Il faut aussi remarquer qu'il oublie Montesquieu et Diderot, et que sa prédilection s'arrête particulièrement sur Jean-Jacques. En effet, il n'y a rien dans *Faublas* qui rap-

pelle la concision de Montesquieu ou la vigueur de Diderot ; mais l'esprit et la méthode de Rousseau s'y font jour à chaque instant, dans le style comme dans les idées. Louvet emprunte à Rousseau son affectation à la sensibilité ; il a, comme l'auteur de *la Nouvelle Héloïse*, une tendance à parler pathétiquement, et dans un style à la fois élégiaque et passionné, de l'amour purement sensuel. Seulement chez Louvet tout s'exagère ; ce qui est souvent qualité chez Rousseau qui est toujours sérieux, est défaut chez Louvet, qui est léger, badin, et qui choque le goût et la pudeur en invoquant l'éloquence et le sentiment hors de propos, en mêlant brutalement le spiritualisme et le tempérament. Il a aussi emprunté à Rousseau l'art de glisser des réflexions philosophiques ou des raisonnements à propos d'une scène ou d'un épisode ; il aime quelquefois à prêcher et à moraliser après avoir intéressé ou ému. C'est ainsi qu'il adresse, en note, un long discours à son héros, parce que celui-ci ayant appris qu'une de ses maîtresses allait le rendre père, en avait senti une joie honnête, une joie de *père de famille!* Louvet s'indigne de ce sentiment, et il prouve très-bien à Faublas qu'un *père adultérin* ne peut goûter les pures joies de la famille. « Jeune étourdi, qu'oses-tu penser ? Que dis-tu ?
« Faublas, mon cher Faublas, prends garde à toi ! C'est ici
« surtout qu'ils t'accuseront d'avoir plus de gaîté que de
« délicatesse, plus de feu que de sensibilité, plus d'esprit
« que de jugement. »

En résumé, l'esprit sérieux du dix-huitième siècle se mêlait donc en une certaine proportion aux scènes frivoles de *Faublas* ; l'auteur, lui aussi, aspirait à la philosophie, aux réformes, à l'extinction des abus, et s'il a mal à propos exprimé ses désirs, il ne faut pas lui en vouloir plus qu'à son époque. Ses contemporains ne furent nullement choqués des contrastes, des disparates excentriques et malséants qui nous blessent aujourd'hui. Le roman de *Faublas* eut un grand succès, il pénétra dans la meilleure société, et il ne paraît pas qu'on l'ait accusé énergiquement d'immoralité.

Le fameux Grimm en rendit compte dans sa Correspondance avec grande faveur et sans le moindre scrupule ; il est court, le compte rendu de Grimm, qu'on nous permette de le donner, il notera mieux que ce que nous pourrions dire, les impressions du public.

« C'est une année de la vie d'un jeune homme de qualité
« qui entre dans le monde ; il a seize ans, arrive à Paris et
« devient éperdument amoureux de Sophie de Pontis, jeune
« personne qui demeure dans le même couvent que sa sœur ;
« mais cette grande passion ne l'empêche pas de se livrer
« tous les jours à de nouvelles illusions. Il passe sa vie à
« concilier son amour avec ses bonnes fortunes, et j'ai trouvé
« des lecteurs moins étonnés de la facilité avec laquelle il y
« réussit, que du merveilleux talent avec lequel on le voit
« suffire à tant de travaux. La belle marquise de B... est l'heu-
« reuse enchanteresse qui se charge de l'éducation de notre
« jeune hercule ; c'est une femme de vingt-quatre à vingt-cinq
« ans, qui veut tirer parti de tout, ne s'embarrasse de rien,
« et joint à la présence d'esprit la plus imperturbable, infi-
« niment d'usage, d'esprit et de séduction. Son mari est
« tel qu'on pouvait le désirer, aussi fat qu'imbécile, un vrai
« personnage de comédie ; il finit à la vérité par ouvrir les
« yeux et venger son honneur, mais cela lui réussit mal,
« on le tue, et après ce duel le chevalier est obligé de
« s'enfuir ; il emmène, pour s'en consoler, sa chère Sophie ;
« elle se trouve être la fille du meilleur ami de son père, et
« il l'épouse. »

Ceci n'est qu'une analyse, comme Grimm avait l'art d'en faire ; en peu de mots il dit bien le ton du roman et fait ressortir les principaux caractères. Tout en analysant, il ne manque pas de laisser voir que le sujet ne lui déplaît pas, et qu'il serait tout disposé à se prononcer en faveur de la hardie marquise de B... contre son mari fait *tel qu'on pouvait le désirer*. Ainsi, sous le rapport de la morale, le correspondant des princes et des rois ne se montre pas trop rigoureux; maintenant voici sa critique; sera-t-elle plus sévère?

« Le récit des malheurs du père de Sophie, un des confédé-
« rés de Pologne, épisode où l'on fait entrer l'histoire singu-
« lière de l'enlèvement du roi à Varsovie, une expédition
« de Tartares et d'autres aventures également étrangères
« à nos mœurs, pour être fort romanesque, n'en forme pas
« moins un contraste assez piquant avec les scènes de boudoir
« qui occupent la plus grande partie de ce nouveau roman.
« Mais ce qui distingue de la manière la plus favorable le
« talent de l'auteur, c'est le grand nombre de situations et
« de scènes plaisantes qu'offre son ouvrage. Il en est sans
« doute où la gaîté paraît poussée trop loin; mais dont le
« génie original de Collé n'eût désavoué ni l'idée, ni l'exé-
« cution; plusieurs sont toutes dialoguées et semblent faites
« pour le théâtre; on y trouve autant d'esprit que de natu-
« rel et de vérité; quelques-unes même ont un côté très-
« moral, telle que la scène où la marquise, déguisée sous
« les habits de la comtesse de Florville et cachée dans un
« cabinet, entend de quelle manière la traite le baron dans
« les remontrances qu'il se croit obligé de faire à son
« fils. »

Aussi, Grimm, après avoir dégagé avec tant d'habileté la morale de *Faublas*, ne peut s'empêcher de terminer son article par un post-scriptum élégiaque bienveillant pour Louvet. « L'auteur de ce roman est M. Louvet; c'est un
« jeune homme de vingt-six à vingt-sept ans, qui, comme
« M. Rétif de la Bretonne et le célèbre Richardson, a com-
« mencé par être prote d'imprimerie; il a trouvé, comme
« son héros, une Sophie, il l'a épousée, et avec elle une
« petite dot qui lui permet, dit-on, de se livrer entièrement
« à son goût pour les lettres. » C'est ainsi qu'on rendait compte alors du roman de *Faublas;* qu'eût-on dit d'une pastorale?

Aujourd'hui nous serions plus sévères au point de vue

moral, cela va sans dire ; nous serions surtout choqués de ce mélange de sentimentalité et de sensualité, de cette prétention à tirer quelque moralité d'une suite de tableaux si peu édifiants. Quant au point de vue littéraire, nous serions certainement fatigués par les répétitions de scènes, au fond presque toujours les mêmes, et quoique le style en soit rapide, vif, alerte, nous y trouverions un peu trop de mauvais goût et de déclamations. L'épisode relatif à la Pologne ne serait guère supportable pour nous, nous n'y verrions qu'un mélodrame, quoique l'auteur ait voulu faire un essai de roman historique (1), et enfin le dénouement si tragique d'une œuvre si légère nous paraîtrait manquer à la fois de vraisemblance et de décence.

Quoi qu'il en soit, il n'en est pas moins vrai que *Faublas* plaça Louvet au rang des littérateurs les plus distingués. Il le publia de 1785 à 1789 avec un grand succès; il est exact qu'il était alors retiré à la campagne, non pas comme le dit Grimm, avec une épouse légitime, mais avec une amie d'enfance, qu'on avait mariée malgré elle, et qui, maintenant séparée de son mari, s'était réunie à sa première affection. Il y a même dans cette passion quelque chose de singulier; on se demande comment Louvet pouvait concilier l'amour sérieux, profond qu'il avait pour sa maîtresse, avec la manière dont il se complaisait à représenter l'amour dans son roman. Il semble qu'il y avait dans ce contraste une profanation ; cependant ils furent fidèles l'un à l'autre toute leur vie, et se donnèrent les marques du plus grand dévouement, ainsi que le prouvent les *Mémoires* de Louvet, tant il est vrai que la nature humaine est féconde en contradictions et en illogismes!

Ce ne fut qu'en 89 que Louvet quitta la campagne, la *cabane*, comme il disait, où il vivait dans la retraite. Le

(1) La couleur locale, comme on dit, y est singulièrement méconnue. Un chef tartare a un juron favori, c'est celui-ci : « Nom d'un sabre ! »

bruit de la révolution le rappelait à Paris; il se lia naturellement avec les principaux révolutionnaires et notamment avec Brissot et les hommes qui devaient former plus tard le parti des girondins; toutefois on ne saisit pas tout d'abord son entrée dans la politique active; ainsi il ne paraît pas qu'il ait coopéré activement à aucun journal pendant la Constituante, ce à quoi cependant son talent semblait l'appeler. Il publiait, au milieu du tumulte des événements, le dénouement de *Faublas*, et insérait dans les rééditions des premières parties des allusions politiques. C'est ainsi qu'il faisait prédire à un Polonais, mourant au service de l'Amérique, les brillantes destinées de Lafayette. « Approche, ajouta
« Pulkruski, regarde à quelques pas de nous, au milieu du
« carnage, parmi tant de guerriers fameux, un guerrier
« célèbre entre tous par son mâle courage, ses vertus vrai-
« ment républicaines et ses talents prématurés : c'est le jeune
« Lafayette, déjà l'honneur de la France et l'effroi des
« tyrans, etc. » Louvet appelle Lafayette, par la bouche de son héros, un Washington; bientôt il l'appellera lui-même un Cromwell; en révolution, les temps changent vite!

Louvet ne bornait pas son activité à la réimpression de *Faublas*, il cherchait à servir la révolution au moyen de comédies politiques. Malheureusement il ne put en faire jouer qu'une : *La Revue des armées blanche et noire*, dirigée contre la noblesse et le clergé, et qui eût quelque succès. Peu de temps après il publia dans le même but un nouveau roman qui ne ressemble en rien, ni par le style ni par les mœurs, à l'immoral mais spirituel *Faublas*. *Emilie de Varmont* est un roman où la décence n'a rien à revoir; la morale y triomphe, le vice y est puni, la vertu y est récompensée; il a pour but de prouver deux choses, la nécessité du divorce et du mariage des prêtres. Malheureusement le roman ne s'élève pas littérairement à la hauteur des bonnes intentions de l'auteur. Nous y trouvons des aventures impossibles, des incidents invraisemblables et des caractères sans réalité. Cela n'empêche pas qu'on y remarque le signe d'un homme de talent; mais on sait que l'imagination de cet homme d'esprit est ailleurs, qu'il est préoccupé par des intérêts plus sérieux, des idées plus absorbantes.

Il avait fait paraître, en effet, dans les premiers mois de 90, une brochure intitulée *Paris justifié*, en réponse au pamphlet qu'avait publié le célèbre Mounier après son émigration et les événements des 5 et 6 octobre. Cette brochure, qui n'était pas la justification, mais l'apothéose de Paris, lui valut une popularité parmi les diverses nuances du parti révolutionnaire qui n'était pas encore divisé. Il y prend la défense de Mirabeau, de Lafayette, et ne s'y sépare en rien des constituants royalistes, quoiqu'on y saisisse souvent des raisonnements, ou plutôt des sentiments républicains. Aussi fut-il récompensé de sa brochure par son admission aux Jacobins, qui n'était pas alors un club purement démocratique, mais qui s'honorait de compter dans ses rangs les membres les plus illustres de l'Assemblée constituante, les Lameth, les Duport, les Barnave, etc. Louvet, en devenant membre de l'Assemblée, qui était déjà la révolution, dut se préoccuper d'avantage de son titre de jacobin que de son titre de romancier. L'homme de lettres céda le pas à l'homme politique, et désormais on ne verra plus en lui qu'un orateur et un journaliste. Ses amis et ses ennemis ne lui demanderont aucun compte de *Faublas;* c'est à peine si le titre en sera prononcé.

a.

II

Nous ne savons pas quel rôle joua Louvet aux Jacobins jusqu'à 1793; son nom n'est pas mêlé aux débats du club, ni cité dans les comptes rendus des journaux. Lors de la discussion sur la paix et la guerre, qui divisa, comme on sait, les Jacobins, et qui fut le premier signe de la séparation des révolutionnaires en montagnards et girondins, il parla deux fois, et Brissot, dans le *Patriote français*, se crut obligé de rappeler au public que M. Louvet était l'auteur « du joli roman de *Faublas*. » Évidemment, si Louvet eût été une notoriété du club des Jacobins, Brissot se fût borné à l'appeler simplement par son nom, qui en aurait alors assez dit à son public. D'un autre côté, si Louvet n'avait pas eu un certain renom dans le club, il est probable que les frères et amis, qui n'étaient pas très-tolérants et qui ne manquaient pas d'orateurs connus, n'eussent pas consenti à écouter deux fois sur une question si importante un membre obscur, d'autant plus que ces deux discours s'adressaient à Robespierre lui-même.

Ils eurent beaucoup de succès dans le parti de la guerre, et Brissot ne leur marchanda pas l'éloge : « M. Louvet a pro« noncé un discours dans lequel on a admiré une rare « sûreté de style, une grande force de sentiment, une logi« que vigoureuse et un usage sobre et bien placé des orne« ments et des traits d'éloquence. » L'éloge de Brissot n'est pas sans fondement, les deux discours de Louvet sont en effet bien supérieurs à ceux du rédacteur en chef du *Patriote français*, sous le rapport de la vivacité du style, du relief des tableaux, de la chaleur des expressions. Louvet n'y donne pas encore, à son style, cet appareil trop oratoire dans lequel il se complaira plus tard ; il va plus droit à son but. Le sujet était d'ailleurs favorable à son talent, à la fois véhément et amer ; il est éloquent quand il s'agit de la guerre et de l'indépendance des peuples ; il est amer, sans être cependant provocant, lorsqu'il s'agit, ou de la cour qui veut la guerre malgré elle, ou de Robespierre ou de ses amis qui n'en veulent pas ; somme toute, ses discours sont rapides, sans trace de sensibilité, sans trop de déclamation pathétique, si ce n'est lors de la péroraison du second, ou il interpelle Robespierre à la manière antique; péroraison d'ailleurs bien lancée, d'un jet littéraire bien venu, et que nous reproduisons parce qu'elle nous montre à quels ménagements se croyait encore forcé, envers Robespierre, celui qui avant un an devait l'attaquer avec tant de passion.

« Robespierre, vous tenez maintenant l'opinion publique en
« suspens (nous n'en sommes pas encore au *tu* républicain) ;
« partager cet excès d'honneur vous était réservé sans
« doute ; vos discours appartiennent à la postérité ; la pos-
« térité viendra entre vous et moi ; mais enfin vous attirez
« sur vous la plus grande responsabilité, car la postérité dira :
« Un homme a paru dans l'Assemblée nationale consti-
« tuante, inaccessible à toutes les passions, un des plus
« fidèles tribuns du peuple. Il fallait chérir et estimer ses
« vertus, admirer son courage ; il était aimé du peuple qu'il
« avait constamment servi, et de plus il en était digne. Un pré-
« cipice s'ouvrit : distrait par trop de soins, il crut aper-
« cevoir le péril où il n'était pas, et ne le vit pas là où il
« était. Un homme obscur était là, uniquement occupé du
« moment présent. Éclairé par d'autres citoyens, il décou-
« vrit le danger, ne put se résigner à garder le silence ; i
« fut à Robespierre, il voulut le lui faire toucher du doigt ;

« Robespierre détourne les yeux, retire la main ; l'inconnu
« persiste et sauve son pays. » Nous n'en sommes pas encore
au fameux : Robespierre, je t'accuse ! etc.

Après ces discours, nous sommes quelque temps sans
trouver trace de Louvet dans les débats des Jacobins ; il
n'apparaît sur la scène de manière à attirer l'attention que
sous le ministère de Roland. Celui-ci étant nommé ministre
de l'intérieur, le choisit pour publiciste officieux, car il n'en
coûte rien de le reconnaître, ces publicistes ont toujours
existé ; seulement il y en a d'honorables et d'autres qui ne
le sont pas. Louvet n'était pas un publiciste vendu au
ministère, comme l'en ont accusé plus tard ses ennemis les
montagnards ; *la Sentinelle* n'était pas un journal ordinaire,
elle n'avait point d'abonnés, ne se vendait pas au numéro ;
c'était un simple placard qu'on affichait gratuitement sur
les murs de Paris, et qui pouvait être lu par tous les passants ; Louvet n'en retirait aucun profit ; seulement le
ministre de l'intérieur en faisait les frais que n'aurait pu
couvrir l'humble fortune du journaliste.

Les premiers placards de *la Sentinelle* sont dirigés contre
les feuillants, contre les prétendus modérés qui veulent
diviser les patriotes et faire peur aux honnêtes gens des
excès de la démocratie. Il les accuse de vouloir créer une
aristocratie nouvelle, une chambre haute composée de
nobles et de riches ; il défend contre eux l'illustre *société des
Amis de la constitution*, c'est-à-dire les jacobins et les sociétés patriotiques ; il ne s'en prend qu'à eux des divisions
de la bourgeoisie et du peuple qui chaque jour grandissent.

« D'abord ils vous ont séparés, ils vous ont divisés ensuite,
« et maintenant ils s'efforcent d'obtenir que vous vous égor-
« giez mutuellement. Ils vous ont séparés quand ils ont dit
« que celui-là seul était garde national qui avait une arme
« de telle espèce et un habit de telle couleur. Il vous ont
« divisés quand ils ont dit ce qu'ils répètent sans relâche
« que la garde nationale n'est pas le peuple, que le peuple
« n'est pas la garde nationale ; que celle-ci est armée contre

« celui-là, que celui-là déteste celle-ci. Sans cesse ils se sont
« efforcés que vous vous égorgiez ; une fois, hélas! ils y sont
« parvenus. Mais c'est surtout après la journée du 20 juin
« qu'ils vous poussent aux horreurs de la guerre civile. »
Mais Louvet ne s'en prend pas longtemps aux *feuillants* ; il
savait bien que les divisions des patriotes avaient leur raison
d'être en elles-mêmes dans les idées, dans les passions, dans
le caractère des partis ; les *feuillants* ne servirent qu'à masquer la haine réciproque, jusqu'au jour où, après le 10 août,
il fallut bien se regarder face à face. Aussi, quelques jours
après la chute de la royauté, Louvet s'adresse cette fois
directement aux républicains ; il les invite à la modération,
à la douceur, à la tolérance, et leur dit que les républiques
ne se fondent que sur les vertus douces, fraternelles et
conseillères d'humanité. « Laissez tomber dans leur néant
« et se renfoncer dans l'opprobre ces hommes sombres nés
« avec le besoin du crime, dont l'imagination homicide voit
« tous les objets avec un crêpe sanglant. Dites-leur : Celui-là
« est un tyran qui substitue sa volonté particulière à celle
« de tous, et si l'insurrection contre le despotisme est
« sainte, l'insurrection contre la république est impie. Le
« dénouement de ces tragédies est la terreur ou le déses-
« poir ; la terreur avilit le caractère national, le désespoir
« l'égare. »

Les placards de Louvet s'animèrent de plus en plus ; bientôt ils s'adressèrent directement aux personnes, à Marat, à
Robespierre, aux principaux des jacobins ; mais cependant,
quoique ces placards soient écrits avec verve et chaleur,
il est permis de croire qu'ils n'étaient pas de nature à faire
grande impression sur le public. Ils s'adressaient à deux
publics : d'abord à ceux qu'on appelle dans les révolutions
les honnêtes gens, c'est-à-dire aux gens timides ; ceux-là,
il les exhortait au courage, à l'énergie, à l'action, exhortations excellentes dans tous les temps, mais ordinairement
inutiles ; ensuite aux patriotes : à ceux-ci il prêchait la
défiance contre leurs héros, il les invitait à la raison, au

bon sens, à chasser de leur esprit les passions et les chimères, à ne plus se laisser guider par ceux qui aspiraient à les dominer par la flatterie; conseils excellents aussi, mais qui sont trop tardifs, par le fait même qu'ils ont besoin d'être donnés. En dehors de ces causes morales et politiques qui s'opposaient à l'efficacité des efforts de Louvet, son style est trop littéraire, trop cadencé; il y a tel article de son journal qui pourrait être lu sans bizarrerie dans une académie; il est élégant, mais il n'est pas pittoresque, il n'a pas le mot propre, le mot populaire; il n'appelle pas les choses par leur nom comme Marat, il ne peut s'empêcher d'être littéraire même en parlant à la populace : ainsi ayant à s'élever contre ceux qui affectent de prendre le titre de sans-culotte et qui avec le titre en prennent les manières, il commence par les peindre énergiquement. « Lorsque « dans les discussions les plus importantes ils affectent la « grossièreté de langage, quand les termes des mauvaises « mœurs se mêlent à l'élévation de la discussion; lorsque, « oubliant le respect qu'ils vous doivent, ils viennent discu- « ter sur votre destinée, la tête échauffée par la vapeur du « vin... » Bientôt ce style de pamphlet lui paraît bas, et il termine son placard par une argumentation littéraire. « Qui « donna dans l'Europe cette prépondérance à la langue « française pour forcer tous les peuples à vous entendre et « à vous admirer, sinon les sages éloquents, que le charme « du langage entourait de la persuasion, dont la pureté de « la langue prêtait des ailes à l'élévation de la pensée? » Certes la phrase est harmonieuse, mais elle ne devait pas faire bon effet sur le sectateur de Marat qui la lisait au coin d'un carrefour.

Mais Louvet, tout en rédigeant *la Sentinelle*, était le directeur et le principal rédacteur d'un journal où il fit preuve d'un vrai talent de pamphlétaire, nous voulons parler du *Journal des débats du club des jacobins*. Louvet lui imprima un ton léger, ironique, qui donne aux comptes rendus des discussions orageuses du fameux club un caractère très-

plaisant. Nous l'avons dit ailleurs (1), cette feuille courageuse, qui sut lutter contre le terrible club avec bonne humeur, rappelle par moment l'atticisme ironique du journal qui s'est rendu célèbre à peu près sous le même titre. Il sut irriter le club par son esprit au point que les frères et amis prirent des mesures sévères contre les journalistes et les chassèrent ignominieusement de leur sein. Le *Journal des Débats* n'est point déclamatoire, il s'en faut. Sa polémique consiste à mettre en relief et à tourner en ridicule les séances des Jacobins. Il ne conclut pas, il raconte; il analyse sans réflexion, mais, il faut bien l'avouer, en arrangeant un peu les choses. Il s'agit d'une conspiration : Robespierre demande solennellement la parole sur les moyens de sauver la patrie, les citoyens des tribunes et l'assemblée entière applaudissent frénétiquement; mais tout à coup un citoyen se précipite à la tribune pour révéler un fait d'une extrême importance et qui va jeter une lumière éclatante sur la conspiration, il a rencontré un de ses amis qui lui a raconté le trait suivant : « Écoutez attentivement. Je suis,
« lui dit son ami, dans l'usage d'aller dîner chez Verma;
« chez ce restaurateur il y a deux salles; j'aperçus dans
« une *la table bien servie, c'est ce qui me décida à y entrer.*
« On se met à table, et je me trouve avec quatre-vingts
« députés! » Le citoyen continue dans ce ton son compte rendu et dit que ces quatre-vingts députés ont dit beaucoup de mal des jacobins, et que son ami a juré de ne plus se trouver en pareille compagnie. Il pense qu'il y a là une conspiration. Le club est de son avis et applaudit énergiquement. Alors Robespierre reprend la parole : « Plus les dangers de
« la patrie sont imminents, plus nous devons travailler à
« son salut. » Il continue son discours avec gravité et solennité, il annonce toute sorte de complots et termine en pro-

---

(1) Voir l'*Histoire littéraire de la Convention*, où nous analysons plusieurs séances des Jacobins d'après le journal de Louvet.

posant aux députés de la Convention de se faire tuer à la tribune plutôt que d'abandonner la parole. Cette proposition excite l'enthousiasme, les députés présents à la séance s'écrient qu'ils sont décidés à mourir avec Robespierre à la tribune, si on lui retire la parole. Alors le boucher Legendre demande « que, pour se conformer aux vues patriotiques
« de Robespierre, les députés du côté gauche soient invités
« *à se lever plus matin ;* car il est à remarquer, dit-il, que
« les députés du côté droit sont *à leur poste pour intriguer,*
« tandis que les patriotes sont encore absents. »

Tous les comptes rendus sont écrits dans le même esprit, en vue de ridiculiser le club, et particulièrement les principaux personnages, entre autres Robespierre et Marat; celui-ci est surtout l'objet de plaisanteries toujours renaissantes, ayant toutes pour objet de faire ressortir l'admiration des jacobins pour sa personne. Le journaliste a aussi grand soin de noter la haine du club contre madame Roland; si le nom de Marat n'est accueilli que par des applaudissements, celui de madame Roland a le privilége de soulever les vociférations de l'auditoire entier; quand il s'agit d'elle, les citoyens des tribunes mêlent leur voix à celle des jacobins. « Madame Roland, dit un premier, fait tous les ouvrages
« de son mari, tout Paris le sait bien. Cet ouvrage, dit un
« autre, sort du boudoir de Pénélope-Roland. — Ce sont, dit
« un troisième, les brissotins, les buzotins et les buzotistes
« qui ont écrit cet ouvrage sous la dictée de madame Ro-
« land. — Oui! oui! rien n'est plus vrai! s'écrient les
« *citoyennes des tribunes*, voilà l'ouvrage de la femme Ro-
« land. » C'est un chœur à la manière des tragédies antiques. Le journal, d'ailleurs, affectionne cette forme dramatique; il s'en sert plusieurs fois à propos de la suppression des journalistes. « Que les journalistes disparaissent! le
« nombre des journalistes est trop grand! qu'avons-nous à
« faire que le public sache ce qui se passe ici? un seul jour-
« nal suffit. C'est le journal de Milcent Creole! C'est là un
« journal excellent, admirable! Que Milcent soit seul con-

« servé! que tous les journalistes soient chassés. » Louvet, lui, n'avait plus à être chassé, il avait été rayé de la liste des Jacobins lors de ses premières attaques contre Robespierre et contre les journées de septembre.

Grâce à son courage, à sa témérité, à l'ardeur avec laquelle il s'élançait dans la lutte, grâce aussi à la nature de son talent, Louvet, comme tous les hommes passionnés, s'était vu bien vite entouré d'antipathies et de sympathies également vives. Les montagnards lui rendirent attaque pour attaque, et son nom fut, avec ceux de Buzot et de Brissot, celui qui retentit le plus souvent dans leurs clubs et dans leurs journaux; quant à son parti, il paraît qu'il en fut accepté pleinement. Il dit dans ses *Mémoires* qu'après le 20 juin on avait pensé à lui pour le ministère de la justice, et nous le croyons, quoique nous n'ayons que son témoignage; il est sincère et naïf plus que vaniteux quand il parle de lui; et d'ailleurs, quand il fit cet aveu, il se croyait assez célèbre pour ne pas éprouver le besoin de se grandir; il le fit dans le but de montrer que, s'il eût été nommé ministre à la place de Duranton, il n'eût pas été destitué au 10 août comme royaliste; que Danton n'eût pas été ministre de la justice, et que lui, Louvet, ou eût empêché les massacres de septembre, ce que n'a point fait Danton, ou du moins eût poursuivi les égorgeurs, ce que n'a point fait Garat.

Si Louvet n'eut pas à subir la responsabilité ministérielle, qui était alors une réalité, il accepta un mandat qui ne devait pas l'exposer à moins de danger. Le parti girondin le fit nommer député du département du Loiret, et il entra dans cette Convention qui a dévoré tant d'hommes! Il ne chercha pas à y jouer le rôle de la prudence et à s'y glisser, comme tant d'autres, entre les partis. Dès le début il se plaça parmi les plus impatients et les plus hardis des girondins; il prit part aux discussions si ardentes que soulevèrent les massacres de septembre, l'omnipotence de la Commune de Paris; il appuya énergiquement la proposition des girondins tendant à la création d'une garde départementale chargée de défendre la convention nationale contre les clubs. Cependant il n'avait pas pris le premier rang dans ces discussions, il se réservait, et peut-être son parti le réservait pour une plus grande attaque, pour l'attaque qui devait faire entrer son nom dans l'histoire; il se préparait à accuser solennellement l'homme le plus populaire de Paris, Robespierre.

Cette accusation est célèbre; toutes les histoires de la révolution s'y arrêtent et la discutent, toutes elles donnent de longs fragments du discours de Louvet; c'est qu'en effet ce discours résume les griefs de la Gironde contre Robespierre et les présente sous une forme éloquente et de nature à se graver dans les esprits. Il y a là une composition oratoire vraiment distinguée et une des meilleures qu'aient prononcées les girondins, et certainement la meilleure dans le genre philippique. Guadet et Buzot, qui avaient quelques rapports comme orateurs avec Louvet, et qui, eux aussi, savaient allier avec beaucoup d'art la véhémence et l'ironie, l'éloquence noble et l'invective personnelle, ne nous ont laissé que de courtes harangues, la plupart improvisées et comme brisées par les interruptions. La harangue de Louvet est artistement conçue, elle est complète et elle est courte, elle est amère et noble, et à part un ou deux endroits, elle n'est pas déclamatoire; elle a un mérite qui fait vivre les œuvres d'art, les discours aussi bien que les hommes, elle a la proportion; tout y est disposé comme dans une œuvre littéraire bien faite; quand on l'a lue, on s'en souvient sans fatigue.

Toutefois, nous n'allons pas jusqu'à la mettre au niveau des chefs-d'œuvre de Cicéron, ainsi que fait madame Roland dans le portrait si favorable qu'elle trace de Louvet dans ses *Mémoires*. Elle pèche aujourd'hui pour nous sous le rapport de la réalité, elle se tient trop dans le raisonnement moral, elle ne serre pas les faits d'assez près et s'en rapporte trop à l'imagination de son auditoire éclairé

d'avance. Il en résulte que le style en est plus élégant et moins vivant, le langage plus noble et moins pittoresque. Nous serions bien plus disposés à reconnaître le caractère d'une catilinaire dans la réponse qu'il fit à la réplique de Robespierre, et que la Convention ne lui permit pas de prononcer. Ici, il pénètre plus profondément dans l'analyse, il aborde directement les caractères : « Tu parlais, dit-il à
« Robespierre, de quoi? contre qui? quelquefois contre
« la cour, assez souvent contre Lafayette, mais sans aucun
« relâche et sans aucune mesure contre la philosophie et les
« philosophes, contre le côté gauche de l'Assemblée, con-
« tre tous les républicains recommandables par leurs vertus
« et leurs talents ; *ton* peuple, que tu avais tellement accou-
« tumé aux dénonciations violentes, que quand on ne
« déchirait personne il n'écoutait plus, à moins qu'on ne
« fasse ton apothéose, *ton* peuple applaudissait avec
« transport. Mais lorsque tu arrivais à l'intéressant cha-
« pitre, celui que tu n'oublias jamais, l'éternel chapitre de
« tes mérites, de tes perfections, de tes vertus, alors ce
« n'étaient plus des applaudissements, c'étaient des trépi-
« gnements convulsifs, c'était un enthousiasme religieux,
« c'était une sainte fureur... et malheur à quiconque, en
« ce cas, n'appartenant pas à ta faction, obtenait par
« hasard la parole. S'il était un député connu, s'il avait
« quelque réputation, s'il devenait impossible qu'on refusât
« de l'entendre, les tiens commençaient par de sourds
« murmures ; on se passait à l'oreille d'astucieuses confi-
« dences contre lui, on n'oubliait aucune insinuation per-
« fide pour décrier ses opinions, on décriait sa personne.
« Et dès qu'on croyait les esprits suffisamment préparés,
« on murmurait tout haut, on interrompait à chaque
« phrase, s'il le fallait, on essayait des huées, et force
« était qu'il n'achevât pas son opinion. Si, par hasard, il
« avait dit : « Ayons donc un ordre du jour, abordons les
« choses, laissons les personnes, » c'était un feuillant. S'il
« avait entrepris de défendre le côté gauche de l'Assemblée,

« c'était un intrigant. S'il n'avait pas craint de repousser les
« calomnies contre les vrais intrigants, c'était un traître.
« S'il avait osé dire : « N'idolâtrons pas un homme, »
« c'était un ennemi public, l'ennemi de Robespierre, l'en-
« nemi du peuple, et les pelotons de compères montraient
« les poings, les bâtons à sabre ! Et les dévotes des deux
« bouts paraissaient prêtes à se précipiter du haut des
« tribunes sur l'impie. »

Certainement le fanatisme des jacobins, le despotisme de Robespierre sur son auditoire de fidèles ne saurait être plus brièvement et plus pittoresquement peint. Mais il revient à Robespierre lui-même :

« Toi cependant, Robespierre, dans les moments de
« relâche où ta langue reposait, ton corps en travail fai-
« sait représentation. Lors même que tu n'étais ni prési-
« dent, ni secrétaire, tu restais en évidence assis au bureau,
« tu restais complaisamment exposé à la contemplation de
« *ton* peuple. De là tu te livrais à mille et mille mouve-
« ments, que, dans le franc parler des républicains, on doit
« dénommer contorsions et grimaces, qu'un freluquet eût
« qualifiés de *mines*, et que tes idolâtres appelaient sûre-
« ment tes *grâces!* De là tes yeux, toujours mobiles, par-
« couraient toute l'étendue de la salle ; de là tu encoura-
« geais les tiens d'un regard bénévole, tu réprimais les
« nôtres d'un regard de fureur ; de là tu sollicitais l'atten-
« tion, les secours, les hommages des tribunes ; de là tu
« récompensais d'un coup d'œil les dévots et les adora-
« trices d'un coup de lorgnette ; de là tu faisais passer tes
« ordres par tes aides de camp, qu'on voyait constamment
« voltiger du centre sur les ailes ; de là tu ne craignais pas
« d'indiquer du geste ceux que tu ne craignais pas de
« laisser parler, ceux dont il fallait forcer le silence ; et
« même on t'a vu ordonner au président qu'il eût à mettre
« ou à ne pas mettre aux voix. »

Le portrait est vivant animé, pittoresque ; les choses devaient en effet se passer ainsi. Mais, rapprochement singu-

lier ! ce sera dans le même style à peu près, par le même procédé littéraire, que Robespierre et Saint-Just, peindront les manœuvres des girondins, traceront leurs portraits et ceux de Danton, et d'Hébert, et de Chaumette, et en général de tous leurs ennemis ! Est-ce donc que Saint-Just et Robespierre imiteront Louvet ? Nullement. C'est que le fond emportera la forme. Comme Louvet, ils accuseront leurs adversaires avec leurs passions; comme lui, ils seront obligés d'analyser, de peindre, afin de donner un corps et une réalité à leurs craintes et à leurs soupçons; comme lui, ils imputeront à conspiration, à trahison, à manœuvre, les mouvements mêmes du caractère et du tempérament.

Quant à l'accusation de Louvet, en elle-même, malgré son retentissement, elle n'eut pas l'importance politique qu'on en attendait. Les historiens reconnaissent généralement qu'elle fut inopportune, qu'elle eut le tort de lier Marat et Robespierre qui n'étaient pas également odieux à l'Assemblée; qu'elle ne reposait en effet, à propos de ce dernier, que sur des accusations morales, sur des présomptions plus que sur des faits; qu'elle contribua à le grandir en le peignant comme un futur Cromwell, et qu'elle eut enfin pour effet de montrer la faiblesse et l'inconsistance des girondins; leur inconsistance, parce qu'ils firent frapper un grand coup avant d'être préparés; leur faiblesse, parce qu'une fois ce coup frappé, ils ne purent ni ne surent aller jusqu'au bout. Son auteur lui-même n'en tira pas politiquement profit, son crédit n'en fut pas augmenté, mais elle attira sur lui une impopularité, une haine qui rendirent sa présence presque impossible à la tribune de la Convention. Il était de ceux qui soulevaient le plus l'irritation et les interruptions des montagnards prompts aux clameurs. Aussi ne put-il prononcer à la tribune que quelques discours inachevés. Il parla cependant deux fois longuement dans les discussions relatives au bannissement des d'Orléans et au procès de Louis XVI. Dans la première, il désirait que Philippe-Égalité imitât Collatin et quittât la

France comme le consul romain avait quitté Rome après la chute de Tarquin, uniquement parce qu'il était le parent du roi. A ce propos, il traduisit tout entier le discours de Brutus à son parent, et cette citation de Tite-Live parut toute naturelle, nos pères étant classiques et ayant grand respect pour les anciens. Dans la seconde, il se prononça pour l'appel au peuple et le sursis ; il vota la mort, à condition qu'il y serait sursis jusqu'à l'établissement de la constitution. Les historiens royalistes lui ont reproché ce vote sans tenir compte de sa condition expresse ; ils disent qu'il a compté pour la mort ; cela est vrai, mais on ne peut pas douter qu'il n'ait eu l'intention de sauver le roi ; il suffit de lire les comptes rendus du *Journal des Jacobins*, où il jette le ridicule et l'odieux sur Legendre et sur tous ceux qui demandaient la mort de Louis. Ce qu'on peut dire, c'est qu'il eut le tort, comme beaucoup de girondins, de mettre de la tactique là où il n'en fallait pas.

Louvet lutta avec beaucoup de courage jusqu'au 31 mai ; il écrivit plus qu'il ne parla. Après la journée du 10 mars, qui fut un 31 mai avorté, il composa un discours pour demander la convocation des assemblées primaires, mais la Montagne ne permit pas qu'il le prononçât, et il se vit forcé de le faire imprimer. Ce discours, qui est comme inspiré par un accent de désespoir, est aussi animé par un sentiment énergique d'indignation ; il y révèle les conspirations trop réelles qui se tramaient contre l'Assemblée par les délégués des sections révolutionnaires, de la Commune et des principaux clubs, complot que le ministre de la justice ne découvrait nulle part, sous prétexte qu'il était partout. A ce sujet, Louvet traite Garat, le doux Garat, d'un style qui prouve qu'ils n'avaient pas l'un et l'autre le même caractère, et, il faut bien le dire, c'est le violent Louvet qui a raison contre le philosophe ami de l'analyse. A distance, on peut prendre intérêt aux réflexions de Garat, mais ceux qui se voyaient en face des faits devaient en être exaspérés. Ils n'avaient pas la patience d'attendre que le temps, *déroulant la logique des passions*, eût donné raison à Garat, en ramenant le mouvement naturel des choses.

Toutefois, le discours-pamphlet de Louvet fut comme étouffé par le bruit des émeutes ; il ne paraît pas avoir retardé le 31 mai ; il fut peut-être un motif de plus pour désigner son courageux auteur à la proscription. Car Louvet se vit inscrit un des premiers sur la liste des 22, et tous les clubs et toutes les sections maintinrent son nom. Il est naturellement proscrit par le coup d'État, et il fut de ceux qui se réfugièrent dans le Calvados avec l'espérance d'y commencer la guerre civile et de faire délivrer Paris par la France. L'histoire a dit quelle fut leur illusion, et nous ne suivrons pas Louvet sur ce terrain. On trouvera dans ses *Mémoires* ce qui le concerne personnellement. Cependant nous pouvons dire qu'il ne se ménagea pas là plus qu'ailleurs ; il rédigea les manifestes et les proclamation de son parti, et réfuta le fameux rapport de Saint-Just contre les girondins. Cette réfutation a cela de particulier qu'elle repousse, au nom de la Gironde, les mêmes accusations que la Gironde adressait à la Montagne. Louvet se défend d'avoir voulu Roland pour roi, les girondins pensaient que Robespierre, ou Danton, ou Marat lui-même aspiraient à la tyrannie ; il se défend d'avoir voulu le duc d'York, les girondins accusaient les montagnards de conspirer avec l'Angleterre ; il se défend d'avoir conspiré pour le duc d'Orléans et pour son fils, les girondins n'avaient cessé de représenter Marat et les révolutionnaires comme les instruments et les complices de la famille d'Orléans. Triste retour des révolutions !

Nous ne nous arrêtons pas davantage sur la partie politique de Louvet. On y trouvera dans toute leur franchise les illusions du parti girondin, telles à peu près que Garat les a peintes. La base de leurs opinions était la croyance à une conspiration de l'Angleterre, de l'orléanisme et des principaux montagnards ; du moins telle était celle de Louvet et de plusieurs de ses amis. L'histoire générale a suffisamment réfuté cette chimère pour que nous nous en occupions; seulement il ne faut pas être trop sévère pour la crédulité de ces hommes d'un brillant esprit. Qui peut, dans les mouvements révolutionnaires, être maître de son imagination, de ses craintes et de ses soupçons? A quelles rêveries, à quels fantômes ne croient pas ceux mêmes qui se vantent le plus d'être des hommes d'État!

III

Nous quitterons donc Louvet au 31 mai et nous ne le retrouverons qu'à sa rentrée à la Convention, après le 9 thermidor. Que pourrions-nous dire de sa proscription, sinon affaiblir en les analysant les *Mémoires* si dramatiques, si pittoresques, où il l'a racontée avec tant de talent? Du 31 mai au 9 thermidor, Louvet fut proscrit, mis hors la loi; il courut tous les dangers, éprouva toutes les aventures, passa par tant de péripéties, que son simple récit constitue un roman au point de vue de ceux qui cherchent avant tout dans les *Mémoires* des faits, des émotions, un intérêt dramatique. Mais cela ne l'empêche pas d'être en même temps un vrai morceau d'histoire, et un des morceaux les plus instructifs que nous ayons sur la révolution. C'est par les *Mémoires* de Louvet qu'on peut le mieux se rendre compte de l'état de la province pendant la terreur, c'est le seul livre à l'aide duquel on peut se faire une idée de la manière dont elle vivait. Quand on l'a lu, on a fait un voyage pittoresque et émouvant qui ne le cède en rien à ces voyages si intéressants que le grand romancier Walter Scott aime à introduire dans ses romans; seulement il ne s'agit pas ici d'une fiction, mais d'une réalité.

Le 9 thermidor ne mit pas fin à la proscription de Louvet. Le parti qui avait renversé Robespierre n'était pas favorable aux girondins; plusieurs de ceux qui avaient le plus participé à la chute du tribun, Legendre, Tallien, Bourdon (de l'Oise), et surtout Collot d'Herbois et Billaud-Varennes, avaient également participé à la journée du 31 mai. Ce fut leur esprit qui domina la Convention pendant quelques mois, et lorsqu'un membre de la majorité semblait faire quelque allusion à cette fatale journée, la Montagne se soulevait et lui imposait silence (1). Cependant cette influence factice ne pouvait durer, bientôt on rappela dans le sein de la Convention les 73, arrêtés comme suspects de girondinisme; ceux-ci naturellement songèrent à rappeler les proscrits survivants, tels que Louvet, Lanjuinais, Ismard, etc. Ce ne fut pas sans difficulté qu'ils y parvinrent; Louvet, ainsi que ses collègues, avaient été mis hors la loi; cela donna prétexte à de grandes protestations de la part de plusieurs montagnards. Louvet entre autres fut accusé d'avoir conspiré avec les Anglais, d'avoir voulu faire entrer l'étranger en France, etc. Le 17 décembre 1794, Merlin de Douai, au nom des comités, faisait un rapport sur la rentrée des députés mis hors la loi; il proposait de décréter qu'ils ne pourraient rentrer dans le sein de la Convention, mais qu'ils ne seraient nullement inquiétés. Il en résulta une discussion des plus orageuses, et, malgré les efforts des girondins rentrés, le projet de Merlin de Douai fut adopté. Ce ne fut que deux mois après, dans les premiers jours de mars, que la question fut enfin résolue. A propos d'une pétition de la section de l'Unité, Chénier fit une motion en faveur des représentants mis hors la loi.

(1) Après le jugement de Carrier, lorsque Penières demanda la liberté des soixante-treize, Merlin (de Thionville) s'écria que ceux qui demandaient leur liberté avaient calomnié la révolution du 31 mai. Thuriot dit que le 31 mai avait sauvé la France. Tallien soutint que le 31 mai était consacré comme une des grandes journées de la Révolution. Robert Lindet en fit une apologie complète, malgré la résistance des Girondins appuyés par Cambon. La Convention passa à l'ordre du jour.

« Un fantôme de fédéralisme, dit-il, a fait le prétexte de « leur proscription ; après la chute des triumvirs, une terre « hospitalière et libérale aurait dû rendre au jour purifié « cette colonie souterraine d'orateurs patriotes et de philo- « sophes républicains. » Chénier fut combattu par Bentabolle, selon lequel tout Paris était responsable du coup d'État du 2 juin, mais il fut appuyé énergiquement par Sieyès, qui saisit cette occasion pour sortir de son long silence. Sous l'impression de son discours, la Convention, après un rapport verbal de Merlin de Douai, vota à la presque unanimité le rappel de Louvet et de ses amis.

Louvet rentra sans faire aucune concession. La première fois qu'il remonta à la tribune, ce fut pour appuyer un remercîment rédigé et lu par le littérateur Fiévée, au nom de plusieurs sections de Paris, à l'occasion du rappel des proscrits. Il voulut profiter de cette circonstance pour faire décréter que la journée du 31 mai n'avait été l'œuvre que d'un petit nombre de personnes, et que les citoyens qui s'étaient ce jour-là armés pour la Convention avaient bien mérité de la patrie. Tallien fit écarter la motion de Louvet sous prétexte qu'elle ferait éclater de nouvelles divisions, mais en réalité parce que les sections qui s'étaient armées en faveur des girondins au 31 mai étaient les mêmes que celles qui s'étaient armées au 10 août en faveur de la royauté. La Convention craignit de paraître donner un encouragement aux sections royalistes.

Quoique naturellement agressif, Louvet sut faire taire ses rancunes, et ce qui est une contradiction à son caractère, ce fut pour se défendre qu'il se vit forcé de prendre la parole. Dans son discours sur le gouvernement du comité de salut public, Robert Lindet argua des *Mémoires* de Louvet pour associer les députés proscrits à Wimpfen et les rendre complices des projets de l'Angleterre et des royalistes. Lecointre profita de cet incident pour annoncer que ses collègues, « justement mis hors la loi, s'étaient engagés « dans l'armée royaliste, qu'il en avait la preuve signée

« Buzot, Louvet. » Voici donc un des premiers républicains par la date forcé de se défendre de n'être pas royaliste. Il ne faut pas croire que l'accusation, malgré le peu d'autorité de l'accusateur, n'eût pas son importance. Plusieurs montagnards, et entre autres Bourdon (de l'Oise), prièrent Louvet de les éclairer sur ce point. Il se vit dans l'obligation d'en appeler à son patriotisme ; il demanda une discussion solennelle, une enquête, prenant l'engagement de signaler les royalistes comme il avait signalé Robespierre au jour de sa toute-puissance. La Convention l'applaudit et l'en crut sur parole. Mais, chose singulière ! au moment où il avait à se défendre contre cette absurde accusation, il la retournait contre ses ennemis ; il prétendait que plusieurs membres du comité de salut public leur avaient envoyé des émissaires royalistes, et que Robert Lindet « était, selon toute apparence, un de ces membres. » Robert Lindet, Louvet s'accusant l'un et l'autre de royalisme ! C'est le cas de répéter le mot de Machiavel : « Les factions croient tout et inventent tout. »

Louvet ne se montra pas ingrat et oublieux pour ceux qui avaient combattu avec lui ; il ne cessa de réclamer de la Convention les réparations qu'elle devait, selon lui, à eux ou à leurs familles. C'est ainsi qu'il s'obstina à demander le rappel du décret de spoliation qui confisquait les biens des condamnés politiques, et ce fut sur sa motion plusieurs fois répétée et après un de ses plus éloquents discours que la Convention abrogea le fatal et inique décret.

Il prit part également à des discussions moins passionnées et fournissant moins matière à l'éloquence, sur l'organisation du gouvernement et des questions constitutionnelles. Benjamin Constant raconte qu'il avait fait lui-même un discours où il résumait ses idées, et que Louvet avait consenti à le lire à la tribune et à en prendre la responsabilité. Ce discours est, à n'en pas douter, celui que l'auteur de *Faublas* prononça contre le projet de Thibaudeau et de la commission des onze, qui, après l'insurrection de

germinal, proposait de centraliser le gouvernement. Dans ce projet, il s'agissait d'accorder au comité de salut public les attributions du comité de sûreté générale et d'autres encore laissées par oubli aux ministres. Louvet fait sentir ce que ce projet a de tyrannique, et nous trouvons dans son discours, exprimées presque dans les mêmes termes, les idées que Benjamin Constant développa si souvent dans sa vie de publiciste, entre autres la nécessité de séparer l'exécution de l'administration et le danger de créer un pouvoir à la fois souverain et irresponsable. Benjamin Constant prétend que le discours de Louvet n'eut pas de succès, et qu'il assista philosophiquement dans une tribune à l'échec de son premier-né. Cependant nous pouvons croire, nous nous tenons au compte rendu du *Moniteur*, que la modestie de Benjamin Constant n'a pas eu à s'exercer autant qu'il le dit. Le discours de Louvet est plus abstrait, plus politique, et écrit d'un style plus ferme, mais peut-être plus froid, que ses productions ordinaires ; cependant il contient des passages qui arrachèrent à plusieurs reprises les applaudissements de l'Assemblée. Ainsi : « On dit que
« Robespierre n'est plus là. Il n'est plus là, je vous en
« rends grâce; mais je ne suis pas bien sûr que toute la
« race des tyrans soit morte avec lui. Elle est de sa nature
« très-vivace; le plus prudent est de ne pas s'exposer à la
« ressusciter. Représentants, je sais bien que, lorsque le
« tyran apparaîtrait, vous le saisiriez corps à corps et que
« vous péririez plutôt que de souffrir qu'il accomplît ses
« usurpations; mais ce qui importe plus à la patrie, ce n'est
« pas que vous sachiez mourir sur les ruines de la liberté,
« c'est que vous sachiez vivre pour défendre énergiquement
« ses droits. (Applaudissements redoublés.) Que de maux
« la patrie n'a-t-elle soufferts pendant dix-huit mois ; à
« quoi tint-il qu'elle n'en souffrît davantage? Encore une
« heure pour le tyran dans la nuit du 9 thermidor, et il
« vous massacrait sur la chaise curule; il jetait le peuple
« dans la misère ou dans le crime, dans les armées révo-

b.

« lutionnaires ou sur les échafauds. Croyez-en un ami de la
« représentation nationale et de la république, il est plus
« *aisé et surtout plus sûr de ne pas permettre des institu-*
« *tions favorables à la tyrannie que d'être réduit à faire*
« *des révolutions contre les tyrans.* (On applaudit.) Ce qui
« peut rassurer le peuple, ce n'est pas que vous donniez
« votre confiance à des hommes qu'il en croit dignes, c'est
« que vous reveniez franchement et tout à fait aux prin-
« cipes seuls vrais garants, gardiens fidèles, conservateurs
« immuables de la liberté. (On applaudit.) Ils peuvent chan-
« ger les hommes, vous en avez eu dans cette révolution
« la triste expérience, mais les principes ne changent point.
« (On applaudit.) Ce qui peut rassurer le peuple, ce n'est
« pas qu'il n'y ait pas de tyran dans le moment actuel,
« mais que toutes les institutions dont la tyrannie s'étaie
« pour s'établir et dont elle pourrait s'appuyer pour s'é-
« lever encore, soient à jamais détruites, soient à jamais
« renversées. (On applaudit.) » Nous le répétons, il y a
dans ce langage une précision, une gravité, et en quelque
sorte un accent de réflexion qu'on ne trouve pas ordinairement
chez l'ardent Louvet. Ces idées d'ailleurs étaient bien
les siennes ; il demandait, quelque temps après, mais vainement,
que les membres du comité de salut public fussent
pris en dehors de la Convention. Il obtenait que le fameux
comité fût privé du droit d'examiner la conduite des députés.
« Tous nos maux sont venus de la confusion des pouvoirs ! »

Les événements de prairial vinrent donner à Louvet un
rôle plus conforme à son tempérament. Il fut un de ceux
qui luttèrent avec le plus de courage contre les insurgés et
qui se compromirent le plus. Il demanda au milieu de l'insurrection
même, au moment où la Convention était assiégée
et les tribunes envahies, que l'on prît des mesures
énergiques contre les séditieux qui étaient plus près de
vaincre que d'être vaincus ; il rédigea et fit décréter dans

les mêmes circonstances une proclamation aux citoyens qui défendaient la Convention. Il fit, en un mot, ce qu'il fallait pour être de nouveau proscrit si l'insurrection eût triomphé. Aussi la Convention le chargea de prononcer l'oraison funèbre de l'infortuné Féraud, comme s'étant le plus rapproché par son courage de l'héroïque jeune homme. S'il faut en croire le compte rendu du *Moniteur*, la harangue de Louvet eut un grand succès; s'il faut en croire l'appréciation du rédacteur, on trouva qu'elle ne s'élevait pas à la hauteur du sujet. A la vérité, la lecture donne aujourd'hui raison au critique; l'oraison funèbre est presque toujours un genre faux, et quand on n'a pas le génie de Bossuet, on risque fort de n'aboutir qu'à l'emphase ou à un jeu d'esprit. La difficulté est plus grande s'il s'agit d'un événement politique qui réveille nos passions; alors l'oraison se transforme facilement en pamphlet ou en déclamation. Tel est le caractère du discours de Louvet, qui n'est qu'une longue et monotone succession d'accents d'indignation et de mouvements de sensibilité. Il donna carrière à tout son talent académique; l'apostrophe, la métaphore et toutes les figures que recommande la rhétorique y abondent.

Jusqu'alors Louvet avait suivi la réaction thermidorienne, mais sans prendre part à ses excès; aussi dès qu'elle prit elle-même le caractère de la terreur et que la jeunesse dorée et les compagnies de Jésus furent visiblement des instruments de réaction royaliste, Louvet, toujours fidèle à ses convictions républicaines, ne craignit pas de rompre avec ses anciens amis, Lanjuinais, Larivière, qui pactisaient avec les meneurs de cette réaction. Il crut devoir faire la guerre aux nouveaux royalistes par tous les moyens possibles. Quoique ayant de l'autorité dans l'Assemblée, puisqu'il fut nommé successivement son président et membre du comité de salut public, quoique doué du talent d'orateur, il ne se contenta pas de ces moyens d'action, et il se résolut à redevenir journaliste. Il publia de nouveau *la*

Sentinelle. Dès son premier numéro, il fit sa profession de foi avec sa franchise ordinaire : « Il est temps de le dire,
« le fanatisme royal et religieux s'agite avec fureur ; il
« organise à son tour la terreur et l'assassinat. Quiconque
« a servi la révolution est signalé par lui *terroriste* et livré
« à des hommes de sang. Triomphante au dehors, la patrie
« est au dedans déchirée par les secrets agents des puis-
« sances. En 1792, comme aujourd'hui, c'était contre la
« représentation nationale que les agents de l'Angleterre
« dirigeaient leurs efforts. Sans cesse ils ont espéré de la
« dissoudre, sans cesse ils ont voulu l'avilir. Alors, seul,
« j'osai défendre l'Assemblée nationale traînée dans l'avi-
« lissement ; j'osai défendre cet excellent côté gauche
« contre lequel tous les Anglo-Français dirigeaient leurs
« efforts. Ce que je fis alors parce que le péril était grand,
« je veux le faire aujourd'hui. » Ce fut, en effet, le rôle qu'il prit, combattant à la fois le terrorisme et le royalisme, se ralliant à la majorité de la Convention en attendant qu'elle eût décrété la constitution.

A l'Assemblée, il suivit la même tactique que dans son journal. Membre de la commission des lois organiques, qui se transforma en commission constitutionnelle, il travailla activement à la constitution de l'an III, mais il la défendit plus souvent dans son journal qu'à la tribune. Cependant, un des meilleurs discours qu'il ait prononcés est celui où il soutint, contre des attaques très-vives et venues de divers côtés, la disposition de la Convention par laquelle elle s'arrogeait le droit de maintenir les deux tiers de ces membres dans les nouveaux conseils. L'argumentation de Louvet est toute politique, sans ornement oratoire ou littéraire, très-grave, très-modérée, ne faisant appel qu'aux sentiments de modération et de prudence de l'Assemblée, ayant soin de glisser sur la question de principe qui, en effet, n'était pas soutenable.

La décision de l'Assemblée amena, comme on sait, l'insurrection de vendémiaire. Dès que les premiers symptômes en éclatèrent, Louvet se prononça pour des mesures énergiques. Il vint donner à la Convention, au nom des comités, l'assurance qu'ils ne céderaient pas devant les factieux. Son petit discours est écrit d'un style net, bref, énergique, simple et ferme comme il devait être de la part d'un homme de courage parlant au moment du danger. Ce fut encore lui, comme au 1er prairial, qui fut chargé par ses collègues de rédiger une proclamation au peuple français.

A partir de ce moment, les attaques du parti réactionnaire redoublèrent contre lui. Dès que la terreur de la défaite de vendémiaire se fut calmée, la jeunesse muscadine qui avait succédé à la jeunesse dorée, poursuivit Louvet de ses insultes. Elle s'ameutait contre lui à l'entrée de l'Assemblée, dans les rues; elle faisait des rassemblements, presque des émeutes au Palais-Royal, devant la boutique de librairie qu'avait fondée Louvet. Sa femme, si courageuse, si dévouée, qui lui avait donné tant de preuves, lors de ses malheurs, d'héroïsme et d'énergie, n'était pas même ménagée par cette jeunesse, maintenant si insolente, après avoir été si longtemps tremblante. Les journaux, les libelles activaient la haine du public; il était l'objet incessant de leur polémique; naturellement on l'appelait terroriste, buveur de sang, etc.

Louvet se défendit comme il était attaqué, avec trop d'amertume quant aux personnes, ce qui l'entraîna à établir une sorte de solidarité entre les principes et les hommes, et à oublier qu'il avait dit lui-même que les principes sont les immuables conservateurs de la liberté, et qu'eux seuls ne changent pas. S'il s'était borné à attaquer Rovère et à le faire décréter d'arrestation, nous n'aurions rien à lui reprocher. Ce Rovère était un des personnages les plus singuliers de la révolution. Sans avoir jamais écrit ni parlé, il eut sur tous les mouvements une action mystérieuse dont nous avons peine à nous rendre compte aujourd'hui. Sans doute il avait des qualités d'homme d'action, de conspirateur habile, analogues à celles de Fouché, qui lui aussi

devint si influent sans écrire ni parler et, pour ainsi dire, sans paraître. *Ce Rovère*, ainsi que l'appelle Louvet, avait été un terroriste des plus dangereux, un des montagnards les plus exaltés ; maintenant il se livrait aux mêmes excès dans le sens contraire ; il était le chef, l'inspirateur de la *jeunesse de Jésus;* et le même homme qui avait, dit-on, dirigé les premiers massacres d'Avignon, dirigeait les massacres du Midi. « Ce Rovère n'est-il pas couvert du sang de Bar-
« baroux ? N'a-t-il pas proscrit Mazuyer ? La voix publique
« ne l'accuse-t-elle pas d'avoir ouvert la glacière d'Avi-
« gnon ?... J'ai observé, je l'ai vu, ce Rovère, d'abord l'un
« des plus exagérés de la Montagne, ne plus parler ensuite
« que des rigueurs à exercer contre les exagérés. D'un
« œil attentif, je le suivais pas à pas, ce Rovère ; il avait,
« comme terroriste forcené, provoqué le 31 mai ; je l'ai vu
« de tous ses moyens préparer la journée des royalistes le
« 13 vendémiaire ! » Si nous trouvons quelque chose d'exagéré dans ce langage violent appliqué à un homme obscur devant l'histoire, souvenons-nous que la Convention et le Directoire crurent aux accusations de Louvet : le mystérieux Rovère fut arrêté, puis déporté, et il mourut à Sinnamari. Si même chose fût arrivée à Fouché, nous serions fort étonnés des attaques violentes que Robespierre a dirigées contre lui aux Jacobins, et l'obscurité de Fouché serait une preuve de plus donnée en témoignage contre le soupçonneux tribun. Cependant il est probable que Robespierre, en redoutant Fouché, ne se trompait pas.

Mais Louvet ne fut pas toujours bien dirigé par sa passion, et nous allons le voir donner, quelque temps avant de mourir, un démenti à ses idées libérales. Qui croirait qu'un homme, qui avait tant agi par le journalisme et qui avait tant usé de la liberté d'écrire, dût en arriver à prononcer contre la liberté de la presse un discours des plus violents de l'histoire parlementaire ? On est attristé quand on lit, dans le discours de Louvet, les mêmes arguments qu'on a si souvent lus depuis dans les harangues de tant d'hommes d'État qui n'ont pas une réputation de libéralisme. C'est e seul discours de quelque importance qu'il ait prononcé au conseil des Cinq-Cents; quelques mois après il mourut. Ce n'est certainement pas son discours qui l'a tué; cependant on y sent un accent de tristesse, de désespoir, de fatigue, qui indique une âme accablée et qui, après avoir beaucoup combattu, aspire au repos comme à une mort. Louvet, en effet, est mort usé par son ardeur, sa passion; il était jeune, il n'avait que trente-sept ans; il était aimé, il avait un enfant; mais il ne lui était plus donné de se reposer dans l'amour et l'espérance; la fièvre de la révolution l'avait miné et dévoré; peut-être eût-il vécu davantage s'il eût été doué du tempérament du grave Sieyès et du sage Cambacérès.

Mais qu'importe! Si la vie de Louvet fut courte et agitée, elle ne fut pas sans bonheur. Il avait le don de se faire aimer. Non-seulement il l'était de ses amis, mais il eut la bonne fortune d'inspirer une passion dévouée, constante, et d'y répondre lui-même par un amour non moins profond. Uni, après avoir été séparé par un mariage forcé, à la femme qu'il avait aimée depuis son enfance, il vécut près d'elle à la campagne dans la plus heureuse solitude. Quand la révolution vint les arracher à leur bonheur tranquille, *Lodoïska*, ainsi que l'appelle Louvet trop romanesquement, s'associa à tous les dangers de son mari; elle lui sauva plusieurs fois la vie en compromettant la sienne. Lorsqu'il mourut, elle ne voulut pas lui survivre, prit du poison, et ne consentit à recevoir les soins des médecins qu'à la vue de son enfant, qui sans elle devenait orphelin.

Cet exemple d'un amour si fidèle, lié au nom de l'auteur de *Faublas*, le roman de la galanterie et de l'inconstance, aurait de quoi surprendre, si le dix-huitième siècle ne nous avait pas habitués à toutes les contradictions.

EUGÈNE MARON.

QUELQUES NOTICES

POUR

L'HISTOIRE

ET LE RÉCIT DE MES PÉRILS

DEPUIS LE 31 MAI 1793.

JEAN-BAPTISTE LOUVET, l'un des Représentants proscrits en 1793.

« Juste ciel! éclaire ce peuple malheureux pour lequel je désire la liberté...... Liberté!...... elle est pour les âmes fières qui méprisent la mort et savent à propos la donner. Elle n'est pas pour ces hommes corrompus qui, sortant du lit de la débauche ou de la fange de la misère, courent se baigner dans le sang qui ruisselle des échafauds. Elle est pour le peuple sage qui chérit l'humanité, pratique la justice, méprise ses flatteurs, connait ses vrais amis, et respecte la vérité. Tant que vous ne serez pas un tel peuple, ô mes concitoyens, vous parlerez vainement de liberté, vous n'aurez qu'une licence dont vous tomberez victimes chacun à votre tour; vous demanderez du pain, on vous donnera des cadavres, et vous finirez par être asservis. »

Extrait littéralement des défenses manuscrites de la citoyenne ROLAND, *assassinée par le tribunal révolutionnaire, le 19 brumaire an deuxième (19 novembre 1793).*

A PARIS,

Chez :
J.-B. LOUVET, libraire, palais Égalité, galerie Neuve, derrière le Théâtre de la République, n° 24.
La Veuve d'ANT.-JOS. GORSAS, rue Neuve-des-Petits-Champs, au coin de celle de la Loi, n° 741.
BAILLY, libraire, rue Honoré, barrière des Sergents.

L'AN IIIe DE LA RÉPUBLIQUE.

AVERTISSEMENT

Des cavernes du Jura, le 19 avril 1794, — 30 germinal an deuxième de la République, une et indivisible.

Ici, comme là-bas, le temps me manque. Je jette des notes et voilà tout. Qu'on ne s'attende ni à la concision du style, ni à l'abondance des détails. A vrai dire, je n'écris ni l'histoire, ni même ce qu'on appelle des mémoires. Je consigne des notes qui puissent m'aider, si quelque jour de vrais loisirs me sont donnés, ou aider quelque autre, si je ne puis jamais reprendre la plume. Mais qu'on s'attende à la vérité, car je proteste que, pénétré de respect pour elle, je regarderais comme un crime la seule pensée de l'altérer. C'est elle, d'ailleurs, c'est elle seule qui peut nous justifier. Elle seule peut détruire cet immense échafaudage de calomnies absurdes ou atroces dont ils nous ont accablés, afin de nous assassiner ensuite.

Paris, ce 16 pluviôse an 3e.

Voilà ce que j'écrivais dans un temps où j'étais loin d'espérer que moi-même j'imprimerais ces notices. Je croyais esquisser mon ouvrage posthume, c'est pour cela qu'en retraçant toute ma vie révolutionnaire, j'ai donné aussi quelques détails sur ma vie privée. Ce n'est point par les suggestions de l'amour-propre, trop souvent méprisable et petit, que j'ai été déterminé à parler de moi ; je m'y suis résolu pour l'intérêt public, auquel les circonstances ont voulu que j'appartinsse. Un modeste silence sur nos actions personnelles ne nous est plus permis. Ils nous ont imputé tant de mal, qu'ils me forcent à révéler le peu de bien que j'ai fait.

Et vous, que j'ai tant aimés dans votre vie privée, que j'ai si souvent admirés dans votre vie publique ; bons amis, bons parents, bons pères, époux tendres, vous, les fondateurs de la liberté républicaine pour laquelle vous êtes morts en lui donnant encore vos vœux ; reste précieux des proscrits du 31 mai, vous qu'a dévorés cette Gironde, où je vous quittai par une témérité qui me fut salutaire, où vous restâtes par une confiance qui vous perdit (1) ; vous que j'embrassais, hélas, pour la dernière fois, et qui maintenant de l'Élysée où vos ombres reposent, réclamez nos communes promesses, croyez que je remplirai mes devoirs. Le jour s'approche où toutes vos vertus seront publiées ; que ne puis-je retrouver les mains fidèles à qui vous confiâtes vos derniers écrits ! Que ne m'est-il donné d'aller bientôt fouiller cette terre sainte où vous les avez

(1) On sait aujourd'hui la fin tragique de Salle, Guadet, Barbaroux et Valady. Quant à Péthion et Buzot, je l'annonce avec douleur, il y a mille à parier contre un qu'ils ne sont plus. De sept que nous étions dans ce fatal département de la Gironde, je reste seul.

déposés ! Et s'il était vrai que, pour achever de vous faire connaître, il fallût encore aujourd'hui quelque courage, qu'avec orgueil me rappelant votre fin glorieuse et marchant au même but, j'aimerais à répéter après un des hommes de Tacite :

« La terre peut me manquer pour vivre,
« Elle ne saurait me manquer pour mourir. »

Au reste, on trouvera qu'en rappelant, dans ces Mémoires, quelques faits de la vie politique de nos amis, je leur ai reproché quelques fautes. C'est qu'avant d'écrire pour eux, j'écris pour la République. C'est qu'ils sont trop grands hommes pour être flattés. C'est que d'ailleurs leurs fautes ont toutes été vertueuses ; c'est que toutes ont pris leur source dans la pureté de leurs mœurs, dans l'extrême bonté de leurs cœurs. Ces gens de bien n'ont pu croire aux forfaits que le jour qu'ils en sont tombés les victimes.

Je finis par un avertissement indispensable : qu'en lisant ces Mémoires, on veuille bien se rappeler souvent à quelle époque ils furent terminés. Robespierre régnait encore. Quand donc je parle des comités et des tribunaux, ce n'est jamais que de ceux de Robespierre qu'il s'agit. Ah ! puisse le génie de la République soutenir toujours le bras des hommes courageux qui ont, au 9 thermidor, changé la face de la France! Et moi, dont les vains efforts avaient entrepris beaucoup plus tôt ce qu'ensuite leur puissance a consommé, puissé-je, bientôt à mon poste, seconder leurs efforts pour la guérison des profondes plaies dont les ultra-révolutionnaires ont frappé la patrie !

En attendant, jeunesse parisienne, un mot. Vous êtes enfin réveillée, gardez de vous endormir un instant. Vigilance et vigueur, mais constance et sagesse. Craignez également de vous précipiter trop tôt sur les obstacles, et de les aller chercher où ils ne sont pas. C'est ordinairement pour avoir été trop vite qu'on perd haleine, et trop souvent on manque à jamais le but, parce qu'on n'a pas attentivement regardé sa route. Ainsi, j'ai peine à croire qu'aller dans les spectacles sifler le buste d'un cadavre, soit le meilleur moyen de servir la liberté (1). C'est l'opinion qui tue les faux dieux, et c'est à la barre de l'assemblée représentative qu'on peut s'emparer de l'opinion. Que si, poussés par vos temporisations généreuses, les hommes de sang osent lever les poignards, alors, brave jeunesse, plus de délibérations, plus de lenteurs : aux armes ! aux armes ! et que les assassins de vos pères, que ceux qui ont dévoré tous les vôtres, que ceux qui vous dévorent vous-mêmes en espérance, que cette race de mangeurs d'hommes soit exterminée !

(1) On voit que ceci fut écrit quelques jours avant le décret contre les apothéoses prématurées.

QUELQUES NOTICES

POUR

L'HISTOIRE ET LE RÉCIT

DE

MES PÉRILS DEPUIS LE 31 MAI

Des grottes de Saint-Émilion, dans la Gironde,
aux premiers jours de novembre 1793.

Tout ce qui peut rendre heureux un homme sensible dont les goûts sont simples, je l'avais obtenu avant la révolution. Je vivais à la campagne que j'aimais avec passion. J'y composais des ouvrages dont le succès avait commencé ce que j'appelais ma petite fortune. Elle était petite en effet, comme mon ambition. Vivement épris de l'indépendance, j'avais compris de bonne heure que le seul moyen de me l'assurer était de borner, autant que possible, mes besoins; aussi le luxe, enfant de la coquetterie des premiers jours de mon adolescence, je l'avais chassé. J'avais appelé la sobriété, si nécessaire à la santé de chacun, plus nécessaire au travail d'un homme de lettres. J'avais tellement borné toutes mes dépenses, que huit cents francs par année me faisaient vivre. Les sept premiers volumes de mon premier ouvrage, imprimé à mes frais, me rapportaient un bénéfice beaucoup plus grand.

Enfermé dans un jardin, à quelques lieues de Paris, loin de tout importun, j'écrivais, au printemps de 1789, six petits volumes qui devaient, précipitant encore la vente des premiers, fonder ma petite fortune. Ils eussent produit trois fois autant, sans les grands événements qui, dans le cours de cette année, s'attirant toutes les attentions, vinrent pour ainsi dire étouffer les ouvrages frivoles, et donnèrent d'ailleurs mille facilités de plus à ces corsaires en librairie qui ne vivent que de la dépouille des auteurs. A propos de ce petit jivre, j'espère que tout homme impartial me rendra la lustice de convenir qu'au milieu des légèretés dont il est rempli, on trouve au moins, dans les passages sérieux, partout où l'auteur se montre, un grand amour de la philosophie, et surtout des principes de républicanisme assez rares encore à l'époque où j'écrivais.

Cette révolution qui venait, sinon détruire nos espérances, du moins en différer l'accomplissement, nous aurions dû ne la pas aimer. Mais elle était belle et juste. Le moyen de ne pas nous passionner pour elle, au détriment même de notre intérêt le plus cher? J'en serai quitte, disais-je à mon amie, pour faire quelque autre ouvrage et travailler un peu plus de temps. Si le retardement apporté à notre bonheur produit le bonheur du genre humain, pourrions-nous ne pas trouver quelque douceur dans nos sacrifices? Et mon amante applaudissait.

Quelle femme! quelle générosité! que de grandeur! comme elle était digne de l'immortelle passion qu'elle m'inspirait! Nous avions été, pour ainsi dire, élevés ensemble. Notre amour était né, avait crû avec nous. Mais comme elle entrait dans sa seizième année, on l'avait obligée d'épouser un homme riche. Celui-ci l'avait emmenée à cent lieues de moi. Elle était revenue six ans après. C'est à cette époque que, nous étant revus, nous sentîmes se développer dans toute sa force cette passion qui ne doit mourir qu'avec nous, hélas! et qui peut-être prépare à mon amante bien des dangers et des malheurs. Je pourrais dire aujourd'hui son nom sans la compromettre, car elle est mon épouse, et je n'éprouverai pas de persécutions qu'elle ne veuille partager; mais son innocente famille serait exposée aux plus lâches vengeances de nos persécuteurs. Il faut déguiser son nom.

Je lui donnerai celui de la généreuse fille, de la digne épouse de deux républicains dont j'ai dessiné les grands caractères dans un épisode de mon premier roman. Qui m'eût dit, en 86, lorsque j'écrivais les combats, les périls, toutes les nobles infortunes de Pulawski, que bientôt ma destinée aurait avec la sienne tant de frappants rapports; mais que, pour ma consolation, pour mon bonheur, je trouverais dans mon amie, alors seulement parée de toutes les grâces touchantes, de toutes les timides vertus de son sexe, le fier courage, les fortes résolutions, toutes les mâles vertus que le

1.

nôtre lui-même a si rarement? Qui me l'eût dit qu'elle aurait toute la force, toute la magnanimité que je me plaisais à donner à l'épouse de Lowzinski? Comment l'aurais-je deviné, grands dieux, qu'elle éprouverait presque tous les malheurs que je prêtais à *Lodoïska*? C'est donc ainsi que je l'appellerai.

J'étais auprès d'elle à vingt lieues de Paris, lorsque la nouvelle de la prise de la Bastille nous arriva. Aussitôt je reçus de ses mains un don à tous égards précieux : la cocarde tricolore. Le trouble inexprimable que je ressentis, les larmes qui vinrent à mes yeux, comme elle attachait ses rubans à mon chapeau, étaient-ils un pressentiment des rudes travaux auxquels je serais un jour entraîné dans ces grandes entreprises qui ne me touchaient alors qu'indirectement? Quoi qu'il en soit, cette unique cocarde portée par moi dans cette petite ville où l'aristocratie veillait, faillit m'attirer de fâcheuses affaires. Si la grande nouvelle ne s'était le lendemain pleinement confirmée, on me faisait un procès criminel. Tel était ma pénible entrée dans la carrière.

Longtemps je ne fus que spectateur. Je m'étais promis de l'être toujours. Assez d'hommes alors défendaient les chers intérêts du peuple. Celui de mon amour m'occupait presque tout entier.

Mais, après l'affaire d'octobre 1789, Mounier ayant, dans un écrit vraiment incendiaire, pris à tâche d'accuser Paris, alors exempt de blâme, au lieu d'accuser courageusement la faction d'Orléans, seule coupable des forfaits qui avaient souillé la juste insurrection de ces journées, l'indignation me mit la plume à la main. Je publiai cette brochure intitulée : *Paris justifié*. Elle me valut mon entrée aux Jacobins où l'on n'était alors reçu qu'avec les titres d'un vrai civisme et de quelque talent. C'était, je crois, dès le troisième mois de son institution. Presque toujours à la campagne, j'allais rarement aux séances; et je m'y renfermais dans le rôle d'observateur.

Tous mes ouvrages du moins furent désormais dirigés vers le but de la révolution. Ainsi *Emilie de Varmont*, roman entrepris dans l'intention de prouver l'utilité générale et quelquefois la nécessité du *Divorce* et du *Mariage des prêtres*.

Ainsi deux comédies restées dans le portefeuille. L'une en cinq actes, intitulée : *L'Anobli conspirateur* ou *le Bourgeois gentilhomme du dix-huitième siècle*. J'y attaquais par le sarcasme de la comédie le ridicule préjugé de la noblesse, vieille ou neuve; et cela deux ou quatre mois avant le décret qui l'abolit. Celui qui empêcha qu'on ne la reçût au *Théâtre de la Nation*, parce qu'elle était *incendiaire*, disait-il, ce fut N....., depuis commissaire du comité de salut public auprès de Wimpfen, à l'époque de l'insurrection de Caen; N..... qui, après cette révolution du 31 mai, affirmait, dans les départements insurgés, que lui et la Montagne étaient les vrais républicains; et que nous, fondateurs de la République, nous étions les royalistes. J'allai porter mon *Anobli* au Théâtre-Français, rue de Richelieu. L'un de ses entrepreneurs, M. d'Orfeuil, n'entendit la lecture des trois premiers actes qu'avec une mortelle impatience. Enfin n'y pouvant plus tenir, il m'interrompit, s'écriant : Il me faudrait du canon pour jouer cette pièce. C'est cet homme, aristocrate fieffé avant le 10 août, qui nous accuse maintenant de royalisme et se donne pour républicain. C'est ce monstre d'imposture et de cruauté qui présidait cette horrible commission qui dans Commune-Affranchie, a, sur huit mille victimes, fait égorger six mille républicains. C'est lui qui prétend qu'il n'y a eu que dix-sept cents exécutions.

L'autre comédie était une satire amère et très-gaie des momeries de la cour de Rome. Son titre était : *L'Élection et l'audience du Grand-Lama Sispi*. Le manuscrit est resté entre les mains de Talma, du théâtre de la rue de Richelieu.

La seule que je parvins à faire jouer fut une espèce de farce, appelée *la Grande revue des armées noire et blanche*. Son titre indique assez son objet. C'étaient quelques ridicules jetés sur l'armée de Coblentz. Elle eut vingt-cinq représentations.

J'allais dans toutes les occasions importantes à ma section. Là je parlais quelquefois, car l'aristocratie y venait souvent en force, et du côté des patriotes les sujets manquaient. J'y parlais donc de loin en loin, mais je fuyais *les honneurs du bureau* qu'il m'eût été facile d'obtenir. L'un des premiers je m'inscrivis sur les registres de la garde nationale ; l'un des premiers je fournis ma contribution patriotique ; l'un des premiers je fus juré d'accusation. Ainsi je remplissais tous les obscurs devoirs de la révolution, me dérobant sans cesse à ses éclatants bénéfices. Jamais on ne me vit chercher les triomphes de la tribune et les douceurs de la popularité. Le moment était venu où, malgré moi pour ainsi dire, j'allais me montrer.

La plupart des défenseurs de la cause populaire lui avaient été successivement arrachés ; les uns, par la mort, les autres par la corruption. La cour en était venue au point de conspirer ouvertement contre la constitution acceptée. Tous les partis qui travaillaient à la détruire étaient assurés de l'appui du monarque. On encourageait à la fois par des émissions de numéraire, des journaux bien payés, d'officieux vétos, par toutes les plus détestables manœuvres du machiavélisme enfin, les bicaméristes de Lafayette, les prêtres de l'abbé Maury, les nobles de l'armée de Condé. J'étais du petit nombre de ces philosophes hardis qui avaient à la fin de 1791 déploré le sort d'une grande nation obligée de s'arrêter à mi-chemin dans la carrière de la liberté, et de se dire affranchie lorsqu'elle avait encore une cour et un roi. Trop heureux cependant d'avoir vu réformer tant d'antiques abus, j'avais comme plusieurs autres promis de bonne foi fidélité à cette constitution châtrée, espérant que le temps amènerait avec lui, sans secousse, sans déchirement, sans hémorragie, la guérison des dernières plaies. Oui, par le ciel qui lit dans les cœurs, je jure que si la cour n'eût pas mille fois et continuellement tenté de nous ravir une demi-liberté, je n'aurais jamais attendu que du temps notre liberté tout entière. Mais il devenait incontestable que la cour conspirait, que non contente de fomenter toutes les révoltes intérieures, elle appelait l'étranger. Un roi coupable en violant tous ses serments nous déliait des nôtres. C'était l'ancien despotisme qu'il nous voulait rendre : eh bien ! nous lui donnerions la République. Et dans les imminents dangers de la patrie, nul ne pouvait plus sans crime se dispenser d'aller grossir le trop faible bataillon, le bataillon sacré qui combattait pour elle.

J'appris à ma Lodoïska les pensées qui me travaillaient. Son amour en frémit; son civisme ne put qu'applaudir. Tu veux que je le permette, me dit-elle. Hélas ! à quel temps renvoyons-nous les doux projets de la cabane (1) ! A travers quels orages nous allons passer ! Le faut néanmoins, je l'avoue. Mais puisse un si grand sacrifice t'obtenir la reconnaissance des hommes ! Puissent-ils ne nous jamais forcer à nous en repentir !

Dès lors je descendis dans la terrible lice. Indigné des manœuvres de ces nobles qui, pour l'établissement des plus intolérables abus, allaient armer l'Europe contre leur patrie, je fis, à la barre de l'Assemblée législative, le 25 décembre 1792, *ma pétition contre les princes*. Elle eut dans le Sénat et dans tout l'empire un prodigieux succès, dont elle n'était pas, je crois, tout à fait indigne. C'est du moins l'un des meilleurs morceaux qui soient sortis de mes mains. Les journaux l'ont diversement dénaturée. Baudouin en a fait, par ordre de l'Assemblée, une petite édition, dont j'ai revu les épreuves. C'est celle-là qu'on peut consulter.

---

(1) J'aurai occasion de dire ce que c'était.

Je fis encore deux pétitions, l'une contre celle du département de Paris qui avait prié le roi de mettre son véto sur le décret des prêtres, je crois. L'autre, je ne sais pour quel objet. Toutes deux furent encore imprimées chéz Baudouin, par ordre de l'Assemblée.

Puis, en janvier 1792, dans une discussion de première importance, je parus à la tribune de cette société célèbre, où je m'étais tenu jusqu'alors dans la plus complète obscurité.

———

Des cavernes du Jura, le 19 avril 1794, 30 germinal, an II de la République française, une et indivisible.

Après mille périls, j'arrive dans ces solitudes. J'y espérais un asile. Y en a-t-il encore pour un républicain sur la terre? D'un moment à l'autre, je puis être obligé de quitter ces lieux pour aller... O Dieu, tu me recevras dans ton sein!

Plus que jamais le temps me manque. Il ne s'agit pas d'écrire des mémoires, il faut jeter des notes, sacrifier les faits les moins importants, la plupart des détails. Que la personne à qui j'ai laissé dans la Gironde le premier cahier songe à le joindre à ceux-ci; je crois alors en être resté au moment où j'allais pour la première fois parler aux Jacobins.

C'était sur la grande question de la guerre. A cet égard, j'observais, je crois, que quatre factions divisaient alors l'État. Celle des Feuillants à la tête desquels était Lafayette, nommé général en chef; il consentait à laisser pénétrer les Autrichiens sur le territoire français, pensant avec leur secours écraser les Jacobins et obtenir la constitution anglaise. Celle des Cordeliers, travaillant à renverser Louis XVI, pour placer sur son trône Philippe d'Orléans. Les chefs évidents de celle-là étaient Danton et Robespierre; le chef secret Marat. Observez que Robespierre et Danton avaient le mutuel désir également dissimulé de se supplanter quelque jour; celui-ci comptant bien dominer tout à fait le conseil de régence dont Philippe n'eût jamais été que le maître apparent; celui-là se flattant de parvenir à la dictature, après avoir triomphé de tous ses rivaux. Le troisième parti, encore peu nombreux, mais considérable par des talents transcendants, entre lesquels on distinguait Condorcet, Roland, Brissot, était celui des purs Jacobins qui voulaient la République. Il est à observer que presque aucun jacobin n'était cordelier, mais que presque tous les cordeliers étaient jacobins, et faisaient à ceux-ci une guerre ouverte dans leur salle même, Robespierre portant presque toujours la parole pour les cordeliers. Les combats des deux partis et leur position au commencement de 92 sont assez bien peints dans une brochure que j'ai publiée vers la fin de la même année ou le commencement de 93; elle est intitulée : *A Maximilien Robespierre et à ses royalistes.* Enfin, la quatrième faction était celle de la Cour qui se servait de toutes les autres pour les écraser toutes; de Lafayette, en le flattant des deux chambres; des Cordeliers, en les poussant sur les Jacobins; des Jacobins en les excitant à faire une insurrection qu'elle espérait tourner à son profit. Ainsi, Lafayette ayant ouvert la France aux étrangers, les Jacobins ayant marché sur le château des Tuileries autour duquel on comptait les égorger tous, il n'y avait ni constitution de 89, ni constitution anglaise, ni République ; il y avait établissement de l'ancien régime avec toutes ses oppressions plutôt augmentées qu'adoucies.

Ce fut dans ces circonstances que se mut aux Jacobins la grande question, si on devait déclarer la guerre à l'Autriche. Les Cordeliers ne la voulaient pas, parce qu'elle donnait trop de pouvoir à Lafayette, le plus grand ennemi de d'Orléans ; les Jacobins la voulaient, parce que la paix continuée pendant six mois affermissait aux mains de Louis XVI un sceptre despotique, ou bien aux mains de d'Orléans un sceptre usurpé, et que la guerre seule, une prompte guerre, pouvait nous donner la République. A cette occasion donc éclata la plus forte scission entre la faction Robespierre et le parti Brissot. Moi, qui n'avais pas même encore vu celui-ci, moi qui ne pensais à rien qu'à la République, je parlai dans cette question. Mon premier discours fit beaucoup d'effet ; mais dans le second, l'un des meilleurs morceaux que j'aie composés, j'accablai Robespierre ; il le sentit, ne put répondre un mot ce jour-là, balbutia cinq ou six réponses les jours suivants, écrivit, écrivit, écrivit, et mit en campagne tous les limiers de la Cordelière pour calomnier dans les cafés, dans les groupes, l'orateur nouveau.

A peine je descendais dans la carière, et déjà mes périls commençaient. Une chose digne de remarque, c'est que je n'ai jamais pu savoir s'il est vrai que la popularité a quelques douceurs. Dès que j'ai servi le peuple, on m'a calomnié près de lui, et plus je mettais d'ardeur à soutenir ses intérêts, plus il me poursuivait de sa haine. Il est bien vrai qu'après mes deux discours aux Jacobins, imprimés et envoyés partout à leurs frais, j'allai rapidement au secrétariat de la société et à sa vice-présidence. Il est assez piquant de remarquer à cet égard que les députés seuls pouvaient être présidents, et que celui qui le fut en même temps que j'étais vice-président, c'était Bazire. Ainsi, si les purs jacobins avaient emporté la vice-présidence, la présidence était échue aux Cordeliers. Cependant, au moment où j'écris, Bazire a été guillotiné, et moi je languis dans l'exil. Robespierre s'est fait jour entre deux. Mon élection cependant était l'ouvrage de quelques républicains éclairés; mais la masse, la foule idiote déjà toute robespierrisée, me détestait. Voici le premier moyen dont s'avisa le futur dictateur pour faire disparaître en ses premiers jours un nouvel athlète dont le courage et les moyens l'alarmaient fort.

Avec Dumouriez qui se disait alors républicain comme il se dit aujourd'hui feuillant, comme il se dira demain aristocrate, si cela convient à sa vaste ambition, appuyée au reste sur d'immenses talents, avec Dumouriez étaient au ministère trois vrais républicains, Roland, Servan, Clavière : tous quatre voulaient la guerre. Je ne connaissais encore aucun d'eux, aucun d'eux ne me connaissait que par mes succès dans cette discussion récente où j'avais conquis à leur opinion tous les Jacobins de bonne foi. Il fallait un ministre de la justice, les quatre ministres jetèrent les yeux sur moi ; il fut arrêté qu'au prochain conseil on présenterait mon nom au roi qui m'eût infailliblement accepté, parce qu'à cette époque il entrait dans les plans de la cour de composer tout le ministère absolument comme les nouveaux ministres le demandaient. C'était le surlendemain que devait se tenir le conseil ; mais dès la surveille, Robespierre et tous les cordeliers apprirent que j'allais être nommé. Le lendemain voici ce qu'ils firent.

Dès le matin les limiers allèrent crier dans les groupes qu'arrivé de Coblentz depuis trois mois, je m'étais insinué aux Jacobins pour les diviser. A midi je me promenais sur la terrasse des Feuillants, passant près des groupes très-agités, et ne me doutant pas que c'était moi que leurs cris menaçaient. Chabot, que je ne connaissais que de vue, vint charitablement m'en avertir, et d'un ton très-officieux il ajouta que je ferais bien de ne point aller le soir aux Jacobins où je pourrais courir quelques risques. On va voir que ces messieurs auraient trouvé commode de me calomnier sans que je fusse là pour répondre. Je ne tins compte de l'avis ; j'allai le soir aux Jacobins. Une heureuse circonstance me permit de traverser, sans être reconnu les cours où des spadassins, aujourd'hui pour la plupart membres du tribunal révolutionnaire, m'attendaient armés de gros bâtons. J'entrai dans la salle au moment où l'éternel dénonciateur Robespierre dénonçait vaguement des émigrés introduits dans la société, etc., et les tribunes, imbues des propos de la matinée, d'applaudir avec fureur. Robespierre finissait par demander qu'une commission examinât ces nouveaux reçus, et qu'on les chassât de la société. Je demandai la parole pour appuyer la motion ; Robespierre s'y opposa, disant que je voulais troubler la société, et puis il recommença à m'inculper d'émigration indirectement et ayant bien soin de ne me pas nommer. J'insistai pour la parole ; les tribunes ayant reçu le signal se levèrent furieuses. Je voyais de toutes parts des poings et des bâtons. Cinquante jacobins, indignés, vinrent se grouper autour de moi, offrant de m'accompagner jusqu'à ma porte. Un d'eux (il s'appelait Bois) me dit : Moi, je fais mieux, ils ne veulent pas t'entendre ; ils t'entendront. Puis se jetant au milieu de la salle : Oui sans doute, s'écria-t-il, il y a un traître ici! Les cordeliers alléchés se turent aussitôt, et les douces tribunes de les imiter. Mais ce traître, je ne veux pas l'accuser indirectement ; je le nomme, c'est Louvet. Aussitôt je me précipitai à la tribune. Robespierre voulut encore m'enlever la parole, il n'était plus temps. Dénoncé nominativement, je devais répondre. La société l'ordonna. Je le fis ; je rendis compte de toute ma vie révolutionnaire depuis 89, citant des faits, les lieux, les personnes. Ma justification eut un tel succès, que les tribunes mêmes finirent par applaudir. Eh bien, le lendemain, Robespierre répandit le bruit que je m'étais fait dénoncer moi-même pour avoir l'occasion de faire mon panégyrique, et cela, parce que je voulais être ministre de la justice!

Je ne craignais pas de l'être, mais je jure que je ne le désirais pas. Le jour même que le conseil devait se tenir, je reçus, à dix heures du matin, une lettre complimenteuse du député Hérault-Séchelles, que *je ne connaissais point*. Cet intrigant m'annonçait ma nomination, à laquelle il avait bien contribué, disait-il. Puis il demandait une des premières places des bureaux pour un de ses anciens secrétaires, peut-être comme lu agent secret de l'Autriche. Un autre vint me dire qu'i quittait Dumouriez, qui lui avait certifié qu'en effet je serais nommé le soir. Mais, dans un dîner où se trouvèrent les ministres et quelques députés, tout changea. Un lourd personnage, assez ignorant, et surtout fort timide, Duranton, de Bordeaux, me fut préféré. Ce fut la première faute du parti républicain. Il l'a payée bien cher. Elle a surtout coûté bien du sang et des larmes à mon pays. Eh ! par quelle étrange fatalité faut-il que le changement des destinées d'un homme agisse si puissamment sur les destinées d'un empire ? Que si j'avais été ministre de la justice, j'aurais assurément signé cette fameuse lettre de Roland à laquelle Duranton, ambitieux et faible, refusa d'accéder. Coupable dans le sens des trois ministres, on me renvoyait avec eux. Partageant leur honorable disgrâce, j'obtenais aussi l'estime publique ; avec eux je rentrais le 10 août, j'étais ministre de la justice ; le royalisme déguisé ne commettait pas sur le berceau de la république les horreurs de septembre ; la faction des Cordeliers ne forçait point, par la terreur, l'élection de ces députés de Paris, dont quelques-uns ont été si funestes à la France. Le gouvernement anglais n'ayant pas de moyens d'exciter contre nous son peuple, cherchait vainement un prétexte de guerre ; Robespierre, s'il ne changeait pas, succombait; avec lui tombaient ou n'osaient se montrer Pache et son insolente commune ; Chaumette, Hébert, le grand exterminateur, et cette foule de vils coquins payée par les puissances. La République était fondée !

Cependant Lanthenas m'entraîna chez le ministre de l'intérieur qui avait un vif désir de me connaître. Oh ! Roland, Roland, que de vertus ils ont assassinées dans ta personne! que de vertus, de charmes et de talents dans la personne de ta femme, plus grand homme que toi! Tous deux me pressèrent d'écrire pour une cause qui avait besoin de l'intime réunion de tous les hommes propres à la faire valoir. La guerre était déclarée. La cour, visiblement d'accord avec l'Autriche, trahissait nos armées ; il fallait éclairer le peuple sur tant de complots ; j'écrivis *la Sentinelle*. Le ministre de l'intérieur en faisait les frais. Ma très-modique fortune n'aurait pu suffire à l'impression d'un journal-affiche, dont plusieurs numéros furent tirés à plus de vingt mille. Ceux qui ont étudié Paris et les départements savent combien *la Sentinelle* a servi la France à l'époque où l'étranger, enhardi par ses alliances intérieures, menaçait de tout envahir.

A quelque temps de là, Dumouriez, voulant régner au conseil, culbuta les ministres Servan, Clavière et Roland. Le jour même on vint me confier qu'il pensait à me donner l'ambassade de Constantinople. Il y eut même quelques journaux qui l'annoncèrent, ce qui n'empêcha pas que je n'insérasse dans le numéro suivant de *la Sentinelle*, un paragraphe fort vif contre la conduite du ministre favori ; aussi n'ai-je plus entendu parler de mon ambassade.

Ce fut à peu près à la même époque que Brissot et Guadet voulurent me faire envoyer commissaire à Saint-Domingue. Guadet surtout insista longtemps avec la plus grande chaleur. Deux passions également fortes me retinrent ; l'amour de Lodoïska, qui, n'étant pas ma femme alors, n'aurait pu me suivre, et l'amour de ma patrie en péril. Sur mes refus réitérés, on donna cet emploi à Santhonax. Si je l'eusse accepté, Santhonax serait actuellement proscrit à ma place, et moi je ferais, à la sienne, la guerre aux Anglais dans Saint-Domingue.

Vint enfin l'insurrection du 10 août. Ce que j'ai fait dans cette journée, je l'ai dit ailleurs ; mais ce que je n'ai pas dit, c'est que j'ai contribué à sauver des soldats suisses que les satellites de d'Orléans, qui avaient fui à la première décharge, vinrent pour massacrer quand le combat fut fini. Je fis filer plusieurs de ces malheureux dans les corridors de l'assemblée, d'où ils passèrent au comité diplomatique, dans les armoires duquel Brissot et Gensonné en cachèrent plusieurs. Un autre fait non moins piquant dans un autre genre, c'est que Danton, qui s'était caché pendant le combat, parut après la victoire, armé d'un grand sabre et marchant à la tête du bataillon des Marseillais, comme s'il eût été le héros de ce jour. Quant à Robespierre, plus lâche encore et non moins hypocrite, il n'osa se montrer que plus de vingt-quatre heures après l'affaire, ce qui ne l'empêcha pas de s'en attribuer tout le succès au conseil de la commune, où il alla commander en despote le surlendemain 12.

Et le 2 septembre suivant, ils nous menaçaient tous. L'affreux Robespierre proscrivait à la tribune ; *le grand exterminateur* rendait des arrêts de mort. Le supplice de Brissot, de Vergniaud, de Guadet, de Condorcet, de Roland, celui de la citoyenne Roland, celui de ma Lodoïska, le mien, étaient décidés. Vils imposteurs, infâmes royalistes, étions-nous déjà des fédéralistes alors? Non, mais pour le service des puissances vous inventiez d'autres calomnies !

Etions-nous des fédéralistes dès les premiers jours de la Convention ? et cependant vous nous proscriviez déjà ; vous proscriviez les deux tiers de l'assemblée ; vous placardiez qu'il fallait *une nouvelle insurrection; qu'à voir la trempe de la plupart des députés à la Convention, vous désespériez du salut public. O peuple babillard*, disiez-vous, *si tu savais agir* (1) !

Etions-nous des fédéralistes en février 1793? Dans le nombre des calomnies dont vous nous poursuiviez sans relâche, vous n'aviez pas encore imaginé celle-là ; et cependant vous nous proscriviez.

Vous nous proscriviez le 10 mars, et loin de songer à nous accuser de fédéralisme, vous donniez, comme je le démontrerai tout à l'heure, l'exemple de l'établir.

Quelques jours après, vous veniez à la barre de l'Assemblée nous proscrire par la bouche de *Pache*. Vous demandiez vingt-deux têtes, en attendant mieux;

---

(1) Voyez les placards de Marat.

et vous nous accusiez de tout, excepté de fédéralisme.

Le 31 mai, vous veniez le sabre à la main nous saisir, et ce n'était pas encore de fédéralisme que vous nous accusiez.

Et même plusieurs semaines après, lorsque vous aviez chargé l'ingénieux Saint-Just d'imaginer nos crimes, ô absurdité ! c'était le fédéralisme et le royalisme ensemble que vous nous reprochiez !

Quelques mois après, le fédéralisme resta seul. Mais dans quelle bouche, grands dieux! dans celle de Barrère !

Si jamais il exista, le fédéralisme, ce fut par vous seuls, par vous qui nous l'imputez.

Vous le proclamiez, au 2 septembre, dans votre circulaire où vous déclariez méconnaître l'assemblée représentative, centre unique de ralliement; où vous disiez de votre municipalité de Paris *qu'elle venait de se ressaisir de la puissance du peuple;* où vous invitiez les autres sections de l'empire à adopter vos mesures; où par conséquent vous disiez en d'autres termes à chaque département : Toute l'autorité, tous les trésors, tous les moyens de gouvernement sont à moi. Pour vous plus de liberté, point de République; à moins que de votre côté vous ne vous hâtiez de *ressaisir* aussi la portion de pouvoir qui vous revient; auquel cas, si vous pouvez éviter l'anarchie, vous avez le fédéralisme.

Vous le proclamiez de nouveau dans le manifeste de votre révolte avortée du 10 mars, où vos insurgents demandaient, *comme mesure suprême et seule efficace, que le département de Paris, partie intégrante ud souverain, exerce en ce moment la souveraineté qui lui appartient.* De sorte que, pour établir le fédéralisme, chaque département n'avait qu'à vouloir aussi, d'après vos agressions et votre exemple, EXERCER sa portion de souveraineté, sauf au moins à reconnaître sur certains points un lien commun que vous, dans votre tyrannie, vous n'admettiez pas.

Il exista le fédéralisme, lorsque, dans chaque département, un montagnard investi d'un pouvoir sans bornes, alla dicter des lois arbitraires auxquelles le département voisin n'était pas soumis. Il exista lorsque une douzaine de dictateurs, démembrant l'empire commun, s'alla créer une douzaine d'empires. Il exista lorsqu'au nord Lebon, dans le midi Maignet, à l'ouest Carrier, Collot d'Herbois dans Lyon, régnèrent despotiquement, chacun selon ses caprices, au gré de ses passions, de diverses manières. Eh! quelles manières, grands dieux! Les barbares, ils ne s'accordaient que sur un point: verser le sang par flots, et par flots encore!

Certes, il exista le fédéralisme, il exista pour le crime; mais il n'exista que par vous, tyrans, et pour vous.

Cependant, s'écrient quelques hommes étrangement abusés, les départements se sont *fédéralisés* pour marcher contre la Convention. Contre la Convention, jamais. Pour elle, toujours. Mais d'ailleurs *fédéralisés?* Que voulez-vous dire? Elles étaient donc *fédéralistes*, au 24 juillet, les sections de Paris qui chacune en particulier trop faible, se *fédérèrent* pour renverser la Bastille ? Ils étaient donc fédéralistes, le 10 août, ce bataillon du Finistère, ce bataillon de Marseille et ces nombreux bataillons de Paris qui se *fédérèrent* contre le château ? et ces douze cent mille soldats qui de toutes les parties de la République courent aux frontières, et se *fédèrent* contre l'étranger qu'ils écrasent, ce sont donc des fédéralistes ? Enfin se fédérer, c'est donc se fédéraliser ? Quel misérable abus de mots ! quelle pitié !

Mais quand on pense que cet abus de mots a pu conduire sur l'échafaud plus de cent mille républicains, et les républicains les plus courageux, les plus éclairés, les plus probes ! Quelle horreur !

Je ne répéterai point ici ce que j'ai imprimé ailleurs sur les travaux du corps électoral de Paris. Au moins les élections des départements pouvaient remédier à ce mal. Péthion, Sieyès, Thomas Payne, Condorcet, Guadet, etc., rejetés par la faction de Paris, furent élus par le peuple des départements ; celui du Loiret, où je n'avais pas un ami particulier, pas une correspondance, où je n'avais jamais paru, me nomma l'un de ses députés. Voilà pourtant ce qu'ils ont appelé intriguer, eux qui dans la capitale avaient forcé leur élection par les poignards !

Ce fut au 10 août 1792 que je me chargeai de la rédaction du *Journal des Débats.* Ils ont osé dire dans le mensonge-Amar, appelé acte d'accusation des députés *fédéralistes,* qu'on me payait 12,000 livres par an pour mentir à l'Europe dans ce journal. Voici le fait : après le 10 août, Baudouin, propriétaire de ce journal, qui le sentait perdu si quelque patriote connu et de quelque talent ne le soutenait pas, vint me conjurer de le prendre. Je refusai ; alors il alla solliciter et m'apporta des billets de Guadet, de Brissot, de Condorcet qui me priaient de m'en charger. Je me rendis. Baudouin m'offrait tout ce que je voulais. Le dernier rédacteur qui était peu connu touchait 6,000 livres ; je demandai 10,000 livres, et certes Baudouin fit un excellent marché, car bientôt ses abonnés triplèrent. J'employai deux collaborateurs, encore ma chère Lodoïska était-elle obligée d'y travailler beaucoup. Hélas ! et c'est la source du plus grand malheur qui peut-être m'accable aujourd'hui, peut-être, tandis que languissant dans un dangereux exil, j'attends cette épouse si chère, peut-être est-elle arrêtée ! C'est à cette époque que mes ennemis l'ont connue ; c'est alors qu'ils ont pu apprécier ses talents littéraires, son âme forte et la tendresse qu'elle me portait. C'est alors qu'Amar, sous prétexte de la reconduire, vint chez moi plusieurs fois malgré elle. Il voulait, disait-il, lui faire sa *cour* et m'éclairer sur les piéges que me tendaient Roland, Brissot et tous mes prétendus amis ; c'est-à-dire, qu'envoyé par la faction, il osait se flatter de séduire mon amie et de me corrompre. Au reste, il nous vit dans notre intérieur et en désespéra bientôt. Un jour sortant de l'Assemblée, où il venait de faire une motion sanguinaire, il s'approcha de ma femme et lui voulut dire quelques *douceurs*. Celle-ci l'interrompant, lui dit froidement : Monsieur, je viens d'entendre ce que vous avez dit à la tribune, et je vous méprise. Il ne revint plus chez nous, il devint notre ennemi le plus cruel. C'est lui qui n'a pas rougi d'attacher son nom à cette pièce infâme, à cet acte d'accusation qui a conduit les plus vertueux républicains à l'échafaud; c'est lui qui dit que *je mentais à l'Europe ;* oui, je mentais, car je dissimulais une partie de ta laideur et de la laideur des tiens! Enfin, c'est lui qui, membre de ce comité de sûreté générale, maintenant investi de tout pouvoir nécessaire pour produire un mal sans bornes, c'est lui qui, ministre des proscriptions d'un nouveau Sylla tout puissant pour le crime, tient peut-être ma femme dans le cimetière de ses prisons. O Lodoïska, ma chère Lodoïska! si tu péris, j'aurai causé ta mort, mais je ne te survivrai pas longtemps!

Le 21 septembre, la Convention commença, et dès le second jour Robespierre et Marat allèrent aux Jacobins prêcher l'insurrection contre la Convention; le premier osa, quelques semaines après, se plaindre à la Convention de ce qu'il appelait les calomnies répandues contre lui et défier un accusateur : à l'instant même je demandai la parole. L'accusation que j'intentai contre lui produisit le plus grand effet; cinquante députés attestèrent les attentats que je rappelais, et dont le moindre devait conduire cet homme à l'échafaud. Le lâche crut sa dernière heure arrivée; il vint à la tribune me demander grâce. Si Péthion, qu'ils n'avaient pas alors assez calomnié pour lui ôter son immense influence, si Péthion que j'interpellai plusieurs fois, eût voulu dire publiquement le quart de ce qu'il savait, Robespierre et son complice étaient décrétés sur l'heure. Alors, détestés dans la République entière, n'ayant dans Paris qu'un parti très-inférieur à celui de la Convention, ils recevaient le châtiment de leurs crimes. L'infâme d'Orléans et une vingtaine de brigands subalternes rentraient dans leur nullité; un Barrère, un Lacroix, un ramas de vils intrigants toujours prêts à traîner le char du parti dominant, restaient Rolandistes, la République était sauvée !

Péthion, Guadet, Vergniaud firent donc cette faute de ne pas répondre aux fréquentes interpellations par lesquelles je les appelais en témoignage, et un autre poussa la faiblesse jusqu'à me blâmer dans son journal d'avoir intenté cette accusation.

Cependant Robespierre avait été tellement atterré, qu'il avait demandé huit jours pour répondre. Ce terme expiré, il meubla de tous les jacobins et jacobines qu'on put rencontrer les tribunes, qui se trouvèrent pleines dès neuf heures du matin. Le dictateur parla deux heures, mais ne répondit point; je comptais l'écraser dans ma réplique. Les Girondistes se levèrent avec la Montagne pour m'empêcher de parler. Je ne vis plus pour moi que le fier Barbaroux, le brave Buzot, le vertueux Lanjuinais et notre vigoureux *côté droit*. Brissot, Vergniaud, Condorcet, Gensonné pensèrent qu'un ordre du jour, s'il sauvait Robespierre, le déshonorait assez complétement pour lui ôter à jamais toute influence; comme si devant cette faction sanguinaire il s'agissait d'honneur, comme si l'impunité physique ne devait pas l'enhardir à tous les forfaits ! Cette énorme faute du parti républicain me navra le cœur ; dès lors je vis que les hommes à poignard l'emporteraient tôt ou tard sur les hommes à principes ; dès lors j'annonçai à ma chère Lodoïska qu'il fallait de loin nous tenir prêts à l'échafaud ou à l'exil.

Salle, Barbaroux, Buzot et moi nous ne cessions de dénoncer la faction d'Orléans. Brissot, Guadet, Péthion et Vergniaud ne nous secondaient jamais que très-faiblement. Hébert et Marat calomniaient sans cesse dans leurs journaux très-popularisés. Pache, après avoir trompé Roland par son hypocrisie de républicanisme et de vertu, trompait la nation et la trahissait en désorganisant tout au ministère de la guerre, en suscitant mille entraves au génie conquérant de Dumouriez, alors très-sincèrement républicain, quoi qu'il en puisse dire aujourd'hui. Les armées se remplissaient des apôtres de l'indiscipline et de toute espèce de brigandage ; les états-majors se peuplaient des brigands dévoués à la faction. Les bureaux de la guerre, les Jacobins, les Cordeliers, les sections où trente coquins dominaient par la terreur, retentissaient des cris de la révolte ; nos tribunes nous insultaient, nous menaçaient. ne nous laissaient plus la liberté de parler, et cependant nos malheureux amis voyaient à tant de maux un remède unique, *le plan de constitution qu'ils achevaient*, et quand on leur parlait d'un coup de vigueur contre les conjurés, ils répondaient avec le plus déplorable sang-froid qu'il fallait se garder d'aigrir ces hommes naturellement violents.

En général, il est temps de faire cette remarque, que

parmi les victimes du 31 mai on comptait beaucoup d'hommes distingués par de rares talents, capables d'épurer la morale, de régénérer les mœurs, d'augmenter la prospérité d'une république en paix, de bien mériter de la patrie par leur conduite privée, par des vertus publiques ; mais qu'il n'y en avait pas un d'eux qui fût accoutumé au bruit des factions, propre à ces coups vigoureux par lesquels on peut abattre des conjurés, pas un même qui fût en état de soupçonner des desseins ennemis, d'embrasser d'un coup d'œil le vaste plan d'une conjuration, et s'ils l'eussent enfin reconnu, de le vouloir combattre autrement que par des principes de morale et de pompeux discours. J'en excepte Salle, Buzot et Barbaroux, qui dès le principe reconnurent bien la faction d'Orléans, et se joignirent à moi pour la combattre dans toutes les occasions ; mais leur pénétration ne put s'étendre plus loin ; il n'y eut jamais que Salle à qui je pusse persuader que l'Autriche et l'Angleterre avaient leurs principaux agents dans les Jacobins, et je me souviens que Guadet, Péthion et Barbaroux même se récriaient encore dans la Gironde, six mois après le 31 mai, lorsque je disais qu'assurément Marat et sa bande étaient aux puissances. Quelquefois, dans des moments d'indignation, Guadet le disait bien, mais c'était par une espèce de métaphore ; et certes il n'aurait jamais voulu prendre ce qu'il appelait cette hypothèse pour base de sa conduite dans l'assemblée. Trop honnêtes gens, ils ne pouvaient croire à de pareils forfaits ; aussi ne cessais-je de leur répéter que tôt ou tard ils en seraient les victimes.

Peu à peu j'ai anticipé sur les événements : revenons à l'ordre du jour sur l'accusation contre Robespierre ; ne pouvant parler, je pris le parti d'écrire et d'imprimer ma réponse, ainsi intitulée : *A Maximilien Robespierre et à ses royalistes*. C'est là que j'ai peint toutes les manœuvres de Robespierre aux Jacobins pendant 1792 ; la faction des Cordeliers ; les turpitudes du corps électoral de 1792 ; les desseins de la faction d'Orléans ; les ambitieux projets des différents chefs. Presque tout ce que j'annonçais s'est réalisé par la suite, si ce n'est que, contre mon attente et contre toute probabilité, le très-médiocre Robespierre a triomphé de Danton. Je dis très-médiocre, parce que les pompeux rapports qu'il publie, depuis que, réunissant comme principal membre du comité de salut public tous les pouvoirs, il dispose aussi des assignats, ne peuvent en imposer à quiconque le connaît aussi bien que moi. Détestable auteur et très-mince écrivain, il n'a aujourd'hui d'autre talent que celui qu'il est en état d'acheter.

Le ministre de l'intérieur Roland, qui sentait l'irréparable faute de cet ordre du jour, voulut, autant que possible, l'amender, en faisant connaître à la nation tous les crimes des dictateurs de septembre. Il fit passer un grand nombre d'exemplaires de ma brochure dans les départements, et je ne doute pas que cette grande publicité n'ait retardé de plusieurs semaines les affreux succès de la faction.

A peu près dans le même temps, Buzot et moi nous lui portâmes un coup non moins sensible. Nous demandâmes et nous obtînmes le décret d'expulsion des Bourbons. Une révolte des Jacobins, des Cordeliers et de la Commune nous le fit rapporter; mais du moins nous en tirâmes cet avantage, d'avoir forcé la faction de se produire, de manière qu'il n'y eut plus que les gens tout a fait aveuglés et de mauvaise foi qui pussent la contester, ou la voir ailleurs que sur la fameuse Montagne.

Assurément j'avais bien mérité l'honneur d'être chassé de cette société des Jacobins, où l'on ne comptait peut-être plus trente de ses anciens membres, et qui n'était plus remplie que de Cordeliers. Je fus rayé le même jour que Roland, Lanthenas et Girey-Dupré, collaborateur du journal de Brissot, jeune homme plein de républicanisme, de courage et de talent.

Nous voici à l'affaire de Capet, sur laquelle j'ai quelques détails importants à donner. Salle ouvrit et motiva dans l'Assemblée l'opinion de l'appel au peuple. Je la soutins, on peut voir par quels motifs et si les événements ont vérifié mes prédictions. Mon discours, qui ne fut pas prononcé à la tribune parce qu'on ferma la discussion à l'instant où j'allais parler, a du moins été imprimé. Parmi nos orateurs, Vergniaud répondit à Robespierre et l'écrasa. Digne et malheureux Vergniaud, pourquoi n'as-tu pas plus souvent surmonté ton indolence naturelle? et surtout pourquoi, lorsqu'ils environnaient la Représentation de mille embûches mortelles, pourquoi tes yeux ont-ils refusé de voir? Après le 10 mars, ils se fermaient encore; ils ne se sont ouverts qu'au 31 mai, hélas et trop tard!

Que d'horreurs! et ce n'était que le prélude des horreurs qu'ils nous préparaient. Nous n'étions pas loin du

10 mars : un ennemi bien redoutable et bien peu attendu allait grossir le nombre déjà trop grand de nos ennemis : Dumouriez allait aussi se joindre à la faction d'Orléans.

Au moment où j'écris, ses mémoires ont paru. Il prétend avoir toujours été monarchiste; mais je dois à la vérité de déclarer et de prouver qu'il fut, pendant quelque temps, un très-sincère républicain.

Qu'il ait désiré que Louis XVI se maintînt sur le trône alors que, devenu son premier ministre, il régnait plus que lui, je le conçois; mais qu'après le 10 août il fût demeuré le fidèle serviteur d'un prince découronné, je crois assez connaître l'ambitieux général pour affirmer que cela ne se pouvait pas. D'ailleurs ne m'est-il pas connu qu'après cette journée du 10 août, Dumouriez fut le premier dénonciateur de Lafayette qui faisait prêter à ses troupes serment d'obéissance au roi? Ne sais-je pas bien qu'à cette époque il écrivit lettres sur lettres à la commission des Vingt-un de l'Assemblée législative, et que ce fut ainsi qu'il obtint le commandement général? N'est-il pas connu de l'Europe que sans lui Brunswick était à Paris avant la fin de l'automne? Il me dira que, pour l'honneur et la sûreté de la France, un très-zélé monarchiste pouvait bien ne pas vouloir que l'étranger vînt dicter des lois jusque dans la capitale, et qu'il devait encore désirer de reprendre sur lui Verdun et Longwy. Je l'accorde; mais la victoire de Jemmapes? mais la conquête de la Belgique? mais l'invasion projetée et presque effectuée de la Hollande? N'étaient-ce pas là des actes plus que constitutionnels?

2.

Après avoir, dans une campagne à jamais fameuse, avec trente-cinq mille soldats nouveaux, arrêté, repoussé, chassé, presque détruit cent mille vieux soldats, les meilleurs de l'Europe et commandés par un des généraux les plus célèbres; après avoir repris deux places fortes; vaincre à Jemmapes, conquérir la Belgique, et bientôt porter à toutes les puissances un coup décisif, en s'emparant des ports et des trésors de la Hollande; puis, avec une armée fière de ses victoires, renforcée de soixante mille Brabaçons et Bataves, revenir sur Cobourg, le battre, forcer l'Autriche à la paix, l'Angleterre au silence, toute l'Europe à l'admiration; devenir ainsi le véritable fondateur de la République française et l'arbitre des destinées du monde, ce rôle était assez grand pour tenter le plus ambitieux des hommes et l'homme du plus grand génie.

Dumouriez y aspira, Dumouriez l'eût rempli. Mais la faction de l'étranger, qui ne craignait rien tant que lui, sentit de bonne heure qu'il fallait lui préparer des revers dont l'effet inévitable serait de le culbuter ou de le forcer à venir vers elle. C'est pour cela que Pache, alors ministre de la guerre, et Hassenfratz, le chef de ses bureaux, s'appliquèrent à laisser les troupes de Dumouriez manquer de tout; c'est pour cela qu'ils jetèrent dans cette armée le plus grand nombre possible de ces petits soldats orléanistes, infatigables apôtres du pillage et de l'indiscipline; c'est pour cela que le conseil où Roland n'était plus entendu qu'avec humeur, où chacun s'unissait contre sa vertu trop austère; où Monge et Pache décidaient, et sur lequel Dumouriez, qui a grand soin de ne pas le dire, sait pourtant très-bien que le parti républicain de la Convention ne pouvait plus rien à cette époque, c'est pour cela, dis-je, que le conseil désola la Belgique de ce Ronsin, de ce Chepy, de cet Estienne, de cette bande de commissaires du pouvoir exécutif, secrètement et spécialement chargés de faire haïr la France et surtout son gouvernement *prétendu* républicain, et d'employer pour cela toutes les violences, toutes les extorsions, toutes les espèces de despotismes, de brigandages, tous les forfaits que de tels scélérats pouvaient inventer : comme certains commissaires investis, loin de la Convention, de plus de pouvoir qu'ils n'en avaient dans son sein, et de même chargés par la faction de rendre la *soi-disant* République à jamais détestable dans les départements. C'est pour cela que l'un des commissaires conventionnels, choisis par la Montagne, alors toute-puissante, pour aller dans la Belgique, fut Lacroix, plus capable à lui seul de détrousser les Belges que cette nuée de voleurs déjà dépêchés par le conseil. C'est pour cela que Marat, principal agent de l'Angleterre, ne cessait de déchirer le général dans ses feuilles journellement colportées jusque sous les tentes de Dumouriez, c'est pour cela qu'il ne cessait de travailler à lui enlever la confiance des soldats; c'est parce qu'il savait de quels piéges on l'environnait, que d'invincibles obstacles on préparait sur ses pas, et quelles trahisons on lui réservait, qu'il *prédisait* avec assurance qu'au printemps le général serait émigré. Et ces moyens leur ont réussi ! et Dumouriez, trahi dans ses brillantes espérances, n'a pas rougi de pactiser avec ceux qui venaient de lui ravir tous ses moyens, toute sa fortune et toute sa gloire, contre ceux auxquels il devait tout, et qui aux jours de leur puissance avaient travaillé de tous leurs moyens à ses succès ! Il n'a pas rougi de pactiser avec les Lacroix, les plus vils coquins que la terre ait jamais vomis, contre les Vergniaud, Condorcet, Thomas Payne et d'autres infortunés républicains, auxquels, malgré les calomnies que chacun leur prodigue maintenant, la postérité, l'impartiale postérité rendra justice. Et dans ses mémoires, ce n'est pas au digne chef de l'horrible Montagne que Dumouriez adresse ses plus fréquents reproches, c'est à mes malheureux amis que, tantôt par des omissions volontaires, tantôt par des réticences affectées, tantôt par des calomnies directes, il voudrait prodiguer l'opprobre des différents décrets qu'ils ont constamment combattus et dont ils ont été les victimes. C'est encore sur la tombe des républicains qu'il vient insulter à leurs vertus qu'il a persécutées, à leurs bienfaits qu'il a trahis ! O Dumouriez ! on peut ainsi faire sa cour aux rois de l'Europe ; mais l'histoire est là qui n'eût parlé que de tes talents, et qui devra raconter, avec ton horrible perfidie, toutes tes bassesses.

Malgré les manœuvres d'Hassenfratz et de Pache, Dumouriez commença sa campagne, et déjà son heureuse audace triompha de tous les obstacles. La faction vit que malgré tout il prendrait la Hollande ; et dès lors le général Stingel (je crois) laissa libre passage à Cobourg, qu'il était si facile d'arrêter. Une colonne de trente mille impériaux tomba du ciel apparemment, sans qu'on l'eût aperçue, et culbuta nos cantonnements. Force fut à Dumouriez de laisser son expédition si heureusement commencée et de revenir dans la Belgique se remettre à la tête d'une armée frappée de découragement. Il lui rendit quelque force, quelque consistance, quelque discipline, et obtint encore un avantage assez important à Tirlemont.

La journée de Nerwinde vint ensuite. La défaite de l'aile gauche entraîna la perte de la bataille. Ecoutez Miranda (1), il vous dira qu'il fut sacrifié par Dumouriez. Ecoutez Dumouriez, il vous dira que Miranda se fit battre exprès pour lui arracher la victoire. Moi qui sais que la faction détestait également l'un et l'autre, je penche à croire que ce fut elle, et elle seule, qui fit les désastres de ce jour. Il était décisif; et tout semble annoncer que les premiers qui, dans l'aile gauche de Miranda, crièrent sauve qui peut et la débandèrent, étaient ces désorganisateurs payés, ces cordeliers, dignes émissaires de Marat, dignes agents de Lacroix.

Quoi qu'il en soit, l'expédition de la Hollande était manquée sans retour, une bataille perdue décidait la perte de la Belgique ; il ne restait au général, pour couvrir la frontière, qu'une armée toute découragée, déjà très-réduite, et que les désorganisateurs allaient travailler avec plus de succès. Voilà Dumouriez dans la situation où depuis longtemps la faction brûlait de l'amener. A ses yeux la république est désormais perdue ; s'il continue de se battre franchement pour elle,

(1) Je crois Miranda à tous égards irréprochable.

il se perdra tôt ou tard lui-même ; encore un revers et ses mortels ennemis, les Jacobins, le pousseront à l'échafaud. Que faire cependant ? à quelle cour demander asile ? quel roi recevra, quel roi ne poursuivra pas le vainqueur de Brunswick ? Il y avait bien un autre parti à prendre plus prompt, plus sûr, plus généreux : assurer la retraite de ses troupes, les ramener sur la frontière, les placer dans la situation la moins défavorable, de là écrire à la Convention, et Dumouriez sait écrire ; écrire une lettre digne de son auteur et des circonstances ; dévoiler sans ménagement, non pas quelques faiblesses de tel ou tel républicain, mais tous les crimes des nouveaux royalistes, toutes les infâmes manœuvres de Pache, toutes les scélérates propositions de Lacroix, enfin tous les forfaits d'une faction impie et du cruel étranger qui la soldait ; puis, à l'exemple du dernier des Brutus et de tant d'autres généraux de l'antiquité..... Mais à quoi bon une telle folie ? rien, qu'à sauver son honneur ! rien qu'à assurer sa gloire ! rien, qu'à lui donner une des premières places dans l'histoire ! Qui, lui, il imiterait ces fous de la Convention qui, dans leurs propos, vont citant sans cesse, non pas, comme il le dit, les Romains, mais, ce qui est un peu différent, les héros de Rome ! Non, un tel moyen ne pouvait nullement convenir au général : jusque-là, sans doute, il avait été républicain pour ses intérêts ; mais romanesque, il ne l'avait pas encore été.

D'autres pensées étaient propres à séduire un homme de son caractère. Il lui paraissait désormais impossible que la France ne retombât pas sous le joug de la royauté ;

si les étrangers nous donnaient un roi, ce ne serait qu'à travers des flots de sang et avec le despotisme absolu. C'était donc, selon cet homme, rendre aux Français un service réel que de traiter en dehors avec Cobourg, en dedans avec Philippe, pour le rétablissement de la constitution de 1789 ; et dans ce dernier plan le général était encore un personnage de grande importance. Il est vrai qu'il fallait trahir ses engagements devant l'Europe, livrer aux poignards des gens de bien cruellement trompés, et dévorer la honte de s'associer aux plus méprisables des hommes, Lacroix et Marat. Nulle considération ne le put retenir. Comme Lacroix et quelques-uns des siens vivaient encore, et jouissaient d'une grande popularité au moment même où il a publié ses mémoires ; comme par conséquent ces prétendus républicains pouvaient servir la cause des rois, et qu'il importait de ne pas leur ôter leur masque, Dumouriez n'a fait qu'indiquer ses secrètes conférences avec eux. Il avoue du moins l'entrevue de Bouchain. Ce fut quelques jours auparavant, sans doute, qu'entre ces trois hommes la nuit du 10 mars fut arrêtée. Ce fut dans la Belgique que tout fut décidé entre eux. Ce fut là que les rôles se distribuèrent. De son camp, au sein duquel il demanderait un roi, le général annoncerait dans ses manifestes qu'il allait marcher contre l'anarchie et au secours de la saine majorité de la Convention : ainsi il donnerait de puissants prétextes aux Jacobins, auxquels il aurait l'air de déclarer la guerre, contre les députés républicains dont il feindrait de se porter le défenseur. Ainsi il appuierait merveilleusement les cris de proscription de Marat, qui ne manquerait pas de désigner tous les Girondistes aux poignards de la foule hébétée, à laquelle il crierait : Voilà les royalistes! voilà les traîtres! voilà les complices de Dumouriez! Alors on n'avait autre chose à faire que de donner à la Convention nationale une séance de nuit, dans le cours de laquelle on dirigerait sur les républicains tous les coupe-jarrets des Cordeliers, qui ne manqueraient pas de réclamer tous les décrets d'accusation nécessaires, et même, au besoin, de couper eux-mêmes les vingt-deux têtes déjà promises à Cobourg.

Cet affreux complot du 10 mars, si bien préparé, comment échoua-t-il cependant? Par le concours des hasards les plus singuliers; et l'on va s'étonner encore ici des grands effets produits par de petites causes.

Pour être plus près de la Convention, j'avais pris mon logement rue Honoré, très peu au-dessus des Jacobins. Il était neuf heures du soir : ma Lodoïska qui, rentrée chez nous, m'attendait, entendit un affreux tumulte et d'horribles cris. Toujours inquiète pour moi, qui, depuis trois mois, comme la plupart de mes amis, ne vivais qu'au milieu des périls, continuellement poursuivi, menacé, outragé, forcé d'avoir des armes pour ma défense et de découcher toutes les nuits, ma chère épouse descendit et fut jusqu'aux tribunes de l'horrible société d'où partait tout le bruit. Elle entendit proférer mille calomnies, mille horreurs. Elle vit éteindre les bougies, tirer les sabres. Elle ne sortit de là qu'avec une multitude forcenée qui allait aux Cordeliers chercher des auxiliaires avec lesquels elle reviendrait incessamment se porter sur la Convention. Lodoïska rentrait quand je revins. Aussitôt je volai chez Péthion, où quelques-uns de mes amis étaient rassemblés. Il causaient paisiblement de quelques décrets à rendre dans quelques semaines. Dieu sait avec quelle peine je les tirai de leur sécurité! Enfin, j'obtins qu'aucun d'eux ne se rendrait à la séance déjà commencée, mais que dans une heure nous nous réunirions, tous les principaux proscrits, dans telle maison où les conjurés ne pouvaient nous deviner. Puis je me rendis promptement à la séance, où je trouvai Kervelegan, député du Finistère. Ce brave homme courut au fond du faubourg Saint-Marceau prévenir un bataillon de Brestois, très-heureusement arrivé et retenu à Paris depuis quelques jours, et qui se tint toute la nuit sous les armes, n'attendant, pour marcher à notre secours, qu'une réquisition ou qu'un coup de tocsin. Moi, cependant, j'allais de porte en porte, avertissant Valazé, Buzot, Barbaroux, Salle et plusieurs autres. Brissot était allé prévenir les ministres de ce qui se passait, et déjà celui de la guerre, le brave et malheureux Beurnonville, ayant escaladé les murs de son jardin, avait rejoint quelques amis avec lesquels il faisait patrouille. Après deux heures de course, par une nuit noire et pour ainsi dire au milieu de mes assassins, je revins au rendez-vous indiqué. Péthion y manquait. Il était pourtant fort exposé s'il restait chez lui. Je retournai le chercher, et ce trait-ci va le peindre. Comme je le pressais de venir avec moi, il alla vers sa fenêtre qu'il ouvrit, puis ayant examiné le ciel : Il pleut, dit-il, il n'y aura rien. Quoi que je pusse lui dire, il s'obstina à rester.

Ce ne fut pas la pluie qui arrêta les conjurés, mais cette double mesure de notre absence et de l'avertissement donné aux Brestois. Ils balancèrent quand ils surent que le décret d'accusation, qu'ils auraient obtenu, ne pouvait être suivi de l'arrestation soudaine de leurs victimes ; et leur courage, toujours si grand lorsqu'il ne s'agissait que d'assassiner, les abandonna tout à fait lorsqu'ils apprirent qu'il faudrait combattre. Ils n'étaient que trois mille, les Brestois étaient quatre cents : le moyen de risquer l'attaque ! Ils n'osèrent.

Cependant ils s'étaient d'abord crus si sûrs de leurs coups, qu'avant minuit ils avaient envoyé officiellement déclarer leur insurrection contre la représentation nationale à la municipalité, qui ne manqua pas d'en donner avis à la Convention deux grandes heures après, c'est-à-dire lorsque tout devait être terminé. Ainsi la conspiration, quoique échouée, eut une sorte de publicité, du moins dans Paris ; et certes, pour prévenir une seconde tentative de cette espèce, à supposer, comme je le crois, que nous ne pussions encore tirer vengeance de celle-ci, il convenait du moins que nous lui donnassions la plus grande authenticité. Je crus que telle était l'intention de Vergniaud, lorsque le lendemain, nous étant rassemblés une vingtaine pour arrêter ce qu'il y avait à faire sur cet événement, il se chargea de la dénonciation. Certes, je ne lui eusse point abandonné cette entreprise, si j'avais pu deviner de quelle manière il comptait la remplir. Son discours fut beau, mais excessivement nuisible. Il prit à tâche d'y tromper l'opinion publique qui se prononçait déjà très-fortement contre les deux sociétés parricides, auxquelles une dénonciation vigoureusement franche, portée devant la France entière à la tribune de la Convention, eût donné le plus terrible coup. Tout au contraire, il attribua le mouvement du 10 mars à l'aristocratie ; c'était l'aristocratie sans doute, c'était le royalisme ; mais le royalisme et l'aristocratie des Cordeliers et de quelques meneurs jacobins ; voilà ce qu'il fallait dire, voilà ce qu'il ne dit pas. Aussi les deux sociétés furent-elles charmées du commode manteau que Vergniaud leur donnait ; et lorsque, dans mon étonnement, je lui demandai le motif d'une aussi étrange conduite, il me dit qu'il avait jugé très-utile de dénoncer la conspiration sans nommer les vrais conspirateurs, de peur de trop aigrir des hommes violents déjà portés à tous les excès !..... Bon Dieu ! voilà pourtant quelles règles de conduite, quels ménagements mal entendus préparaient les affreux succès de la faction ! Encore s'ils n'avaient perdu que nous ! mais ils ont perdu la République !

Le comité-Valazé, composé, je crois l'avoir déjà dit, mais qu'on me pardonne les répétitions, j'écris avec tant de hâte ; composé des républicains les plus vigoureux, de ces membres du côté droit qui ne ressemblent guère aux côtés droits des deux premières assemblées, profondément affligé de cette nouvelle faute des girondins, me chargea de la réparer, en préparant aussi une plus sérieuse dénonciation de ce complot du 10 mars. Je l'écrivis, mais je ne pus obtenir de la prononcer. La Montagne, qui redoutait ma véracité, employait toujours tous les moyens de son exécrable tactique, menaces, cris, clôture de discussion, révolte des tribunes, pour m'empêcher de parler. De là vient que dans les derniers temps on ne me voyait jamais à la tribune. Je pris le parti de faire imprimer ce discours. On y trouvera toutes les principales circonstances, tous les principaux auteurs (1) de cette conspiration. Je n'y ai rien avancé que de très-exact ; et malheureusement presque toutes les conjectures que j'y ai hasardées sur les événements dont l'avenir me paraissait gros, ont encore été des prédictions. Son titre est : *A la Convention nationale et à mes commettants, sur la conspiration du 10 mars et la faction d'Orléans*. Il fut réimprimé dans plusieurs départements ; à Paris je fus obligé d'en faire tirer jusqu'à six mille exemplaires. Il eût produit un effet incalculable, si quelques insolents proconsuls qui, déjà établis dans les départements, n'y respectaient plus rien, n'en eussent, en ouvrant les paquets, arrêté beaucoup chez les directeurs des postes. Il est impossible de se figurer quelle rage saisit les conspirateurs quand ce petit ouvrage parut. Ils n'osèrent le dénoncer

(1) J'en excepte Bourdon de l'Oise. La suite a fait voir, je crois, qu'il n'était qu'égaré. Il faut bien qu'il le soit encore, puisqu'aujourd'hui il reste l'ennemi des députés proscrits et mon ennemi. Cela ne m'empêchera pas de lui rendre cette justice, de déclarer qu'il ne paraît pas qu'il ait vraiment appartenu à la faction d'Orléans.

à l'assemblée, bien sûr que je ne craindrais pas de l'y soutenir, et qu'il en acquerrait plus de publicité. Six mois après, Amar en parla indirectement dans l'acte d'accusation contre les républicains, mais il se garda bien d'en rappeler le titre. En général ils ont grand soin de ne parler de moi que lorsqu'ils y sont forcés; et surtout ils voudraient bien ensevelir dans le plus profond oubli mes écrits à la Convention. Mon nom, en effet, mon seul nom, rappelle tous les criminels desseins dont je les accusais et qu'ils ont remplis. Aujourd'hui Marat est reconnu royaliste, et bientôt Robespierre sera tout à fait dictateur. Je l'ai vu dès 1792, et ce qui est plus méritoire peut-être, j'ai eu le courage de le dire. Dans ce dernier écrit sur la nuit du 10 mars, non content d'annoncer leur but, j'ai indiqué leurs moyens. J'ai fait voir qu'ils iraient à la tyrannie par le brigandage ; qu'afin de pouvoir régner, ils pilleraient; que pour piller ils assassineraient. Tout ce que je pouvais dire alors, je l'ai dit; ce qu'il m'était impossible de dire, je l'ai indiqué. Je n'ai rien épargné pour mettre à nu les deux factions dans toute leur laideur. Hélas ! je criais dans le désert ; les conspirateurs étouffaient ma voix autant que possible, et mes amis écoutaient sans entendre. Aussi, plus persuadé que jamais de notre chute prochaine et infaillible, je disais tous les jours à ma chère Lodoïska : Ces hommes-là courent à l'échafaud ; il faudrait promptement me séparer d'eux, si leur parti n'était pas celui du devoir et de la vertu.

Aujourd'hui j'invite les amis de la liberté, s'il en reste encore, à rechercher cette brochure du 10 mars devenue très-rare. Qu'ils la lisent pour se faire au moins une idée de l'esprit de terreur ou d'aveuglement dont était frappé un gouvernement qui, ainsi averti des embûches mortelles dont on l'environnait, ne fit pas un mouvement pour les rompre. Qu'ils lisent, c'est mon dernier écrit dans la Convention ; c'est, en quelque sorte, mon testament politique, et je ne dissimule pas que je le regarde comme un morceau précieux pour l'histoire.

Je me contenterai d'ajouter que c'est à cette époque, à jamais fatale, du 10 mars 1793, qu'il faut rapporter la destruction de la liberté de la presse, l'entière violation du secret des lettres, les premières atteintes généralement portées aux propriétés; la naissance de la guerre de la Vendée, si constamment, si cruellement entretenue par Marat, par les municipaux de Paris, par Pache, Ronsin et la foule de leurs complices; l'envoi de quelques proconsuls dans les départements ; la première tentative de la fondation de ce comité de salut public qui tyrannise aujourd'hui la France, et la création de ce tribunal révolutionnaire qui la couvre de sang : événements odieux, établissements exécrables qui n'étaient encore que le prélude et les moyens de tous les fléaux, de toutes les épouvantables plaies dont mon pays allait être frappé..... Amis de la liberté, gémissez, gémissez donc ; mais n'oubliez pas que ces crimes ne furent pas ceux de la République. Ils ne nous ont jamais permis de l'établir. C'était pour l'avilir, pour la rendre haïssable, pour la perdre à jamais, qu'ils affectaient sans cesse de mêler son nom à leurs cruelles turpitudes. Tous les forfaits qu'ils ont commis, ce sont encore ceux de la royauté.

Je ne quitterai pas cet article sans une observation de quelque importance. Lorsque la *force* eut arraché ce décret du tribunal révolutionnaire, nous sentîmes qu'il fallait du moins nous réunir pour bien choisir ses prétendus *jurés*. Nous parvînmes, en effet, à nommer d'honnêtes gens; mais auraient-ils accepté? Marat n'attendit pas l'événement. Il cria à la contre-révolution, menaça d'appeler le peuple, fit casser le scrutin; fit décréter sa liste. On sent bien qu'il n'y avait mis que les brigands les plus déterminés; c'étaient pour la plupart des massacreurs de septembre : ils n'ont pas changé de rôle, ils ont seulement changé le théâtre ; et maintenant, comme alors, c'est toujours au nom *de la loi* qu'ils assassinent. Quelques-uns étaient tirés du milieu de ces *défenseurs de la république*, nouvelle société de brigands qu'on ne pouvait comparer qu'aux septembristes. Dans le nombre figure un monsieur Nicolas, personnage curieux dont Camille Desmoulins parle dans l'un des cinq numéros de son *Vieux Cordelier*. On y verra que ce vrai jacobin, d'abord réduit à vivre de pommes cuites, doit sa petite fortune de deux cent mille livres qu'il mange avec toutes les mauvaises filles, et le droit de vie et de mort qu'il exerce contre tous les gens de bien, au gros bâton dont il rassura la lâcheté naturelle de M. Robespierre, au moment où celui-ci commença à songer qu'à force de bavarder, de calomnier et de proscrire, il pourrait bien devenir roi de France.

Cependant Dumouriez, avide de sang républicain, attendait nos têtes. Il dut être étonné d'apprendre le mauvais succès de la nuit tant désirée; mais trop avancé pour faire un pas en arrière, il passa le Rubicon. On peut lire dans ses mémoires l'histoire de ses opérations, qui n'est que celle de ses fautes. Imprévoyance, légèreté, présomption, voilà tout ce qu'on y trouvera. En moins de quinze jours tous ses plans avortèrent. Il avait tout arrangé, excepté les moyens d'exécution. Très-grand sur le champ de bataille, Dumouriez est très-petit dans les champs de l'intrigue. Malheureusement pour lui on ne se bat pas toujours, et plus malheureusement, dès qu'il ne se bat plus, il a la fureur d'intriguer.

Nous commencions à respirer, lorsqu'un Bordelais, fait prisonnier à la bataille de Nerwinde, puis délivré par un échange, vint raconter à Guadet, son ami, qu'ayant été à portée de se lier d'amitié intime avec un des officiers de l'armée impériale, il avait appris de lui que l'état-major de Cobourg se flattait qu'avant peu vingt-deux têtes tomberaient dans la Convention. Guadet me rapporta cette nouvelle dont nous plaisantâmes; mais jugez de notre surprise et des réflexions qui la suivirent, lorsqu'à quelque temps de là, M. Pache vint à la tête des prétendues sections de Paris présenter la fameuse pétition qui nous proscrivait, au nombre de *vingt-deux*. Je crois que ce fut cette preuve irrésistible de la connivence des principaux de la Montagne avec l'Autriche qui enfin poussa Guadet, naturellement plein de force et de courage, à faire contre Marat ce vigoureux discours qui valut à celui-ci son trop célèbre décret d'accusation, et cette absolution plus célèbre qui aurait dû finir d'éclairer toute la France sur l'infamie de ce tribunal révolutionnaire et de la faction qui l'avait créé.

J'ai, sur cette pétition contre les vingt-deux, quelques anecdotes assez piquantes à rapporter; et qu'on me pardonne les anecdotes, elles servent à peindre les hommes; et d'ailleurs ce n'est pas l'histoire que j'écris. Je jette à la hâte quelques notes pour elle. Une main plus heureuse fera le choix..... Mais la tyrannie le permettra-t-elle? O dieux !

Après que Pache eut lu la pétition, Boyer-Fonfrède demanda la parole; il en usa avec beaucoup de grâce et d'esprit, et quand il vint à ces mots ou à peu près : *Quant à moi, je regrette de n'être pas au nombre de ceux sur lesquels la municipalité de Paris appelle aujourd'hui les poignards,* presque toute l'Assemblée se leva par un mouvement spontané. Presque tous crièrent : *Tous! tous!* On venait de toutes parts nous féliciter et nous embrasser. Il n'y eut qu'une cinquantaine de féroces montagnards qui, consternés d'un effet si contraire à leurs desseins, gardèrent leurs places et le silence. Ce fut pourtant la même assemblée qui, le 2 juin, rendit contre les mêmes proscrits, sur l'énoncé des mêmes calomnies, un décret d'accusation; il est vrai qu'alors trois mille jacobins gardaient toutes les issues de la salle, et tenaient quatre-vingts pièces de canon braquées contre elle.

Et lorsque Pache, après sa mémorable lecture, quittait la barre pour entrer dans la salle, un député

(Massuyer) fut à lui : N'auriez-vous pas encore, dit-il au maire éhonté, une petite place pour moi ? il y aurait cent écus pour vous. Ce fut là sans doute le crime capital du malheureux Massuyer, et l'unique cause de sa proscription. Après le 31 mai, ils le mirent hors la loi : il a péri sur l'échafaud.

Ce qu'il est important de remarquer, c'est que cette première liste de proscription ayant été de vingt-deux membres, la seconde liste, apportée quelques semaines après à la Convention par les municipaux et les administrateurs de Paris, fut encore de vingt-deux, quoique tous les noms ne fussent plus les mêmes. Au moment du décret d'accusation, Marat fit faire encore, de son autorité souveraine, quelques changements. Il en ôta quelques noms, celui de Lanthenas par exemple ; mais il eut soin de les faire remplacer par d'autres, et en pareil nombre, remarquez bien, de manière que les proscrits furent toujours vingt-deux. Enfin, lorsqu'après la prise de Lyon, le procès des députés républicains se fit, Péthion, Buzot, Guadet, Salle, Valazé, Barbaroux et moi, nous n'étions pas dans leurs mains. La liste aurait dû par conséquent se trouver réduite d'un tiers ; cependant elle fut encore complétée, et les victimes conduites à l'échafaud se trouvèrent, sinon vingt-deux, du moins vingt-un. Cette étrange identité de nombre, à quatre époques différentes, donne lieu de présumer que le nombre de vingt-deux têtes toujours suivi était apparemment celui que, par un des premiers articles de son traité secret avec les puissances étrangères, la Montagne s'était engagée de fournir.

Encore s'ils étaient satisfaits d'avoir obtenu la chute et la mort des républicains ; mais ils les poursuivent dans la tombe ! Mais, non contents d'insulter à leur malheur, ils continuent de calomnier leurs vertus ! Que le père de l'anarchie, le chef des hommes de sang, le grand exterminateur, un Marat, le plus corrompu, le plus vil, le plus impudent des royalistes gagés par l'étranger, l'eût fait, je l'aurais trouvé tout simple. Il ne me paraîtrait pas moins naturel que Robespierre, envieux de toute espèce de mérite, avide de tout pouvoir, continuât à s'efforcer de rendre haïssables les hommes qui l'écrasaient de leurs talents, les seuls peut-être qui pussent apporter d'invincibles obstacles à ses projets de tyrannie ; les seuls dont la mémoire encore, s'élevant contre lui, le pourrait précipiter de ce trône où maintenant il touche de sa main hypocrite, calomniatrice et sanglante, de ce trône où il ne lui faut plus qu'un forfait pour s'asseoir. Mais qu'un homme justement fameux, en qui l'on vit briller de grands talents, auquel, d'ailleurs, la multitude ne peut soupçonner actuellement quelque intérêt à altérer la vérité, et qui, bien que travaillé d'une immoralité profonde, ne paraissait pas néanmoins assez complétement perverti pour faire cause commune avec les plus méprisables mortels ; que Dumouriez, dans des mémoires publiés six mois après l'inique condamnation des plus dignes républicains, se joigne, pour les décrier encore, à la tourbe de leurs bourreaux, on peut s'en étonner, on doit se demander pourquoi.

Le moyen le plus facile de déshonorer l'homme le

plus estimable qu'on voudrait perdre, Dumouriez l'emploie contre ceux-ci, sans nulle pudeur. Tout le mal que d'autres ont fait, il le leur impute; tout le bien qu'ils ont voulu faire, il le leur conteste. Tous les décrets ridicules ou odieux qu'il sait bien que la Montagne arrachait par sa vile tactique ou par la terreur, il affecte de les donner pour l'œuvre de toute la Convention; et si vous en exceptez quelques exterminateurs, ce n'est jamais aux membres de cette hideuse faction qu'il adresse les épithètes les plus flétrissantes.

Quoi qu'il arrive, c'en est assez sur Dumouriez : revenons à la Convention. Depuis longtemps j'avais prévu les malheurs du 31 mai ; ils arrivèrent, quand je commençais à ne les plus attendre. Marseille venait enfin de terrasser les buveurs de sang ; Bordeaux ne les avait pas laissés approcher de ses murs ; le Jura, presque tout le Midi se levait contre la Montagne ; il ne manquait plus que Lyon à cette coalition sainte ; Lyon prit les armes et chassa sa municipalité contre-révolutionnaire. A cette dernière nouvelle, la Montagne sentit qu'il n'y avait plus de salut pour elle que dans un coup de désespoir : elle se saisit des cordes du tocsin.

Dans la nuit du 30 au 31 mai, l'orage s'annonçait si violent que la nécessité de découcher pour la cinquantième fois peut-être s'était fait sentir. Une chambre écartée, où se trouvaient trois mauvais lits, mais de bonnes armes et de bonnes dispositions pour la défense, nous reçut Buzot, Barbaroux, Guadet, Bergoing, Rabaud-Saint-Etienne et moi. A trois heures du matin, le bruit du tocsin nous réveilla. A six heures, nous descendîmes bien armés. Loin du lieu des séances, nous prîmes cependant le parti de nous y rendre. Près des Tuileries, nous traversâmes plusieurs groupes de coquins qui, nous ayant reconnus, firent mine de nous attaquer. Ils n'y auraient pas manqué s'ils n'avaient vu nos armes. Je me souviens que l'un d'entre nous, Rabaud-Saint-Etienne, était si inquiet qu'il n'aurait pas fait grande résistance. Pendant toute la route, il s'écriait : *Illa suprema dies...* Hélas! je ne devais pas le revoir !

Quand nous entrâmes dans la salle, trois montagnards s'y trouvaient déjà. En montrant l'un d'eux, je dis à Guadet : Vois-tu quel horrible espoir brille sur cette figure hideuse ? — Sans doute, s'écria Guadet, c'est aujourd'hui que Clodius exile Cicéron. Le montagnard ne nous répondit que par son affreux sourire.

Ce jour-là pourtant, leur espérance fut trompée. Elle était principalement fondée sur le désarmement projeté de la section de la Butte-des-Moulins, qui depuis trop longtemps leur donnait de l'inquiétude. Cette opération préliminaire achevée, ils nous accusaient de lui avoir fait prendre la cocarde blanche, et le décret d'accusation était levé. Quelque chose dérangea le plan. La section, instruite des calomnies répandues contre elle et de la descente du faubourg Saint-Antoine, eut le bon esprit de sentir qu'elle ne devait pas plus quitter ses armes que son innocence, et que c'était à la victoire à la justifier. Elle se retrancha dans le Palais-Royal, chargea ses armes, braqua ses canons, les chargea à mitraille et tint les mèches allumées. Cinq sections environnantes se disposaient à l'appuyer. Les quarante mille hommes du faubourg Saint-Antoine, arrivés sur la place, en face du Palais-Royal, arrêtèrent, quoi qu'on pût leur suggérer, pour les pousser à combattre, qu'il convenait d'envoyer une députation pour vérifier les faits. La députation, reçue au milieu du brave bataillon de la Butte-des-Moulins, trouva la cocarde tricolore sur tous les chapeaux et le cri de la République dans toutes les bouches. On se réunit, on s'embrassa, l'on dansa, et pour cette soirée le complot des jacobins avorta.

Le lendemain, comme j'entrais à la séance, on vint m'apprendre que la municipalité venait de faire arrêter la citoyenne Roland. Il me devint sensible que le cours des forfaits n'avait été que suspendu. J'engageai les principaux proscrits à se réunir; pour la dernière fois nous allâmes dîner ensemble. Moins occupés de notre repas que de la situation très-critique où nous étions, nous examinions quel parti restait à prendre, lorsque le tocsin recommença à se faire entendre de toutes parts. Un moment après, quelqu'un vint donner à Brissot la fausse nouvelle qu'on était allé mettre les scellés dans nos domiciles respectifs. Tremblant pour ce qui me restait de plus cher, pour ma Lodoïska, que peut-être ils allaient arrêter, je répétai succinctement, mais avec chaleur, mon opinion et les puissants motifs dont je l'appuyais. Désormais nous ne ferions plus rien à la Convention, où la Montagne et les tribunes ne nous permettaient plus de dire un mot, rien qu'animer les espérances des conjurés, charmés d'y pouvoir saisir d'un seul coup toute leur proie. Il n'y avait non plus rien à faire à Paris, dominé par la terreur qu'inspiraient les conjurés maîtres de la force armée et des autorités constituées ; ce n'était plus que l'insurrection départementale qui pût sauver la France. Nous devions donc chercher quelque asile sûr pour cette soirée, et demain et les jours suivants partir les uns après les autres, usant de nos divers moyens, et nous réunir, soit à Bordeaux, soit dans le Calvados, si les insurgés, qui déjà s'y montraient, prenaient une attitude véritablement imposante. Surtout il fallait éviter de demeurer en otage entre les mains de la Montagne ; il fallait ne pas retourner à l'assemblée.

Que ne m'avez-vous cru, Brissot, Vergniaud, Gensonné, Mainvielle, Valazé, vous tous, honorables victimes que la postérité vengera ! C'était Lesage et moi qui vous avions, le 10 mars, arrachés à la fureur de vos ennemis. Secondés par vous, nos efforts pour le salut de la liberté n'auraient peut-être pas été plus heureux. Peut-être tous ensemble n'aurions-nous pas réussi davantage à réveiller dans les cœurs l'ardent amour de la patrie, la haine vigoureuse due à l'oppression ; mais du moins je n'aurais point à gémir aujourd'hui sur votre chute prématurée.

Pressé de courir au secours de Lodoïska en péril, je les quittai, ne sachant pas encore ce qu'ils arrêteraient ; je ne pus décider mon épouse à quitter sa maison qu'après l'avoir assurée que moi-même je n'y rentrerais plus. Elle courut chercher la mère de Barbaroux, avec laquelle elle alla se réfugier chez une parente. C'est de là qu'elles entendirent durant toute la soirée le tocsin, la générale et les cris des furieux qui demandaient nos têtes. Tremblante, désespérée, hors d'elle-même, la pauvre mère de mon digne ami poussait des gémissements sourds et tombait dans de longs évanouissements. *On vous élèvera*, s'écriait-elle, *des hommes parfaits, pour que vous les égorgiez.* Les yeux secs, mais le cœur déchiré, mon épouse, craignant que je n'eusse pu gagner l'asile indiqué, n'attendait que la mort. Quelle position, grand Dieu! et ce n'était, ô ma chère Lodoïska! ce n'était que le commencement des épreuves auxquelles te condamnaient mon sort cruel et la tendre générosité qui te portait à le partager.

J'étais chez un ami sur lequel je devais compter toujours. Il m'avait, dix ans auparavant, rendu d'importants services, peut-être en reconnaissance de ceux dont mon père avait aidé sa jeunesse. La mienne n'avait pas eu de plaisirs dont son fils, à peu près du même âge, n'eût été le compagnon ou le confident. Sa mère prétendait m'aimer comme elle l'aimait, et ne me donnait pas d'autre nom. Il y avait dans cette maison une nièce et trois neveux qui m'étaient bien chers. Je les avais vus naître. Ils avaient grandi sous mes yeux chez leur père, que j'avais plusieurs raisons de chérir et qui nous fut enlevé trop tôt. Depuis plusieurs années chez leur oncle, ils répondaient aux témoignage de ma tendre amitié par une amitié pareille. Depuis quelque temps j'avais pu leur rendre service presque à tous. M'écartant pour eux, et pour eux seuls, du principe sévère et malentendu peut-être de n'user de mon crédit pour aucun ami, pour aucun parent, pour personne qui tînt à moi, si ce n'est dans le cas d'une injustice à réparer, considérant d'ailleurs que cette famille d'honnêtes gens, ruinée par la révolution, renfermait plus de talents qu'il n'en fallait pour les emplois auxquels je les faisais appeler, j'avais placé dans les bureaux, sinon très-bien, au moins assez avantageusement le père et le fils. Le plus jeune des neveux, et puisse-t-il m'aimer toujours autant que je le chéris encore ! je l'avais mis dans une maison d'éducation où il devait recevoir des instructions analogues aux grandes dispositions qu'il annonçait ; enfin ma Lodoïska et moi nous caressions cette idée : dès qu'il se présenterait un parti convenable, nous donnerions la moitié de notre modique fortune pour établir la nièce. Qu'on me pardonne ces détails ; ils paraîtront minutieux, bientôt on jugera qu'ils étaient nécessaires.

Je passai quinze jours dans cette maison, puis trois semaines chez un brave jeune homme dont j'aurai occasion de parler une autre fois.

Cependant la journée du 2 juin avait été fatale à la plupart de mes amis. L'histoire remarquera sans doute que cette émeute eut lieu pour la délivrance d'Hébert, contre lequel la commission des Vingt-un avait prouvé qu'il travaillait à dissoudre la Convention, et convaincu aujourd'hui d'avoir été l'agent des puissances étrangères, et contre une espèce de fou furieux du nom de Varlet, qu'ils ont guillotiné depuis comme voleur. L'histoire remarquera que trois mille brigands destinés contre la Vendée furent longtemps cantonnés à deux lieues de nous, puis ramenés au jour critique pour nous assiéger dans notre salle. L'histoire remarquera que le comité révolutionnaire de la Commune était presque tout composé d'étrangers, de l'Espagnol Gusman, du Suisse Paché, de l'Italien Dufourny, et que Marat était de Neuchâtel. L'histoire remarquera que les conjurés ayant eu soin de placer les bandes dont ils étaient sûrs tout près et autour de notre salle, de manière que les bataillons d'honnêtes gens ne pussent en approcher, et l'insidieuse motion d'aller vers le peuple ayant été décrétée, Hérault-Séchelles, président de l'assemblée, et par conséquent marchant à sa tête, fit mine de conduire les représentants du peuple vers les citoyens, mais qu'arrêté par un cordon de troupes et par Henriot, que les conjurés venaient de nommer commandant, par Henriot qui signifia au président qu'il ne passerait pas, et le chapeau sur la tête, cria : Canonniers, à vos pièces; Hérault-Séchelles, dis-je, à qui son rôle avait été prescrit, rentra effectivement, et se contenta de promener les représentants dans le jardin des Tuileries, de toutes parts cerné par les troupes municipales. L'histoire remarquera qu'il est aujourd'hui reconnu de tous, que ce Hérault-Séchelles était un agent des puissances. L'histoire remarquera que le décret d'arrestation des vingt-deux fut rendu sur la motion de Couthon. L'histoire remarquera que, le 2 juin, au moment où le tocsin sonnait encore, où la Convention assiégée n'avait plus d'existence, et rendit le décret d'arrestation contre les vingt-deux et la commission des Douze, Marat dit au peuple qu'il lui fallait un chef; et je ne doute pas qu'aujourd'hui le comité de salut public n'ait cent mille preuves irrésistibles que Chaumette était, avec Marat, l'un des principaux agents de l'étranger, comme Châlier à Lyon et Savon à Marseille; mais le publier serait aussi jeter trop de défaveur sur les Robespierre, Barrère et autres tyrans qui ne sont montés où ils se trouvent que par ces infâmes échelons; d'ailleurs ces trois brigands sont morts; ils ne peuvent plus rien contre le septemvirat de salut public; au lieu qu'Hébert et Chaumette étant pleins d'audace et de vie, il a bien fallu les guillotiner pour régner, et pour les guillotiner, dire ce qu'ils étaient. L'histoire, si une main libre peut l'écrire, remarquera surtout, en citant ce libelle ayant pour titre : *Procès de Brissot et de ses complices*, la foule des dénonciations ridicules et contradictoires qu'il renferme, l'invraisemblance des niaiseries qu'on fait répondre à mes infortunés amis, tandis qu'il ne dit pas un mot du beau discours de Vergniaud, si redoutable à la faction qu'elle ne rougit pas d'en faire défendre l'impression et la publication. L'histoire remarquera que ce libelle fait aujourd'hui leur plus belle justification, puisqu'il constate que, des sept témoins entendus contre eux, quatre ont été Chaumette, Hébert, Chabot et Fabre d'Eglantine, maintenant reconnus pour avoir été les agents des puissances, et deux autres sont Pache et Léonard Bourdon, qui seront aussi dévoilés dès que l'intérêt du comité de salut public l'exigera. Mais ce qu'il faut dire à l'histoire, c'est que le 20 mai une autre conspiration devait être exécutée contre les républicains de la Convention. On avait fabriqué des pièces de correspondances entre eux et Cobourg. Dans la nuit du 20 au 21 mai on devait arrêter chacun des vingt-deux au moment où il rentrerait chez lui ; le conduire dans une maison isolée du faubourg Montmartre, où tout était disposé pour les forfaits médités. Là, chaque victime parvenue à une pièce de fond trouvait des jacobins qui la septembrisaient, et on les enterrait toutes dans une fosse déjà creusée dans un jardin dépendant de cette maison ; le lendemain on annonçait leur émigration, et l'on publiait leur prétendue correspondance avec Cobourg. Le plan avait été délibéré chez Pache, maire de Paris. La commission des Vingt-un avait les preuves de toutes ces abominations ; plus de cinquante dépositions écrites et signées les attestent : une partie des pièces était entre les mains de Bergoing, l'un des membres de cette commission des Vingt-un, lequel les déposa ensuite entre les mains des administrateurs du Calvados, qui, au moment de leur paix, n'auront pas manqué de les remettre à la Montagne ; une partie plus considérable était au pouvoir de Rabaud-Saint-Etienne ; je ne sais si elle aura été sauvée.

Cependant les départements indignés parlaient de vengeance. Buzot, qui ne s'était pas laissé prendre, et Barbaroux, qui venait d'échapper à ses gendarmes, étaient avec Gorsas, à Caen, devenu le chef de l'insurrection de l'Ouest. Ma chère épouse avait été voir plusieurs fois Valazé, mis chez lui en état d'arrestation, et qui ne voulut jamais profiter des cent mille facilités qu'il avait pour son évasoin, disant, comme Gensonné, qu'il était utile à la République que le plus grand nombre des députés accusés partît pour aller échauffer tous les cœurs ; mais qu'il convenait que quelques-uns restassent pour otage et garants de l'innocence de ceux qui partaient. Il avait dit à ma Lodoïska que je serais bien nécessaire dans le Calvados : celle-ci me voyait dans un asile sûr, et sentait à quels périls j'allais m'exposer quand j'en sortirais ; mais, dans cette âme généreuse, la patrie l'emportait ordinairement sur l'amour. Pour m'aider à quitter ma retraite, elle n'attendait que les passeports qu'on devait envoyer de Caen, à Valazé, pour moi. Ils arrivèrent enfin : ce fut le 23 juin que ma femme et moi nous partîmes de Paris. A Meulan, nous fûmes obligés de changer de voiture. Notre nouveau conducteur était un furieux maratiste qui vomissait mille injures contre ces *coquins de députés* qui allaient dans les départements mettre tout en feu. Il ajouta que l'un d'eux, Buzot, avait d'abord trompé les habitants d'Evreux, mais qu'enfin ceux-ci désabusés venaient de l'arrêter et l'allaient reconduire à Paris. Jugez de mon émotion ! Celle de Lodoïska n'était pas moins vive. Pourtant nous soutînmes gaiement cette conversation, qui ne finit qu'à la couchée. Le lendemain d'assez bonne heure nous entrâmes dans Evreux, où nous reconnûmes tous les mensonges de la veille. Cette ville était toujours en pleine insurrection. Différents obstacles nous y arrêtèrent jusqu'au soir. Nous allions partir lorsque je vis paraître un homme, que d'abord je pris pour un spectre. C'était Guadet déguisé en garçon tapissier ;

il avait fait vingt-deux lieues à pied dans la journée, le plus souvent par des chemins de traverse. Le lendemain il me représenta qu'au milieu des dangers et dans la vie pénible et périlleuse que nous allions mener, il ne convenait point d'emmener nos femmes avec nous. Je me reproche de l'avoir cru trop facilement. Je ne me rappelle pas sans une vive douleur les larmes que notre séparation fit verser à ma femme. Si je l'eusse emmenée, peut-être nous serions à présent en Amérique.

Guadet et moi nous arrivâmes à Caen le 26. Le 5, huit départements, savoir, cinq de la ci-devant Bretagne et trois de la Normandie, étaient coalisés. Ils venaient d'envoyer à Caen leurs commissaires, et leur force armée était sur le point d'arriver. Wimpfen, général de toutes les troupes, avait jusque-là borné tous ses exploits à des voyages et des paroles. Sous les plus frivoles prétextes, il différait toute espèce d'organisation. Je le vis bientôt et je n'eus pas de peine à me convaincre qu'il était un franc royaliste, car il ne prenait pas celle de le dissimuler. Je demandai à Barbaroux et à Buzot ce qu'ils pouvaient attendre d'un tel homme, pour le soutien de notre cause. Celui-ci me répondit que Wimpfen était homme d'honneur, royaliste à la vérité, mais incapable de trahir ses engagements. Je trouvai que l'autre était entièrement séduit par les qualités très-aimables de Wimpfen. Guadet et Péthion, qui venaient d'arriver, ne concevaient pas mes alarmes. Ils s'étonnaient de mon excessive promptitude à soupçonner quiconque n'était pas républicain comme moi. Dès lors je vis que tout devait aller à Caen comme tout avait été à Paris. Wimpfen était aimé des Normands ; il avait dans l'administration du Calvados un parti considérable ; il s'était attiré la confiance des Bretons. Pour le destituer, il n'eût fallu rien moins que le concours de tous nos moyens, de tous nos efforts, et je me voyais seul. Tout allait donc manquer dans cette partie de la République. D'ailleurs, beaucoup de Normands, qui annonçaient pour nous les dispositions les plus favorables, parce que, sur la foi des journaux, ils nous avaient crus royalistes, changèrent absolument, dès qu'ils eurent appris par nos discours, et surtout par nos actions, à nous connaître mieux. Mes dernières espérances se portèrent donc vers le Midi. Si ma femme eût été à Caen, nous aurions été nous jeter à Honfleur, sur un bâtiment qui retournait à Bordeaux, et comme il nous eût été très-facile de reconnaître aussitôt que là rien n'allait mieux qu'ailleurs, nous nous serions embarqués sur le premier bâtiment américain, et nous serions aujourd'hui tranquilles à Philadelphie.

Trois semaines s'écoulèrent ainsi, pendant lesquelles Wimpfen ne fit rien que porter à Evreux les deux mille hommes arrivés de divers départements. Cependant le bruit public grossissait tellement cette petite troupe, qu'on la disait à Paris forte de trente mille hommes. Déjà les gens de bien ne craignaient plus d'y parler haut et de se préparer à renverser leur affreuse municipalité. Déjà plusieurs sections avaient envoyé leurs commissaires à Evreux, lesquels avaient rapporté dans Paris divers imprimés propres à faire con-

4.

naître nos vrais sentiments, et notamment une pièce qu'ils ont appelée, je ne sais pourquoi, le manifeste de Wimpfen, et qui était une déclaration des commissaires des départements coalisés, déclaration que j'avais faite avec beaucoup de soin, qui n'annonçait que paix, fraternité, secours aux Parisiens, mais guerre à outrance et châtiment exemplaire à quelques-uns de la Montagne, à la municipalité, aux cordeliers ; et cette distinction très-juste avait produit le meilleur effet dans Paris. Les commissaires d'ailleurs avaient vu et assuraient qu'on calomniait indignement cette force départementale, quand on lui imputait de porter la cocarde blanche et de vouloir la royauté. Tout enfin se disposait de manière que si, dans ce moment, nos armes eussent obtenu un premier succès, la révolution se faisait à Paris sans que la force départementale eût besoin d'y entrer ; mais ce n'était point des succès que nous préparait Wimpfen.

La Montagne, excessivement inquiète, avait enfin ramassé dans Paris dix-huit cents fantassins dont la bonne moitié faisait des vœux pour nous, et sept ou huit cents garnements aussi lâches que brigands. Tout cela venait d'entrer à Vernon. Ce ne fut qu'alors que Wimpfen parla de faire attaquer cette ville ; et voilà que tout d'un coup un M. de Puysay, dont on n'avait jamais entendu parler, nous fut présenté par le général comme un militaire plein de républicanisme et de talents : ce fut lui que Wimpfen chargea de l'attaque de Vernon ; et certes il remplit très-bien ses instructions secrètes.

Pour surprendre l'ennemi, il sortit en plein jour et au bruit de la générale. Il marcha par une grande chaleur, puis fit passer une nuit au bel air à des soldats qui n'avaient point de tentes et dont la plupart n'avaient jamais campé. La journée du lendemain, il la perdit tout entière à l'attaque d'un petit château qu'il eut l'honneur de prendre ; puis l'ennemi ayant été ainsi bien et dûment averti de toutes les manières, pour lui donner plus d'avantage encore, il fit faire une halte à l'entrée d'un bois distant de Vernon de moins d'une lieue ; il remisa, pour ainsi dire, les canons l'un derrière l'autre le long d'un mur, laissa toute la petite armée dans le plus grand désordre, ne lui donna pas même de sentinelles, et s'alla coucher dans une chaumière à une demi-lieue de là. Une heure après, parurent tout à coup quelques cents hommes qui firent sur les nôtres, entièrement surpris, trois décharges à mitraille, mais selon toute apparence, les canons n'étaient chargés qu'à poudre, car tout ceci n'était évidemment qu'une parade bien préparée. Quoi qu'il en soit, la déroute se mit aussitôt parmi des soldats qui ne savaient à qui ils avaient affaire, qui pouvaient à peine trouver leurs armes et qui demandaient vainement leur chef. Ce fut une fuite si prompte, que sans les plus braves d'Ille-et-Vilaine qui tinrent bon quelques moments, pas un canon ne revenait. Au reste, personne ne reçut une égratignure, et l'ennemi ne fit point trente pas pour poursuivre sa facile victoire. Cela n'empêcha point M. de Puysay, que l'administration de l'Eure conjurait de ne point l'abandonner, de déclarer qu'Evreux n'était point tenable; et, en effet, dès le lendemain, il s'éloigna de seize lieues, abandonnant, sans coup férir, tout un département.

A l'arrivée du courrier qui nous apportait tant de tristes nouvelles, Wimpfen ne parut pas même étonné; il y a plus, il nous assura bientôt qu'il n'y avait rien de malheureux dans tout cela ; il parla de fortifier Caen, de déclarer cette ville en état de siége, d'organiser une armée un peu forte, et de créer un papier monnaie qui aurait cours dans les sept départements restés à la coalition. Ces ouvertures offraient matière à de longues réflexions. Salle et moi, après en avoir longtemps conversé, demeurâmes convaincus que le général, loin de vouloir marcher à Paris, avait le dessein de nous enfermer avec lui dans la ville où son parti dominait, d'y établir ses communications avec l'Angleterre, de nous commettre avec elle, s'il était possible ; enfin de se servir de nous selon les circonstances, ou pour faire sa paix avec la Montagne, si elle abattait la coalition du midi, ou pour faire sa paix avec les républicains du midi, s'ils abattaient la Montagne. Nos collègues, à qui nous communiquâmes nos conjectures, nous trouvèrent des visionnaires ; il ne fallait, pour les convaincre, rien moins que ce qui arriva bientôt après.

Le général nous fit demander, à nous tous députés, un entretien qu'il annonçait devoir être de la plus grande importance : il débuta par nous peindre notre situation comme très-critique, si nous ne savions prendre un parti vigoureux. Il allait à Lisieux organiser ses troupes et asseoir son camp de manière à opposer pour le moment une belle défense. Mais l'avenir exigeait quelque chose de mieux : il revint à ses projets sur Caen, à ses propositions de création d'un papier monnaie, etc., etc. Et comme il convenait d'appuyer les raisonnements par la terreur, quoiqu'on dût savoir qu'un tel moyen ne pouvait rien sur des hommes accoutumés à braver journellement les fureurs et les assassins de la Montagne, un officier, qui sans doute avait le mot, entra tout à coup, et d'un air effrayé vint apprendre au général qu'il y avait une émeute, que le peuple arrêtait les convois pour l'armée, et que même il se faisait des motions très-violentes contre les députés. Wimpfen eut l'air de se fâcher de la précipitation avec laquelle on venait annoncer des nouvelles alarmantes : Allez, ce n'est rien, dit-il à l'officier, parlez raison au peuple, apaisez-le; donnez un peu d'argent s'il le faut. Quand cet homme nous eut quittés, le général crut pouvoir hasarder la grande proposition. Réfléchissez bien sur tout ce que je vous ai dit, reprit-il ; je sens que pour exécuter de grandes choses il faut de grands moyens. Mais tenez, je vous parle franchement, je ne vois plus qu'un parti capable de nous procurer sûrement et promptement des hommes, des armes, des munitions, de l'argent, des secours de toute espèce : *c'est de négocier avec l'Angleterre; et moi j'ai des moyens pour cela; mais il me faut votre autorisation et votre engagement.*

Le lecteur peut compter que j'ai bien retenu les expressions mêmes que je souligne ici; et je lui garantis du moins le sens des phrases précédentes.

Je ne sais si l'on se peindra l'effet que ces paroles produisent sur mes trop confiants amis. Tous en même temps, saisis d'indignation, sans s'être un instant consultés, se levèrent. La conférence fut à l'instant rompue, quoique le général ne négligeât rien pour essayer de la renouer.

Je pense que chacun voit le piége infâme où ce digne allié de la Montagne voulait nous enlacer. Si la peur ou le désir de la vengeance nous y eussent entraînés, c'en était fait de la République et de notre honneur. La Montagne avait bientôt contre nous des preuves victorieuses. C'était elle qui était républicaine ; c'était nous qui voulions la royauté. Tous les républicains, poursuivis comme royalistes, étaient arrêtés, emprisonnés, guillotinés. Notre conspiration, aurait-elle dit, s'étendait dans le midi. C'était nous, ce n'était pas elle qui avait livré Toulon aux Anglais. Je sais bien qu'après leurs affreux triomphes, ils n'ont pas manqué de le dire ; mais ils n'ont trouvé parmi les gens éclairés et de bonne foi, personne qui les ait crus. C'est à l'accusation, non moins ridiculement calomnieuse de fédéralisme, qu'ils se sont vus réduits à recourir.

Wimpfen, un peu déconcerté, nous quitta sans laisser paraître de ressentiment. Seulement, en nous répétant qu'il partait pour Lisieux, il nous insinua qu'afin de contenir quelques malveillants qui travaillaient dans la ville de Caen à nous dépopulariser, nous ferions mieux d'y rester tous.

Dès le lendemain, Barbaroux et moi, nous nous rendîmes à Lisieux. Le général fut un peu surpris de nous y voir ; mais il ne nous en fit pas un moins bon accueil. Nous apprîmes, ce qu'il ne nous disait pas, qu'il venait d'avoir une conférence secrète avec l'un de ces envoyés des chefs de la Montagne, qui depuis trois semaines allaient jetant des assignats par poignées dans Evreux et partout sur leur passage, et qui bientôt, très-sûrs apparemment d'une protection puissante, vinrent continuer le même manége de corruption jusque dans la ville de Caen, sous nos yeux mêmes. Au reste, nous trouvâmes dans Lisieux beaucoup d'individus armés et point de soldats : nulle organisation, nulle discipline, la fureur de motionner. Une main secrète avait en un jour décomposé, même les bataillons bretons, jusqu'alors fort bien tenus. Le général eut grand soin de nous faire remarquer tout ce désordre et d'en conclure qu'il ne pouvait tenir là, qu'il fallait ramener toutes les troupes à Caen, faire de cette ville le point central de résistance, etc. Pourtant il voulut bien ne pas nous répéter ses propositions anglaises.

En effet, la retraite se fit le jour suivant : alors tous mes amis reconnurent bien que nos affaires étaient perdues dans les départements de l'Ouest. En vain le général, rentré dans Caen où il avait toujours voulu s'établir, montra des dispositions pour une défense sérieuse ; en vain il composait tout son état-major, distribuait convenablement les troupes, s'occupait de choisir l'assiette d'un camp, établissait des batteries de 18 ; toutes ces démonstrations n'abusaient plus nos collègues.

Il paraît démontré que, la veille, Wimpfen avait fait

donner, par l'un des envoyés du comité de salut public, avis à la Montagne, et j'espère qu'on m'entend : ce n'est pas à toute la montagne, ni même à tous ses chefs, mais aux principaux cordeliers de la Montagne, tels que Lacroix, Fabre d'Eglantine, etc., qui voulaient également jouer et abuser les républicains Péthion, Guadet, etc., et le dictateur Robespierre ; que Wimpfen, dis-je, avait fait donner avis du mauvais succès de ses ouvertures anglaises, et de l'inutilité d'en renouveler la proposition ; qu'alors la Montagne avait résolu de se borner à dissoudre notre noyau de force armée, mais sans renoncer à jeter sur tout notre parti cette couleur de royalisme dont ils avaient besoin pour nous perdre ; et ce fut sans doute à cette époque seulement qu'elle arrêta de livrer, au moins en apparence, Toulon aux Anglais. Ce que j'indique là pourra d'abord surprendre quiconque est tout à fait mal instruit des affaires ; mais quand le moment sera venu, je m'expliquerai d'avantage sur cette horrible comédie de Toulon.

Avant de parler du triste dénoûment de nos affaires dans la ville de Caen, je dois compte de quelques événements intéressants, que j'ai laissés en arrière pour ne point interrompre le cours des faits majeurs.

Wimpfen venait de partir pour Lisieux, lorsque nous vîmes arriver à Caen, pour nous y offrir ses services, un mauvais général, mais bon partisan, une espèce de commandant de hussards, excellent pour de vigoureux coups de main, et qui était homme à conduire les bataillons tambour battant jusque sur le Carrousel : c'était Beysser. Nous le recommandâmes à Wimpfen, qui l'éconduisit doucement ; l'autre aussitôt chercha à débaucher toute la cavalerie ; puis, croyant à ce prix avoir fait sa paix avec la Montagne, il courut à Paris lui vanter cette manœuvre, à la sincérité de laquelle on ne crut pas sans doute, puisqu'il fut, à quelque temps de là, guillotiné. Ce qui m'inspirait au reste quelque confiance en lui, c'est qu'il était accompagné d'un de mes dignes amis, ancien et pur jacobin, républicain à toute épreuve, Bois-Guyon, son adjudant général, jeune homme de la plus grande espérance, qui est ensuite malheureusement tombé dans les mains de nos ennemis, et qui a eu la tête coupée à Paris, en même temps que Girey-Dupré, qui méritait bien d'avoir un tel compagnon de sa glorieuse mort.

C'était quelque temps auparavant qu'à l'intendance, où nous logions tous, s'était présentée pour parler à Barbaroux une jeune personne, grande, bien faite, de l'air le plus honnête et du maintien le plus décent : il y avait dans sa figure, à la fois belle et jolie, et dans toute l'habitude de son corps, un mélange de douceur et de fierté, qui annonçait bien son âme céleste : elle vint constamment accompagnée d'un domestique, et attendit toujours Barbaroux dans un salon, par où quelqu'un de nous passait à chaque instant. Depuis que cette fille a fixé sur elle les regards de l'univers, nous nous sommes mutuellement rappelé toutes les circonstances de ses visites, dont il est clair maintenant qu'une grâce sollicitée pour quelques-uns de ses parents n'était que le prétexte. Son véritable motif était sans doute de connaître quelques-uns des fondateurs de cette République, pour laquelle elle allait se dévouer ; et peut-être elle était bien aise aussi qu'un jour ses traits fussent bien présents à leur mémoire. Ils ne s'effaceront pas de la mienne, ô Charlotte Corday! C'est en vain que tous les dessinateurs cordeliers paraîtront conspirer ensemble pour ne donner qu'une copie défigurée de tes charmes ; tu seras toujours sans cesse devant nos yeux, fière et douce, décente et belle, comme tu nous apparus toujours ; ton maintien aura cette dignité pleine d'assurance, et ton regard ce feu tempéré par la modestie, ce feu dont il brillait, lorsque tu nous vins rendre ta dernière visite, la veille du jour où tu partais pour aller frapper un homme, dont ils ne feront pas non plus oublier l'horrible difformité, quelques efforts qu'ils tentent pour le représenter moins hideux.

Je déclare, j'affirme que jamais elle ne dit à aucun de nous un mot de son dessein. Et si de pareilles actions se conseillaient et qu'elle nous eût consultés, est-ce donc sur Marat que nous eussions voulu diriger ses coups? Ne savions-nous pas bien qu'il était alors tellement dévoré d'une maladie cruelle, qu'il lui restait à peine deux jours d'existence?... Humilions-nous devant les décrets de la Providence ; c'est elle qui a voulu que Robespierre et ses complices vécussent assez longtemps pour s'entre-détruire, assez longtemps pour qu'il fût bien prouvé, devant la nation française, à qui cette révélation solennelle finira par ouvrir les yeux, que les uns étaient de traîtres royalistes, et l'autre le plus ambitieux des tyrans.

Au reste, dans la tourmente des grands événements qui se passaient à cette époque, peu de personnes ont assez remarqué ce qu'il y a de sublime dans la fière concision des réponses de cette fille étonnante aux vils coquins qui l'ont jugée; combien elle est magnifique aussi d'expressions et de pensées, cette épître immortelle que, peu d'heures avant sa mort, elle adressa à Barbaroux, et que, par un profond sentiment de délicatesse républicaine, qui ne pouvait affecter que cette grande âme, elle eut soin de dater de la chambre de Brissot. Ou rien de ce qui fut beau dans la révolution française ne demeurera, ou cette épître doit passer à travers les siècles. O mon cher Barbaroux, dans ta destinée, pourtant si digne d'être désirée tout entière, je n'ai jamais vraiment envié que le bonheur qui a voulu que ton nom fût attaché à cette lettre. Ah! du moins, dans son interrogatoire, elle a aussi prononcé le mien. J'ai donc reçu le prix de tous mes travaux, le dédommagement de mes sacrifices, de mes peines, des inquiétudes dévorantes que j'endure dans ton absence, ô ma Lodoïska! des tourments, des derniers tourments qui me sont réservés, si j'apprends qu'habiles à me frapper dans le dernier, mais le plus précieux de mes biens, nos féroces persécuteurs ont pu t'assassiner. Oui, quoi qu'il arrive, j'ai reçu du moins ma récompense; Charlotte Corday m'a nommé; je suis sûr de ne pas mourir!... Charlotte Corday, toi qui seras désormais l'idole des républicains, dans l'Élysée où tu reposes avec les Vergniaud, les Sydney, les Brutus, entends mes derniers vœux, demande à l'Éternel qu'il protége mon épouse, qu'il la sauve, qu'il me la rende; demande-lui qu'il nous accorde, dans notre honorable pauvreté, un coin de terre libre où nous puissions reposer nos têtes, un honnête métier par lequel je nourrisse Lodoïska, une obscurité complète qui nous dérobe à nos ennemis; enfin, quelques années d'amour et de bonheur; et si mes prières ne sont pas exaucées, si ma Lodoïska devait tomber sur un échafaud, ah! que du moins je ne tarde point davantage à l'apprendre, et bientôt j'irai dans les lieux où tu règnes me réunir avec ma femme et m'entretenir avec toi.

Je parcours ce dernier paragraphe, et ne me dissimule pas qu'après l'avoir lu, plusieurs personnes crieront au fanatisme; fanatisme, soit : ce ne sont pas les hommes froids qui font les grandes choses. Il était fanatique aussi ce jeune homme dont l'histoire redira l'action. Eh! que je regrette de ne me pas rappeler son nom! La belle Corday venait d'entrer en prison : un jeune homme accourt, demande à se constituer prisonnier à la place de Charlotte, et à subir le châtiment qu'on lui prépare. Je n'ai pas besoin d'ajouter que les cordeliers ne lui accordèrent qu'une partie de sa demande; ils ne le laissèrent pas longtemps survivre à celle pour laquelle il avait voulu mourir (1).

Quand les Bretons, qui faisaient, à bien dire, l'unique force de notre armée, apprirent que leurs assem-

(1) Un autre, il était député extraordinaire de Mayence, et s'appelait Adam Lux, pénétré d'admiration, fit à la hâte un petit discours sur l'action de Corday, et poussa le courage jusqu'à imprimer cette apologie, en proposant d'élever

blés primaires avaient accepté la constitution, ils s'étonnèrent; et dans le nombre, des motionneurs, sans doute bien payés, prouvèrent subtilement que combattre à présent la Montagne, ce serait se constituer faction : en général, quand la victoire n'est pas certain, ou ne s'annonce point facile, on aime mieux retourner chez soi que de se battre; cependant nos Bretons, naturellement très-braves, hésitaient encore ; on les travailla si bien qu'ils furent entraînés : d'ailleurs, les administrateurs du Calvados, qui n'en ont pas moins été guillotinés depuis, osèrent leur signifier, qu'ayant accepté la constitution, ils ne pouvaient plus les tolérer dans la ville de Caen. Les fédérés bretons, ainsi lâchement abandonnés, reprirent le chemin de leurs foyers.

On croit bien que Wimpfen avait un sauf-conduit de la Montagne et une occasion toute prête pour l'Angleterre. Je ne sais ce que devint M. de Puysay, qui s'était si complaisamment fait battre auprès de Vernon. Quant à madame de Puysay, elle s'était retirée à Bordeaux ; elle y fut dénoncée par un subalterne qui n'était point initié aux mystères ; on l'arrêta et on l'envoya à Paris; mais on n'a plus entendu parler d'elle, et quoiqu'elle soit très-jolie, bien des gens pourront croire avec moi que sa beauté n'est pas la véritable cause de la clémence dont les brigands usèrent envers elle.

à cette héroïne une statue avec cette inscription : PLUS GRANDE QUE BRUTUS.

Aussitôt on le jeta à l'Abbaye : en y entrant, il s'écria, dans un transport de joie : Je vais donc mourir pour Charlotte Corday ! On lui coupa la tête quelques jours après.

Mais le malheureux reste des principaux fondateurs de la République, les députés proscrits, que devinrent-ils ? Leurs cruelles aventures seront l'objet de la dernière partie de ces mémoires.

Après avoir, dans le tourbillon d'une grande ville, longtemps étudié les hommes au sein de leurs habitudes les plus efféminées, au milieu des commodités du luxe et des jouissances de la galanterie, qu'ils appelaient l'amour ; après avoir vu, auprès de ces sybarites perdus de mollesse, un peuple abâtardi qui semblait n'avoir plus de force que pour porter, sans désespoir, l'énorme pesanteur du joug, j'avais osé prononcer que jamais les oppresseurs ni les opprimés n'auraient assez de courage, ceux-ci pour tenter de se relever, ceux-là pour opposer quelque résistance à l'insurrection, s'il n'était pas vraiment impossible qu'elle eût lieu. Je ne m'étais trompé qu'à demi ; un grand changement s'annonça dans le gouvernement de la France ; l'intérêt particulier réveilla les passions fortes, mais leur premier choc fut heureusement plus bruyant que terrible.

Les événements prirent ensuite un caractère plus sérieux ; les factions hardies se prononcèrent. Entre la cour qui conspirait pour le retour de tous les abus, et le parti d'Orléans qui ne paraissait les combattre qu'afin de les ressusciter à son profit, des conjurés vertueux se firent jour : à la suite de leurs généreux efforts, une Convention s'assembla, chargée de constituer la République ; malheureusement elle ne put jamais que la décréter. Ce ne fut d'abord qu'un vain nom, ce fut bientôt un nom funeste ; il fit avorter la chose. Cependant, entraîné presque malgré moi sur ce grand théâtre, que je croyais celui des passions les plus nobles, qu'aperçus-je au premier coup d'œil? Du milieu de la montagne jusqu'à son sommet, c'étaient l'ignorance présomptueuse prétendant à tous les profits de la célébrité, l'avide cupidité aspirant aux richesses, la crapule vile espérant de longues débauches, la vengeance atroce préparant des assassinats, la basse envie désespérée de l'influence du talent, l'insatiable ambition dévorée du besoin de régner au prix de tous les forfaits. Et lorsque de tels scélérats commencèrent à l'emporter, lorsque sur des monceaux de dépouilles, sur les débris de toutes les propriétés, la foule à leur voix obéissante se baigna dans des flots de sang innocent, lorsque le pillage organisé par les magistrats, l'athéisme réduit en principe et deux cent mille échafauds ordonnés par les lois souillèrent ma patrie, je fus obligé de reconnaître que, de toutes les espèces de servitude, celle que l'anarchie produit est encore la plus intolérable. Quand c'est la multitude ignorante et trompée qui règne, les crimes aussi se multiplient autant que les maîtres. C'est à voler que l'un s'attache, c'est à tuer que l'autre se plaît ; celui-ci prend plaisir à tourmenter, emprisonner, supplicier son ennemi ; celui-là préfère de requérir sa femme; cet autre, dédaignant de gazer le mot, aime mieux violer sa fille, trop heureuse la victime si le bourreau ne la massacre pas ensuite; enfin, vous diriez que chacun s'excite à inventer quelques-uns des attentats, dont la nature n'ait pas encore gémi; dès qu'on le trouve, il est consacré; d'autres scélérats travaillent avec ardeur à quelque découverte nouvelle, qui n'aura pas moins de succès. C'est ainsi que, dans ma patrie déshonorée, plusieurs milliers de brigands professent le crime, et parmi les crimes, préfèrent, choisissent, préconisent ce qu'il y a de plus honteux, de plus repoussant, de plus horriblement nouveau. C'est ainsi qu'auprès de la Vendée, un représentant s'égare jusqu'à qualifier un bourreau le vengeur du peuple, et vertu civique la férocité qui le porte à prendre, en pleine assemblée populaire, et à tenir l'engagement de couper, chaque jour, peut-être vingt têtes de Français. C'est ainsi qu'à Commune-Affranchie, quelle dérision exécrable dans ce changement de nom! Collot d'Herbois, aussi représentant du peuple, Ronsin, commandant d'une armée, et quelques autres patriotes délibèrent tranquillement, pendant quelques heures, de quelle manière on s'y prendra pour assassiner avec une cruauté plus solennelle huit ou dix mille Lyonnais. C'est ainsi qu'au bruit de la mitraille qui les déchire, et des cent coups de sabre dont on les achève, un peuple nombreux fait retentir l'air de ses applaudissements. C'est ainsi que la guillotine deviendra l'autel national sur lequel le frère poussera civiquement son frère, ou le père son fils. C'est ainsi qu'une malheureuse femme coupable d'avoir, en gémissant, accompagné son mari jusqu'au lieu du supplice, sera condamnée, au grand contentement de la multitude, à passer plusieurs heures sous le fatal couteau qui répandra sur elle, goutte à goutte, le sang fraîchement versé de son époux, dont le cadavre est auprès d'elle... là... sur l'échafaud!... C'est ainsi que tout à coup, comme un torrent nouveau qui n'a point de digues, une masse incommensurable de forfaits inconnus chez les nations les plus féroces se répandra sur un vaste empire et menacera d'envahir l'univers. Oh! pourquoi ne m'a-t-il fallu rien moins que cette expérience, pour être convaincu de cette vérité funeste, que, sans distinction d'opulence ou de misère, de grandeur ou d'obscurité, je dirai même, en général, d'un vain savoir ou d'une ignorance complète, et sous la seule exception de la vertu, qui n'appartient qu'à quelques philosophes privilégiés, les hommes doivent être esclaves, puisque les hommes sont méchant sou rampent devant les méchants.

Tant qu'il nous resta quelque espérance d'abattre cette secte impie, nous courûmes les départements, moins pour y chercher des asiles, que pour lui chercher des ennemis. Soins inutiles! Le dégoûtant machiavélisme d'Hébert allait l'emporter. Déjà la peur, dissimulée sous le nom de prudence, venait de diviser le faisceau départemental, de rompre les mesures salutaires, et de compromettre la liberté dans son dernier rempart. A Marseille, à Bordeaux, dans presque toutes les villes principales, le propriétaire lent, insouciant, timide, ne pouvait se résoudre à quitter un instant ses foyers ; c'étaient des mercenaires qu'il chargeait de sa querelle et de ses armes, comme s'il était malaisé de pressentir que ces hommes achetés par lui seraient bientôt achetés contre lui ; de l'autre côté, la Montagne ardente, audacieuse, rompue aux forfaits, tirait le glaive contre la patrie. Pour vider quelques tonnes, pour surprendre quelques femmes, pour ouvrir quelques coffres-forts, d'indignes soldats servaient la Montagne ; aux cris de Vive la République, ils venaient égorger les républicains ; pour que leur pays fût libre, ils accouraient l'asservir. Vomis de la capitale, comme d'une Rome moderne, les plus vils suppôts du royalisme déguisé, les plus infâmes agents de la corruption, apportaient des fers aux provinces conquises, déjà prêtes à se prosterner devant leur sanglant proconsulat. Les cités jadis les plus fières commençaient à tomber devant deux ou trois jacobins. C'en était fait de la République ! Et nous ses malheureux fondateurs, nous allions éprouver tout ce que peut avoir de plus affreux le sort de quelques proscrits trop connus, que tous les scélérats persécutent, que tous les lâches abandonnent. Ceux de qui nous avions, à travers d'immenses dangers, constamment protégé les biens, ne nous offriraient point, dans nos détresses, la moindre parcelle de cette fortune que demain ils livreraient tout entière, à genoux, au premier brigand qui voudrait s'en saisir. Ceux dont nous défendions, depuis dix mois, la vie au péril de la nôtre, plutôt que d'exposer un instant la leur, refuseraient de nous entr'ouvrir leurs portes. Dans l'horreur des nuits sombres, sous les intempéries d'un ciel orageux ; épuisés que nous serions d'avoir sans repos erré tout le jour dans les bois, pressés de la faim, tourmentés de la soif, on ne nous laisserait, contre nos besoins renaissants et les assassins, d'autre défense que notre courage, notre innocence, un reste d'espoir, mais aussi les prodiges d'une providence évidemment protectrice. Nous verrions des amis féroces par pusillanimité méconnaître leur ami. Elle m'était réservée à moi cette épreuve, la plus douloureuse de celles que j'eusse à subir. Infortuné ! Des amis de vingt ans te chasseraient de leur demeure ; ils te repousseraient jusques au pied de l'échafaud….. J'avais vu les hommes en masse dans leur vie publique, et je les avais détestés ; j'eus lieu de les trop bien connaître en détail dans leur vie privée, et le mépris suivit la haine. Puisque, même en un pays que je croyais prêt à se régénérer, les gens de bien sont si lâches et les méchants si furieux, il est clair que toute aggrégation d'hommes, pompeusement appelée peuple par des insensés tels que moi, n'est réellement qu'un imbécile troupeau, trop heureux de ramper sous un maître (1). Eh ! Robespierre ou Mazanielle, Marat ou Néron, Caligula ou Châlier, Hébert ou Pitt, Cartouche même ou Alexandre, Desrues ou d'Orléans, qu'importe ! Tout scélérat, s'il est ambitieux, et que les circonstances le poussent, peut parvenir à ce qu'ils appellent de hautes destinées : seulement, le plus ha-

---

(1) Qu'on se souvienne de la situation où j'étais, et qu'on pardonne de telles réflexions à l'excès du malheur.

bile quelquefois doit rouler des hauteurs dans l'abîme, et c'est au plus malheureux (1) de régner.

Au milieu de tant de dépravation cependant, il est consolant d'avoir à déclarer que, jusqu'en France, il existe encore quelques êtres dignes de la liberté. Nous les avons trouvés surtout parmi les individus de ce sexe réputé frivole et timide. Ce sont des femmes qui nous ont prodigué les soins les plus touchants et tous ces courageux secours qu'une compassion généreuse ne sait point refuser au malheur non mérité. O madame***! je ne puis vous nommer aujourd'hui sans vous perdre; mais la vertu ne reste pas sans récompense; et s'il est toujours impossible que je vous produise à la reconnaissance des républicains, du moins, n'en doutez pas, celui qui fit à son image votre âme céleste, votre Dieu, le mien, un Dieu de bienfaisance et de bonté, n'oubliera point quels périlleux devoirs vous avez remplis pour nous, et comment, environnée

(1) Cromwel, à qui Robespierre ressemble si fort, aux talents près, Cromwel qui, naturellement cruel et indévot, savait aussi, par une double hypocrisie, affecter le penchant à la clémence et le zèle pour la cause de Dieu ; Cromwel une fois sur le trône se croyait sans cesse entouré d'assassins. Il ne se fiait point à ses gardes. Il avait des pistolets, le jour, dans ses poches, et sous son chevet, la nuit. Il mangeait à peine. Il ne dormait plus. Chaque soir, il changeait d'appartement et de lit. Qui donc, à ce prix, préférerait la couronne à la mort? Bien des lâches coquins, sans doute! Mais en conclura-t-on qu'ils seraient heureux? Et n'est-il pas bien vraisemblable qu'il vaudrait mieux, même pour eux, de mourir?

de nos bourreaux, vous leur avez dérobé leurs victimes..... (1).

Les administrateurs du Calvados venaient de donner aux autres administrations le signal d'une honteuse défection. Ils avaient fait secrètement leur paix avec la Montagne, sans nous en donner aucun avis ; le troisième jour seulement, ils nous prévinrent, et voici comment : ils envoyèrent placarder à la porte même de l'intendance, où ils logeaient, l'affiche montagnarde qui portait notre décret hors la loi. Les Bretons, qui partaient le lendemain, furent indignés de cette perfide insolence ; ils nous offrirent leurs armes : nous les acceptâmes, non pour exercer des vengeances, mais afin de pourvoir à notre sûreté. Quand nous eûmes déclaré à leurs députés que nous comptions aller au milieu d'eux chercher une retraite et sauver la liberté dans leurs départements, ce ne fut qu'un cri de joie.

Le lendemain fut en effet le jour du départ. Nous nous divisâmes en trois troupes, qui chacune alla se réunir à l'un des trois bataillons. Nous marchions comme simples soldats, et ceux qui nous avaient reçus paraissaient contents et fiers d'avoir pour camarades cette vingtaine de représentants, pour qui la France presque tout entière venait de s'insurger ; car les dé-

---

(1) Hélas! cette généreuse femme, c'était la belle-sœur de Guadet, c'était la citoyenne Bouquet... Elle est morte sur l'échafaud, on l'a assassinée avec son mari, son beau-frère et le père de Guadet. Elle est morte! et Julien fils son assassin respire! Dieu de justice, où donc es-tu?

partements coalisés n'étaient pas moins de soixante-neuf. Notre situation eut d'abord quelque chose d'assez doux et de très-piquant. Je trouvais, pour moi, fort agréable de faire avec ces braves gens ma journée à pied, de boire et manger avec eux, sur la route, le verre de cidre, le petit morceau de beurre et le pain de munition; puis, à la couchée, d'aller, avec un billet, prendre modestement mon logement chez un particulier qui, me croyant un volontaire, ne se gênait nullement avec moi et me dispensait par là de toute espèce de cérémonie. Cette manière de faire charmait nos Bretons; il est vrai que l'Ille-et-Vilaine, la Mayenne et surtout le Finistère n'étaient point tombés dans l'énorme faute qu'avait faite le Midi, de n'armer que des mercenaires. La plupart de ces volontaires étaient des jeunes gens bien élevés, très-instruits de la querelle qu'ils allaient soutenir, et qu'il eût été difficile d'acheter. Mais, quelque précaution que l'on eût prise, on n'avait pu empêcher des brouillons, des hommes ardents ou faibles et quelques anarchistes déguisés de se glisser dans les compagnies, et, quoique en très-petit nombre, aidés de leur vile tactique et de toutes leurs détestables intrigues, ils finissaient souvent par donner la loi. Nous l'avions vu déjà dans Lisieux ; nous eûmes bientôt occasion d'en faire une expérience plus triste.

Après plusieurs marches, nous étions arrivés à Vire. J'y avais appris que la Montagne, enhardie par nos revers, faisait dans Paris des arrestations multipliées. Je tremblais pour ma femme. Un peu fatigué, je m'étais couché à six heures : il était minuit, je n'avais pu fermer l'œil ; on vient me dire qu'une femme me demande : c'était elle ! Qu'on juge des transports de ma joie !

Digne amie ! à peine les aboyeurs des journaux de Paris avaient-ils beuglé la grande victoire de Vernon remportée sur les royalistes du Calvados, que, pressentant le reste de nos désastres, elle s'était hâtée de vendre tout ce qu'elle avait de bijoux. Elle venait me déclarar que, désormais attachée à mon sort, elle accourait chercher auprès de moi l'exil, la misère peut-être et certainement une foule de dangers. C'est alors que, pénétré de sa générosité, bien convaincu que ma mauvaise fortune ne pouvait rien changer à ses dispositions, j'osai la presser de former des liens que je désirais depuis si longtemps, et que son divorce, prononcé depuis dix mois seulement, ne m'avait pas permis d'obtenir encore. Hélas ! sous quels auspices ce contrat fut juré ! Péthion, Buzot, Salle et Guadet furent nos témoins.

Ma femme me pressait de courir au port le plus voisin, et de nous y jeter dans le premier bâtiment qui voulût nous porter en Amérique. Je lui montrai Lyon, Bordeaux, Marseille, faisant pour la république un dernier effort que mon devoir était d'aller aider. Soit, dit-elle, mais nous ne nous séparerons plus. Je le jurai. Que de fois je devais, malgré moi, violer mon serment !

A Fougères, les bataillons se séparèrent, Mayenne pour regagner Laval, Ille-et-Vilaine pour rentrer dans Rennes ; le Finistère continuait sa route pour Brest.

Chacun des trois désirait nous garder et nous promettait sûreté chez lui. Sûreté ne suffisait pas. Nous avions dépêché devant nous, à Rennes, un ami, B..., qui nous mandait que nous devions nous rendre dans cette ville, où nous trouverions des moyens de gagner la mer, et là, quelque chasse-marée qui nous conduirait à Bordeaux. Barbaroux combattit vivement cette mesure. Il fit sentir qu'il valait beaucoup mieux nous rendre du côté de Quimper, où Kervélégan, notre collègue, parti depuis plusieurs jours, nous aurait infailliblement préparé une retraite momentanée et des moyens d'embarquement. Cette opinion prévalut, et je crois que ce fut très-heureusement pour nous.

Nous prîmes donc, avec le seul bataillon du Finistère, le chemin de Fougères à Dol. Nous allâmes coucher à Antrain, je crois. Je dis : je crois, parce que ma mémoire s'étant fort altérée, j'ai bien retenu les faits ; mais tantôt les lieux, tantôt l'époque précise de l'événement m'échappe ; et dans la caverne où j'écris, je suis dénué de tout secours. Je n'ai pas même une carte de France. Au reste, que le bourg d'Antrain soit en deçà ou au delà de Fougères, toujours est-il certain que nous y courûmes quelques périls. Ce lieu était fort jacobinisé. A peu près deux cents coquins avaient formé le doux projet de désarmer pendant la nuit le bataillon dispersé chez les particuliers, puis de tomber sur les députés, pour les envoyer à la Montagne s'ils se laissaient prendre, ou les massacrer s'ils tentaient quelque résistance. La partie fut découverte comme on achevait de la lier ; pour la rompre, nous fîmes doubler les postes et promener de bonnes patrouilles; les égorgeurs s'allèrent coucher.

Mais, un peu avant Dol, l'alerte devint plus chaude; nous reçûmes la nouvelle certaine que la municipalité de cette ville venait de mettre ses volontaires sous les armes, de braquer ses canons à la municipalité et d'envoyer à Saint-Malo demander les secours de la garde nationale et de la garnison de cette place, qui pouvaient, selon messieurs de Dol, arriver chez eux dans la soirée, et par conséquent assez tôt, puisque nous comptions y être avant midi, mais séjourner jusqu'au lendemain. Sur cet avis, nos braves Finistériens se préparèrent; les armes et les canons furent chargés; nous doublâmes le pas; nous arrivâmes à Dol deux heures plus tôt; nous y entrâmes au pas de charge, la baïonnette au bout du fusil; nous allâmes nous mettre en bataille devant l'hôtel de ville; les canons étaient effectivement braqués, mais ils se turent: des volontaires allèrent en députation sommer le maire de s'expliquer sur les mauvais bruits qui couraient. Il avoua ses démarches, protestant qu'elles n'avaient point pour but d'arrêter le retour du bataillon, mais de saisir les députés traîtres à la patrie qu'il recelait dans ses rangs. Cette réponse rapportée aux Bretons les indigna. Si le commandant et nous ne nous étions réunis pour les calmer, la guerre civile commençait dans Dol. Enfin ils consentirent à ne pas coucher dans cette ville; mais il y fallait dîner du moins. Ils ne voulurent point nous quitter; nous mangeâmes presque tous ensemble sur la place : Si vous avez tant envie de les prendre, criaient-ils aux passants, battez donc la générale et venez. Tout ceci ne nous préparait guère à ce qui devait arriver le lendemain.

A trois lieues au-dessus de Dol, sur la grande route de Dinan, où nous devions coucher, se trouvait un passage dangereux; c'était un défilé sur une hauteur, à l'entrée d'un bois. Les trois mille hommes de Saint-Malo, qu'on disait en marche, pouvaient se porter là et attendre avec un immense avantage nos huits cents Brestois. Ils le savaient et n'en faisaient pas moins bonne contenance : presque tous juraient de périr plutôt que de nous abandonner. Nous étions, nous, dans leurs rangs, bien décidés à ne pas tomber vivants dans les mains des satellites de la Montagne. Ma Lodoïska et quelques femmes suivaient dans une voiture. On peut se représenter leurs alarmes. Enfin, parvenus au lieu redouté, nous n'y rencontrâmes personne (1). A Dinan, nous fûmes parfaitement reçus; c'était à qui nous offrirait des lits.

A la pointe du jour un grand bruit nous réveilla : c'était nos Finistériens qui se disputaient sur la place ; les motionneurs de Lisieux avaient passé la nuit à travailler les faibles; les faibles étaient entraînés; ensemble ils avaient provoqué cette assemblée générale; ensemble ils criaient que la Convention étant reconnue, puisqu'on venait d'accepter la constitution, proté-

---

(1) On nous a assuré depuis que les trois mille hommes de Saint-Malo avaient au contraire délibéré de ne point marcher contre leurs frères du Finistère.

ger encore les députés qu'elle venait de mettre hors de la loi, c'était se constituer faction. Les honnêtes gens, pénétrés de douleur, répondaient que la majorité des départements ne reconnaissait pas encore les dominateurs de la Convention ; que d'ailleurs livrer ou seulement abandonner de vertueux représentants qui, prenant confiance entière aux promesses du bataillon, l'avaient préféré aux autres fédérés bretons, c'était déshonorer le Finistère. Cette pensée surtout donnait à nos amis, encore les plus nombreux, une vigueur qui ne leur était pas ordinaire. Vainement un courrier venait d'arriver, apportant l'étrange nouvelle que les trois mille hommes de Saint-Malo venaient sur Dinan, et que de l'autre côté Saint-Brieuc faisait marcher des troupes, de sorte que le bataillon allait se trouver entre deux feux : les nôtres disaient que rien de tout cela n'était vraisemblable ; mais que tout cela fût-il sûr, on ne devait pas composer avec ses devoirs et que la mort était préférable à la honte. Enfin, les partis s'échauffaient ; il était possible qu'on en vînt aux mains ; nous résolûmes de prévenir ce malheur et de n'espérer désormais notre salut que de nous-mêmes. Quand les braves gens apprirent notre résolution de quitter le bataillon et de nous aventurer vers Quimper par des chemins de traverse, il n'y a sorte d'efforts qu'ils n'essayassent pour nous retenir. Le parti était pris, ils le virent bientôt ; et alors, du moins, ils nous prodiguèrent les moyens qui nous manquaient : nous ne voulûmes rien accepter de tout l'argent qui nous fut offert, mais nous souffrîmes qu'on nous complétât notre ajustement de volontaires ; c'était en cette qualité que nous allions nous mettre en route ; il fallait pour notre sûreté que rien ne nous manquât. On alla nous choisir les meilleurs fusils, de bons sabres, une giberne bien garnie de cartouches, et nous couvrimes encore nos uniformes d'un de ces sarreaux blancs bordés de rouge, que les soldats en route ont coutume d'avoir ; on nous donna pour escorte six hommes éprouvés, armés comme nous ; enfin, un officier que je ne nommerai pas, nous signa des congés qui portaient que nous étions des volontaires du Finistère, qui retournaient, par le chemin le plus court, à Quimper, lieu de leurs domiciles. Nous avions quarante grandes lieues à faire à pied par des chemins difficiles, et la prudence ordonnait que nous y missions tout au plus trois jours ; il n'y avait donc pas moyen d'emmener ma Lodoïska : au moins l'absence serait courte ; elle allait, avec un passe-port bien en règle, suivre la grande route, et m'attendrait à Quimper. Notre séparation nous coûta pourtant bien des larmes.

Braves hommes du Finistère (1), nous vous quittions,

(1) J'apprends que le commandant de ces braves est un de ceux qui ont honoré les cachots de la Conciergerie, destinés auparavant à renfermer le crime ; une heureuse et inconcevable destinée l'a conservé à ses amis et à la république qui n'aura jamais de meilleur citoyen. Après quatorze mois de souffrances, il jouit enfin de l'estime qu'une vie sans reproche lui a méritée. C'est lui qui sauva la Convention nationale au 10 mars ; c'est lui que nous trouvâmes encore dans nos malheurs. Avec quelque modestie qu'il cherche à dérober

et la plupart d'entre vous ne devaient plus nous revoir. Ah ! du moins recevez ici les assurances d'une estime qui ne finira qu'avec nous. Souvent, dans les départements où nous pensions trouver plus d'énergie, nous avons regretté la vôtre. Le moment approchait où, réduits à errer sans secours, nous ne trouverions plus des hommes résolus à nous défendre, trop heureux d'en rencontrer qui consentissent à nous recueillir.

Au reste, c'est ici que je dois m'empresser à réparer une omission essentielle : j'ai oublié de dire que cet excellent bataillon du Finistère n'était point à l'affaire de Vernon : Wimpfen instruit qu'il approchait, et sachant bien comme il était composé, se garda bien d'attendre encore trois jours, lui qui attendait sans raison depuis un mois ; certes, il calcula bien, car je ne doute pas, de quelque talent dont son M. de Puysay se montrât doué pour se faire surprendre, que la surprise n'eût pas eu de succès si les Finistériens se fussent trouvés là.

Nous partions cependant, et voici le moment de savoir quels et combien nous étions : Péthion, Barbaroux, Sale, Buzot, Cussy, Lesage (d'Eure-et-Loir), Bergoing (de la Gironde), Giroust, Meillant et moi ; puis Girey-Dupré, et un digne jeune homme, nomme Riouffe, qui

son nom, l'histoire le réclame. L'histoire le saura dans des temps plus heureux. Il a exposé sa vie en combattant plusieurs fois pour la liberté : il l'a exposée en servant ses amis, les amis de la république, et il paraît l'ignorer. Heureux et honorable parti, que celui des vrais républicains appelés Fédéralistes, puisqu'il compte de pareils hommes !

était venu nous trouver à Caen ; enfin nos six guides ; Buzot avait encore son domestique, tout aussi bien armé que nous : en tout dix-neuf. Il nous manquait Lanjuinais qui n'avait fait que passer à Caen, pour nous embrasser. Guadet, qui s'écartait toujours du bataillon et ne s'était pas trouvé à Dinan au moment critique, fut obligé de continuer seul vers Quimper, par la grande route où il ne fut point reconnu ; Valadi, resté en arrière avec un ami, et qui nous rejoignit ensuite par une suite d'aventures favorables ; Larivière, resté longtemps du côté de Falaise ; Duchâtel et Kervélégan, partis d'avance pour les environs de Quimper, où ils devaient préparer nos logements ; Mollevaut, parti depuis quelque jours ; l'Espagnol Marchena, digne ami de Brissot ; enfin, Gorsas, qui était allé avec sa fille à Rennes, et où il sortit pour venir si imprudemment braver ses assassins jusque dans Paris.

Nous suivîmes encore la grande route jusqu'à Jugon. Là nous prîmes la traverse, où nous fîmes quelques lieues, et vînmes à l'entrée de la nuit frapper aux portes d'une ferme, dont on ne nous ouvrit que la cuisine et la grange. Dans la première des deux pièces nous ne trouvâmes pour souper qu'un seul petit lièvre, du pain noir et de mauvais cidre ; et dans la seconde, pour coucher, que de la paille : pourtant nous mangeâmes fort bien et nous dormîmes mieux. Le lendemain à la pointe du jour, il fallut se mettre en route.

Nous avions déjà évité Lamballe ; nous ne devions trouver dans la traverse que quelques misérables villages, où dix-neuf soldats n'avaient rien à craindre, et deux ou trois bourgs un peu forts que, par précaution, il faudrait tourner. Une erreur de nos guides nous fit tomber à l'entrée d'une ville, c'était Montcontour; nous en étions si près, qu'il était impossible de s'en écarter sans se rendre suspects, et sans risquer d'entendre sonner le tocsin. Nous y entrâmes donc : c'était justement un jour de marché; plus de quinze cents paysans étaient, avec force gendarmerie, sur la place que nous traversâmes avec une confiance qui n'était qu'apparente. Riouffe, mauvais marcheur, était resté en arrière; un gendarme l'arrêta, lut son congé et fut tenté de le conduire à la municipalité; il montra de loin ses camarades : Et où les rattraperai-je? dit-il. On le laissa aller.

Mais comme nous sortions de cette ville dangereuse, nous fîmes une rencontre importante; B... vint nous joindre avec des démonstrations d'amitié, peut-être déplacées dans le lieu où il nous les prodiguait. Étonné de ne nous pas voir arriver à Rennes, il en était sorti à notre rencontre; il avait trouvé à Lamballe ma sœur (c'était sous ce nom que je produisais ma femme en public; on saura pourquoi). Elle lui avait appris que nous étions sur cette route; nous avions tort de nous y hasarder : Rennes valait beaucoup mieux. Il avait au reste mille choses à nous dire; il nous priait d'aller l'attendre dans des chaumières qu'il nous montrait dans l'éloignement; il allait nous y apporter quelques provisions, dont nous avions en effet grand besoin : nous marchions depuis cinq heures, il en était dix, et nous n'avions rien pris. B.... avait été de l'assemblée constituante, où il s'était bien conduit ; il était, en décembre 1792, président de ce club des Marseillais qui eût sauvé les Parisiens si les Parisiens eussent voulu l'entendre ; enfin il était venu à Caen, officier dans un des bataillons de la force départementale : tout semblait donc se réunir pour lui concilier notre confiance. Malheureusement il nous fit perdre une heure dans ces chaumières ; il vint enfin : le peu de denrées qu'il nous apportait disparut aussitôt. Il commença par nous prévenir que quelques-uns de nous avaient été reconnus à Montcontour ; lui-même avait entendu dire : Voilà Buzot, voilà Péthion. Ensuite il revint à son projet de Rennes, qui fut repoussé ; alors il nous dit que nous devions être fatigués ; c'était l'instant de la chaleur du jour ; nous avions déjà fait quatre ou cinq lieues ; que nous en fissions encore autant le soir, ce serait assez ; il allait nous conduire à une demi-lieue de là, dans un épais taillis où nous resterions jusqu'à quatre heures ; qu'un de ses neveux nous apporterait des rafraîchissements ; ce jeune homme nous conduirait ensuite à trois lieues plus loin, chez un parent, où nous le trouverions, et qui nous aurait préparé quelques restaurants et de bons lits ; nous aurions l'avantage de passer la nuit dans une maison sûre : cette considération, en effet puissante, détermina la presque unanimité ; je dis presque, car moi j'aurais mieux aimé continuer tout bonnement notre route avec nos guides.

Le voilà parti. Nous voilà tous, ventre à terre, dans ce taillis, autour duquel de malheureux enfants nous inquiétèrent longtemps de leurs jeux. Ils firent retraite enfin, mais c'était la pluie qui les y forçait. Le mince feuillage de ces petits arbres plia bientôt sous le faix, dont il se déchargeait sur nous. Le malaise que nous éprouvions est difficile à décrire. Le neveu ne donna le signal convenu qu'à cinq heures. Encore avait-il affaire pour un quart d'heure dans le village voisin : il y resta près d'une heure et demie. La nuit s'approchait quand nous nous remîmes en route.

Bientôt elle fut noire : nous marchions depuis longtemps et nous n'arrivions pas. Il était dix heures. Nos guides, se fiant sur le guide nouveau, n'avaient pas examiné quelle route on nous avait fait prendre. Enfin ils reconnurent qu'on allait nous faire traverser un bourg assez fort, dont je suis bien fâché de ne pas me rappeler le nom. Nous déclarâmes que nous n'y passerions pas. Nos guides avertirent qu'il y avait un autre chemin, nous le prîmes : nous tournions le bourg à quelque distance, lorsque nous y entendîmes le bruit des tambours. C'est la retraite, dit le neveu. On n'a jamais battu la retraite à cette heure dans cette saison, répliquai-je. J'écoutai, je fis écouter : c'était la générale. Nous la reconnûmes tous, excepté le jeune homme qui prétendait que c'était la manière de battre la retraite dans son pays. Comme nous avions tourné le bourg, dont nous étions déjà assez éloignés, nous vîmes arriver B...

Il nous conduisit chez le parent qui devait nous attendre. Il fut charmé, mais surpris de nous voir. B... avait oublié de lui dire que nous dussions venir ; et ce n'était point une défaite qu'il eût imaginée pour se dispenser de quelque dépense, car il nous donna le lendemain un déjeuner splendide. Pour le soir nous eûmes l'omelette et le morceau de pâté. Quant aux bons lits annoncés pour tous, ils n'étaient que deux. Il fallut les défaire, et jeter dans une espèce de salon cinq matelas sur lesquels nous dûmes nous arranger le moins mal possible.

B..., qui nous avait enfermés dans sa chambre, ne vint nous désemprisonner qu'à huit heures du matin. Il nous reprocha d'avoir trop fait de bruit. Un administrateur d'un district voisin avait couché dans la chambre au-dessus de la nôtre. C'était un mauvais sujet, et s'il nous avait entendus, nous devions craindre d'être poursuivis. Nous déjeunions ; il revint encore sur le projet de Rennes, mais toujours inutilement. Alors il nous pressa de rester dans le pays où nous étions. L'esprit en était excellent, disait-il. Lui se chargeait de nous trouver plus d'asiles que nous n'étions de monde. Buzot, quoique dans la force de l'âge et vigoureux, était peu fait à la marche. Cette fatigue de la route l'étonnait. Il appuyait les propositions de B...; quelques autres étaient aussi de son avis. Mais Péthion me regardait en secouant la tête d'un air mécontent. Je combattis les offres avec beaucoup de chaleur. Deux de nos amis restèrent, quoi que j'eusse pu leur dire. Je ne sais ce qu'est devenu l'un d'eux : Lesage (d'Eure-et-Loir) (1). Quant à Giroust, il a été pris quelques mois

(1) J'apprends qu'il est vivant, et l'on m'assure même que Giroust, dont un montagnard avait annoncé la mort à la Convention, est sauvé.

après, et il n'est plus. Quand B... vit toutes ses offres rejetées, il nous donna un dernier conseil : Vous allez, nous dit-il, traverser un pays où tout rassemblement excite les soupçons ; une vingtaine de soldats marchant ensemble seraient partout suspects ; divisez-vous par trois ou quatre, et rendez-vous, par des chemins divers, à un lieu convenu. Nous ne crûmes pas qu'il eût raison. Notre union faisait alors notre sûreté. Tous ensemble nous partîmes, et l'on verra que nous fîmes bien

Dans tout le cours de la journée rien de remarquable, si ce n'est qu'à l'entrée de la nuit nous nous trouvâmes dans un misérable village, à une lieue au-dessus de Rosternen, petite ville, chef-lieu de district qui se trouvait sur notre route et qu'il fallait tourner. On conçoit que nous n'étions pas plus tentés d'aller coucher à Rosternen que de le traverser. Toute la question était de savoir si nous profiterions de le nuit pour dépasser le point dangereux ; ce qui avait le grand inconvénient de nous obliger à coucher dans quelques chaumières à une lieue au delà, et par conséquent de nous rendre suspects. Car le moyen d'imaginer que des voyageurs, lorsqu'il est déjà tard, prennent la peine de dépasser une ville où ils auraient trouvé de bons logements, pour aller chercher de mauvais gîtes dans quelques bouchons. S'arrêter en deçà de la ville était plus naturel ; la fatigue de quelques-uns d'entre nous offrait un prétexte assez plausible. Nous nous arrêtâmes donc une lieue en deçà : au reste, deux lieues plus loin c'eût été tout de même. Le péril que nous ignorions n'en devenait que plus inévitable : où que nous fussions endormis, il nous viendrait réveiller.

A une heure du matin, il arriva. Au nom de la loi, criait-il, ouvrez. Nous étions, Dieu merci, tous dix-sept dans une vaste grange où la paille ne nous manquait pas. Notre unique chandelle était éteinte. L'un de nous entr'ouvrit doucement la porte et la referma sur-le-champ. La maison est entourée, nous dit-il. Une voix menaçante et plus forte répéta du dehors : Au nom de la loi, ouvrez. Aussitôt au profond silence qu'un premier mouvement de surprise avait causé parmi nous, succéda un seul cri, un cri unanime et vraiment terrible : Aux armes ! Chacun les cherchait, chacun s'habillait à tâtons. Cela ne pouvait être fort prompt. Le nom de la loi se faisait de temps en temps entendre, mais d'un ton moins assuré. Nous ne sortirons que quand nous serons prêts, lui répondait-on. Je me souviens que mon fusil se fit longtemps chercher ; je l'appelais à grands cris, et j'avoue que m'accommodant, comme tous les autres d'ailleurs, au rôle que la situation commandait, je ne criais ni plus ni moins qu'un cordelier. Enfin nous ouvrîmes. Un personnage à ruban tricolore barrait la porte. Un peu derrière lui était un groupe assez fort de gardes nationaux. Des flambeaux éclairaient la scène. Que faisiez-vous là ? demanda brusquement l'administrateur de district. Barbaroux répondit : Nous dormions.—Pourquoi dans une grange ? poursuivit l'autre.—Nous aurions préféré votre lit, répliquai-je.—Qui êtes-vous, monsieur le rieur ? Riouffe lui dit en riant : Comme tous ses camarades, un volontaire bien las qui ne s'attendait pas à être éveillé si matin; mais d'ailleurs pas tant *monsieur* que vous croyez bien. — Vous des soldats! c'est ce que nous allons voir. L'un de nos guides, que nous avions fait notre commandant, parce qu'il avait servi et bien servi, cria d'une voix plus que gaillarde : Certes, vous le verrez. — Montrez-moi vos papiers, reprit l'administrateur. Péthion dit : Sur la place, citoyen, si vous voulez bien.—Oui, oui, crièrent plusieurs, ce n'est pas dans cette grange qu'il faut s'expliquer. Notre commandant nous comprit. Un peu de place, je vous prie, dit-il au questionneur qu'il fit doucement reculer; puis, en sortant, il cria : A moi, Finistère! Le Finistère accourut tout entier, se rangea sur une ligne, et en un clin d'œil, au premier mot du commandant, chaque fusil s'alla coller sur chaque épaule. Le magistrat paraissait très-étonné; la suite nous fit voir qu'il avait cru trouver dans notre compagnie dix à douze élégants en petite robe de chambre et le bâton blanc à la main, et seulement cinq ou six hommes armés. Dans cette hypothèse, il avait bien pris ses mesures pour qu'en cas de résistance l'avantage lui restât. Non content de ces cinquante fantassins, il amenait de la cavalerie. Une brigade de gendarmerie caracolait à quelque pas de nous. Malgré la grande infériorité de nombre, des hommes qui savaient bien qu'ils ne pouvaient échapper à l'échafaud que par la victoire, pouvaient se flatter d'écraser, si on les y réduisait, cette bande d'agresseurs; mais il ne suffisait pas que nous y fussions fermement résolus, il était bon aussi que les assaillants le sussent : aussi n'épargnionsnous aucun propos pour le leur apprendre. Ils sont armés jusqu'aux dents, murmuraient quelques-uns de la garde. En effet, nous avions tous, outre nos fusils, de forts pistolets. J'avais pour ma part un don que Lodoïska m'avait fait contre les groupes du duc d'Orléans et dont la montre au moins m'avait été plus d'une fois utile : c'était une espingole qui pouvait vomir vingt balles à la fois. Pourquoi donc avez-vous tant d'armes? demanda enfin l'un des plus hardis. Je crois que ce fut Buzot qui répondit : C'est que nous n'ignorons pas qu'il y a dans ce district quelques brigands qui se plaisent à vexer la force départementale ; et nous voulons que quiconque ne l'aime pas apprenne du moins à la respecter. Ces gens-là ne dorment pas apparemment! disais-je en les toisant avec insolence. Ah! mais on les enverra bien coucher, me répondait Barbaroux à qui sa taille haute et sa forte corpulence donnaient un air plus imposant. Il y avait dans notre petite troupe sept beaux grenadiers comme lui; et, parmi les six autres, le plus petit portait, comme moi, cinq pieds quatre pouces.

Voilà bien des détails : vainement voudrais-je les excuser auprès de ceux qui les trouveraient trop longs ; mais j'aime à penser que dans quelques années un moment viendra où plus d'un lecteur y trouvera quelque doux plaisir. Eh! qui sait quel degré d'intérêt y peuvent ajouter encore les événements que l'obscur avenir prépare.

Observez que tout le colloque, dont je n'ai rapporté que la moindre partie, avait lieu pendant que l'administrateur, longeant le front de notre ligne, examinait nos congés que nous produisions successivement. Il finit par faire avec humeur cette remarque qu'ils étaient tous d'une même écriture ; à quoi il lui fut répondu que cela venait de ce que notre officier se servait toujours de la même main pour les signer ; et que si chacun de nous eût fabriqué le sien, ils seraient tous d'une écriture différente.

Eh bien, messieurs, qu'allez-vous faire actuellement? nous demanda-t-il d'un air contraint ; moi je vous conseille de vous recoucher. Le piége était grossier. Nous répondîmes que, puisque nous avions été réveillés si tôt, nous profiterions de la mésaventure pour avancer notre route.

Il tira à l'écart quelques officiers avec lesquels il délibéra un moment; puis revenant à nous : A la bonne heure! dit-il; aussi bien faudrait-il toujours que vous allassiez au district où l'on vous attend. A l'instant nous l'entendîmes ordonner ainsi la marche : deux gendarmes en tête, dix fusillers pour l'avant-garde, messieurs du Finistère ensuite, puis quarante fusiliers, et deux gendarmes à la queue.

Au bruit de ces dispositions menaçantes, notre commandant cria : Finistère, chargez vos armes! — Elles le sont. — La baïonnette au bout! A l'instant les baïonnettes furent mises.

Il se fit parmi nos adversaires une rumeur favorable : ce n'était pas celle d'un courage enflammé. L'administrateur accourut tout effrayé et d'une voix tremblante nous demanda si nous voudrions opposer quelque résistance! — A l'oppression! dit Cussy (du Calvados) n'en doutez pas! Sommes-nous des hommes libres, oui ou non? — Si nous voulions vous traiter en prisonniers, nous vous ôterions vos armes. — Il faudrait auparavant nous ôter la vie, dit Péthion. Et nos six braves de l'escorte, qui tous avaient fait la guerre dans la Vendée, criaient : Vous! nous désarmer! Ah! vous êtes beaucoup, mais vous n'êtes pas encore assez! — Mais, citoyens, refusez-vous de venir avec nous jusqu'à Rosternen. — Nous ne le refusons pas, car c'est notre chemin. Seulement nous nous mettrons sur nos gardes. — Nous prenez-vous pour des malveillants? Vous faites des dispositions hostiles! — Eh! que savons-nous qui vous êtes? Après tout, pouvons-nous vous connaître? — Vous nous connaîtrez à Rosternen. — Eh bien, soit, marchons.

En marchant nous chantions à plein gosier le bel hymne des Marseillais, très-applicable à la circonstance. Mais si nos langues se démenaient en route, notre imagination nous portait ailleurs. Elle nous demandait ce qu'on nous gardait et quelle conduite nous allions tenir à Rosternen. La même idée nous tomba dans la tête à presque tous en même temps. Si l'on voulait nous arrêter, nous demanderions à parler au peuple assemblé. L'accordait-on, notre triomphe était vraisemblable. Étions-nous refusés, nous en appelions à nos armes et nous combattions jusqu'au dernier soupir.

Cependant quelques curieux, autorisés sans doute à quitter leurs rangs, venaient interrompre nos chants et nos réflexions pour nous faire des questions souvent captieuses. Avez-vous vu Charlotte Corday à Caen ? me demanda l'un d'eux. Notre bataillon n'y était pas encore, lui répondis-je, lorsque le meurtre se fit. — C'était bien un assassinat, répliqua-t-il. — Oui, sans comparaison de Marat à César, comme celui que commit Brutus. Le questionneur mécontent continuait néanmoins, et comme je craignais que quelque collègue interrogé de son côté ne fît quelque réponse contradictoire, je repoussai mon homme par un : Dansons la carmagnole, si fort et si constamment crié, qu'il ne me fut plus possible d'entendre qui que ce fût.

Dans le nombre néanmoins il y avait aussi des bienveillants ; et quelques-uns nous avaient reconnus. Un vint me frapper sur l'épaule : Bravo ! bravo ! nous sommes frères : on nous avait dit que vous étiez des prêtres réfractaires. — Il est vraisemblable que ceux qui l'on dit n'en croient rien. — Je le parierais, me répondit-il. Un autre vint prendre la main de Péthion, et en la lui serrant lui dit : Tenez bon, vous trouverez des amis.

Enfin nous entrâmes dans la ville redoutée ; et quoique plusieurs maisons y fussent éclairées, tout y dormait dans une paix profonde. Nul renfort pour nos ennemis ; il paraît que tout ce que la ville avait de gardes nationaux avait été détaché contre nous ; elles furent rangées en demi-cercle sur la place, la brigade de gendarmerie un peu sur la droite ; on nous dit de monter au premier étage d'une maison qu'on nous montra : nous nous y rendîmes en bon ordre ; tous les administrateurs étaient rassemblés ; ils revirent nos congés, mais d'un air beaucoup moins malhonnête ; ensuite ils se retirèrent dans un coin : le président revint et nous dit : Nous allons vous donner séjour. Nous répétâmes notre intention formelle de presser notre marche et d'arriver chez nous le jour même ; il nous objecta qu'il y avait treize grandes lieues ; nous répliquâmes qu'il n'était pas trois heures du matin ; nous persistâmes. Nouvelle délibération ; elle fut plus longue ; un officier fut appelé ; il alla, vint et revint plusieurs fois ; enfin on nous dit : Citoyens, vous accepterez du moins un verre de cidre. Nous craignîmes qu'il n'y eût trop d'affectation à refuser. On nous fit descendre au rez-de-chaussée dans une grande salle. Un quart d'heure s'était écoulé, point de cidre. Que faisons-nous là ? disais-je, partons. Et puis de chanter à tue-tête, toujours nos fusils en main. Des curieux étaient-là ; je m'interrompis pour dire à l'un d'eux d'un air distrait : Quoi vraiment ! on vous avait dit que nous étions des prêtres ? — Oh bien ! oui, s'écria-t-il, pis que ça. Il ajouta tout bas, d'un air mystérieux : De fameux traîtres à la patrie, mon camarade. Je partis d'un éclat de rire, et puis je recommençai mon : Dansons la carmagnole !

Quoi ! nous perdrons une heure pour un verre de cidre ! criai-je enfin ; partons. Nous avions fait un mouvement, le cidre arriva. Pendant que nous buvions, un administrateur (je laisse à pénétrer son motif, c'était de nous observer peut-être), vint nous dire : Citoyens, vous allez voir que nous étions fondés à vous suspecter ; voici la dénonciation que nous avions reçue : il plia le haut et le bas de la lettre, sans doute afin que nous ne vissions ni la date, ni la signature ; il lut le milieu : « Péthion, Barbaroux, Buzot, Louvet, Salle, Meillant et plusieurs de leurs collègues doivent passer, et probablement s'arrêter dans les environs de votre ville, ils ont cinq hommes d'escorte. » Le magistrat cessa de lire; et nous, pour la plûpart, nous ne cessâmes de chanter ou de crier, n'ayant pas même l'air de prêter l'oreille, quoique pas un de nous n'en eût perdu le moindre mot. Pour le moment, nous conclûmes de cette lecture que l'ordre de nous arrêter était donné ; et, comme après que nous eûmes vidé nos verres et pris congé, l'on ne nous signifiait pas qu'il fallait rester, nous nous avançâmes en masse et les baïonnettes basses, vers la porte où nous pensions qu'on allait nous attaquer quand nous voudrions déboucher. Quelle fut notre surprise de ne plus apercevoir une âme sur une place ! Nous avons su depuis que, dès notre entrée dans la maison, tous les bien intentionnés ou les indifférents s'étaient retirés ; les maratistes réduits à la trentaine, calculant que nous étions dix-sept bien déterminés, que par conséquent ils ne devaient pas espérer de nous assassiner, mais qu'il faudrait combattre et vigoureusement, les maratistes avaient à leur tour quitté la partie : de là les longues délibérations de messieurs du district, les allées et venues de l'officier, l'insidieuse proposition du séjour, par lequel on nous eût, après avoir rassemblé des forces, divisés et désarmés, enfin l'offre du cidre pour gagner du temps. Quoi qu'il en soit, nous l'avions échappé belle; nous partîmes le cœur plein de joie et remerciant un Dieu protecteur; mais nous n'en étions pas quittes.

La matinée fut bien pénible, dès huit heures il fit chaud ; la bonne moitié de notre troupe était harassée ; il nous fallait, à cause de ces traîneurs, aller tout doucement, et cependant nous nous trouvions dans un pays de landes où, dans l'espace de huit à neuf grandes lieues, nous ne trouverions que des ruisseaux pour nous désaltérer. Cussy, tourmenté d'un accès de goutte, gémissait à chaque pas qu'il fallait faire ; Buzot, débarrassé de toutes ses armes, était encore trop pesant ; non moins lourd, mais toujours plus courageux, Barbaroux, à vingt-huit ans, gros et gras comme un homme de quarante, et pour comble de mal ayant attrapé une entorse, se traînait avec effort, appuyé tantôt sur mon bras, tantôt sur celui de Péthion ou de Salle, également infatigables ; enfin Riouffe, ayant été forcé de quitter des bottes trop étroites qui l'avaient blessé, se voyait obligé de sautiller sur la pointe de ses pieds nus, dont les talons étaient écorchés. Ainsi toujours en mouvement depuis une heure du matin, nous avions pourtant fait cinq lieues tout au plus quand notre bonne fortune nous fit trouver avant midi dans un hameau une espèce d'auberge, une espèce de dîner et une heure de repos. En vain les blessés avaient déjà motionné de s'arrêter là jusqu'au soir : sur l'avis que nous donna l'hôte, force fut de se retraîner. Cet homme nous examinait curieusement, et comme, tout en dévorant son omelette au lard, nous chantions à tue-tête nos chansons patriotiques, il paraissait étonné : son air me frappa ; je l'invitai à accepter un verre de notre cidre ; il se fit presser, puis un coup ayant déterminé l'autre, il finit par nous dire : Parbleu, citoyens, je suis enchanté, vous paraissez tous de bons patriotes. — Assurément. — Comme on a des ennemis cependant! Je crois bien, d'après la peinture qu'on m'a faite, que c'est après vous que l'on court ; vous devez passer par Carhaix ; deux brigades de gendarmerie vous y attendent.

Nous repartîmes ; il convenait de faire diligence, mais les traîneurs traînaient plus jamais, et surtout Riouffe, dont les pieds étaient en sang, et qui était, de dix pas en dix pas, forcé au repos. C'est ainsi que nous mîmes près de dix heures d'horloge pour faire cinq lieues. Il était nuit quand nous nous trouvâmes à quelque distance de Carhaix. Après quelques tentatives, nos guides déclarèrent qu'il leur était impossible d'avancer actuellement, parce qu'il faisait trop sombre pour qu'ils pussent reconnaître le seul petit sentier par lequel il fût possible de tourner le bourg, et que, pour peu qu'ils s'égarassent, ils nous jetteraient infailliblement dans des marais où nous resterions embourbés jusqu'au jour ; ils ajoutaient quelque chose de très-fâcheux, c'est que, même pendant le jour, nous ne tournerions Carhaix qu'à une distance assez petite, pour qu'il fût très-facile de nous découvrir : ils ne connaissaient pas d'autre chemin. Au reste, en suivant tout simplement la grande route, nous n'avions qu'une ruelle du bourg à traverser. Eh bien! mes amis, leur dis-je, vous entendez sonner dix heures ; tout dort dans le bourg, et peut-être la gendarmerie même, qui sait très-bien qu'un bon sommeil vaut mieux que des coups de fusils : serrons-nous, bandons nos armes, marchons pressés, marchons sans bruit, enfilons doucement la ruelle et passons. Cette opinion fit jeter des cris à quelques-uns : plusieurs des malades, étendus par terre, aimaient mieux dormir que de prendre part à la discussion. Puisqu'il faut mourir, disait Cussy, j'aime mieux mourir là que quatre lieues plus loin. Mais Barbaroux, toujours plus fort que le mal qui le fatiguait, appuyait mon opinion. En supposant que les gendarmes en sentinelle nous attendent encore, disait-il, nous aurons passé la ruelle avant qu'ils soient à cheval : oseront-ils nous poursuivre au milieu de la nuit? Il n'y a pas de buisson derrière lequel retranchés nous ne puissions les cribler de balles, avant qu'ils aient reconnu d'où les coups partent. Ce soir ils ne sont que dix, à la pointe du jour ils peuvent être vingt; s'ils font sonner, à l'heure qu'il est, le tocsin sur nous, ils n'auront presque personne, et nous aurons fait du chemin avant que la troupe soit rassemblée ; dans le jour, au contraire, le nombre est contre nous. En tout cas, nous sommes forcés au bivouac pour cette nuit; employons la mieux; faisons-la tourner à notre salut; allons mes amis, dit-il aux malades, je vous plains, je dois être sensible à vos maux, car je les éprouve ; mais du courage, encore quelques efforts; marchons cette nuit sur nos genoux, s'il le faut; à la pointe du jour nous pourrons être à Quimper; que si ces gendarmes courent sur nous maintenant, ils ne nous verront pas, nous les entendrons et leurs chevaux nous serviront pour finir notre route.

Ceci fortifia tout le monde ; personne ne sent plus ses blessures ; on se relève, on s'embrasse, on rit, on avance.

Nous avions, à petit bruit et dans un profond silence, passé les trois quarts de la ruelle, charmés du calme qui paraissait régner autour de nous, lorsqu'une petite fille, cachée dans un renfoncement sombre, en sortit tout à coup, poussa la porte d'une maison où nous vîmes de la lumière et prononça distinctement ces mots : Les voilà qui passent. Ainsi découverts, nous doublâmes le pas ; nous nous jetâmes sur la gauche, dans un chemin creux et si obscur qu'il était impossible d'y rien distinguer. Quelqu'un dit alors : J'entends des chevaux. Il faut le dire, en ce moment le plus déterminé d'entre nous n'était pas fort tranquille. Le mal le plus pressant donna de l'agilité aux plus fatigués. La fin de ce chemin court fut légèrement atteinte, et nous fîmes, en moins d'une heure, une lieue dans un autre chemin si uni, si agréable qu'il avait l'air d'une allée d'un parc plutôt que d'une grande route, Là, nous vîmes des haies derrière lesquelles nous pouvions attendre en sûreté toute la gendarmerie du département. Etait-il bien vrai qu'elle fût à notre poursuite ? Nous fîmes halte, nous prêtâmes l'oreille, nous n'entendîmes rien ; mais en nous groupant nous trouvâmes qu'il nous manquait deux hommes : c'étaient nos deux principaux guides ; nous les avions vus à l'entrée du bourg marchant à notre tête, peut-être s'étaient-ils écartés depuis pour quelques besoins. Nous nous jetâmes sur l'herbe, nous les attendîmes une heure. Salle, je crois, s'avisa de penser alors et de nous dire que peut-être, étant un peu en avant, ils avaient pris, dans le chemin creux, une route sans que l'obscurité nous permît de les voir, et qu'apparemment nous nous étions égarés. Sur cela mille conjectures se forment : les guides qui nous restent ne connaissent pas cette partie de la route ; il faut tâcher de regagner le chemin qu'ont pris les deux autres ; pour cela, il ne faut point précisément revenir sur ses pas ; il doit suffire de se porter dans les terres et de tirer un peu sur la droite. Le parti en est pris ; on se traîne dans un terrain peu commode ; puis voilà un fossé à sauter, une haie à franchir, plusieurs prairies à traverser ; on est engagé dans un marais, il faut se hâter d'en sortir ; on tombe dans un bourbier plus profond ; nous en eûmes une fois jusqu'au-dessus des genoux ; je vis l'instant où, ayant fait un faux pas, j'allais nager. Pour nous dépêtrer, nous voilà sautant de nouveaux fossés, passant à travers des buissons qui nous déchirent. Enfin, après deux heures de peines inouies, épuisés, rompus, meurtris, nous sommes dehors. Jugez de notre chagrin : nous avions, sans nous en apercevoir, tourné sur nous-mêmes ; nous venions précisément retomber sur la route que nous voulions quitter, avec cette différence désespérante que, nous étant beaucoup rapprochés du bourg, il n'y avait plus entre le fatal chemin creux et nous que deux portées de fusil.

Que faire ? Devions-nous retourner dans ce chemin creux ? Fallait-il rentrer jusque dans Carhaix et le traverser dans un autre sens ? Mais si, par hasard, cette route que nous nous obstinions à vouloir quitter, était la bonne ? Avant tout, il était prudent de chercher à vérifier le fait. Bergoing et je ne sais quel autre brave offrirent de s'engager à la découverte. Ils revinrent au bout d'un quart d'heure. On ne voyait dans le chemin creux, aucune autre route que celle que nous avions suivie. Ils étaient entrés dans le bourg, en avaient reconnu toutes les issues et n'avaient trouvé à l'une de ses extrémités, sur la droite, qu'un sentier trop petit pour qu'il fût raisonnable d'imaginer que ce pût être le chemin de Quimper. Il était donc vraisemblable que celui-ci était le seul bon. Nous le reprîmes, mais à contre-cœur et tristement; nous étions plus ou moins excédés; et puis rien n'était, au fond, plus incertain que le lieu où cette route nous jetterait.

Après une demi-heure, je ne peux pas dire de marche, mais d'efforts pour marcher, il fallut reprendre haleine. Jamais plume ne nous parut aussi douce que l'herbe haute qui nous reçut; et jamais heure de sommeil mieux employée ne porta plus de profit. Les plus épuisés y avaient repris quelques forces. On marcha assez allègrement pendant une autre heure; mais, comme le jour pointait, nous fîmes deux fâcheuses découvertes. La première, que l'un de nos guides étant resté endormi à la dernière halte, nous l'y avions laissé sans nous en apercevoir. Le moins las d'entre nous n'était pas en état de revenir sur ses pas pour l'aller chercher, et le plus clairvoyant n'aurait pas reconnu la place où nous nous étions arrêtés. Ainsi donc, de nos six guides, il nous en restait un seul; car j'ai oublié de dire qu'à notre sortie de Rosternen, nous avions jugé convenable d'envoyer en avant deux de ces braves gens prévenir Kervélégan que nous comptions arriver le lendemain dans les environs de Quimper, et qu'il eût à dépêcher quelqu'un à notre rencontre. On n'a pu oublier que deux autres avaient disparu. Nous avons su depuis qu'exténués de fatigue ils avaient été, sans nous vouloir prévenir, jugeant bien que nous les retiendrions, prendre, à une autre issue de Carhaix, le petit sentier qu'avait reconnu Bergoing ; que, une demi-lieue plus loin, ils s'étaient jetés sur l'herbe où ils avaient dormi toute la nuit, et que, de là, ils avaient gagné Quimper par des détours à eux connus. Enfin, on doit se rappeler que deux de nos collègues nous avaient laissés pour s'attacher à B... ; ainsi notre petite troupe se trouvait réduite à douze.

L'autre découverte qui nous affligea, c'est que nos traîneurs n'avaient retrouvé, dans leur sommeil, qu'une vigueur bien éphémère. Tantôt celui-ci, tantôt celui-là s'abattait et ne voulait plus se lever. La perte du temps pouvait devenir irréparable.

Peu à peu, cependant, le soleil s'élevait, et nous avancions sur cette route inconnue. Mais une ennemie non moins incommode que la fatigue, la faim, nous poursuivait. Nous découvrîmes bientôt une maison et quelques chaumières ; mais, du plus loin qu'on nous aperçut, portes et fenêtres se fermèrent de tous les côtés. Les malheureux n'eurent pas même le courage de répondre aux questions que nous leur adressions par la chatière ; ils nous prenaient pour de véritables jacobins.

Enfin, nous rencontrâmes un voyageur de qui nous apprîmes que la route que nous tenions était bien celle de Quimper, puisque nous n'étions plus qu'à deux lieues de cette ville. Ce nous fut un grand sujet de joie; malheureusement l'inquiétude succéda bientôt. Il ne fallait point songer à entrer de jour dans Quimper; nous ne pouvions même, sans imprudence, nous avancer davantage; il ne convenait pas plus d'attendre sur la route, où tous les passants nous remarqueraient. Si nous la quittions, cependant, comment Kervélégan ou ses envoyés nous trouveraient-ils? Les deux guides que nous avions dépêchés de Rosternen avaient dû lui désigner pour rendez-vous un endroit écarté du bois que nous traversions; mais cet endroit, connu seulement des deux autres guides qui nous avaient échappé cette nuit, comment pouvions-nous le trouver? Il est clair qu'il n'y avait d'autre ressource que d'envoyer notre dernier guide à Quimper, et d'attendre qu'il revînt, avec quelques amis, nous prendre dans tel coin du bois où il allait nous laisser.

Ce parti, tout sage qu'il paraissait, était encore extrême. Il était impossible qu'on fût à nous avant midi, impossible que, dans ce long espace de temps, quelques paysans ne découvrissent une douzaine d'hommes armés, tapis dans un bois, exposés à une pluie abondante, et qui vainement se donneraient pour des habitants de Quimper, puisqu'il ne se trouverait plus, parmi eux, personne qui pût répondre au bas-breton dans lequel on les questionnerait. Il fallait, néanmoins, en courir le risque; notre guide nous cacha derrière des buissons, sous quelques grands arbres, et partit.

Il n'était guère moins de huit heures, il y en avait trente-une que, depuis la demi-couchée et le sursaut de Rosternen, nous nous traînions de piége en piége, de faux pas en faux pas. Nous tombions de fatigue, de sommeil et de faim. Mais quoi manger? de l'herbe?. Et puis comment se reposer? où dormir? Nous étions couchés dans l'eau; car l'orage était si fort, que, malgré ces grands arbres, il tombait sur nous des torrents; et nous devions passer quatre heures au moins dans cette situation! Il paraissait impossible que le plus robuste y résistât.

Je l'avoue, l'heure du découragement était venue. Riouffe et Girey-Dupré, dont l'inépuisable gaieté s'était soutenue jusqu'alors, ne nous donnaient plus que des sourires. Le bouillant Cussy accusait la nature; Salle se dépitait contre elle; Buzot paraissait accablé; Barbaroux même sentait sa grande âme affaiblie; moi, je voyais dans mon espingole notre dernière ressource, mais j'y voyais aussi le tourment de me séparer de Lodoïska! O dieux!..... Péthion seul, et c'est ainsi que je l'ai vu dans toute cette route, Péthion inaltérable bravait tous les besoins, gardait un front calme au milieu de ses nouveaux périls et souriait aux intempéries d'un ciel ennemi. Ennemi! Qu'ai-je écrit? Quelle ingratitude! Il n'y avait plus, dans nos détresses, qu'un secours de la Providence qui pût nous sauver, et ce secours ne se fit pas attendre un demi-quart d'heure!

Oui, quelques minutes étaient à peine écoulées depuis que notre guide était parti, lorsqu'il fit rencontre d'un cavalier. Celui-ci l'examina curieusement à son passage, tourna la tête pour l'examiner encore, puis revint sur lui pour demander s'il se trompait, s'il n'était pas un fédéré du Finistère. Notre guide hésite, et pourtant dit : Oui. Alors, nouvelles questions hasardées avec mystère ; nouvelles réponses risquées avec précaution. On s'avance, on recule, on s'observe, on se tâte réciproquement. Enfin la confiance s'est établie, on s'explique. L'inconnu était un de nos amis, un ami de Kervélégan. Personne encore n'avait vu nos deux envoyés de Rosternen. Je ne sais quel instinct l'avait poussé à monter à cheval à la pointe du jour et à s'avancer sur cette route pour savoir s'il n'y rencontrerait personne qui eût entendu parler de nous. Un moment plus tard, notre guide ne le rencontrait pas, car, surpris par l'orage, il cherchait un abri.

Dès que cet ange libérateur nous fut annoncé, je ne me souvins plus que j'avais besoin d'un lit, d'un repas, d'un asile contre la pluie qui m'inondait. Je ne songeai qu'à m'informer de Lodoïska. Elle était parvenue à Quimper ; mais ce n'avait pas été sans péril. Après la rencontre de ***, elle avait poursuivi sa route. Arrivée à Saint-Brieuc, elle avait trouvé qu'une dénonciation venait de l'y devancer. Arrêtée par un gendarme, elle ne s'était tirée des mains de la municipalité que par l'adresse et la fermeté de ses réponses. O ma Lodoïska, ton courage et ton esprit m'avaient donc arraché aux plus grands des dangers que j'eusse courus! Eh! si tu étais tombée aux mains de nos persécuteurs, à quoi m'eût servi de m'être dérobé aux embûches qu'ils avaient semées sur mes pas !

Notre nouveau conducteur nous mena d'abord chez un paysan, où, sur notre mine, nous n'aurions jamais obtenu le petit verre d'eau-de-vie et le peu de pain noir qui nous furent donnés. Une liqueur des îles et de la brioche ne nous avaient jamais paru si bonnes. On nous introduisit ensuite, à petit bruit, chez un curé constitutionnel, à qui on nous donna pour des soldats qui venaient de faire chasse à des réfractaires. Le bonhomme nous chauffa, nous sécha, nous traita, nous coucha, nous cacha jusqu'à la fin du jour. La nuit venue, nous nous rendîmes dans un petit bois où d'autres amis nous attendaient. Ils amenaient des chevaux pour les blessés. Après deux heures de marche, il fallut se séparer. Il nous en coûta sans doute. Les communs dangers de ce voyage avaient resserré entre nous les doux liens d'une amitié sainte. J'embrassai Salle, j'embrassai Cussy et Girey-Dupré. Hélas ! il était écrit que je ne devais jamais revoir ces deux-là. Tous cinq, ils allaient chez Kervélégan. On parlait de me mettre avec eux ; mais Quimper enfermait un dépôt trop précieux, pour que j'allasse ailleurs. Buzot fut conduit chez un brave homme, à deux portées de fusil de cette ville. Péthion se rendit dans une campagne voisine, où Guadet l'attendait déjà. Riouffe, Barbaroux et moi nous allâmes chez un excellent citoyen, dont je n'oublierai pas les bons procédés.

Le lendemain j'y reçus la visite de ma chère Lodoïska.

Ma femme avait fait la faute d'aller loger à l'auberge, au lieu de descendre chez une ancienne amie qu'elle avait dans la ville, et où elle eût été moins en évidence. Nous n'en poursuivîmes qu'avec plus d'ardeur notre premier projet, qui avait été qu'elle louerait, pour un mois ou deux, une maison de campagne voisine, où j'irais me réfugier, et où nous attendrions ensemble le moment de nous embarquer.

Ce moment ne paraissait pas prêt à venir. Sur la petite rivière qui passe à Quimper et va se jeter dans la mer, était une petite barque pontée, mais qui avait déjà tant voyagé, qu'elle avait été mise hors de service. Duchâtel, qui vint nous voir avec Bois-Guyon, nous dit qu'il avait fait examiner cette barque, et qu'au moyen d'une douzaine de cents livres de frais de réparations, on la ferait presque neuve. La difficulté était de se procurer des ouvriers ; le travail allait très-lentement. Dès qu'il serait fini, nous nous embarquerions tous, et trois jours de beau temps suffisaient pour nous porter à Bordeaux. Je lui demandai quelles mesures avaient été ou devaient être prises pour que les commis, chargés de la visite et de l'examen des passe-ports dans tous les bâtiments qui descendaient la rivière, nous laissassent passer, et quelle espérance un peu raisonnable nous pouvions avoir d'échapper aux corsaires anglais qui couvraient alors l'Océan. Duchâtel répondait vaguement que tout cela était facile ; cependant il n'indiquait aucun moyen. C'était un jeune homme intrépide que Duchâtel ; mais sa légèreté, son imprudence allaient jusqu'à la témérité. En ce moment, par exemple, il logeait à l'auberge et sous son nom ; il se promenait par toute la ville, ne cachait à personne qu'il était député et proscrit ; enfin, il faisait publiquement fréter cette barque ; et nous étions trop heureux qu'il eût bien voulu consentir de ne pas dire qu'elle devait servir encore à d'autres qu'à lui.

Au reste, que de qualités rachetaient ce défaut ! De quel véritable courage il avait fait preuve en des temps difficiles !

Ne sachant de quoi l'inculper pour le perdre, ils eurent recours à leur moyen familier, d'imputer à autrui leurs propres crimes. Ils l'accusèrent d'être en correspondance avec la Vendée et d'avoir porté les armes pour elle, tandis qu'au contraire il s'était battu contre les royalistes, toute la journée du 20 mai, devant Nantes, et avait, presque autant que Beysser, contribué à leur défaite de ce jour-là... Il est mort cependant, ce courageux républicain ! Il est mort sur l'échafaud, poursuivi de cette calomnie de royalisme ! Mais aujourd'hui les vrais fauteurs de cette guerre de la Vendée nous sont connus ; la plupart ont payé leurs trahisons de leurs têtes ; Duchâtel est vengé !

Ma Lodoïska cependant venait de trouver à la campagne une jolie petite maison avec un assez grand jardin. Elle m'y attendait, j'y volai. Je te laissai, mon cher Barbaroux, mais tu me le pardonnes ; tu sais quelle passion j'avais pour elle, et comme elle en était digne ! Je t'ai vu au milieu des plaisirs variés dont t'enivraient tour à tour mille enchanteresses attirées par ta beauté, mais aussitôt délaissées par ton inconstance ; je t'ai vu cent fois envier les délices de cet amour, à la fois vif et tendre, respectueux et fortuné, toujours fidèle et toujours nouveau, de ce véritable amour que m'inspirait, que me rendait mon épouse.

D'abord, en cas d'attaque, elle me construisit une retraite impénétrable aux assassins. Nos précautions ainsi prises, nous nous abandonnâmes à la douceur présente de notre position. Nous reprîmes cette vie simple et solitaire qui avait pour nous tant de charmes et qu'il nous avait été si pénible de quitter. Peu de personnes venaient troubler notre délicieuse retraite, et ce n'était jamais que le soir. Tout le jour nous jouissions du bonheur d'être ensemble. Eh! pourquoi le jour n'avait-il alors que vingt-quatre heures! Quelles étaient belles ces journées, obtenues après tant d'orages, hélas! et que tant d'orages encore allaient suivre! O Penars! lieux à jamais présents à mon souvenir, devenez chers aux vrais amants! Vous m'avez rendu toutes les délices d'Évry!

Aussi ne voulus-je point quitter Penars pour aller dans la barque. J'attendais d'ailleurs l'embarcation plus sûre que Péthion et Guadet faisaient préparer dans Brest. La barque partit emportant neuf voyageurs. C'étaient Cussy, Duchâtel, Bois-Guyon, Girey-Dupré, Salle, Meillant, Bergoing, un Espagnol nommé Marchena, digne et malheureux ami de Brissot, et Riouffe, bien désolé de ne pas partir avec nous. Les deux derniers étaient venus combattre avec nous pour la liberté dans Caen, et depuis ils avaient voulu partager tous nos périls.

Au moment du départ seulement, Guadet, Buzot et

Péthion avaient fait dire qu'ils se rendraient incessamment à Bordeaux par une autre voie. J'avais depuis longtemps annoncé que je suivrais leur destinée; et très-heureusement pour lui, Barbaroux venait de prendre la petite vérole. Je dis heureusement, car tous ceux qui ont mis le pied dans ce malheureux bateau ont été bientôt pris.

Au reste, voici l'instant de rapporter que B... était venu, comme je l'avais prévu, nous chercher à Quimper. Il n'eut pas de peine à trouver Duchâtel. Celui-ci, ne voulant pas confier nos secrets à personne, lui dit que nous étions dans les environs de Lorient.

Heureusement les commissaires montagnards n'osaient encore entrer dans le Finistère, où l'opinion publique les réprouvait toujours. Ils s'y faisaient précéder par des émissaires chargés de préparer les jacobins à coup d'assignats. Un parti maratiste commençait à lever la tête dans le club de Quimper. On y motionnait de faire des visites domiciliaires dans les maisons voisines de la ville, où le bruit courait que des traîtres à la patrie étaient recélés. Le bonheur de Penars était trop grand ; il fut court ; à peine il commençait quand il fallut y renoncer.

J'allai me jeter, à quelques lieues de là, dans une maison isolée, où d'excellentes gens me prirent en pension. Séparé de mes amis, séparé de Lodoïska, j'éprouvais un ennui mortel. C'est là que je fis mon hymne de mort. Je voulais, si je tombais aux mains de mes ennemis, le chanter en allant à l'échafaud.

Air : *Veillons au salut de l'empire.*

  Des vils oppresseurs de la France
  J'ai dénoncé les attentats :
  Ils sont vainqueurs, et leur vengeance
  Ordonne aussitôt mon trépas.
Liberté ! Liberté ! reçois donc mon dernier hommage :
 Tyrans, frappez, l'homme libre enviera mon destin ;
   Plutôt la mort que l'esclavage,
   C'est le vœu d'un républicain !

  Si j'avais servi leur furie,
  Ils m'auraient prodigué de l'or ;
  J'aimai mieux servir ma patrie,
  J'aimai mieux recevoir la mort.
Liberté ! Liberté ! quelle âme à ton feu ne s'anime !
 Tyrans, frappez, l'homme libre enviera mon destin.
   Plutôt le trépas que le crime,
   C'est le vœu d'un républicain !

  Que mon exemple vous inspire,
  Amis, armez-vous pour vos lois :
  Avec les rois Collot conspire,
  Écrasez Collot et les rois.
Robespierre, et vous tous, vous tous que le meurtre accom-
 Tyrans, tremblez, vous devez expier vos forfaits : [gne
   Plutôt la mort que la Montagne
   Est le cri du fier Lyonnais.

  Et toi qu'à regret je délaisse,
  Amante si cher à mon cœur,
  Bannis toute indigne faiblesse,
  Sois plus forte que ta douleur.

Liberté! Liberté! ranime et soutiens son courage!
Pour toi, pour moi, qu'elle porte le poids de ses jours.
    Son sein, peut-être, enferme un gage,
    L'unique fruit de nos amours!

    Digne épouse, sois digne mère,
    Prends ton élève en son berceau!
    Redis-lui souvent que son père,
    Mourut du trépas le plus beau!
Liberté! Liberté! qu'il t'offre son plus pur hommage!
Tyrans, tremblez, redoutez un enfant généreux!
    Plutôt la mort que l'esclavage
    Sera le premier de ses vœux!

    Que si d'un nouveau Robespierre
    Ton pays était tourmenté,
    Mon fils, ne venge point ton père,
    Mon fils, venge la Liberté!
Liberté! Liberté! qu'un succès meilleur l'accompagne!
Tyrans, fuyez, emportez vos enfants odieux!
    Plutôt la mort que la Montagne
    Sera le cri de nos neveux!

    Oui, des bourreaux de l'Abbaye
    Les succès affreux seront courts;
    Un monstre effrayait sa patrie,
    Une fille a tranché ses jours!
Liberté! Liberté! que ton bras sur eux se promène!
Tremblez, tyrans, vos forfaits appellent nos vertus;
    Marat est mort chargé de haine,
    Corday vit auprès de Brutus.

    Mais la foule se presse et crie.
    Peuple infortuné je t'entends!
    Adieu, ma famille chérie,
    Adieu, mes amis de vingt ans!

Liberté! Liberté! pardonne à la foule abusée!
Mais vous, tyrans! le Midi peut encor vous punir :
Moi, je m'en vais dans l'Élysée
Avec Sidney m'entretenir.

J'étais depuis plus de quinze jours dans cette retraite où le temps me semblait bien long, quand un garde national vint m'y demander. C'était un inconnu qui m'avait rendu le plus important service. Au moment où ma Lodoïska, dénoncée au club par un homme qui avait dit, en propres termes, que puisque la femme de Guadet avait été mise en état d'arrestation, on pouvait bien y mettre la sœur de Louvet, en ce moment il avait été l'avertir et l'avait recueillie chez lui. Maintenant il venait m'inviter à partager son asile. Jugez de ma joie!

En attendant que la nuit fût venue, le bienfaisant envoyé de Lodoïska prit quelque repos. Il en avait besoin ; car j'aurais dû recevoir la veille une lettre de ma femme, laquelle ne m'était parvenue que le matin même de ce jour. Lui cependant comptant que je me rendrais, la nuit dernière, à un endroit désigné, m'y avait attendu jusqu'à l'aurore et par un affreux temps; inquiet de ne m'avoir pas vu, il avait fait plusieurs lieues pour m'apporter un nouveau billet de ma femme et pour m'offrir tout ce qui me conviendrait chez lui. Tant de zèle me paraissait plus étonnant de la part d'un homme qui ne me connaissait que de réputation ; mais j'avais affaire à l'un des mortels les plus généreux et les plus extraordinaires dont cette terre puisse se glorifier.

Rien ne lui coûtait lorsqu'il s'agissait de rendre service à ceux qu'il croyait mériter son estime.

Il nous cachait tous deux dans une chambre au-dessus de laquelle logeait un gendarme que ses camarades visitaient toute la journée ; et ceux-ci frappaient souvent à notre porte, croyant que c'était celle de leur ami. Y avait-il quelque dangereux message à faire, il s'en chargeait. Un vil coquin, digne commissaire du pouvoir exécutif, venait d'arriver, apportant des ordres secrets : il allait l'aborder, boire avec lui, tâcher de savoir ce qui l'amenait. Barbaroux était sur le point de manquer d'asile ; il offrait de faire mettre dans notre petite chambre un troisième lit. Des visites domiciliaires étaient ordonnées : n'importe, il ne souffrirait pas que nous quittassions sa maison ; lui-même il nous faisait, avec une promptitude et une adresse sans égales, une cache en bois, difficile à découvrir. A l'époque critique où presque toutes les maisons étaient fouillées, ma femme et moi nous passâmes un jour, un jour tout entier dans cette niche ; lui cependant attendait tranquillement dans la chambre, et si les inquisiteurs venaient à nous découvrir, il les combattrait avec moi jusqu'au dernier soupir. L'embarcation toujours attendue était bien différée : il irait à tout risque prendre des informations et presser l'instant du départ. Nous aurions peut-être besoin de passe-ports : s'il ne pouvait nous en procurer, il nous en fabriquerait. En attendant l'embarquement, qui pourrait tarder beaucoup encore, ma femme parlait de tenter vers Paris une incursion bien nécessaire au salut des débris de notre mince fortune : afin de pouvoir aider ou défendre ma femme au besoin, il irait et viendrait avec elle. Enfin, j'étais inquiet de Péthion, de Guadet, de Buzot : il avait, depuis si longtemps, un si grand désir de les voir ! si je ne craignais pas de lui confier le lieu de leur retraite, il irait les embrasser de ma part. Au reste, il ne céderait à personne l'avantage de nous accompagner avec chevaux, armes et provisions jusqu'au bord de la mer, le jour que nous partirions !

Au reste, c'était un homme universel, que notre ami : bon marin, bon militaire, bon médecin, menuisier adroit, serrurier habile, grand marcheur dans l'occasion, au besoin maître d'escrime ; propre encore à une comptabilité, à une administration, fort bien dans un bureau, dans un cabinet, dans une manufacture, dans un comptoir. Mais ce qui contribua beaucoup à lui concilier toute mon estime, ce fut le goût que je lui reconnus pour les sciences douces, pour ces beaux-arts qui annoncent les penchants tranquilles ou vertueux de ceux qui les cultivent ; il était peintre, dessinateur, architecte et botaniste ; et dans son intérieur que de qualités aimables et solides ! Économe à la fois et libéral, laborieux et désintéressé, attentif et doux avec ses domestiques ; si bon avec son enfant ! si tendre avec sa femme ! Oh ! quand je l'eus vu dans sa vie privée, combien je m'enorgueillis d'avoir conquis son amitié !

Ce fut chez lui que nous apprîmes la nouvelle que Toulon venait de se donner aux Anglais. Qui l'avait livré cependant ? La foule imbécile disait : Ce sont les fédéralistes. Les personnes moins ignorantes trouvaient plus naturel que le désespoir eût poussé ses habitants à cette extrémité et que, réduits à choisir, ils eussent encore préféré le joug étranger à celui des dominateurs de la Convention. Les hommes mieux instruits ne doutaient pas que ce ne fût la Montagne. Et d'abord qu'on se rappelle les manœuvres de Wimpfen pour nous enfermer dans Caen, y établir le siége de l'insurrection de l'ouest, nous pousser à des mesures qui nous donnassent les couleurs de la royauté et du parti anglais, fournir ainsi à la Montagne tous les moyens de nous dépopulariser, de discréditer notre cause, d'en détacher tous les départements vraiment républicains et de nous immoler sur l'échafaud en rejetant sur nous, avec toutes les apparences de la justice, tous ses propres crimes. Cette tentative manquée à l'ouest devenait plus nécessaire au midi. Là se trouvaient une foule d'hommes ardemment épris de la liberté, là régnait un esprit public excellent, là étaient honorés et chéris ceux des fondateurs de la République arrachés à leurs fonctions le 31 mai, là étaient méprisés et haïs les Marat, les Robespierre, tous les exterminateurs ; et Marseille venait d'acquérir les preuves juridiques, que ceux-ci n'avaient cessé de conspirer pour remettre d'Orléans sur le trône, si ce n'est Robespierre, qui pourtant les servait, mais dans d'autres vues, je crois l'avoir assez dit. Marseille avait d'abord, avec son énergie ordinaire, donné le signal de la résistance à l'oppression. Il avait été si bien reçu, qu'elle se trouvait au centre d'une coalition départementale qui, dans son vaste contour, embrassait à la gauche Nîmes, Montpellier, Narbonne, Perpignan, Toulouse, Montauban, Bordeaux ; à la droite, Aix, Lyon (là les chefs militaires étaient en secret royalistes, mais auraient été suffisamment contenus par les administrations et le peuple, tous républicains), Bourg, Lons-le-Saulnier, Besançon ; et sur son front, Angoulême, Limoges, Clermont, Moulins, Châlon, Dijon même ; puis s'avançant en pointe jusqu'à Reims, par Troyes et Châlons, faisait une bonne moitié de la France, et menaçait d'écraser de sa masse tous les agents des rois. Il fallait donc qu'ils rompissent, à quelque prix que ce fût, ce terrible faisceau. Si, parmi les villes coalisées, l'une des plus importantes arborait les étendards de la royauté, le reste de la coalition indignée s'allait précipiter sur elle. Le Midi, prêt à s'élancer sur les tyrans de Paris, s'arrêterait pour tourner ses efforts contre une partie de lui-même ; la Montagne en l'y invitant, se disculperait du reproche de royalisme ; elle le rejetterait indirectement sur les proscrits du 31 mai. L'insurrection des républicains serait étouffée.

Eh ! quelle ville était plus propre que Toulon à cette manœuvre du machiavélisme montagnard ! Une foule considérable d'artisans, sans lumières et sans volonté qui lui fût propre, y était toujours disposée à recevoir, pour un morceau de pain, les impressions diverses qu'on lui voudrait suggérer. Depuis longtemps, au moyen de quelques assignats, on la faisait se mouvoir pour l'anarchie : dès qu'on le voudra, avec quelques assignats encore, on lui fera demander, en apparence du moins, le retour de l'ordre. Les principaux chefs de la marine et de la garnison, pour la plupart, sont royalistes : le dernier ministre de la marine, entièrement dévoué à la faction, a choisi les hommes qui seront à la tête du mouvement ; on leur a dit le mot du guet, comme à Wimpfen : c'est pour la République qu'ils auront l'air d'organiser leurs forces ; c'est à la ruine des républicains qu'ils les dirigeront au moment convenable.

Le moment arrive. Toulon, jusqu'alors furieux de jacobinisme, se déclare tout à coup pour la République et bientôt la trahit. On livre Toulon aux Anglais, et pour des raisons qu'apparemment on le forcera d'expliquer quelque jour, le comité de salut public répand, accrédite et laisse subsister six mois le bruit que Beauvais a été pendu par les Anglais. L'autre député, Bayle, s'est tué dans son cachot. Bayle était un homme violent et grossier que les exagérations de la Montagne avaient trompé jusqu'alors. Quand il aura vu de ses yeux que cette Montagne livrait Toulon à l'Angleterre, et qu'il fallait qu'il devînt, lui, l'instrument ou la victime de cet affreux machiavélisme, il aura eu recours au suicide ; ou bien, s'il a voulu faire du bruit, on l'aura tué. Cependant les Anglais, maîtres de Toulon, le gardent tout le temps que durent la scission de Bordeaux et le siége de Lyon. S'ils avaient rendu Toulon trop tôt, les troupes qui l'assiégeaient, et qui presque toutes, avant qu'on eût eu le temps de les travailler, étaient anti-jacobites, loin d'aller combattre Lyon, se fussent déclarées pour lui. Lyon tombe enfin; il faut encore laisser aux jacobins le temps d'y massacrer les meilleurs républicains, toujours convaincus de royalisme; le temps aussi d'acheter par la famine la conquête de Bordeaux, où les meilleurs citoyens seront traités comme à Lyon, comme à Marseille, comme à Paris, comme partout (1). Cela fait, les Anglais tiennent leur promesse, et leur intérêt est de la tenir; car n'oubliez pas que les montagnards, généralement détestés, ont fait leur journée du 31 mai contre des hommes aimés, estimés, très-popularisés, je ne dis pas dans tout Paris, mais dans tout le reste de la France. Pour désarmer l'indignation universelle, pour étonner les faibles, pour gagner les indécis, pour ramener toute cette multitude qui ne raisonne pas les événements, il faut bien que les puissances consentent à suspendre leurs succès et même à recevoir des revers, à l'époque même où leurs agents seront devenus les tyrans de la représentation et disposeront de tout dans le gouvernement. Car enfin cette masse d'individus, que toutes les apparences entraînent, et qui ne va jamais jusqu'au second raisonnement, dira : Mais lorsque Péthion, Brissot, Guadet, etc., étaient dans la Convention, nous étions souvent battus par les ennemis; aujourd'hui qu'ils n'y sont plus et que Robespierre, Barrère, Marat, Collot, etc., conduisent seuls nos affaires, nous avons partout des succès : les premiers étaient donc

(1) Il faut rendre cette justice à Tallien, qu'après la prise de Bordeaux, il y a empêché bien du mal. Sans lui, cette ville aurait été traitée avec autant de barbarie que Lyon.

d'accord avec les puissances, et les seconds sont donc nos véritables défenseurs.

Ainsi, les Anglais ont intérêt à tenir leurs promesses : ils ne mettent point dans Toulon une garnison suffisante, ils le laissent reprendre ; et lorsque la nation anglaise, étonnée, a demandé les motifs qui avaient pu décider ses généraux à perdre Toulon, Pitt a fait répondre qu'une bonne politique l'exigeait ainsi. C'est aussi cette bonne politique qui, à peu près à la même époque, fit accorder aux généraux prétendus républicains, sous le ministère de la guerre du premier commis Vincent, accusateur du malheureux Custines, les victoires de Dunkerque et de Maubeuge. C'est cette bonne politique qui frappa tout à coup d'immobilité l'armée victorieuse de Cobourg, qui, venant de mettre en pièces toute la garnison de Cambrai, pouvait se rendre maître de cette place, et se tint là spectateur de la guerre civile commencée, bien décidé à ne pas poursuivre si la Montagne triomphait, et, au contraire, à se précipiter comme un torrent si les républicains l'eussent emporté. Enfin, c'est cette bonne politique qui fit qu'on voulut bien laisser Hoche reprendre les lignes de Wissembourg, Hoche reconnu maintenant comme l'agent de Marat, et par conséquent des puissances, le général Hoche qui était, en effet, un furieux jacobin.

Mais revenons donc à Toulon. Au moment où l'on y rentre, Beauvais, pendu depuis si longtemps, se trouve dans la prison, et ce député, si maltraité par l'étranger, lui qui a tant souffert pour la cause de la liberté, lui qui devrait être le dieu du jour, on en parle à peine. Selon la nouvelle méthode d'employer tous les moyens pour pousser les esprits vers toute espèce d'exagération, on devrait produire cette nouvelle idole à l'admiration du peuple parisien. Point du tout, il ne vient pas même à la fête solennelle que la capitale célébrait pour la reprise de Toulon. L'auguste représentant, que la prudence apparemment ne permet pas qu'on voie de trop près, demande un congé. Du sein même de ses triomphes, cent voix se sont élevées pour l'accuser de trahison. Il se contente d'avouer qu'en effet il a eu quelques conférences avec des Anglais de quelque importance, et pour toute réponse à tous les grands reproches qu'on lui fait, il se borne à promettre qu'il répondra. Le comité de salut public trouve fort bonnes toutes les évasions morales et physiques du représentant qui n'est pas pendu. Il ne lui demande pas d'autres explications; il accorde le congé. Il est bien vrai que Beauvais est malade, et même, pour être à jamais dispensé de répondre, il prend le parti de mourir. Oh! c'est alors qu'on parle de lui! C'est alors qu'il est le grand, le divin Beauvais! Je ne sais pas même si Robespierre ne l'a pas panthéonisé! Eh! pourquoi non? D'autres l'ont bien été.

Au reste, j'ajoute un fait connu de plusieurs milliers de personnes à Paris : c'est que, vers le milieu de juillet, quelque vrais républicains de Toulon acquirent les preuves qu'un grand complot s'était tramé pour livrer leur ville et leur port aux Anglais, et qu'à la tête des conspirateurs étaient......... Malheureusement les dénonciateurs eurent la bonhomie d'envoyer les pièces au ministre d'alors et au comité de salut public. Ceux-ci enfouirent les pièces et ne parlèrent de rien. A quelque temps de là Toulon fut livré.

Cependant il y avait trois semaines que nous étions chez notre généreux ami, et nous commencions à désespérer de l'embarcation tant promise, lorsque le 20 septembre on vint me chercher. Hélas ! oui, on ne venait chercher que moi ! Jusqu'alors on m'avait assuré que rien n'empêcherait que ma femme fût reçue à bord du bâtiment ; on vint, dans cette triste soirée, nous apprendre que les circonstances étaient telles qu'il était impossible qu'une femme entrât dans le vaisseau sans nous compromettre tous, et que le capitaine se voyait à regret obligé de déclarer qu'il n'en recevrait aucune. Quel coup de foudre pour ma Lodoïska ! Je ne voulais pas partir puisqu'elle ne partait pas. Elle sentit qu'une telle résolution ne pourrait que nous perdre, elle exigea que je m'éloignasse. Quant à elle, aidée de notre ami, elle partirait incessamment pour Paris, et après y avoir ramassé les débris de notre fortune, elle viendrait me rejoindre à Bordeaux, où nous resterions ensemble si l'insurrection s'y soutenait, et d'où nous partirions pour l'Amérique si les tyrans l'avaient emporté... Que de vains projets, grand Dieu ! A quels nouveaux périls je courais ! Que de peines, que de fatigues j'allais chercher ! En quels lieux te retrouverais-je, ô ma Lodoïska ?

Je partis. Je la laissai..., j'eus l'horrible courage de la laisser encore !... Il était cinq heures du soir, c'est-à-dire qu'il faisait encore plein jour quand je sortis de la ville à la vue de tout le monde. A deux cents pas un cheval m'attendait, un ami sûr était mon guide ; nous avions neuf grandes lieues de pays, à peu près quinze lieues de poste à faire. Il fallait être dans la chaloupe qui devait nous conduire au bâtiment, à onze heures au plus tard, car le coup de canon qui ordonnait le départ du convoi et de l'escorte serait tiré à minuit précis. A deux lieues d'ici, j'allais trouver mes chers collègues qui m'attendaient. En effet, j'embrassai Guadet, Buzot et Péthion ; mais Barbaroux vint longtemps après, il nous fit perdre une grande heure. Pourtant il n'était pas minuit quand nous arrivâmes au bord de la mer. Les armateurs nous avaient joints sur la route. Non contents de ne vouloir rien accepter pour notre transport à Bordeaux, qui leur faisait cependant courir de grands risques, ils nous offraient leurs bourses ; nous refusâmes. Arrivés à l'auberge où ils nous avaient fait préparer à souper, nous y apprîmes que la chaloupe que le capitaine devait envoyer pour nous prendre n'avait pas encore paru. Nous attendîmes près d'une demi-heure, mais en vain, et ce qui redoublait nos alarmes, c'est qu'à côté de la chambre où nous soupions, se trouvait une autre chambre où deux hommes buvaient ensemble, l'un desquels n'était rien moins que le commandant du petit fort qui dominait la plage où nous comptions nous embarquer, et qui avait cinquante hommes de garnison. Que de contre-temps, que de sujets de crainte pour nos armateurs qui avaient calculé que nous trouverions la chaloupe prête et le commandant endormi! L'un d'eux courut réveiller des pêcheurs qui, moyennant triple salaire, consentirent à nous recevoir dans leur barque ; mais il fallait attendre que la marée montante vînt la mettre à flot. C'était encore trois quarts d'heure à perdre. Pour comble d'embarras, c'était trois quarts d'heure à passer dans le voisinage du commandant. Heureusement il avait déjà bu si raisonnablement qu'il ne songeait guère à s'inquiéter quels gens s'impatientaient à côté de lui. La barque nous reçut sans accident, mais n'était-il pas trop tard ? Il était plus d'une heure, nous aurions dû nous embarquer bien avant minuit.

Il fallait ramer une lieue pour doubler une pointe où le vaisseau qui devait rester un peu en arrière des convois avait ordre de nous attendre. Nous ne l'y trouvâmes point. Ne l'avions-nous pas fait attendre trop longtemps ? Si le convoi était parti à minuit précis, n'avait-il pas été forcé de retirer les ancres enfin et de suivre ? Nous nous mîmes à courir des bordées dans cette rade de Brest, si vaste que le vaisseau désiré n'y était plus qu'un petit point difficile à découvrir, surtout pendant la nuit. Elle fut longue, la nuit, je n'en avais pas encore passé dans les agitations d'une impatience aussi cruelle ; l'aurore ne se montra pas moins défavorable ; elle nous découvrit une immense nappe d'eau sur laquelle nous ne vîmes flotter rien. Nos montres à chaque instant consultées marquent six heures, sept heures, sept heures et demie ! Toute espérance nous abandonne. Qu'allons-nous devenir ? La terre et la mer sont en ce moment également dangereuses.

Il était aisé de voir sur les figures de nos armateurs que les mêmes pensées les affligeaient, que le même découragement les avait saisis. Depuis un bon quart d'heure, couchés près de nous dans la barque, ils ne prenaient plus la peine de regarder la mer. Un d'eux pourtant se relève nonchalamment, tourne la tête avec lenteur et de l'air d'un homme bien sûr de ne rien découvrir. Tout à coup son maintien s'anime, il pousse sa voix. Tel bâtiment? demande-t-il. On répond oui. Tel capitaine? un oui nous vient encore. Il se retourne vers nous les bras ouverts, il nous embrasse transporté de joie : Vite, vite au vaisseau ! dit-il.

Avec quelle légèreté le plus pesant d'entre nous s'y grimpa ! Voilà votre petit logement, nous dirent les armateurs qui venaient de nous amener dans la chambre du capitaine. Puis ils s'informèrent si le convoi était fort en avant. Le brave Ecossais qui commandait le bâtiment leur dit qu'il avait défilé à minuit précis. Pour ne pas me rendre suspect, j'ai enfin démarré, poursuivit-il, bientôt je suis resté en arrière ; malgré mes matelots mécontents de mes manœuvres, j'ai perdu mon temps ; je partais enfin quand j'ai cru voir quelque chose. J'ai fait voile de ce côté ; mais une seconde plus tard tout était dit. Quoique bon voilier, ajouta-t-il, je ne puis guère espérer d'atteindre le convoi qu'à la fin du jour. Ainsi privé d'escorte, je crains l'Anglais. Au risque de perdre le bâtiment, s'écrièrent nos généreux armateurs, allez, essayons à tout prix de sauver ces braves gens. Ils nous embrassèrent, rentrèrent dans la barque et s'en allèrent à Brest.

8.

Nous suivions la route opposée, nous la suivions depuis deux heures, lorsque cinq bâtiments apparurent rangés devant nous en cercle à l'horizon. Corsaire anglais! cria l'équipage. En vain le capitaine leur dit qu'il fallait avancer, qu'on ne pouvait distinguer encore. Les matelots murmurèrent, et le second, qui avait bu, portant la parole pour eux, déclara qu'on ne prétendait pas, pour des passagers inconnus, courir le risque d'être conduits en Angleterre. Notre brave Ecossais vit la révolte prête à éclater, il revira.

Assurément nulle rencontre ne pouvait nous être plus fâcheuse que celle de l'Anglais. La Grande-Bretagne devait être pour nous la terre maudite. Quelle que pût avoir été la violence qui nous y aurait eu conduits, la calomnie ne manquerait pas de nous y poursuivre, elle serait crue en affirmant que nous y avions passé volontairement. Nous y laisserions avec la vie un bien plus précieux, l'honneur. Aussi devant un corsaire de cette nation ne nous restait-il qu'une ressource, et la résolution en était prise, c'était de nous jeter à la mer pour ne pas tomber dans ses mains. Mais qui garantissait que les bâtiments en vue fussent ennemis? D'ailleurs étaient-ils armés? Enfin où notre pauvre capitaine, maintenant embarrassé de nous, allait-il chercher un asile? En quelque port de France qu'il entrât, n'y trouverait-il pas des ennemis acharnés à sa perte presque autant qu'à la nôtre?

Nous nous gardions bien de lui communiquer ces reflexions qui n'auraient fait qu'augmenter sa peine; mais on voyait assez dans tous ses mouvements qu'aucun des dangers de sa bizarre position ne lui échappait.

Depuis deux heures naviguant en sens contraire, nous étions sur le point de rentrer dans la rade; le capitaine alors jugeant que la tête de son second devait être plus tranquille, et que les fumées de l'eau-de-vie qu'il se reprochait d'avoir fait distribuer à trop forte dose avaient eu le temps de s'abattre, monta sur le pont. Ah çà! dit-il, qu'on m'écoute en silence. Je suis le maître ici : personne n'a le droit de commenter mes ordres. Malheur à quiconque s'en aviserait. Vos craintes sont ridicules; mon parti est pris : j'entends aller en avant; qu'on se taise et qu'on m'obéisse. Il ordonna la la manœuvre en conséquence, et le second n'osant plus dire un mot, l'ordre fut exécuté.

Ainsi nous échappions au pressant péril de la rentrée dans un port de France; mais à présent pouvions-nous raisonnablement espérer d'échapper à l'étranger? Il nous faudrait peut-être naviguer sans escorte jusqu'au lendemain soir, car le convoi avait actuellement douze heures d'avance sur nous. Il est vrai que notre grande flotte, récemment sortie de Brest, forçait les corsaires anglais à se tenir plus éloignés; pourtant peu de jours se passaient sans qu'on en signalât quelques-uns sur la côte. On sent que nous n'étions rien moins que tranquilles.

Notre navigation de ce jour fut heureuse; la nuit nous donnait peu d'inquiétude, elle se passa bien; mais le lendemain d'assez bonne heure, des bâtiments s'aperçurent à l'horizon, jetés devant nous à peu près comme ceux de la veille ; seulement, au lieu de cinq, ils étaient huit. L'Écossais se fit apporter ses lunettes d'observation, il les tint braquées plusieurs minutes; après quoi il affirma qu'il reconnaissait des Français. Le fait est qu'il ne pouvait encore distinguer. Un autre fait, c'est qu'il avait pourtant raison et trop raison. Quand il fut moins loin, il le vit bien que c'étaient des Français. Nous n'ignorions pas plus que lui que nos signalements avaient été envoyés à tous les capitaines de vaisseaux de la République, avec injonction formelle de visiter tous bâtiments en mer et surtout d'y examiner les passagers. Eh bien! nous tombions dans la grande flotte de Brest. Vingt-deux vaisseaux de ligne et douze à quinze frégates étaient devant nous. Jugez de nos transes à ce magnifique spectacle! Il nous fallut longer sur tout son front cette formidable ligne. Quoique enfermés dans la chambre du capitaine, nous dûmes encore nous jeter ventre à terre; quelque sans-culotte de bâbord, s'il avait aperçu quelque passager, eût pu motionner de voir un peu qui c'était, et je doute qu'alors nos passe-ports nous eussent sauvés. N'avions-nous pas d'ailleurs avec nous ce Péthion dont la figure était si généralement connue, et qui, de peur d'être trop méconnaissable, s'avisait d'avoir, à moins de quarante ans, la barbe et les cheveux blancs? Notre brave capitaine cependant se tenait sur le pont, d'un air assuré, prêt à mentir au premier porte-voix qui le questionnerait. Aucun ne lui dit mot, nous en fûmes quittes pour la peur.

Au moins nous étions délivrés pour quelques heures

de la crainte des corsaires anglais. Tout alla bien dans la journée; mais vers le soir, comme la grande flotte était restée dans sa croisière, fort loin en arrière et absolument hors de vue, nous aperçûmes des bâtiments en avant. Le capitaine recommença ses complaisantes observations, dont nous savions d'avance le résultat; en effet, il ne manqua pas de dire : Ce sont des marchands français. Pourtant il ne tarda pas à reconnaître qu'un de ces prétendus marchands se rapprochait beaucoup de nous et portait du canon; il continua, comme il put, d'affecter devant son équipage un air tranquille; mais il nous dit tout bas : Je joue gros jeu; si ce n'est pas notre convoi, je suis demain en Angleterre.

C'était le convoi; mais le danger, pour être un peu moins grand, ne cessait pas d'être mortel. Le bâtiment, dont nous étions actuellement très-près, était une des deux frégates de l'escorte : elle s'était mise en panne pour nous attendre et nous héler. Dès que nous fûmes à portée du porte-voix, nous entendîmes ce premier interrogat assez inquiétant : D'où venez-vous? — De Brest, répliqua notre capitaine d'un air très-ferme. Alors on lui fit cette observation de mauvais augure : Vous étiez bien arriéré. A quoi il répliqua : J'ai été aussi vite que je l'ai pu. — Il faut que vous soyez bien mauvais voilier, lui dit-on peu obligeamment. A cela point de réponse. Enfin la question menaçante arriva : Avez-vous des passagers à bord? Notre franc Écossais fit aussitôt retentir l'air du non le plus vigoureux; sur quoi le guerrier mit sa chaloupe en mer. Pour cette fois il était clair que notre malheureux capitaine allait être visité. Nous tremblâmes pour lui. Quant à nous, résignés à tout événement, nous jetâmes à l'eau tous les papiers qui auraient pu compromettre quelques amis et nous bandâmes nos pistolets.

Cette chaloupe ne méritait pas des apprêts si lugubres ; elle venait nous remorquer à son vaisseau, qui ne l'envoyait que pour cela. On nous conduisit ainsi jusqu'à ce que nous eussions atteint le convoi ; et ce ne fut pas à nos yeux une des moindres bizarreries de ce voyage, que de nous voir ainsi protégés par l'un des bâtiments essentiellement préposés à nous perdre.

La nuit suivante nous eûmes gros temps ; à la pointe du jour, c'était presque une tempête : notre équipage voulait imiter quelques marchands qui relâchaient à la Rochelle ; déjà ses réclamations prenaient le ton de la révolte ; la fermeté de notre Écossais, aidée de quatre cents livres d'assignats que nous distribuâmes entre les matelots, nous déroba à ce nouveau péril. Il est vrai que l'Océan entr'ouvrait quelquefois ses profonds abîmes, mais tous ses flots soulevés nous étaient moins redoutables que les flots de cette multitude insensée qui, sur une terre ingrate, nous appelait stupidement à l'échafaud.

Le beau temps revint à midi. Notre capitaine avait beau faire, il marchait toujours mieux qu'aucun des bâtiments de la flotte. Le signal de diminuer les voiles lui fut fait plusieurs fois par le vaisseau commandant ; il les diminuait toujours, et toujours il allait trop vite. Cette circonstance l'inquiétait ; il y avait à craindre que le commandant ne prît des soupçons s'il venait à remarquer que ce bâtiment, qu'on voyait aujourd'hui toujours en avant du convoi, était celui qu'on avait trouvé la veille si fort en arrière. Au reste, si ces craintes étaient fondées, nous aurions trop lieu d'en être sûrs à l'entrée de la rivière de Bordeaux. C'était là qu'une reconnaissance générale devait être faite par les bâtiments convoyeurs. Nous y arrivâmes à cinq heures du soir ; le vaisseau commandant laissait défiler devant lui chaque bâtiment, et le hélait à son passage. Notre capitaine filait l'un des premiers ; la terrible question lui fut renouvelée : Avez-vous des passagers à bord ? Il répondit comme la veille et d'un ton non moins ferme, et le succès ne fut pas moins heureux.

Cependant la marée, qui en montant nous avait déjà fait faire près de dix lieues, commençant à descendre, il fallut s'arrêter. Notre capitaine eut l'attention de jeter l'ancre à quelque distance des autres bâtiments, et dès que la marée cessa de descendre, il fit mettre à la rivière ce qu'il appelait son canot. C'était un des plus petits, des plus frêles batelets qu'un Parisien eût pu voir sur la Seine. Nous y descendîmes douze personnes, dont le capitaine et quatre matelots, pour ramer. Je n'ai pas besoin de dire que le canot était plein, il l'était au point de n'y pouvoir faire, sans témérité, beaucoup de mouvements. Notez que cette rivière était là encore une espèce de mer. Elle avait deux lieues de large. Plus loin, ce fut pis. La même masse d'eau se trouvait resserrée dans un canal moitié plus petit. Son cours excessivement plus rapide était en quelques endroits embarrassé de bancs de sable mal connus de notre Écossais. Quant au batelet, il lui restait à peine deux pouces de bord. De temps en temps, la moindre oscillation nous menaçait de chavirer, et très-souvent la vague entrait dedans. C'étaient là pourtant nos moindres dangers!

Nous partions ainsi pour éviter la dernière reconnaissance des convoyeurs et surtout la visite du fort de Blaye. Malheureusement il était déjà jour. L'homme de quart sur le vaisseau commandant nous vit passer; il ne nous héla que pour nous ordonner de ne pas trop approcher de son bord. Apparemment il crut, comme nous l'avions espéré, qu'un misérable petit batelet ne méritait pas d'autre attention. Au fort de Blaye, ce fut encore mieux : on ne nous dit pas un seul mot. Arrivés au Bec-d'Ambez, nous descendîmes. Nous y étions enfin dans ce département de la Gironde; et là nous croyant non-seulement en sûreté, mais en mesure de combattre les ennemis de notre patrie, il ne tint à rien que nous ne baisassions cette terre délivrée! O malheureux humains! vos joies sont quelquefois aussi follement placées que vos tristesses!

Le capitaine se rendait à Bordeaux. Nous nous cotisâmes pour lui faire une somme de deux mille livres, qu'il accepta. Notre intention était d'y joindre mille écus, que nous comptions trouver aisément à emprunter dans toute la ville, où il ne nous précéderait apparemment que de vingt-quatre heures. Je ne sais pas s'il restait deux cents francs dans la bourse du plus riche d'entre nou

La maison où nous venions de descendre appartenait à un parent de Guadet. Personne n'y était pour nous recevoir; nous allâmes à une auberge voisine, où

Guadet, avec sa confiance ordinaire, ne fit nulle difficulté de dire son nom. Dès lors il devint facile de deviner qui nous étions tous. Cette imprudence fut la cause principale de tous les dangers qui vinrent presque aussitôt nous assaillir. De là vint qu'on fut d'abord sur nos traces à tous, et que bientôt nous n'eûmes plus un instant de repos.

Les clefs de la maison étant arrivées, nous nous y retirâmes pour y causer à notre aise de notre situation. On avait dit à l'auberge des choses bien surprenantes et que Guadet affirmait impossibles ; qu'à Bordeaux, les maratistes venaient de l'emporter ; que la municipalité et le département étaient en fuite ; que les représentants du peuple y entraient en force. Quoi qu'il pût être de ces bruits, nous pensâmes qu'il ne convenait pas de nous enfourner tous dans cette ville avant de les avoir vérifiés. Guadet, qui connaissait toutes les issues, offrit de s'y rendre, et voulut emmener Péthion.

Ils revinrent le lendemain, trop heureux d'avoir pu entrer sans être vus et d'en être sortis sans avoir été arrêtés. Tout ce qu'on nous avait dit était vrai. Là, comme ailleurs, les honnêtes gens périssaient par leur faiblesse. Il n'y avait pas cinq jours que la bonne et brave jeunesse de Bordeaux, assemblée en armes, avait été demander au département la permission de désarmer la section Francklin, où les brigands tenaient leur place d'armes. Au lieu de profiter de ce mouvement, les administrateurs avaient répondu qu'il fallait attendre, patienter, n'employer que la douceur, etc.; et le lendemain, la section Francklin avait culbuté Bordeaux. Au reste, les administrateurs y avaient fait fautes sur fautes. Ils avaient pu souffrir tranquillement, au jour de leur toute-puissance, que les commissaires montagnards, postés à dix lieues de là, par quatre ou cinq hommes, porteurs d'un arrêté, s'emparassent du château Trompette et de tout ce qu'il contenait, de provisions de guerre et de bouche. De même, ils les avaient vus tranquillement prendre possession du fort de Blaye, d'où les montagnards avaient, sans éprouver la moindre résistance, éconduit deux bataillons bordelais, auxquels ils avaient substitué deux bataillons révolutionnaires : ce qui est tout dire. Avec tant de mollesse il fallait nécessairement succomber.

En ce moment on emprisonnait à Bordeaux tout ce qu'il y avait de patriotes les plus purs, les plus éclairés, les plus courageux. La terreur était si générale, qu'à neuf heures du soir Guadet et Péthion, loin de trouver un homme qui osât les retirer pour la nuit, n'avaient qu'à peine rencontré quelqu'un qui eût le courage de marcher devant eux pour les guider, jusqu'à ce qu'ils fussent hors de la ville.

Il fallait donc encore ne songer qu'à notre sûreté personnelle. Guadet partit pour Saint-Émilion, lieu de sa naissance. Il y avait, avec quelques parents, plusieurs amis, de ces amis de l'enfance, dont on se croit sûr, tant que nos adversités ne les ont point éprouvés. Il ne manquerait pas de nous trouver à chacun un asile, mais il ne nous enverrait prendre que lorsque tout serait prêt ; car il convenait que nous arrivassions le plus secrètement possible. Il partit. Nous restâmes enfermés dans la maison de son parent. L'aubergiste voisin, mauvais sujet dont on ne se défiait pas encore assez, s'enquêtait curieusement de ce que nous étions devenus. On lui dit que nous venions de nous rembarquer ; mais, dès le même soir, il vint rôder autour de la maison dont nous avions heureusement fermé tous les volets. Pourtant il ne fut pas longtemps notre dupe, et, dès le second jour nous eûmes avis qu'un bruit sourd se répandait que nous étions cachés aux environs du Bec-d'Ambez.

C'était le soir de cette seconde journée que Guadet devait revenir. Nous ne le vîmes pas, et nous n'en fûmes que plus inquiets. Chaque instant rendait notre séjour actuel plus dangereux. Nous étions avertis que le maître de l'auberge, maratiste soldé, venait de faire un voyage à Bordeaux ; qu'il en revenait à l'heure même avec quelques visages nouveaux, et qu'aussitôt on avait remarqué chez lui du mouvement, des chuchotements, des conciliabules. Il était prudent de faire quelques préparatifs de défense : nous nous barricadâmes : on se distribua les armes, qui consistaient en quatorze pistolets, cinq sabres et un seul fusil. Nous étions six hommes ; car j'aurais dû dire plus tôt qu'en montant sur le vaisseau, nous y avions trouvé Valady et un de ses amis, non député ; celui-là même, qui, ayant les cheveux blonds et la taille haute, donna lieu aux maratistes de la Gironde, lorsqu'ils ne nous connaissaient encore que sur de vagues dépositions, de répandre que Wimpfen était avec nous. Certes, il n'y était pas, et il n'y pouvait pas être. Six hommes seulement, bien mal armés, mais bien résolus de mourir dans la place, la composaient donc cette garnison terrible, pour l'attaque de laquelle vous verrez qu'on ne préparait au dehors rien moins que du canon. De cette garnison les deux tiers se couchèrent tout habillés ; l'autre tiers, c'est-à-dire Barbaroux et moi, fit sentinelle toute la nuit. Mais l'ennemi, qui ne voulait marcher sur nous qu'en force, n'avait pas encore rassemblé assez de troupes. S'il se fût contenté des cent cinquante fusiliers qu'une simple réquisition aux gardes nationales environnantes lui mettait en moins de deux heures sous la main, la supériorité du nombre et des armes nous accablait : nous n'étions pas pris, mais nous étions morts. Heureusement on voulait nous attaquer avec une armée qui pût faire un siége en règle : rien ne parut cette nuit-là.

A l'entrée de la nuit suivante, vint un envoyé de Guadet. Celui-ci n'avait trouvé dans sa famille et parmi ses amis qu'une seule personne qui ne pouvait donner asile qu'à deux d'entre nous. Il espérait le jour suivant en placer deux autres qu'il enverrait chercher à leur tour, et ainsi de suite, jusqu'au dernier. Nous n'avions plus qu'à décider quels seraient les deux élus appelés à suivre actuellement celui qui venait les sauver. Nous nous regardions en silence. Barbaroux, toujours digne de lui-même, fut le premier qui prit la parole. Nous ne doutons pas, s'écria-t-il, qu'ici le péril ne soit imminent. Lequel d'entre nous pourrait songer à n'y dérober que lui, et ne serait pas arrêté par cette pensée que demain peut-être ceux qu'il va laisser ici ne seront plus ? Quant à moi, je n'abandonne point les compagnons de mes travaux et de ma gloire ! N'y a-t-il asile que pour deux, restons tous, mourons ensemble ! Mais Guadet, s'il connaissait notre position, n'en enverrait-il chercher que deux ? Ne sentirait-il point que le plus pressant est de nous tirer d'ici ? Quelqu'un offre asile pour deux d'entre nous, eh bien ! pour quatre ou cinq jours, s'il le faut, ne tiendrons-nous pas six dans la chambre où deux sont attendus ? Partons tous.

Il parlait encore lorsqu'on vint nous prévenir qu'il y avait grand monde et grand bruit dans l'auberge voisine. Une trentaine d'officiers venaient d'y arriver. L'hôte avait dit que ces messieurs étaient les chefs d'un bataillon de l'armée révolutionnaire, qui devait passer par ici, allant à Bordeaux. Cependant on apercevait déjà dans les environs plusieurs détachements de garde nationale et même quelques brigades de gendarmerie.

Ceci trancha toute délibération. Notre guide descendit ; nous le suivîmes en silence. Nous fîmes quelques détours pour aller chercher à un quart de lieue de là une barque qui nous attendait sur la Garonne ; et il paraît que nous n'étions pas encore sur l'eau, lorsqu'à la faveur des ombres de la nuit, quatre cents braves, armés de pied en cap, vinrent braquer deux pièces de canon sur une maison de campagne où ils espéraient trouver huit à dix victimes.

Telle fut cette glorieuse expédition du Bec-d'Ambez, où les révolutionnaires ne signalèrent pas moins leur courage que leur adresse, et dont B....., je crois, fit grand honneur à ses dignes satellites, dans cette magnifique relation qu'il en adressa à la Convention, et où il dit, en propres termes, que, grâce à l'activité des sans-culottes, on avait entouré la maison et qu'on y avait trouvé..... nos lits encore chauds.

Pendant que ces messieurs, sabres à la main, drapeaux flottants et mèches allumées, s'amusaient à tâter nos lits, nous, avec moins de bruit, nous faisions de meilleure besogne. Nous arrivions à Saint-Émilion, après avoir encore traversé une seconde rivière, la Dordogne, devant Libourne, où très-heureusement la sentinelle fut encore plus difficile à éveiller que le batelier, qui se fit appeler pendant un quart d'heure.

Au milieu du jour suivant, on accourut nous dire de combien peu nous l'avions échappé la veille à Saint-Ambez; et comme quoi B..., furieux d'une aussi belle occasion perdue, et sans doute averti par le batelier qui nous avait passés sur la Dordogne, venait de requérir un de ses bataillons révolutionnaires, et en attendant s'avançait sur nous à la tête de cinquante cavaliers. Il fallut s'esquiver encore. Nous allâmes, à quelques portées de fusil, nous jeter dans une carrière, où par bonheur il n'y avait point d'ouvriers ce jour-là, parce que c'était un dimanche. Nous y fûmes bientôt joints par Guadet et par notre ami Salle, qui nous avaient précédés dans la Gironde, et se trouvaient pourtant sans asile.

Nous attendions un brave homme qui depuis le matin courait les environs, tâchant de nous trouver quelque retraite. Il vint à la nuit nous apprendre que pas un individu n'avait le courage de nous recueillir. Mon pauvre Guadet en fut confondu! Que de fois il nous avait protesté que tous les sentiments honnêtes et généreux, s'ils étaient tout à fait bannis de la France, se réfugieraient dans le département de la Gironde! Que d'indignes parents; que de faux amis l'avaient cruellement trompé! Que nous étions à plaindre! mais combien il l'était plus que nous!

Que faire, cependant? Puisqu'on suivait nos traces et que nous étions si bien signalés, il ne convenait plus de marcher tous ensemble. Encore, si nous avions eu, comme dans le Finistère, douze compagnons de plus, et vingt bons fusils; mais seulement huit hommes, et rien que des pistolets! Nous ne devions plus rien attendre de la force; c'était uniquement sur l'adresse qu'il était permis de compter; et de toutes les précautions, la première semblait être de nous séparer. Ma Lodoïska devait être à Paris; ce fut donc vers Paris que je parlai de m'acheminer. Si j'avais l'incroyable bonheur d'y parvenir, j'y pourrais donner asile à deux ou trois des nôtres! Infortuné! je le croyais. Moi aussi, malgré l'exemple des amis de Guadet, je comptais sur mes amis! Mon cher Barbaroux déclara qu'il suivrait mon sort; Valady et son ami se joignirent à lui. Nous voilà quatre. Péthion et Buzot s'en allaient errer je ne sais plus où; Salle et Guadet devaient tirer du côté des Landes. Eh! quoi faire? Gagner du temps. Les affreux triomphes de la Montagne étaient si inconcevables, qu'ils ne paraissaient pas devoir se soutenir quinze jours!

Nous nous embrassâmes, le cœur bien serré ; nous partîmes. Barbaroux passerait pour un professeur de minéralogie, science qu'il possédait bien, et nous, pour des négociants, voyageant avec lui, dans l'intention de faire exploiter les mines qu'il pourrait découvrir. Mais des négociants à pied, courant la nuit ! Mais cent cinquante lieues de pays à traverser, à l'aide de cette mauvaise fable ! Mais Barbaroux, si connu et si reconnaissable ! Le projet était désespéré ! Un ciel protecteur nous barra la route. Après quatre heures de marche, nous trouvâmes que nous nous étions égarés. Un presbytère était à quelques pas. — Il faut y frapper, dit Barbaroux. — Oui, pour y demander le chemin, répondis-je, moi qui ne voyais que Paris. — Eh ! si nous pouvons obtenir quelque chose de plus ? répliqua-t-il.

Un digne curé vint nous ouvrir. Nous ne nous donnâmes d'abord que pour des voyageurs égarés. Vous êtes, nous dit-il, des gens bien persécutés, convenez-en ! et à ce titre acceptez chez moi l'hospitalité pour vingt-quatre heures. Que ne puis-je recueillir plus souvent et plus longtemps quelques-unes des innocentes victimes qu'on poursuit !

Comment dire combien cet accueil nous toucha ! Il commandait une entière confiance ; il l'obtint. Au nom de Barbaroux et au mien, le brave homme courut dans nos bras et versa sur nous des pleurs de joie ! Il nous en fit verser d'attendrissement. La Providence nous avait conduits comme par la main chez un de ces hommes rares dont Guadet avait cru tout son département rempli !

Le lendemain, il nous dit que nous pouvions, sans nous exposer, rester deux ou trois jours encore, et qu'il emploierait ce temps à nous chercher quelque asile. Ce terme expiré, il ne laissa partir que l'ami de Valady, qui croyait pouvoir aisément gagner les environs de Périgueux, où il avait un parent qui ne pouvait manquer de le recevoir et qui sans doute enverrait chercher Valady. Je ne voyais toujours que Paris; je voulais accompagner celui qui allait faire vingt lieues sur cette route. Le curé m'en dissuada; Barbaroux tomba à mes genoux pour m'en empêcher. O Lodoïska! tu leur dois ton époux, car nous apprîmes bientôt après que celui que j'avais voulu suivre venait d'être arrêté!

Notre généreux hôte nous garda deux jours encore, quoique l'on commençât à murmurer dans le village que M. le curé cachait quelqu'un. Enfin il nous conduisit chez un demi-paysan qui nous reçut fort bien; mais sa femme prit peur, du moins c'est ce qu'il nous allégua le lendemain, en nous annonçant qu'il fallait partir. Notre bon curé vint nous prendre et, faute de mieux, il nous fit grimper dans une grange pratiquée au-dessus d'une étable, attenant à une métairie qui avait seize habitants : deux seulement étaient dans notre secret; les autres allaient et venaient continuellement dans cette étable ouverte toute la journée, et quelquefois montaient l'échelle pour jeter un coup d'œil sur le foin, où nous nous étions creusé chacun notre trou, dans lequel il fallait nous tenir ensevelis, au point qu'on ne vît pas même passer notre tête. Ce foin était nouveau, par conséquent brûlant; la grange en était si pleine qu'il restait à peine un intervalle de deux pieds à l'air qui ne pouvait pénétrer que par une lucarne fort étroite. Pour comble de souffrance, le temps, quoique nous fussions en octobre, était sec et chaud ; et nos deux confidents furent tout à coup, sans avoir pu nous voir et nous prévenir, envoyés pour une commission lointaine et imprévue. Leur voyage dura trois jours. Pendant quarante-huit heures, les grossiers aliments et la piquette, qu'ils avaient coutume de nous apporter à la dérobée, nous manquèrent absolument. On ne peut décrire l'extrême lassitude, l'affreux mal de tête, les fréquentes défaillances, la soif dévorante, l'angoisse générale que nous éprouvions. Un moment je sentis affaiblir ma constance, et le courage de mon cher Barbaroux l'abandonna. J'avais pris un de mes pistolets, et le regardais avec une complaisance funeste. Barbaroux, vaincu, suivait ce mouvement ; il s'était aussi saisi de son arme : tous deux nous gardions le silence ; nos yeux seuls se reportaient mutuellement de sinistres conseils ; une de mes mains tomba dans la sienne ; il la serrait avec une espèce de fureur, trop semblable à celle dont j'étais tourmenté. L'instant du désespoir était venu ; le signal de la mort allait être donné. Attentif à nos mouvements, Valady s'écria : Barbaroux, il te reste encore une mère ; et toi, Louvet, Lodoïska t'attend. On ne peut se figurer combien fut prompte la révolution que ces paroles produisirent. L'attendrissement prit aussitôt la place de la fureur ; nos armes échappèrent de nos mains ; nos corps affaissés retombèrent ; nos pleurs se confondirent.

Mais ce changement subit en produisit un autre : Elle m'attend ! m'écriai-je ; eh bien, que fais-je ici ? Pour qui donc y supporté-je tant d'humiliations, tant de peines, tant de dangers ? S'il est vrai que ce soit pour elle, ce n'est pas en demeurant là que j'en trouverai la fin ; c'est sur la route de Paris que je dois aller m'exposer et souffrir ; dès ce soir je m'y mets. Dès ce soir, insensé ! Dans l'une de nos dernières courses nocturnes, je m'étais laissé tomber au fond d'un fossé trop tard aperçu ; quelques cartilages du jarret avaient beaucoup souffert de cette chute. Depuis cette réclusion de six jours, l'inaction absolue où nous étions réduits, la chaleur de ce foin où il fallait rester gisants, l'inquiétude, l'ennui, tout avait empiré le mal ; je voulus soulever ma jambe, elle me fit d'atroces douleurs ; mon jarret tout à fait roidi ne pouvait plier. Grâces te soient rendues, ô Providence ! tu me forçais à rester.

Le lendemain, il était dix heures de nuit, et tout semblait dormir dans la métairie, excepté le chien trop fidèle, dont les aboiements ne nous laissaient point de repos : nous crûmes entendre autour de la grange un bruit semblable à celui que produiraient plusieurs hommes qui marcheraient doucement et parleraient bas ; quelques minutes après, nous vîmes une grande clarté dans l'étable, où la lumière n'entrait jamais ; quelques-uns y parlaient d'abord, mais avec précaution ; puis il se fit un profond silence ; un peu de bruit recommença au dehors ; enfin, nous entendîmes qu'on montait à notre échelle. Etions-nous découverts, la grange était-elle entourée? Nous prîmes nos armes.

Un homme, sans quitter l'échelle, sans s'approcher de nous, cria : Messieurs, descendez; c'était bien un de nos confidents de la métairie; mais ce n'était pas son ton ordinaire; il avait la voix altérée, dure et brusque. Cette circonstance nous alarma plus que tout le reste. — Comment! descendre? lui dis-je. — Oui, descendez. — Et pourquoi? — Parce qu'il le faut. — Mais encore? — Quelqu'un vous demande. — Qui? — Le arent de M. le curé. — Si c'est le parent de M. le curé, que ne paraît-il? — Ici notre homme balbutia je ne sais quelle mauvaise raison, puis il ajouta d'un ton brutal et menaçant : Enfin, f...., il faut descendre!

Ceci devenait du plus mauvais augure. L'imagination travaille vite. A l'instant je me persuadai que quelqu'un nous avait découverts et dénoncés, qu'on était venu cerner la maison, et qu'on avait menacé ce pauvre malheureux de mettre le feu à sa grange s'il ne nous en faisait sortir. Barbaroux était sans doute travaillé de la même pensée, car il me dit tout bas : Ils ne m'auront pas vivant; et Valady, à qui la fatigue et une maladie naissante avaient tellement abattu le courage, qu'il nous avait avoué, vingt fois dans la journée, qu'il se sentait à chaque instant des peurs paniques, que l'idée de sa destruction lui causait de mortelles frayeurs, surtout qu'il n'aurait jamais la force de se tuer lui-même; Valady croyant aussi l'heure fatale arrivée, nous disait languissamment : Hélas! il faut donc mourir ! et, remarquant nos apprêts, il ajoutait en joignant les mains : O mes amis ! vous allez donc m'abandonner ! Quant à moi, jamais dans aucune des crises les plus périlleuses de ma proscription, jamais, si ce n'est depuis aux portes d'Orléans, je ne crus ma mort si prochaine.

Citoyen, dis-je à notre homme du ton le plus ferme, loin de nous la pensée de vous compromettre ; mais aussi gardez-vous de l'espérance de nous attirer dans un piége ; nous ne descendrons certainement pas que le parent du curé n'ait paru, ou que vous ne nous ayez franchement déclaré de quoi il est question.

Pardon, lecteur, si j'ai fait passer dans votre âme les agitations dont les nôtres étaient remplies. Pardon, car ce n'était rien ; rien, qu'un peu de pusillanimité de la part de celui que le bon curé nous envoyait, et puis une cruelle nécessité de recommencer nos tristes courses. Il parut enfin le parent du curé. C'était de peur d'être aperçu par quelqu'un de la métairie, qu'il n'avait pas voulu entrer. Au reste, l'un des camarades du métayer, ayant le matin entendu quelque bruit dans la grange, avait montré des soupçons. Dès le lendemain nous pouvions être découverts par un homme qui n'était rien moins que sûr. En conséquence, nos deux confidents effrayés venaient d'aller dire au curé qu'il fallait nous retirer tout à l'heure. Celui-ci trop tard prévenu ne savait où nous mettre. Impossible que nous fussions quelque part aussi exposés que chez lui qui venait d'être dénoncé comme ayant quelqu'un. Il courait à l'heure même pour tâcher de nous déterrer quelque coin. En attendant, il fallait, pour ne pas tourner la tête de ce paysan tout à fait épouvanté, sortir de la grange et passer cette nuit comme nous pourrions.

O Dieu, si tu ne voulais pas nous sacrifier, tu nous éprouvais du moins! Nous quittions la grange au seul moment où son séjour devenait un peu supportable et son abri nécessaire. Le temps avait changé dans cette soirée. La force de l'orage était un peu diminuée; on n'entendait plus le tonnerre, mais la pluie tombait abondamment, et un vent froid soufflait du midi. Pour surcroît de peine, je ne pouvais me traîner, dans les terres grasses, que sur une jambe et sur un bâton. Le parent nous conduisit dans un petit bois où nous eûmes tout le temps de transir et de nous mouiller.

Ce mauvais temps n'arrêtait pas notre généreux curé. Un peu avant le jour il vint lui-même nous apprendre qu'il avait fait d'inutiles recherches, et comme il voyait bien qu'il était impossible qu'on ne nous découvrît point là dans la journée, il voulut à tout risque nous ramener chez lui. Nous n'acceptâmes qu'après que nous sûmes que de son grenier, où nous allions nous enfouir, nous pourrions aisément, au moyen d'une corde fixée à la lucarne, nous glisser du haut en bas dans une arrière-cour, et par dessus un petit mur gagner les champs au premier objet menaçant que l'un de nous, toujours en sentinelle, verrait s'approcher de sa maison. Le brave homme! il parut si content de nous y recueillir encore!

A travers tant de courses, de fatigues cruelles, de périls renaissants, que je m'applaudissais néanmoins du contre-temps qui m'avait forcé de ne point emmener mon épouse! Si moi-même je me trouvais d'une constitution trop faible contre de pareils travaux, comment n'y aurait-elle pas succombé? Avant de périr, j'aurais eu le tourment de la voir expirer dans mes bras. Et pourtant nous avions accusé le ciel lorsqu'il nous avait séparés. O Providence, que tes vues sont profondes et que les désirs de l'homme sont vains!

Cependant nous avions appris qu'après avoir inutilement frappé aux portes de trente amis, Guadet et Salle avaient trouvé toute espèce de secours et de sûreté chez une femme compatissante, généreuse, intrépide, autant que s'étaient montrés inhumains, égoïstes et lâches tous ces êtres qui portaient néanmoins le nom d'hommes. D'après le touchant portrait qu'on nous avait fait de cet ange du ciel, il n'était pas besoin de lui demander asile, s'il n'était pas impossible qu'elle le donnât. Il suffisait de l'avertir de notre situation. Quelqu'un y courut et rapporta quelques heures après la réponse. Qu'ils viennent tous trois! avait-elle dit. Seulement elle nous recommandait de n'arriver qu'à minuit et de ne négliger aucune précaution pour n'être aperçus de qui que ce fût. Notre sûreté chez elle dépendait principalement de notre exactitude à remplir ces conditions préliminaires.

Chemin faisant, nous nous arrêtâmes chez un curé allié du nôtre. Il nous attendait à souper. Que l'on excuse ces détails; il y avait si longtemps que nous n'avions soupé! Et puis le repas ici n'était rien auprès des touchantes attentions qui le précédèrent : c'était de l'eau tiède pour laver nos pieds, un grand feu pour nous sécher, tout l'attirail d'une toilette pour couper nos longues barbes et rafraîchir nos chevelures, du linge blanc pour nous changer, enfin des viandes légères et du vin restaurant que nous versait une jolie nièce! C'était une nièce véritable, et l'on comprend qu'ici je n'y saurais entendre malice. J'en parle pour qu'on se représente quel effet produisaient sur nous ces passages fréquents et subits d'une position lentement douloureuse à une situation rapidement douce, et le contraste de cette personne bonne et charmante qui nous prodiguait ses soins, avec ces visages insensibles, sombres ou menaçants qui nous préparaient des piéges ou qui nous y voyaient froidement tomber. Chez cet ami de notre curé, nous trouvions notre sort semblable à celui de ces fiers paladins qui, venant de combattre des monstres, rencontrent tout à coup, dans quelque pavillon enchanté, des fées pour les servir.

C'était bien une autre fée que celle chez qui nous arrivâmes à minuit. Nous devions y trouver, avec mille soins non moins attendrissants, une constance, un courage, un dévouement sans bornes. Elle logeait nos deux amis à trente pieds sous terre, et l'entrée de leur souterrain, d'ailleurs fort dangereuse, était encore si bien masquée qu'on ne la pouvait découvrir. Quelque spacieux que fût le caveau, le séjour continuel de cinq hommes pouvait y corrompre l'air qui ne s'y renouvelait que difficilement. Nous nous pratiquâmes, dans une autre partie de la maison, une seconde forteresse plus saine, presque aussi sûre, presque aussi difficile à découvrir. A quelques jours de là, Buzot et Péthion nous mandèrent qu'ayant depuis quinze jours changé sept fois d'asile, ils étaient enfin réduits aux dernières extrémités. — Qu'ils viennent tous deux! s'écria l'étonnante femme. Et remarquez qu'il ne se passait pas un jour qu'elle ne fût menacée d'une visite domiciliaire; elle était même assez soupçonnée de vertu pour qu'il fût souvent question de l'arrêter. Observez encore que chaque jour la guillotine abattait quelque tête et que les brigands commettaient des horreurs. On les entendaient jurer chaque jour qu'ils feraient brûler vifs avec nous, dans leurs propres maisons, les gens chez lesquels nous serions trouvés. On parlait même d'incendier les villes. — Mon Dieu! qu'ils viennent, les inquisiteurs, nous disait-elle avec calme et gaieté. Je suis tranquille, pourvu que ce ne soit pas vous qui vous chargiez de les recevoir : seulement je craindrais qu'ils ne m'arrêtassent; eh! que deviendriez-vous?

Nos deux amis vinrent donc et s'en allèrent au caveau. Ainsi nous étions sept. Le moyen de nous nourrir? Les denrées étaient rares dans le département; on ne lui fournissait pour sa part qu'une livre de pain par jour, mais il y avait des pommes de terre et des haricots au grenier. Pour ne pas déjeuner, on ne se levait qu'à midi. Une soupe aux légumes faisait tout le dîner. A l'entrée de la nuit, nous quittions doucement nos demeures, nous nous rassemblions auprès d'elle. Tantôt un morceau de bœuf à grand'peine obtenu à la boucherie, tantôt une pièce de la basse-cour bientôt épuisée, quelques œufs, quelques légumes, un peu de lait composaient le souper dont elle s'obstinait à ne prendre qu'un peu, pour nous en laisser davantage. Elle était au milieu de nous comme une mère environnée de ses enfants pour lesquels elle se sacrifie. Nous restâmes ainsi pendant un mois tout entier, malgré les persécutions d'un intime ami de Guadet, qui, nous y sachant, n'oublia rien pour nous en chasser, et à qui sa lâche peur finit par troubler tellement l'esprit, que, de crainte de mourir, il voulait se brûler la cervelle. Je ne puis, sans risquer de compromettre notre étonnante amie, faire le récit, au reste trop dégoûtant, des mensonges, des intrigues, des menaces, des lâches manœuvres de toute espèce par lesquels il parvint enfin à son but.

Il est encore temps d'avertir qu'en arrivant dans la Gironde, j'avais mandé à ma Lodoïska, tout en lui déguisant ce que ma position avait de trop alarmant, qu'au lieu de l'attendre, j'allais tout essayer pour revenir vers elle. Depuis, chez le bon curé, quand tout accès vers ma ville natale m'était fermé, j'avais fait pour ma femme une seconde lettre, où je l'invitais à venir former un établissement à Bordeaux ; quelqu'un s'était chargé de transcrire cette lettre, et de la mettre à la poste ; mais six semaines s'étant écoulées, sans que j'en reçusse aucune nouvelle, il était clair qu'on ne l'avait pas envoyée, ou qu'elle n'était point parvenue. Mon désir d'affronter tous les hasards pour me faire jour jusqu'à Paris n'en était devenu que plus vif.

Nous touchions cependant à l'époque critique. Il venait de luire, le jour fatal, le jour d'une séparation longue et peut-être éternelle entre des hommes à jamais étroitement liés par tout ce que l'amitié tendre, la vertu pure et une infortune vraiment sainte ont de plus respectable. Nous sortions de notre asile si sûr et si cher, nous nous séparions en deux parts, qui se subdiviseraient bientôt. Barbaroux, qui depuis Caen avait couru presque toutes les mêmes aventures que moi, Barbaroux désolé de me quitter, autant que je l'étais de le perdre, passait du côté de Buzot et de Péthion. Tous trois ils allaient, à quelques lieues de là, vers la mer, chercher un asile incertain ; avec quelle douleur nous nous fîmes nos adieux! Pauvre Buzot, il emportait au fond du cœur des chagrins bien amers, que je connaissais seul, et que je ne dois jamais révéler. Mais Péthion, le tranquille Péthion, comme il était déjà changé! Combien le calme de son âme et la sérénité de sa figure s'étaient altérés depuis que l'esclavage de sa patrie n'était plus douteux, depuis que la nouvelle de l'emprisonnement des soixante-quinze et du supplice de nos amis nous était parvenue. Et mon cher Barbaroux, comme il souffrait! Je n'oublierai point ses dernières paroles : « En quelques lieux que tu trouves ma mère, tâche de lui tenir lieu de son fils; je te promets de n'avoir point une ressource que je ne partage avec ta femme, si le hasard veut que je la rencontre jamais.

Au milieu de nous, quelqu'un voulait en vain dissimuler son désespoir, c'était notre généreuse protectrice; elle pleurait, elle gémissait de la nécessité qui la forçait à ne plus s'exposer pour nous. Les cruels, s'écriait-elle en parlant de ses parents. Quelle violence ils me font ! je ne la leur pardonnerai jamais, s'il faut que quelqu'un d'entre vous... Elle n'acheva point; mais ses pressentiments étaient trop fondés : oui, un d'entre nous devait bientôt périr.

A une heure du matin, nous partîmes, Guadet, Salle, moi et Valady que nous devions quitter presque aussitôt. Nous le conduisîmes à quelques cents pas, sur le chemin d'une maison où il avait un parent, sur l'humanité duquel il faisait quelque fonds. De quel air il nous regarda quand nous le quittâmes ! je n'en puis écarter le triste souvenir ; il avait la mort dans les yeux.

Nous ne restions donc que Salle, Guadet et moi. Ce qui m'avait déterminé à suivre leur sort de préférence, c'est que l'endroit vers lequel ils devaient s'acheminer le lendemain était à six lieues de là, du côté de Périgueux, et je sentais un plaisir secret de me rapprocher un peu de Paris; mais, pour gagner cet endroit, il nous fallait, par un chemin de traverse assez difficile, tourner Libourne, où nous aurions couru trop de risques. Un confident sûr devait nous amener, à l'entrée de la nuit suivante, un ami de Guadet, qui nous guiderait jusqu'au bout de cette traverse. Il fallait cependant passer quelque part la fin de cette nuit et tout le jour qui la suivait. Nous avançâmes vers un bourg assez éloigné, dont les environs étaient criblés de grottes. Guadet les connaissait toutes; la plus sûre d'entre elles, à cause de son étendue, il l'avait désignée à notre confident comme le lieu de notre refuge et de son rendez-vous. En y arrivant, nous trouvâmes que l'entrée en était murée; l'accès de soixante autres restait libre, mais comment notre confident trouverait-il le lendemain celle que nous aurions choisie ? Il fallait bien l'aller prévenir. Guadet et moi, nous y allâmes, non sans risque. Nous avions un village à traverser, et puis des gendarmes logeaient chez notre confident ; il fallait le réveiller, sans réveiller ces espions; nous y parvînmes.

Revenus dans notre grotte, nous y attendîmes vainement le sommeil ; le froid et l'humidité le chassaient; à dix heures du matin seulement, les épaisses ténèbres qui nous environnaient s'éclaircirent un peu; reculés à l'extrémité la plus sombre, nous pouvions, sans être aperçus, distinguer tout ce qui se présentait à l'entrée de la grotte. Il y vint quelques animaux, ils nous sentirent et se retirèrent ; mais de tous les animaux, les plus barbares y vinrent aussi : heureusement ceux-là ne nous sentirent pas, c'étaient des hommes. Ils ne s'arrêtaient que pour un instant, et tout à l'entrée, afin de satisfaire des besoins, dont la perspective autant que l'odeur nous devenaient fort incommodes. Malheur à nous si l'un de ces paysans, plus délicat ou plus pudibond que les autres, se fût avisé de vouloir ne se mettre à son aise qu'à l'autre bout de la grotte ! Je dis malheur à nous, car nous n'aurions jamais pu nous décider à répandre, pour notre plus grande sûreté, le sang d'un homme, de qui nous n'aurions pas été sûr qu'il nous voulût du mal. Nous avions résolu, le cas y échéant, de montrer nos pistolets au pauvre diable et de le retenir prisonnier jusqu'à ce que nous sortissions de notre retraite; mais, alors même, il pouvait courir nous dénoncer et causer notre perte. Nous le sentions bien ; mais nous avions résolu d'en courir le risque ; quoi que nous puissions encore éprouver de l'ingratitude des hommes, nos mains ne se souilleraient pas d'un sang innocent.

Au reste, il faut avoir été proscrit pour savoir comme il est difficile et gênant d'avoir, à chaque instant du jour, ses pas à mesurer, son haleine à ne pousser que doucement, un éternûement à étouffer, un rire, un cri, le moindre bruit à réprimer. A moins que de l'avoir éprouvé, on ne se figure pas combien cette gêne, si petite en apparence, devient douleur, péril et tourment par sa continuité. C'était, dans notre position, un mal nécessaire, et même avant d'avoir tâté de la Gironde, je m'y étais particulièrement exercé, avec ma Lodoïska, chez notre brave original du Finistère, qui, pour notre divertissement et le sien, nous tenait cachés dans une armoire, à côté d'un clubiste, et au-dessous d'un gendarme. Une malheureuse femme vint dans la grotte, mettre à cet égard nos talents à l'épreuve : d'abord, ayant plus de pudeur, elle entra plus avant ; ensuite, par l'effet d'un ténesme apparemment opiniâtre, elle y fit de longs efforts, elle y mit un temps considérable ; enfin, comme elle allait sortir, le pied lui manqua très-aisément sur un terrain humide et chargé d'immondices. Une fois étendue sur cette terre trop grasse, la pauvre vieille ne put jamais se relever. Longtemps elle s'aida d'un petit monologue qui, dans toute autre circonstance, aurait pu nous paraître divertissant ; mais rien n'y faisait ; elle finit par pousser des cris.

Leur éclat ne manqua pas d'attirer plusieurs hommes, qui ricanèrent assez de temps et d'assez près pour nous inquiéter. Comme tout doit finir cependant, ils relevèrent la vieille et tout s'en alla.

Comme le jour finissait, notre confident vint nous apprendre que l'ami de Guadet ne pouvait pas, c'est-à-dire, n'osait pas faire route avec nous, l'espace de deux lieues. Il fallait donc que Guadet tâchât de s'orienter et de trouver cette traverse qu'autrefois il avait connue, mais jamais bien ; c'était déjà un fâcheux travail à entreprendre, il faisait d'ailleurs un temps affreux, la pluie tombait à verse, et nous promettait, après la mauvaise nuit que nous venions de passer, une nuit plus mauvaise ; mais la nécessité, l'inexorable nécessité l'ordonnait. Pour moi, je me sentais très-résolu ; un exercice fréquent et modéré dans notre dernière maison avait guéri ma jambe ; mon jarret reprenait toute sa souplesse. D'ailleurs, c'était du côté de Paris que nous allions marcher ; je me sentais ma première vigueur et même quelque contentement.

Nous partîmes ; c'était la nuit du 14 au 15 novembre 1793. O Dieu, tu l'as marquée par d'assez tristes épreuves pour que je ne l'oublie pas !

Où allions-nous cependant ? A six lieues de là, je l'ai dit. Six lieues ; nous étions donc certains d'être bien reçus ? au moins Guadet n'en doutait pas ; et moi-même, pour cette fois, je trouvais qu'il avait raison. La personne chez laquelle il allait nous présenter avait une famille depuis longtemps amie de la sienne, et lui personnellement avait sauvé cette femme ; oui, je dois l'avouer, c'était une femme; il l'avait sauvée d'un procès criminel où son honneur et celui de ses parents étaient gravement compromis. Depuis cette époque, longtemps même avant la révolution, elle l'avait cent fois assuré de sa reconnaissance et lui avait fait mille offres de service. Au reste, nous ne lui demanderions asile que pour quatre ou cinq jours, époque après laquelle notre généreuse amie entendait, quoi qu'on pût lui dire, nous recueillir encore.

D'abord ce que nous avions craint nous arriva. Nous nous nous égarâmes, et si malheureusement, que, partis à sept heures, nous n'eûmes achevé qu'à minuit les deux lieues de cette traverse ; nous étions passés par des chemins si détestables que, sans exagération, les boues nous montaient à mi-jambe. Je regrettais une forte canne à sabre, sur laquelle il avait fallu m'appuyer si souvent et quelquefois si violemment, qu'enfin elle s'était rompue. On peut se figurer notre fatigue : pourtant il y avait encore quatre lieues à faire. Nous les fîmes, nous arrivâmes à quatre heures du matin, chargés de boue, trempés jusqu'aux os, tout à fait épuisés.

Guadet fut frapper à la porte; au bout d'une demi-heure, on l'entr'ouvrit. Un domestique qui l'avait vu cent fois ne le voulut point reconnaître, il déclina son nom; alors on dit qu'on allait réveiller madame. Une autre demi-heure se passa, après laquelle madame fit dire que ce qu'on lui demandait était impossible parce qu'il y avait dans son village un comité de surveillance, elle ignorait apparemment qu'il y en avait partout. Guadet insista, il demanda à être introduit seul d'abord, si madame l'aimait mieux; qu'au moins il pût lui parler un moment. Madame fit répondre que cela aussi était impossible et la porte se referma.

Il y avait une heure que nous nous tenions sous des arbres tellement chargés d'eau que peut-être ils nous en donnaient plus qu'ils ne nous en épargnaient. Quand j'y étais arrivé, les gouttes de sueur se confondaient sur mon visage et sur tout mon corps avec des torrents de pluie. Depuis que nous étions immobiles, un vent du midi, qui nous sembla rafraîchissant d'abord et bientôt très-froid, soufflait sur nous. Nos habits imprégnés d'eau étaient à la glace; moi surtout, je gelais : on entendait claquer mes dents.

Guadet désespéré venait enfin nous rendre compte de l'inconcevable issue de ses démarches, je ne l'entendais qu'à peine. Une révolution terrible se faisait en moi; la transpiration s'était entièrement arrêtée, le frisson m'avait tout à fait saisi, je perdais connaissance. Mes amis voulurent m'appuyer debout contre un arbre; ma faiblesse était si grande que je ne pus m'y tenir : il fallut me laisser m'étendre par terre, c'est-à-dire dans l'eau. Guadet courut refrapper à la porte, on ne l'ouvrit point; on lui permit de parler à travers le trou de la serrure. Une chambre et du feu, dit-il, seulement pour deux heures! un de mes amis se trouve mal! On alla en instruire madame, qui fit dire que cela était impossible. Au moins un peu de vinaigre et un verre d'eau! s'écria mon malheureux ami. Un moment après, madame fit répondre encore que cela était impossible!

La misérable ! elle s'appelait... Je le devrais ! je devrais la nommer ! je devrais la produire à l'enthousiasme des scélérats qui souillent aujourd'hui la France. Je l'abandonne à ses remords, et puisse la justice vengeresse ne pas lui garder un autre châtiment ! Puisse-t-elle, au milieu des premières angoisses qui l'attendent, ne pas rencontrer quelque monstre d'inhumanité qui lui refuse l'eau et le feu !

Je ne pouvais parler, mais j'entendais ; j'entendis Guadet accuser la nature humaine et déplorer son sort. Ceci me valut mieux pour rappeler mes forces que les liqueurs les plus irritantes. Je repris bientôt tous mes sens ; la plus vive indignation m'enflammait. Marchons, leur dis-je, fuyons, fuyons les hommes, fuyons dans le tombeau.

Je me relevais à peine que d'autres idées faisaient bouillonner mon sang, je les écoutais s'entretenant ensemble sur les moyens de regagner leur grotte ; et ma tête travaillait un projet de tout autre espèce. Moi me cacher encore devant des êtres aussi vils ? Triompher d'eux ou mourir, plus de milieu. Cependant nous achevions le quart de lieue qu'il y avait à faire pour regagner la grande route.

Arrivés là, je leur dis : Mes amis, comment ferez-vous pour regagner votre triste retraite avant le jour ? Je suis désespéré de vous laisser dans cette peine, mais je n'y puis rien, et quant à moi, mon parti est pris. Je vous l'ai dit cent fois : je pense qu'il y a des extrémités au delà desquelles on ne doit pas traîner la vie. Cent fois je vous ai prévenus que quand j'en serais à ce point de détresse extrême, où je crois qu'un brave homme peut finir, au lieu de me tirer un coup de pistolet, je me mettrais sur la route de Paris. Mille à parier contre un que je n'arriverai pas, je le sais ; mais mon devoir est de le tenter. Ce n'est qu'ainsi qu'il m'est permis de me donner la mort ; ma famille, des amis de vingt ans, ont encore sur moi cet empire. Vous savez surtout quelle femme m'attend ! Il faut que mes amis sachent qu'abandonné du monde entier, je leur ai donné ce témoignage d'estime de ne pas désespérer d'eux, et de tenter un dernier effort pour m'aller reposer dans leurs bras. Il faut surtout que ma Lodoïska voie bien qu'en tombant j'avais encore le visage tourné vers elle ; que si, au contraire, à travers mille hasards, j'arrive, Guadet, dis à tes lâches amis que désormais je suis en sûreté, parce qu'il reste encore sur la terre quelques amis fidèles et dévoués.

Ils me retiennent, ils me conseillent, ils me prient, je ne les écoute seulement pas. A la hâte je me dépouille de tout ce qui pourrait me gêner dans ma longue route. Des bas, des mouchoirs, un habit restent sur le chemin ; je garde ma redingote nationale ; je jette sur mes cheveux une petite perruque jacobite, avec soin gardée en réserve et qui me déguise assez bien. Je presse Guadet et Salle sur mon cœur ; j'ouvre mon portefeuille, et je partage quelques assignats avec celui-ci, plus pauvre que moi ; j'embrasse encore une fois mes amis, et je pars.

Jamais je ne m'étais senti une résolution plus forte, un courage plus exalté. A quelques pas cependant je m'arrête, je tourne la tête, je jette un regard inquiet sur les gens de bien que je quitte. Eux aussi s'étaient retournés, eux aussi me regardaient, et tandis que je tremblais pour eux, ils tremblaient pour moi. Je les vois prêts à s'élancer pour me retenir encore; je leur fais un dernier signe de la main, je reprends mon chemin, je m'éloigne ; je plonge sur cette immense route de Paris un regard d'espérance mêlée de quelque étonnement.

Je pars. Vous allez jouir d'un spectacle digne de quelque attention ; vous allez contempler un homme, un homme seul aux prises avec la fortune et devant un monde d'ennemis. Non, je me trompe, je n'étais pas seul. La haine des tyrans, le mépris des esclaves, le mépris de la mort marchaient avec moi. Ta tendresse immortelle, ton impérieux génie m'attiraient, ô Lodoïska. Surtout, Dieu d'équité, Providence infatigable, j'étais pas à pas, tantôt précédé, tantôt suivi de ta protection, que tu ne refuses pas toujours à l'innocence.

Mont-Pont, chef lieu de district, à deux lieues de là, était un passage dangereux ; la prudence conseillait de le franchir avant le jour. Cependant mes membres toujours engourdis refusaient d'aller vite. Bientôt l'exercice reporta dans toutes les parties du corps, ce feu qui naguère n'enflammait que ma tête et mon cœur. Mon sang réchauffé circula sans obstacle ; la transpiration se rétablit ; j'allai vite, j'allai longtemps, je ne sentais plus mes fatigues. Il est probable qu'en nous repoussant avec tant de barbarie, cette femme venait de m'épargner une maladie. Le soleil se levait quand je vis Mont-Pont. Ses habitants, pour s'assurer que rien ne sortirait de la Gironde, sans avoir été bien examiné, avaient placé une sentinelle à l'entrée de la ville de ce côté-là. Je voyais bien le factionnaire, il était appuyé contre le mur, sous une espèce d'auvent; et là, tout à fait immobile, il avait l'air de me regarder venir et de m'examiner attentivement. Pour ne pas me rendre suspect, je diminuai la vitesse de ma course, je m'avançai avec précaution, tenant tout prêt mon méchant passe-port que je comptais lui présenter d'un air détaché, espérant qu'après y avoir jeté un coup d'œil, il me dirait : *Passe.* Il ne me dit pas un mot, car il dormait ; le bout de son fusil reposait sur son estomac, la crosse était par terre et barrait mon chemin, je passai par-dessus. Pour ne pas troubler l'heureux sommeil de ce jeune homme, je continuai de marcher à petit pas, à bas bruit. Au bout de la rue, je repris ma marche ; alors il s'éveilla, il demanda : Qui vive. Il le cria deux fois. Il l'aurait crié dix, que l'envie ne m'aurait pas pris de retourner pour lui répondre.

Je voulais pousser beaucoup plus loin, mais à une demi-lieue, je sentis, aux environs de la cheville du pied gauche une vive douleur qui me saisit comme un coup de foudre. Je comptais que ce ne serait rien, je la voulus surmonter, elle devint plus vive, et se fixa, descendant jusque sous la plante du pied. C'était apparemment le reste du dépôt de la transpiration arrêtée, une humeur inflammatoire qui se jetait sur la poitrine, au moment où je perdis connaissance à la porte de cette femme, et que mes derniers efforts venaient de déterminer à se porter aux extrémités. Quoi qu'il en fût, je ne fis pas sans peine une autre demi-lieue. Ce fut dans une auberge de village que j'obtins une chambre, un grand feu et un déjeuner dînatoire dont j'avais grand besoin.

J'y trouvai même une écritoire et une bonne plume qui ne m'étaient pas moins nécessaires. Mon passe-port était de Rennes. Dans la Gironde, un ami de notre curé, un écrivain non moins officieux qu'habile y avait fait, de la même main, et pourtant de quatre écritures différentes, quatre visas divers : l'un du bureau des classes de la marine de Lorient, l'autre d'un de ses municipaux ; le troisième de la marine de Bordeaux, le dernier du nouveau maire de cette ville. Tous certifiaient qu'ils avaient *vu passer* le citoyen Larcher (c'était mon nouveau nom) et que j'étais un brave sans-culotte. Fort bien ! Mais depuis Bordeaux il me fallait aussi quelques visas. Je savais le nom du président du comité de surveillance de Libourne ; je me hasardai de l'y ajouter de ma main beaucoup moins habile à se déguiser ; j'y réussis néanmoins passablement ; et je fis bien ; à dix lieues de là, j'étais arrêté sans cette précaution.

Vous saurez que ce passe-port ainsi bardé de signatures, pouvait aller dans les villages, mais que pour les villes il ne valait rien. Il y manquait encore assez de choses pour que les citadins n'en fussent pas toujours dupes, il y manquait le visa du district et son cachet ; et puis tout ce qui avait passé à Bordeaux était très-suspect dans les chefs-lieux de district et de département ; et sur mon passage il y en avait peut-être vingt de ces chefs-lieux ; et dans chacun, quelques commissaires du pouvoir exécutif, tous émissaires des jacobins de Paris, à qui ma figure était bien connue, ou, qui pis est, des montagnards qui me connaissaient mieux ! Je devais donc m'arranger de manière à ne jamais passer les villes qu'au lever du soleil ou à l'entrée de la nuit ; il fallait ne coucher que dans les villages. Ceci même avait l'inconvénient de me rendre quelquefois suspect, mais ce péril était moindre que celui auquel je m'exposerais si je m'arrêtais même dans un bourg.

Cette après-dînée je devais donc faire trois lieues pour traverser Mussidan à la brune et m'aller gîter une lieue plus loin. Je partis à trois heures, un peu reposé, bien séché, mais non moins travaillé de mon rhumatisme. Bientôt les douleurs devinrent si vives, qu'à chaque pas mon corps se pliait à moitié et ne se relevait point sans un grand effort. La jambe malade enflait, devenait brûlante et prenait un poids accablant. Pour surcroît de peine, je me traînais sur un chemin tantôt coupé par de profonds monceaux de boue, tantôt recouvert de cailloux pointus sur lesquels je m'aventurais que comme sur des charbons ardents. Le travail de cette marche était si pénible qu'au bout de cinq minutes je me trouvais inondé de sueur et qu'alors force était de m'arrêter au moins autant de temps, et de rester pensif, inquiet, souffrant, une jambe en l'air, l'autre bien lasse, et le corps appuyé sur un bâton. La nuit commençait et d'ailleurs mes forces étaient vraiment épuisées, quand je me trouvai dans un village à demi-lieue au-dessous de Mussidan. Je vis un bouchon où je m'arrêtai.

Les bonnes gens qui l'habitaient! Ah, monsieur vous paraissez bien malade! Ils examinèrent ma jambe, ils me préparèrent avec zèle le bain d'eau tiède que je désirais. Ils coururent chercher la fleur de sureau que je demandai. Ils voulurent que je soupasse dans une petite chambre séparée, parce qu'ils préparaient à souper pour une bande de révolutionnaires très-furieux, très-bavards et qu'un malade était bien aise d'être tranquille. Je ne sais s'ils devinaient que j'avais quelques raisons de ne pas aimer cette compagnie. Enfin l'hôtesse découcha pour me donner son lit. Il serait meilleur et d'ailleurs je serais seul dans une chambre. J'étais si las, j'avais tant souffert, j'avais passé deux nuits si fâcheuses, ma jambe paraissait exiger si impérieusement le plus long repos possible, mes hôtes avaient tant d'attention et de si bonnes figures, et je vous ai déjà dit que je crois aux figures, aussi; quelquefois je compte un peu sur les belles, et toujours beaucoup sur les bonnes; enfin ces braves gens prenaient tant de soin d'écarter de moi tout sujet d'inquiétude et tout regard curieux! je crus ne pouvoir mieux faire que de me reposer chez eux jusqu'au surlendemain. Leurs soins ne se démentirent pas une minute; surtout ils ne m'alarmèrent point de cette foule de questions dont les aubergistes vous accablent toujours. Seulement ils me disaient quelquefois : Vous venez de

Bordeaux sûrement, monsieur? Et sans attendre ma réponse, sans en demander davantage, sans rien ajouter, ils levaient au ciel les yeux et les mains d'un air très-significatif. Une fois pourtant la femme, en regardant mes vêtements que mes dernière courses n'avaient pas embellis, me dit : Ah monsieur, vous avez beau faire ; on voit bien que vous êtes fait pour porter des habits plus propres que ceux-là ! Le compliment ne me fit pas autrement plaisir ; ce m'était un avertissement que je ne me donnais pas encore bien toute l'encolure d'un sale jacobin, et je me promis de ne rien négliger pour l'attraper. Ce ne fut donc qu'à la fin du second jour que je pris congé de mes hôtes ! Qu'avec peine je les quittai les excellentes gens ; et qu'en soldant le petit compte de ma dépense, je ressentis un déplaisir secret du trop bon marché qu'ils me firent!

Je m'achemine sur Mussidan, j'y entre à la brune; un corps de garde est au milieu de la rue principale sur la droite, je me glisse à gauche pendant que des rouliers passent avec leurs charrettes entre deux. Me voilà sans accident hors de la ville. Mais le moyen de me traîner plus loin. J'ai vainement soigné mon rhumatisme, le mal a empiré; le peu d'exercice que je viens de prendre a beaucoup augmenté l'enflure, elle monte à mi-jambe. Les douleurs sont extrêmes. Quelle fatalité! Moi qui, naguère encore, marchais si bien, me voilà privé de mes jambes au moment où je comptais principalement sur elles pour mon salut. Si je ne fais que deux lieues par jour, quelle espérance puis-je conserver! Ils se trouvent quintuplés les périls de mon entreprise, déjà si audacieuse. M'arrêter dans plus de soixante auberges! Rester deux grands mois en route! Comment n'être pas découvert! Au moins s'il m'eût été donné de presser encore une fois ma Lodoïska sur mon cœur! Mais il est trop vrai qu'enfin le cruel destin nous sépare ! Ainsi je murmurai contre la Providence, et qu'elle pardonne aux faiblesses de l'homme : il ne l'accuse si souvent que parce qu'il ne pénètre point ses vues.

Je vous affirme que j'eus besoin d'un vrai courage pendant les mortelles deux heures que je mis à faire trois petits quarts de lieue. Enfin parvenu au premier village, j'y réveillai des paysans, les priant de m'enseigner l'auberge. L'un d'eux me conduisit à une maison de mauvaise apparence, au reste trop semblable à son maître, qui vint en grommelant m'ouvrir la porte. Il me toisa d'un air défiant, puis, dans son patois que j'eus le bonheur de comprendre, il dit à mon guide : Où l'as-tu trouvé?—Ma foi, sur le chemin, répondit celui-ci ; à quoi le brutal répliqua : Bon, bon, on le retournera.

J'étais entré. L'homme avait déjà repris sa pipe, la fumait sans rien dire, me crachait presque sur les pieds, s'était campé tout au beau milieu du feu qu'il me cachait, et semblait avoir complétement oublié qu'il y avait là quelqu'un. Sa petite femme, au contraire, venait de prendre avec moi le ton le plus caressant. Mais il y avait dans ses discours je ne sais quoi de contraint, dans ses regards quelque chose de faux, et sur toute sa mine hypocrite un air de malice méchante qui ne me permit pas d'être un instant sa dupe. Je ne pouvais guère être plus mal tombé, mais je ne pouvais pas non plus être mieux averti. Sur-le-champ j'arrangeai mon visage, mes gestes, mes paroles selon le personnage que j'étais appelé si malheureusement à représenter.

Tout en brûlant mon omelette, la bavarde sempiternelle m'assassinait de ses questions qu'elle entremêlait de réflexions insidieuses. Comme elle les plaignait ces bons seigneurs, ces pauvres prêtres, tous ces braves marchands qu'on guillotinait par douzaines ! Cela ne prit pas. Elle se rabattit sur Corday, dont elle fit l'éloge, sur Marat, dont elle dit pis que pendre. J'entrai dans une grosse fureur, et ne la menaçai pas moins que de la guillotine, le tout en vrai style de père Duchesne ; enfin je me rendis un jacobin hideux de ressemblance. Elle ne s'étonna point, elle ne se rendit point, elle continua son vilain rôle avec une perfidie constante, et je demeurai dans le mien avec une épouvantable intrépidité.

Pourtant fallut-il s'aller coucher. Par précaution je me mis au lit avec mon pantalon, où je tenais toujours mes deux bons pistolets de poche. Ma chère espingole, je la braquai sous mon chevet. Au reste, quelque formidable que fût cette arme qui, de sa large embouchure, comme d'un canon chargé à mitraille, vomissait quatre balles et quinze chevrotines à la fois et laissait ensuite échapper une puissante baïonnette, ce n'était pas sur elle que je comptais le plus. Ce qui me donnait surtout l'audace de regarder avec calme les renaissants périls de chaque jour et de traverser tête levée la foule ennemie, c'étaient plusieurs pilules d'un excellent opium, don précieux de mon *universel* du Finistère. Je les tenais enveloppées d'un morceau de gant, cachées sur ma peau même, d'ailleurs si bien et dans un endroit si secret, qu'à moins de me mettre nu de la tête aux pieds et de me palper le plus indécemment du monde, il était impossible de rien trouver. Au cas d'une attaque imprévue, de quelque brusque surprise qui ne m'eût permis ni de me faire jour ni de terminer mon sort avec mes pistolets, une ressource dernière mais assurée me restait encore. Du fond de l'affreux cachot où ils ne manqueraient pas de me jeter d'abord, au moyen de mon invisible narcotique, j'échappais à leur exécrable échafaud. Je me complaisais dans cette pensée que, jusqu'à mon dernier soupir, défiant leur fureur, je l'aurais trompée.

Le lendemain je fus un peu surpris d'avoir passé toute une bonne et longue nuit dans le même lieu. C'était à plus de neuf heures que l'hôtesse me réveillait pour me demander si je ne partais pas. Je l'assurai que me trouvant fort bien chez elle j'y dînerais; il ne tint pas à elle que ce ne fût mon dernier dîner. Comme je le finissais, elle sortit, me disant d'un ton patelin que je la paierais à son retour, qu'elle allait rentrer dans l'instant. Il est vrai qu'elle ne tarda pas, mais elle amenait un gros paysan encore plus embarrassé qu'enorgueilli de sa magistrature.—C'est le citoyen notre maire, me dit-elle; il vient voir votre passe. Je la produisis d'un air satisfait. A la manière dont il la lut, je reconnus presque aussitôt qu'il ne savait pas lire. Mais il demanda le cachet; il avait un timbre que je lui montrai, ajoutant qu'on ne cachetait pas d'une autre manière dans mon pays, et du même temps je commençai sur cette espèce de cachet une longue et belle histoire souvent interrompue par les rasades du petit vin aigrelet dont je venais de faire apporter pinte pour que le citoyen maire me fît l'honneur de boire un coup avec moi. J'avais bien fait, et je m'aperçus, dans le cours du récit de mon histoire, que les épisodes faisaient merveilleusement valoir le fond. La méchante hôtesse s'en aperçut aussi ; le maire trouvait mes papiers trop bons, ce n'était pas son compte. Je vais, dit-elle, chercher le procureur-syndic ; c'est celui-là qui déchiffre tout couramment dans les écritures. Il entra presque aussitôt, fut reçu comme un homme dont je connaissais l'éclatant mérite, prit un troisième verre et d'abord entendit l'un de mes derniers contes que le maire me pria de recommencer pour son collègue. Sur celui-là un second fut enté, et sur le second un troisième que plusieurs autres suivirent encore, le tout accompagné du cliquetis des verres et du fracas des éclats de rire que mes villageois poussaient à pleine gorge. Pour eux prodigue, avare pour moi, je remplissais à tout moment leurs verres et ne vidais le mien que le moins possible. Peu à peu néanmoins je m'étais échauffé moi-même, j'en avais une pointe et n'en valais que mieux. Mes récits toujours plus divertissants les faisaient pâmer de joie. Ils oubliaient le passe-port, qu'au reste j'avais grand soin de leur rappeler sans cesse. La femme, qui ne buvait pas, grillait de l'impatience de le voir reparaître ; il reparaissait en effet pour disparaître aussitôt. Le devoir, le respect pour les magistrats du peuple me le mettaient à chaque instant à la main; mais les vertus de Marat à publier, les grandes prouesses de la Montagne à peindre, tant de récits intéressants ou gais que j'avais à faire, ne me permettaient pas de l'ouvrir; sans que j'y fisse la moindre attention, il retombait dans mon portefeuille. Je ne tardais pas à l'en retirer, mais pour l'y laisser retomber encore. Dans l'espace d'une heure il fit trente fois le voyage; trente fois ils l'entrevirent, ils ne le virent pas une fois. Au reste, il n'en était plus besoin. Plus je parlais, plus je criais, plus je jurais, plus je guillotinais, plus j'insultais à la morale, à la justice, à l'honnêteté publiques, moins ils avaient envie de lire mes papiers ; nul doute désormais que je ne fusse un des bons patriotes de la France. L'hôtesse en enrageait, elle alla chercher un municipal pour renfort. Je le fis boire et rire, rire et boire; mais pour le passe-port, il ne lui fut permis comme aux autres de l'apercevoir que de loin. Pourtant la mijaurée n'en voulait point démordre; ne fût-ce que pour le débit de son vin, elle irait chercher toute la municipalité pièce à pièce! Ne m'amenait-elle pas encore deux recrues, mais si puissamment robustes, qu'eux seuls auraient vidé la cave. On eût fini par m'y enterrer. Dès que je les aperçus, je me levai pour payer ma dépense. L'honnête femme, qui pourtant s'était contentée de regarder boire, voyait double; elle comptait quelques pintes de plus; moi qui n'avais rien à craindre, je l'envoyai à tous les diables et lui offris pour le voyage mon passe-port dont je ne cessais de parler, et avec lequel j'assurais aux nouveaux venus qu'on irait jusqu'au fond de l'enfer. Cette assertion ne fut contredite par aucun des anciens. Le maire, qui ne l'avait pas lu, quoique je lui en eusse laissé le pouvoir, jurait qu'il n'y avait rien à y reprendre, mais il le jurait moins fort que ses deux acolytes auxquels je n'avais pas permis de le lire. Ce fut au milieu de leurs compliments que je payai, avec la dépense déjà faite, une autre pinte que je fis apporter ; et dès que j'en eus goûté à la santé des deux derniers auxiliaires, je pris congé au regret de la compagnie, fâchée de perdre un si bon compagnon, surtout au grand regret de la méchante femme, intérieurement désespérée d'être enfin réduite à ne plus aspirer cette fois aux cent francs de gratification dont on récompensait tous les délateurs.

Le lendemain rien de nouveau ; ce ne fut que le jour d'après que je vis Périgueux, dangereux passage, aux environs duquel l'ami de Valady s'était fait arrêter. Heureusement la route de Limoges tourne la ville par un faubourg où personne ne m'inquiéta ; mais il était nuit pleine lorsque, excédé de fatigue, j'arrivai dans un hameau, distant d'une lieue, appelé les Tavernes ; l'aubergiste s'allait coucher. A peine je lui demandais un lit qu'il me demanda mon passe-port ; dès qu'il eut reconnu qu'il n'était point visé du chef-lieu, il se récria : Je vois bien, disait-il, qu'il est de Libourne, sans quoi je vous ferais arrêter tout à l'heure ; mais vous passez Périgueux sans vous présenter aux autorités ; dès demain, pardieu ! on vous y fera reconduire ! Le moyen de ne pas frémir ! Je n'ignorais pas que deux ou trois montagnards étaient dans Périgueux, où d'ailleurs tous les corps administratifs avaient été, dans le style d'Hébert, régénérés ; je fis néanmoins bonne contenance. Annonçant que je ne voyais à ce retour d'autre inconvénient que celui d'allonger ma route, à moi pauvre diable déjà si malade ; je croyais d'ailleurs inutile et même impossible de faire viser mes papiers partout où je passais ; à quoi l'hôte répondit toujours trop laconiquement : Ah pardieu ! vous y serez reconduit. Enfin une espèce de voiturier qui avait l'air de la franchisse, de la douceur et et de la bonhomie, prit parti pour moi contre l'aubergiste, auquel il remontra d'un ton amical, mais ferme, qu'en effet ce pauvre homme n'était pas tenu de se faire viser dans toutes les villes ; qu'il y aurait de la cruauté à le faire retourner sur ses pas dans l'état où il se trouvait ; qu'à force de chicaner les voyageurs on les dégoûtait, et que c'était ainsi qu'on achevait de ruiner les aubergistes, le commerce, la France et les voituriers. A ce discours, notre hôte, un peu calmé, ne répéta plus sa terrible phrase ; mais quoi que je pusse essayer, il ne dit pas non plus un seul mot qui fût propre à me rassurer ; je trouvai même que toutes ses manières étaient de mauvais augure. Il ne me donnait pour souper qu'un morceau de pain noir et de la piquette. Mon brave partenaire prit encore pitié de ma peine, il m'offrit et me força d'accepter le dernier morceau d'un morceau de volaille qu'il dévorait quand j'étais entré. Puis on causa. Je ne sais comment on parla de divorce ; mon bon homme alors se mit en colère, protestant qu'on ne le réduirait jamais à se séparer de sa femme et de ses enfants. Je vis qu'il les adorait, et quelques mots suffirent pour m'apprendre que cet homme, mal élevé mais bien né, seulement aidé de ses simples lumières et de sa probité naturelle, détestait les excès du jour ; je n'appris pas sans quelque joie qu'il allait à Limoges avec une petite charrette chargée de marchandises, et je me promis bien de me lever d'assez bonne heure pour faire route avec lui, pourvu que l'aubergiste n'eût pas encore le secret dessein de me faire reprendre le chemin de Périgueux. Sa femme, comme j'allais dans un grenier, vers le grabat qu'elle m'indiquait, me déclara qu'il fallait payer sur l'heure mon méchant repas et mon plus méchant lit. Qu'un philosophe même est quelquefois faible et bizarre ! Cette circonstance, qui d'ailleurs me prouvait qu'enfin je jouais à merveille le sans-culotte, et que le représentant du peuple était bien caché, cette circonstance m'affecta beaucoup plus vivement que l'approche des plus grands périls. J'avais en vérité les larmes aux yeux lorsque je tendis à cette femme le piètre assignat de quinze sous sur lequel elle me rendit encore un monneron de cinq ; et dès qu'elle se fut éloignée : Que de peines, m'écriai-je, que de peines à souffrir, que d'humiliations à dévorer ! hélas ! et pour finir peut-être sur un échafaud !

Jugez pourtant de l'imprudence que je venais de commettre et de l'angoisse qui la suivit, lorsque presque aussitôt le bruit causé par quelques mouvements partis d'une autre manière de lit, que je n'avais pas aperçu à l'autre extrémité de mon taudis, me fit comprendre qu'un pauvre hère était là, qui, s'il ne s'était pas trouvé profondément endormi, devait m'avoir entendu. Dès lors c'en fut fait de ma nuit, l'inquiétude amena l'insomnie. A la pointe du jour seulement la fièvre m'ayant laissé, je tombai dans un assoupissement trop long. Quand je rouvris les yeux, il y avait une bonne heure que le charretier tutélaire était parti, et mon opium, qui s'était détaché dans les mouvements de ma veille, était apparemment perdu. Dans quelle anxiété me jeta la recherche de ce secours plus que jamais indispensable! Quel tourment jusqu'à ce que je l'eusse retrouvé! Peut-être aucun des cruels accidents de ce triste voyage ne m'avait fait autant souffrir.

Je descendais pour me traîner dehors quand, du seuil de la porte, l'aubergiste déjà à cheval me cria : Bon voyage! Je vais à Périgueux. Un instant après, réfléchissant sur l'étrange soin qu'il avait pris de me dire où il allait, à moi qui ne le lui demandais pas, je m'inquiétai de savoir s'il avait bien pris cette route, et regardant de tous côtés, je ne vis rien sur celle de Périgueux, mais au contraire un cavalier qui galopait du côté de Thiviers. Dès lors je fus en proie aux plus vives alarmes : sans doute il prend l'avance pour me dénoncer et me faire arrêter dans le premier bourg; pourtant je me mets en chemin, bien résolu d'interroger les passants. Le premier à qui je demande si le cavalier qui est en avant n'a pas un cheval noir, un manteau gris, à peu près cinquante ans, cinq pieds six pouces, les cheveux bruns, me répond oui. Autant m'en dit le second. Le troisième c'était mon charretier de la veille;

il avait été lentement parce qu'il y avait toujours à monter. J'affecte un air riant et je lui dis : Bonjour. Notre aubergiste est donc en avant? Il me répond simplement que non. Préoccupé de mes craintes, je n'ajoute rien; je passe, et un demi quart de lieu plus loin je questionne un quatrième voyageur. C'est bien l'homme que vous me dépeignez, dit-il ; mais vous ne pouvez manquer de e rattraper : il vient de s'arrêter au bas de la montagne, dans le gros village que vous pouvez apercevoir d'ici. Ces mots ne me permettent plus de douter du malheur qu'un traître me prépare. Pour l'éviter, s'il est possible, je ferai bien, quoi-qu'il m'en coûte et quel qu'en soit le risque, de revenir sur mes pas, de retourner à Périgueux et de m'y faire viser. Sans doute il vaut encore mieux aller de moi-même me présenter dans cette redoutable ville, où du moins ma démarche, en apparence volontaire, inspirera quelque confiance, que d'y être reconduit dès ce soir par les jacobins de ce bourg, où un dénonciateur m'attend. Quelle alternative néanmoins! Que le choix est cruel! et quelle noire méchanceté m'y réduit! Enfin je me décide, et me voilà, bien triste, reprenant le chemin de la ville. Je retrouve le charretier qui me demande si j'ai perdu quelque chose. Hélas, oui, mes fatigues et mon temps, je retourne à Périgueux. Mais vous qui m'aviez inspiré tant de confiance, vous aussi pourquoi me tromper maintenant? Pourquoi vous réunir à cet homme qui me trahit? — Qui? me dit-il. — L'aubergiste. C'est lui qui vient de passer sur ce cheval noir, avec un manteau gris. Il vous a prié de ne m'en rien dire; il est allé me dénoncer à Palissoux. — Pas un mot de vrai! s'écrie mon charretier. Je l'ai bien vu ce voyageur, ce n'est pas l'aubergiste; s'il en était capable, je ne retournerais jamais loger chez lui. Et de ce ton que le mensonge n'imite pas, de cet air sensible que le méchant n'aura jamais, il ajoute : Tenez, mon pauvre ami, vous me faites compassion ; dans l'état où vous êtes, avec une jambe enflée jusqu'au genou, vous retourneriez à Périgueux! Croyez-moi, montez sur ma charrette, faites-vous un trou dans mes marchandises, venez dîner à Palissoux, je vous promets que dans ma compagnie personne ne vous y dira mot. Après tout, je m'en tiens à mon premier dire : vous n'avez pas l'air d'un voleur.

Quel heureux changement dans ma situation! Cette charrette me secoue à faire trembler, et dans chaque cahot je dois me cramponner fortement si je ne veux pas être précipité du haut en bas! mais ma jambe se repose. Les sueurs abondantes, les fatigues cruelles les douleurs aiguës me sont épargnées ; et puis si le bon charretier me continue sa protection!... Il faut encore m'assurer!... Il faut voir.

Nous dînâmes ensemble ; le repas fut trop court. Plus je lui parlais, plus il m'inspirait de confiance, et plus il s'assurait de son côté que je n'avais pas l'air d'un voleur. Cet étrange compliment auquel il bornait ses éloges, ne pouvait que me frapper beaucoup. Je l'avais d'abord expliqué dans ce sens que le bon charretier, tout plein de son état, avait le bonheur de ne connaître que cette espèce d'ennemis ; apparemment son esprit, naïf et simple n'en imaginait aucun autre; mais bientôt j'appris que l'hôte des Tavernes ne m'avait craint ni comme aristocrate, ni comme girondiste; il ne se mêlait que de ses affaires, et tout bonnement il m'avait pris pour un voleur. De là venait que sa femme m'avait fait payer d'avance : et pendant que je me couchais, mon charretier avait, par instinct, dissuadé l'aubergiste qui, sans cela, m'eût peut-être fait arrêter. Mes marches douloureuses par de mauvais chemins et des temps affreux m'avaient déjà si fort changé ! D'ailleurs j'étais arrivé dans cette auberge à une heure indue : quoi qu'il en soit, mon brave homme ne se repentait pas de m'avoir défendu : il répétait sans cesse que je n'avais pas l'air d'un voleur.

C'est qu'au contraire, lui dis-je, je suis leur ennemi; nous entrâmes en explications, je continuai : Les voleurs, ce sont les maratistes, ce sont les gens qui guillotinent les négociants pour s'emparer de leurs marchandises, et qui détruisent le commerce par cette loi du maximum également ruineuse, inexécutable, et qui n'est qu'une permission donnée à tous les brigands de piller tous les magasins. — Bravo ! s'écria-t-il en m'appliquant sur la poitrine un rude coup du plat de sa main. Je repris : Eh bien, moi, je suis du commerce de Bordeaux. Je me suis prononcé contre les voleurs. Je les ai tout haut appelés par leur nom. J'ai décidé nombre de mes camarades à leur faire la guerre ; je la leur ai faite longue et mortelle. Enfin ils sont les plus forts ; ils veulent ma tête et je me sauve. — A ta santé, s'écria-t-il en poussant son verre sur le mien. Il ne buvait pas, il avalait, il trépignait d'aise. Des coquins ! des coquins? me dit-il; un tas de drôles qui n'ont jamais rien fait et qui mangent le bien de celui qui travaille ! Mon beau cheval, ne l'ont-ils pas requéri ! comme ils disent; ils ont tellement chargé la pauvre bête, qu'il en est devenu malade et mort; je l'avais payé vingt beaux louis. Et ce divorce ! c'est aussi pour requérir ma femme qu'ils ont inventé ça ; est-ce qu'on peut m'ôter ma femme, voyons ! Sacrebleu ! que j'ai bien fait de vous avoir défendu ! Et vous viendrez avec moi, dà ! Je suis connu sur toute cette route. Avec moi, on ne vous dira rien. Sacrebleu ! je le voyais bien que vous n'aviez pas l'air d'un voleur.

Pour qu'il en fût plus sûr, je payai tout le fricot, et le priant de se charger dorénavant de ma dépense, je le forçai de recevoir un assignat de cinquante livres, qu'il ne mit point dans son portefeuille, sans me parler de son cheval, de sa femme, de son dieu, et sans avoir répété quatre ou cinq fois que je n'étais pas un voleur.

Il eut pour moi l'attention de ne point aller coucher à Thiviers ; ce fut dès le grand matin que nous passâmes ce chef-lieu de district; étendu dans la charrette et couché à plat ventre sous la toile qui couvrait les marchandises, j'étais invisible. Dans toutes les auberges, mon conducteur était connu. Les questions curieuses ne s'adressaient qu'à lui; il me donnait pour un jeune Libournais de ses amis, et ne manquait pas d'affirmer que j'étais bien en règle. Dans les villages, dans les petits bourgs, je ne prenais pas l'inutile peine de me cacher sous la toile ; je passais à visage découvert, seulement à demi-couché sur la charrette; la jambe malade enveloppée du sarreau de mon guide, l'air fatigué, souffrant, mais pourtant fier et déterminé. Qui, dans cet équipage et sous ce maintien, eût soupçonné l'un de ces proscrits trop fameux, poursuivis dans toute la France! Je ressemblais tout à fait à un pauvre volontaire, tout à l'heure sorti des hôpitaux et s'en retournant au pays avec un congé de semestre.

Cette ressemblance et ma présence d'esprit me tirèrent, à la fin de la troisième journée, d'un mauvais pas. C'était à Aixe, petite ville à deux lieues de Limoges. Mon conducteur m'avait dit qu'on n'y montait point la garde ; ainsi je ne m'étais pas mis sous la toile; tout d'un coup, au détour d'une rue, nous tombons dans un poste tout nouvellement établi. Pour cette fois, il faisait beau, il faisait jour, le factionnaire ne dormait pas, et qui pis est, vingt de ses camarades, assis au dehors à côté de lui, me regardaient curieusement. Citoyen, ton passe-port! me dit la sentinelle. Moi, sans hésiter, je lui crie en soulevant ma jambe avec effort : Attends, petit b..... (c'était un enfant de seize ans). Va-t'en à ma place te faire mettre à terre par les brigands de la Vendée. Puis, en revenant, passe hardiment partout; ta jambe à moitié cassée te servira de passe-port. A ces mots, la sans-culotterie charmée partit d'un éclat général; tous, en battant des mains, s'écriaient : Bien, bien, camarade! Et le pauvre petit soldat, tout honteux, prit aussi le parti de rire; quant à mon guide, pressé d'aller plus loin, il remuait terriblement son fouet. C'était la première fois que je le voyais battre ses chevaux ; c'était aussi la plus grande preuve d'attachement qu'il pût me donner !

Ce fut dans la même soirée que nous arrivâmes à Limoges ; mon conducteur savait que je ne pouvais y descendre à l'auberge. Il me reçut chez lui. Je n'y demeurai pas sans quelque péril ; sa maison était ouverte à tout venant ; j'occupais, dans une chambre du fond, un bon lit d'où je ne sortais guère que pour tremper ma jambe dans le seau plein d'eau tiède, qu'on m'apportait dix fois par jour ; deux journées s'écoulèrent ainsi, au milieu des soins que la femme se donnait pour rétablir ma santé, et des recherches que faisait le mari pour trouver quelque bon garçon qui me conduisît plus oin ; et qu'alors je remerciais la Providence qui ne semblait m'avoir lié les jambes qu'afin de me forcer à tomber dans les bras de cet excellent protecteur !

Nous étions à la fin de la troisième journée, l'heure était passée à laquelle mon conducteur ordinairement rentrait ; sa femme vint tout à coup d'un ton mystérieux me conter que son mari l'avait chargée de me conduire sur l'heure à l'auberge du faubourg, où j'allais trouver des voituriers qui m'emmèneraient à Orléans. Non, non, vous vous trompez, lui dis-je, ce n'est point à l'heure qu'il est que des voituriers partent, ce n'est point à l'auberge du faubourg que je dois aller ; au dehors de ce faubourg je trouverais un corps de garde qu'il me faut éviter. Mon brave ami m'en a prévenu ; c'est lui, lui seul qui me veut guider dans ce passage difficile ; il m'en a donné sa parole, j'y compte et suis bien sûr qu'il ne m'abandonne pas. Alors elle se mit à pleurer, m'avoua qu'elle prenait peur, et me conjura de ne point affliger son mari par le récit de la petite ruse qu'elle avait inventée pour me déloger pendant son absence.

Petite ruse, soit, pauvre femme! mais si je vous avais crue, je faisais naufrage dans le port.

Il rentra presque aussitôt, son mari. Ses yeux étaient étincelants; jamais son maintien ne m'avait paru si animé; il voulait parler et ne pouvait pas. Enfin, il campa ses deux poings sur mes épaules et sa rude barbe dans mon visage, puis, m'écrasant la main qu'il croyait seulement serrer : Sacrebleu! s'écria-t-il, c'est fini, vous partez demain; un bon garçon vous roule jusqu'à Paris ; il est prévenu que vous êtes marchandise de contrebande, que tout le long de la route il faut souffler. Sacrebleu! que je suis content!

Le brave homme! qu'il l'aurait été davantage s'il eût su tout ce que j'étais! Mais le lui confier, c'était en même temps le dire à sa femme, avec laquelle il ne savait pas garder un secret. Et jugez, dans sa mortelle frayeur, quelles nouvelles petites ruses elle eût peut-être inventées! Assurément la tête lui en eût tourné, et, dès le lendemain, sans doute, avant que j'eusse fait dix lieues, son mari, moi, le bon garçon, nous étions tous perdus. Je me vis à regret forcé de cacher quelque chose à ce digne ami.

Il me réveilla avant deux heures du matin; c'est qu'il fallait avoir le temps de vider chacun sa bouteille, d'entamer l'andouille et de mettre sur le tout quelques bonnes gouttes de café. Le moyen de me refuser à ce très-matinal repas ! il m'y conviait de si bon cœur ! il avait tant de plaisir à trinquer avec moi ! pourtant j'apercevais sa joie mêlée de quelque tristesse. Ce ne pouvait être seulement le chagrin de me quitter, puisqu'à ce prix il était mon libérateur. Enfin, je sus que sa femme, toujours plus effrayée, n'avait pu jamais se décider à rester cette nuit dans sa maison.—Ça me fait bien de la peine, disait-il, car aussitôt que je vous aurai conduit à votre occasion, moi aussi je partirai. Je vais à Périgueux ; c'est un voyage de plusieurs jours ; on est alors bien aise de causer avec sa femme. Je le crois, il l'adorait comme au premier jour de ses noces. Eh bien, poursuivit-il, c'est partie remise ; je retrouverai ma femme, et je n'aurais pas retrouvé l'occasion de sauver un honnête homme. Vous qui me lisez, je ne sais si vous êtes émus autant que je le fus : je l'écoutais, j'admirais en silence, et mes yeux se mouillaient de larmes.

Quand nous eûmes bien bu, bien mangé, nous partîmes ; mais il fallut auparavant souffrir qu'il farcît mes poches de pain, de viandes, de fruits, de châtaignes ; il m'offrit encore une paire de gants de laine et un bonnet de coton que j'acceptai de grand cœur et que je conserve.

Aux premiers rayons du crépuscule, nous fîmes un assez long détour, au moyen duquel, le corps de garde et tous les postes extérieurs furent évités. A demi-lieue sur la grande route, nous entrâmes dans un bouchon, où le nouveau guide m'attendait. Après qu'il m'eut remis dans ses mains et répété cent fois ses recommandations, mon brave ami me serra, m'embrassa, pleura même. Moi aussi, je pleurais; mais qu'elles sont douces les larmes de la reconnaissance!...... Enfin nous nous dîmes adieu.

Adieu, brave homme, homme sensible et généreux, bon sans-culotte, tels qu'ils devraient être, tels qu'ils seraient tous si des scélérats n'avaient pris à tâche de les pervertir. Tu dois être persécuté dans ma triste patrie, puisque ton âme agreste et simple est douée de toutes les vertus auxquelles la plus haute philosophie n'atteint que rarement... Il doit être persécuté!...... ô Dieu, Dieu juste, rends-lui du moins dans ses infortunes tous les secours qu'il m'a prêtés.

Mon nouveau conducteur était ce que m'avait dit l'ancien : un bon garçon, dans le sens qu'il avait du courage et me montrait les meilleures dispositions. Mais un premier coup d'œil jeté sur sa voiture, fort différente de celle de mon charretier, me fit comprendre que j'y serais dans une situation souvent très-périlleuse et presque toujours très-délicate. D'abord elle était lourde cette voiture, et très-pesamment chargée ; nous n'irions donc qu'à petites journées. Ensuite j'avais sept compagnons de voyage, et quels compagnons! c'étaient... tous sept, d'humeur très-discordante, ne s'entendaient que sur un point; tous sept, ils s'honoraient d'être jacobins et n'étaient pas médiocrement jacobinisés.

Tels étaient les voyageurs appelés, d'abord par le seul intérêt de faire quelque chose d'agréable au conducteur, appelés, dis-je à garder mon secret dans tout le cours du voyage, et même à payer pour moi de leurs personnes en maintes occasions. A l'entrée d'une ville, à chaque corps de garde, à chaque poste, à tout endroit où l'on demanderait des passe-ports, il faudrait que je me tinsse couché tout de mon long dans la voiture, une moitié de mon corps couverte des habits, des manteaux, des corps même de tous ces francs montagnards, et l'autre moitié cachée sous les jupons de leurs femmes maratistes. C'était ainsi qu'on prétendait me passer partout ; on n'avait pas d'autre moyen !

Si vous prenez un instant ma place, vous concevrez toutes les difficultés de ma position. Premièrement il y avait des circonstances extrêmement périlleuses où je devais pourtant prendre avec mes camarades l'air d'un homme qui ne redoute rien. Par exemple, dès que les passe-ports avaient été vus quelque part, on m'y croyait hors d'affaire ; l'auberge où l'on s'arrêtait pour dîner, pour coucher surtout, était ordinairement la meilleure du lieu, par conséquent la plus fréquentée des voyageurs. C'était là que j'avais à craindre la rencontre d'un député, d'un commissaire, de ces coureurs en chaise de poste, dont la plupart, employés par le gouvernement, me connaissaient. C'était là néanmoins que je devais conserver un front tout à fait tranquille ; que si j'eusse laissé transpirer quelques-unes de mes mille inquiétudes, on se fût dit à l'oreille : Cet homme est donc très-connu ? serait-ce un émigré ? serait-ce un personnage de quelque importance ? Et bientôt on ne se fût pas gêné de le dire tout haut. Je ne devais donc jamais prendre d'autres précautions ni témoigner d'autres craintes que celles qui convenaient à un obscur déserteur ; personne ne me croyait autre chose. Malheur à moi si mes compagnons avaient pu deviner qui j'étais ; les uns eussent pâli d'effroi, les autres eussent voulu m'arracher les yeux ; je ne sais pas même si le conducteur, malgré l'appât de la récompense que je lui avais promise, malgré les recommandations de mon bon ami qui était aussi le sien, malgré sa haine pour les tyrans du jour, je ne sais pas s'il eût osé tenir ferme.

Il me fallait, en second lieu, au milieu des petites factions qui divisaient la carrossée, constamment éviter de prendre parti ; je ne devais en mécontenter ni en épouser aucune, mais au contraire les ménager toutes et doucement me faire jour entre elles. Que dis-je ! il me fallait, par un art plus profond que celui de la coquette la plus exercée, m'attacher à m'attirer tous les soins, à me gagner toutes les bienveillances, à me conquérir tous les cœurs. Ce n'était pas seulement un ennemi que j'avais à craindre, il suffisait d'un indifférent pour me perdre. Mon salut exigeait que, dans cette coterie composée de tant d'originaux discordants, il n'y eût personne qui ne s'accordât à raffoler de moi.

Ils en raffolèrent tous et bientôt. Le cavalier, je lui tenais tête, le verre en main, dans les repas du soir, ... le............................ le:...........
Dès la seconde journée ils raffolaient de moi.

Pardon de tous ces détails, mais c'est qu'aussi jamais homme ne se trouva dans une situation semblable, et maintenant le récit des faits va suivre avec rapidité.

Pendant les deux premiers jours, tout alla bien ; personne ne s'inquiéta de nous. Au milieu du troisième, la mésaventure d'Aixe se renouvela. C'était à Bois-Remont, je crois, un misérable petit hameau composé de cinq à six chaumières. Le moyen de soupçonner qu'une sentinelle était là. Il avait gelé, il faisait très-froid ; pour me réchauffer, j'avais mis pied à terre, je marchais avec le cavalier. Tout à coup un factionnaire nous apparaît, je vais à lui : Que fais-tu là, camarade ? il paraît que tu ne brûles pas ? Lui se mit à rire. Si tu veux que j'aie plus chaud, me répond-il, tu n'as qu'à m'apporter un verre de vin. — De tout mon cœur ! je vais chercher. Je ne le lui portai pas, je le lui envoyai. Cependant il regardait les passe-ports des autres ; il oublia le mien.

Pourquoi donc une sentinelle dans ce hameau? disais-je au maître de poste qui tenait un bouchon qu'il appelait auberge. Il nous apprit que la Vendée, qui grossissait beaucoup et s'avançait de ce côté, forçait à cette surveillance. Sur une route de trente lieues nous trouverions des corps de garde dans tous les endroits où nous passerions. A ces mots, notre voiturier fronça le sourcil. Après Limoges, il avait cru ne devoir être visité qu'une fois à Châteauroux ; puis d'Orléans à Paris, très-mauvais passage, quatre ou cinq fois. Sa contrebande devenait bien plus difficile à souffler! C'est dans cette occasion que j'eus lieu de reconnaître qu'avec un grand courage cet homme avait plus d'adresse et de pénétration qu'on ne devait l'attendre dans son état. Vous vous conduisez très-bien avec ces gens-là, me dit-il tout bas en me montrant la carrossée ; continuez, ne craignez pas que je vous manque. Fussiez-vous le diable, ajouta-t-il en me serrant la main, je vous passerai ! Je répondis : Fort bien ! mais puisque les obstacles sont doublés, je doublerai la récompense.—A la bonne heure ! répliqua-t-il : vous êtes un homme juste, et cela me fait plaisir. Cependant ne vous gênez pas ; on se retrouve dans le monde, et alors comme alors.

Le soir du lendemain, nous fûmes arrêtés à l'entrée d'Argenton, mais on ne fouilla point la voiture, on se contenta de regarder les papiers que chacun produisit. Moi, pour n'en pas produire, j'étais comme je l'ai annoncé, tapis sous un tas de hardes et de jupes. Je ne m'en dépétrai que pour descendre à l'auberge. Tous les esprits y étaient occupés de l'événement de l'après-dînée. Sans se faire presser, on nous le conta. Deux volontaires avaient été rencontrés hier, aux environs du Fay, vers minuit, dans la traverse, et n'ayant pour tout passe-port qu'une permission qui n'avait pas paru fort en règle. Aujourd'hui douze gardes nationaux les amenaient à Argenton, pour qu'on les examinât de plus près. A quelques portées de fusil de la ville, un des deux suspects avait prétexté un besoin. On lui avait permis de s'écarter. Arrivé sur les bords de la rivière, il en avait d'un coup d'œil sondé la profondeur ; il avait jeté un couteau à son camarade en lui criant : Tâche de t'en servir ; et il s'était précipité. On s'était vainement efforcé de le secourir ; depuis deux heures on le cherchait sous l'eau. Son compagnon venait d'être jeté dans les prisons de la ville. Ce récit me fit frémir. Je savais que Guadet et Salle nourrissaient depuis longtemps le téméraire projet de traverser toute la France, avec une permission qu'ils se seraient fabriquée, comme étant des soldats qui allaient rejoindre l'armée du nord. Parvenus aux frontières, ils auraient traversé les Pays-Bas, pour aller chercher à Amsterdam quelque vaisseau qui les eût portés en Amérique. Tremblant pour mes amis, je demandai le signalement de ces volontaires ; on me les dépeignit tels à peu près que je les connaissais. Hélas! était-il bien vrai que ce fût Salle qui, non loin de moi, gémît dans les cachots, et que mon cher Guadet eût trouvé son tombeau dans les eaux de la Creuse! Je n'ai pu depuis ce temps-là rien apprendre de ce qui les touche (1).

Tourmenté de cette inquiétude nouvelle, il me fallait cependant affecter quelque joie. L'heure du souper était venue. Acharnés sur le premier plat, les convives ne s'apercevaient pas que je ne pouvais manger ; mais le cavalier se fut bien vite aperçu que je ne pouvais boire. Entre lui et moi le choc des verres avait déjà commencé. Jugez de ce que je souffrais !

Il y eut péril à Châteauroux dans la journée suivante. C'était un chef-lieu de département : les passe-ports fu-

(1) Je ne le sais que trop maintenant. Ce n'est pas sous les eaux de la Creuse qu'ils ont péri, mais dans Bordeaux même, dans cette ville que leur courage avait défendue, que leurs talents avaient illustrée! ô cité malheureuse, quand mettras-tu leurs statues où tu as vu leurs échafauds?

rent longuement examinés. Puis un des jacobins de garde se hissa, je ne dois pas dire à la portière, je dois dire à l'ouverture de notre voiture. Il voulait s'assurer s'il n'y avait en effet que six voyageurs, craignant toujours que quelque girondin n'échappât. (C'était ainsi qu'en ce moment il le disait lui-même). Heureusement nos précautions avaient été prises. Habits, manteaux, jupons, paille, cartons, paquets, hommes, femmes, enfants, tout me cachait, me couvrait, m'étouffait; je ne bougeais pas, je ne soufflais point; mais mon cœur battait fort. Enfin l'inquisiteur nous abandonna d'un air assez mécontent, et il devait l'être, car malgré toute sa surveillance, il laissait échapper un fier girondin.

Il était écrit que ce serait dans cette ville de Châteauroux que commenceraient pour moi des épreuves d'une autre espèce. Dans la Gironde nous avions su l'événement du 10 brumaire, je veux dire l'assassinat juridique de nos vingt-un malheureux amis, la plupart fondateurs de la république. D'autres restaient qui pouvaient échapper; du moins nous voulions l'espérer encore. Ce soir, à Châteauroux, un homme qui venait de Paris, vint se mettre à notre table. On lui demanda des nouvelles. Madame Roland vient d'être guillotinée, nous dit-il. Quel coup pour moi! j'y résistai le moins mal que je pus. Les Parisiens avaient donc souffert aussi qu'elle tombât sur l'échafaud, cette femme courageuse qui seule, aux premiers jours de septembre, osait prendre encore leur défense et, dans ses écrits immortels, tonner contre les assassins! Au moins on avait recueilli ses dernières paroles. Après avoir entendu son arrêt, elle avait dit aux brigands du tribunal révolutionnaire : Vous me jugez digne de partager le sort des grands hommes que vous avez assassinés. Je tâcherai de porter à l'échafaud le courage qu'ils y ont montré. Comme on la traînait sur un indigne tombereau, la foule, émue de pitié ou saisie d'admiration, mais glacée de terreur, la foule se taisait. Seulement, de loin en loin, quelques scélérats apostés criaient : A la guillotine ! Elle, avec sa douceur mêlée de fierté, leur répondait : J'y vais, tout à l'heure j'y serai ; mais ceux qui m'y envoient ne tarderont pas à m'y suivre. J'y vais innocente, ils y viendront criminels ; et vous qui applaudissez aujourd'hui, vous applaudirez alors. On lui avait donné pour compagnon d'infortune, ou plutôt de gloire, un citoyen Lamarche, homme faible. Auprès de cette femme qui souriait aux approches de la mort, il était dans l'accablement. Elle le soutenait, elle le consolait, et jusqu'au pied de l'échafaud, par un dernier égard digne de cette grande âme : Allez le premier, lui dit-elle, que je vous épargne au moins la douleur de voir couler mon sang. Elle n'était plus, cependant, cette femme dont le moindre mérite avait été de réunir en sa personne toutes les grâces, tous les charmes, toutes les vertus de son sexe ; cette femme dont les rares talents et les mâles vertus auraient honoré les plus grands hommes. Elle n'était plus ! Ma Lodoïska venait de perdre l'amie de son choix, son intime et digne amie. Elle n'avait un moment embelli sa patrie et travaillé à l'affranchir que pour attester encore, par un grand exemple, l'ingratitude ou l'aveuglement des hommes!... Elle n'était plus!... et lorsque j'en recevais l'affreuse nouvelle, je devais garder un front calme. Que dis-je! il aurait fallu que je partageasse la cruelle joie de mes compagnons égarés! je ne me sentis pas ce courage atroce. A son nom révéré, ma bouche murmura quelques mots d'éloge et de plainte. C'était assez de retenir mes larmes. Quel tourment, grands dieux!

Plus nous nous rapprochions de Paris, plus nous rencontrions de gens qui en arrivaiant. Ma position en devenait plus périlleuse, elle en devenait surtout plus cruelle. Des visites à essuyer deux ou trois fois par jour, le danger toujours plus pressant d'être reconnu, tout cela n'était que mon moindre mal. Les nouvelles, les nouvelles qu'on nous débitait, portaient le désespoir dans mon cœur. Deux jours après, à Vierzon, c'était de Cussy que j'apprenais la fin; on l'avait immolé dans la Gironde. Le lendemain, à Salbris, c'était de Manuel et de Kersaint; on les avait assassinés à Paris. Deux jours après, non loin de la Ferté-Lovendal, c'était Roland. A la nouvelle du trépas de sa femme, il n'avait pu supporter plus longtemps le fardeau de la vie. Pour ne pas compromettre l'ami qui lui donnait asile, il avait été se frapper sur la grande route de Rouen. On avait trouvé sur lui, parmi d'autres écrits, cette ligne : « Passant, respectez les restes d'un homme vertueux. »

La fin tragique de Lidon mérite aussi quelques détails à part. Il s'échappait de la Gironde, et vers Brives, lieu de sa naissance. Bientôt ne pouvant plus marcher, il écrit à un ami de lui envoyer un cheval. Ce misérable était devenu maratiste, et certes il se montra digne de ne jamais cesser de l'être. Le monstre! il porte au comité de surveillance de sa commune, dont il était le chef, la lettre du trop confiant Lidon, et, au lieu d'un cheval, il lui envoie deux brigades de gendarmerie. Lidon se défendit jusqu'à la dernière extrémité : après avoir tué trois malheureux, il se tua.

Tels étaient les récits journaliers qu'il me fallait entendre sans changer de visage. Quiconque n'éprouva point un pareil supplice, ne saurait en avoir une juste idée. O Lodoïska! sans le souvenir de ton amour, qui donc aurait pu m'empêcher de terminer mes peines! Cependant, quand je dévorais tant de maux pour aller à toi, qui pouvait désormais me garantir que j'eusse la consolation de te retrouver? T'avait-il été possible de rentrer dans ce Paris vers lequel je me traînais lentement à travers de si grandes souffrances? et même à supposer que tu y fusses parvenue, les impitoyables ennemis de tous les talents, de toutes les vertus, ne t'y auraient-ils pas poursuivie, recherchée, découverte? Dieux! s'ils t'avaient déjà précipitée dans la tombe, à côté de la citoyenne Roland?

Depuis quelques jours, mon imagination ne pouvait se distraire de cette horrible image. J'étais de tous les hommes le plus tourmenté, le plus impatient, le plus excédé du fardeau de la vie. Peut-être était-ce encore un bienfait de la Providence. Peut-être, au milieu des immenses dangers qui me restaient à courir avant de rentrer dans ma ville natale, peut-être il était bon que la mort qui m'allait serrer de plus près, que cette mort, toujours prochaine, toujours menaçante, me parût un bien.

Je venais d'entrer dans le département où tout un peuple, libre de son choix, m'avait élu; j'avais, avec quelque courage peut-être, rempli les devoirs difficiles qu'il m'avait imposés : cependant j'arrivais au milieu de lui, fugitif, déguisé, proscrit, trop heureux s'il me laissait passer. Orléans, son chef-lieu, renfermait depuis longtemps mes plus implacables ennemis. C'étaient plusieurs brigands vendus à la faction de l'étranger, longtemps sans pain et sans ressource, maintenant investis du pouvoir, couverts de richesses, et toujours chargés de mépris, de haines et de crimes. Ils me connaissaient bien, car ils avaient entendu, quelques jours avant le 31 mai, ma dernière opinion dans une assemblée qui avait encore une ombre de liberté. Ils m'avaient vu, dans la tribune nationale, tonner contre eux et leurs forfaits. Si l'un d'eux pouvait m'entrevoir, j'étais reconnu; si j'étais reconnu, je ne vivais pas vingt-quatre heures.

Les portes de la ville étaient fermées par mesure de sûreté générale. A la suite des visites domiciliaires faites dans la nuit précédente, on avait donné quarante nouveaux compagnons de malheur aux cinq cents infortunés déjà mis en réserve pour l'échafaud. C'étaient encore des louvetins, jugés dignes du plus prompt trépas. Ainsi, dans ce passage difficile qu'il me fallait franchir, mon nom seul valait la mort à quiconque était soupçonné de lui garder quelque attachement.

Après que nous eûmes essuyé l'examen ordinaire, au danger duquel je m'accoutumais, on nous permit d'entrer. Je brûlais d'en sortir; mais le malheureux voiturier avait des paquets à décharger et des paquets à prendre. Nous restâmes impunément quatre heures dans cette ville, où je ne pouvais sans témérité rester dix minutes.

Enfin nous partons; nous allons franchir la grille du pont, on nous y arrête. Nos passe-ports ont été vus, dit mon cavalier. — Il n'est pas question de cela, répond l'officier de garde; que tout le monde descende. — Pourquoi donc? s'écrie la marchande. — Que tout le monde descende! répète-t-il d'un ton plus impérieux.

Il faut obéir. Les hommes commencent. Cela ne suffit pas, crie l'officier, les femmes aussi doivent descendre; certains hommes prennent bien des habits de femmes. Je vous réponds que leurs passe-ports ont été vus partout et sont bien en règle, disait le voiturier; mais le cher homme avait déjà la voix toute changée. Que je le plaignais! que je me reprochais de l'avoir embarqué dans cette affaire! L'officier venait de répliquer: Qui vous parle de passe-ports? Je ne demande pas les passe-ports; ce sont les figures qu'il faut voir : nous savons ce que vous ne savez pas. Et, pour la troisième fois, mais d'un ton très-menaçant : Que tout le monde descende. Qu'il ne reste personne là-haut, ajouta-t-il après un moment de réflexion; j'y regarderai, je vous en préviens. Les femmes donc! les femmes!

Pour cette fois, je crus mes travaux bientôt finis. Apparemment j'avais été reconnu quelque part ; on m'avait dénoncé ; j'étais attendu sans doute. A cause de tous ces braves gens du moins, ne ferais-je pas bien de paraître ? Cette idée ne fit que passer dans ma tête, car à quoi leur eût-il servi que je me découvrisse ? Pour n'avoir pu me conduire jusqu'à Paris, auraient-ils été moins coupables aux yeux de mes persécuteurs ? L'aventureuse entreprise était trop avancée ; pour eux-mêmes je devais patiemment en attendre la fin.

Les femmes qui venaient de descendre, emportant leurs jupes secourables, laissaient une bonne moitié de mon corps absolument découverte. Sans bruit, mais promptement, j'étendis sur mes jambes et sur mon estomac un peu de paille et mon grand manteau que mon cavalier avait laissé là. Ensuite je ramenai de mon mieux sur ma poitrine et sur ma tête les hardes et les cartons sous lesquels on les avait d'abord ensevelies. Cela fait, je tirai doucement de mon sein l'espingole que j'y tenais toujours, je l'armai, je la mis dans ma bouche. Je donnai un soupir à ma patrie toujours si chère, à ma femme adorée une larme, une pensée encore à la Providence rémunératrice, et j'attendis l'instant suprême. Oh ! que son approche était lente ! oh ! qu'alors un moment paraît long !

Un demi-quart d'heure, un demi-siècle, péniblement se traîna, pendant lequel ce cruel visiteur examina scrupuleusement toutes les figures. Puis enfin : N'y a-t-il plus personne dans la voiture ? s'écria-t-il. Du même temps, il y sauta. Je l'entendis, je le sentis entrer ! L'extrémité d'un de ses pieds venait de s'appuyer contre ma cuisse. Ses mains sondaient les gros ballots entassés derrière le siége du fond; il donna plusieurs coups sur les bancs au pied desquels j'étais gisant pêle-mêle avec un tas de petits paquets. Dieu tutélaire! ses pieds ne surent point me sentir, ses mains ne purent me toucher, ses yeux qui me cherchaient se promenèrent sur moi sans doute, et ne me virent point! S'il se fût tant soit peu baissé, s'il eût de bas en haut jeté seulement un coup d'œil, s'il eût dérangé quelques brins de paille ou soulevé le coin de ce manteau, dans l'instant même c'en était fait! je déchargeais mon arme, je quittais mon pays et Lodoïska, je tombais dans les abîmes de l'éternité.

Parbleu! nous l'avons échappé belle! me dit le voiturier, tout pâle encore et tout défait, quoique nous fussions dehors depuis plus d'un quart d'heure. Le cavalier, dont la voix tremblait aussi, me demanda pourquoi, puisque ce n'était pas les passe-ports qu'on voulait examiner, je ne m'étais pas fait voir. Je lui répondis qu'un bruit vague avait bien frappé mes oreilles, mais qu'ayant la tête enveloppée et surchargée de paquets, je n'avais pas entendu ce qui se disait. On sent que ce mensonge était nécessaire. Il eût paru fort singulier que j'eusse sciemment refusé de me montrer. Je ne pouvais avoir l'air de croire que mon signalement, à moi simple déserteur, eût été envoyé, et que ce fût à la recherche d'un pauvre diable qu'on mît cette importance. On se souvient qu'il me fallait par dessus tout éviter de me rendre suspect à la carrossée.

Je fus bien près de l'abandonner à Thoury. Je balançai longtemps si je ne me jetterais pas sur la droite, pour aller par Pithiviers gagner Nemours, où Lodoïska pouvait s'être retirée, où je croyais trouver encore nombre d'amis. Mon bon génie m'en détourna. J'ai su depuis que, de mes infortunés amis, une partie était en arrestation et l'autre en fuite. L'affreux maratisme avait fini par conquérir à sa manière quinze à vingt mauvais sujets de cette petite ville où j'avais vu longtemps régner le meilleur esprit. Là, comme ailleurs, cette bande dominait par la terreur. Comme j'avais fait jadis quelque séjour dans ce joli endroit, plusieurs de ses nouveaux tyrans connaissaient très-bien ma figure : si j'y avais paru, j'étais arrêté.

De combien peu je manquai l'être à Étampes ! D'abord la visite y fut chaude, moins terrible que celle d'Orléans, mais assez semblable à celle de Châteauroux et plus sévère. Comme à Châteauroux, un trop curieux jacobin se hissa sur le marchepied et mit la tête dans notre voiture. Ce fut dans cette attitude qu'il lut les passe-ports ; après quoi, promenant ses regards et comptant sur ses doigts, il s'assura longuement s'il avait autant de passes que de voyageurs. Encore, après le calcul deux ou trois fois recommencé, demandait-il s'il n'y avait personne autre. On n'avait garde de lui dire qu'un mince individu, qui aurait beaucoup donné pour être plus mince encore, était presque étouffé sous les individus qu'il nombrait, que deux femmes pilaient ses jambes et ses cuisses, qu'une petite fille écrasait sa poitrine, et qu'un sac de soldat pesait sur sa tête. On ne le lui disait pas, mais il aurait pu s'en apercevoir, car plusieurs fois, pour retrouver son équilibre, il posa sa main sur ce sac.

Nous passâmes cependant, mais nous trouvâmes dans la ville un mouvement considérable. Sa rue principale était obstruée de soldats, les tambours battaient aux champs : un cavalier, qui venait de recevoir les hommages de la municipalité, passait dans les rangs, et les troupes lui portaient les armes. Pour comble de disgrâce, on venait de faire signe à notre voiturier d'arrêter jusqu'à ce que la cérémonie fût finie, et la femme du cavalier, curieuse à l'excès, s'obstinait à tenir nos rideaux ouverts. Je me rencoignais de mon mieux pour échapper aux regards de cette multitude, au milieu de laquelle il suffisait d'un seul homme pour me perdre.

Cependant le voiturier venait de s'informer pourquoi tout ce bruit. C'était qu'après quelque séjour dans ce chef-lieu de district, un commissaire de la Montagne le quittait, pour se rendre dans Arpajon ce soir, et demain à Paris. La commune n'avait pas voulu le laisser partir sans lui donner les marques de son attachement. On espérait bien le garder encore quelques heures, parce qu'apparemment il ne refuserait pas de vider quelques dernières bouteilles avec les jacobins de la ville. Et ce jacobin, c'était ?..... Puis un exterminateur, et l'un des plus lâches, des plus cruels, des plus forcenés qu'il y eût sur l'horrible Montagne, par conséquent l'un de mes mortels ennemis. C'était !......
.........! Tous deux, après six mois, nous nous retrouvions dans une même cité, sur la même place

pour ainsi dire encore en face l'un de l'autre. Quel contraste cependant ! Moi, pour avoir voulu sacrifier quelques talents peut-être, tous mes goûts si simples, toutes mes occupations chéries, que dis-je ! tous mes attachements les plus saints, mes parents, mes amis, mon amante aussi, ma Lodoïska ; oui, pour avoir tout voulu sacrifier au bonheur des hommes, je me trouvais fuyant sous les livrées de la misère, réduit à l'humiliation des derniers expédients, menacé de la mort des criminels. Et lui, vil, ignorant, corrompu, lâchement ambitieux comme tous ceux de sa méprisable faction, il se voyait environné d'honneurs, de respects, de toutes les apparences de l'amour de ses commettants ! Peuple insensé ! malheureux peuple !

Et si ce brigand, poussé par le génie de la malveillance, eût approché seulement deux pas plus près de ce chariot ouvert d'où je pouvais entendre le bruit de sa marche, quelle proie pour lui ! quel doux présent à faire aux rois du dehors et aux rois de la Montagne !

Ce fut en cette occasion que je reconnus que mon conducteur avait gardé de l'aventure d'Orléans une impression forte, et que, s'il ne s'en croyait sûr, du moins il soupçonnait violemment que je devais être un personnage de quelque importance. Quand tout eut défilé : Voilà un terrible remue-ménage, dit-il en fixant ses regards sur moi d'un air très-significatif ; si nous poussions plus loin ? J'affectai de l'indifférence, à cause de mes compagnons ; je répondis nonchalamment : Il est certain qu'il y a là bien du monde ; tout cela mange dans les auberges aujourd'hui ; nous ne trouverions peut-être point à dîner dans la vôtre. — C'est cela ! s'écria-t-il, vous avez raison. Du même temps, malgré les murmures de la femme du soldat, qui n'aurait pas été fâchée de se produire dans cette cohue, le coup de fouet du départ fut donné.

Nous allâmes, deux lieues plus loin, à Étréchi, petit village, où néanmoins dix voyayeurs vinrent se mettre à notre table d'hôte. Ceux-ci venaient de Tours, ceux-là d'Orléans, plusieurs de Toulouse, un canonnier parisien, des Pyrénées-Orientales où il avait laissé un bras. Tous se rendaient à Paris. A mesure que nous approchions de cette ville, les rencontres de cette espèce devenaient plus fréquentes et plus nombreuses. Est-il bien sûr que plusieurs ne m'aient pas reconnu? Comment n'ai-je pas été dénoncé? Vous ne l'avez pas voulu, Providence impénétrable! A quoi donc me réservez-vous ?

Comme j'avais commencé d'assez bon appétit, on se mit à crier dans la rue : Vive le représentant du peuple! vive.......! Nous étions dans une chambre haute, parce que le rez-de-chaussée se trouvait plein. Il y avait là toute la sans-culotterie du village; cinquante à soixante lurons qui, le verre en main, attendaient au passage leur représentant. Habile à saisir l'occasion des séductions les plus viles, celui-ci ne manquerait pas de payer, en passant, quelques centaines de bouteilles et de s'arrêter quelque temps pour en prendre sa part. Peut-être aussi, comme quelques-uns des siens, poussé d'un instinct d'espionnage encore plus que d'un désir de popularité, peut-être voudrait-il paraître un moment à la table des voyageurs. En ce cas, mon plan était fait. Je prêtais l'oreille. Dès que j'entendrais monter avec fracas, sous prétexte d'un besoin pressant, je m'éloignerais de la compagnie, je me tiendrais quelques minutes à l'écart. Cette évasion subite avait de grands dangers, elle éveillerait les soupçons ; je le sentais ; mais aussi on pouvait ne pas s'en apercevoir. Enfin, quel autre moyen?

Cette fois encore ce n'était qu'une fausse alerte. Un domestique que le représentant faisait courir en avant avait été pris pour lui. Mais si le courrier passait déjà, le maître ne tarderait donc pas! au moins on le croyait fermement dans l'auberge. A chaque instant, j'entendais : Le voilà! le voilà! Vous jugez dans quelles transes j'achevai, ou plutôt je n'achevai pas, le dîner dont tous les mets, peut-être très-bons, me parurent dès lors détestables. A mon grand soulagement, on y mit fin pourtant. Quelques heures après, nous entrâmes dans Arpajon.

L'aubergiste, quoique ordinairement il logeât notre conducteur, refusa de nous recevoir. Nous avions été prévenus par deux diligences; d'ailleurs le représentant du peuple et tout son cortége devaient venir coucher et souper. Pas possible que je pousse plus loin, me dit tout bas mon voiturier d'un air triste : il est nuit ; d'ici à Lonjumeau il y a trois lieues, et l'un de mes chevaux est blessé ; je vais voir les autres auberges.

Toutes étaient pleines. Je vais insister ici, me dit-il; il faut bien qu'on me loge, on y est obligé ; mais c'est vous qui me donnez de la tablature. Il me fixa beaucoup et poursuivit : Ce monsieur député vous connaît peut-être? — Peut-être bien : du moins je suis sûr qu'il m'a souvent passé en revue dans mon bataillon. — Oui, oui, reprit-il en secouant la tête, j'entends bien. Il réfléchit un instant, puis : Tenez, vous faites aujourd'hui bien des choses que vous n'avez jamais faites, je crois. Eh bien, si vous alliez passer la nuit sur la paille, dans l'écurie ? — Bien trouvé !... Cependant n'y aurait-il pas de l'affectation ?... Qu'en penserait la carrossée ?... Non. Allez seulement à l'aubergiste, obtenez qu'il nous garde et laissez-moi faire.

Il fallut bien qu'il consentît à nous garder, mais ce ne fut pas sans nous avoir prévenus que sûrement nous serions éveillés avant minuit, et qu'alors il faudrait céder nos lits; pour le souper, nous l'allions faire incessamment, à table d'hôte, avec tous les voyageurs. C'étaient encore des Orléanais et des Tourangeaux, mais renforcés d'Angevins, de Poitevins et de trois Parisiens. C'était beaucoup trop de monde. Je pris aussitôt grand mal de tête ; malgré le mauvais repas de midi, je me contentai d'une rôtie bientôt apprêtée, puis j'allai choisir dans les combles un taudis, et parmi tous les mauvais lits le plus mauvais, bien sûr qu'à son arrivée le représentant du peuple et son cortége découcheraient tout le monde avant de me découcher. Fatigué, malade que j'étais, disais-je à la servante, j'aime mieux me reposer tant bien que mal sur ce grabat, que d'être obligé de me lever dans deux heures et de passer le reste de la nuit sur pied. La servante trouvait que j'avais raison, et mon inquiet voiturier, qui me voyait faire, me serrait la main et disait : Quand on travaille avec un homme de ressources comme vous, la besogne fait plaisir.

Excédé des agitations de cette journée, je fis, à part moi et mon traversin, quelques bons raisonnements sur les peines de la vie et les douceurs de la mort; elles ne pouvaient me fuir : je venais de m'assurer que l'opium et l'espingole étaient en bon état. Ainsi résigné, je m'endormis profondément. A mon réveil je ne m'informai pas si le représentant du peuple et son cortége étaient venus. Il ne faisait pas jour quand nous partîmes ; mon ennemi ne songeait pas sans doute à se lever.

Lonjumeau, perdu de brigandage, nous fit subir un examen plus menaçant que celui d'Étampes. Néanmoins l'événement en fut semblable. Toujours même malveillance et même maladresse d'un côté, même audace et même bonheur de l'autre. Notre dîner à la Croix-de-Berny m'offrait encore de vifs sujets d'inquiétudes. Nous étions un grand nombre à table. Je ne sais plus à propos de quoi un des convives qui m'avait beaucoup regardé, je le croyais du moins, dit et répéta plusieurs fois à l'aubergiste d'un ton qui me parut affecté : Me prenez-vous pour un romancier ? je ne fais pas de romans, moi ! Était-ce un appel à Faublas qu'il prétendait faire ? Quoi qu'il en soit, il chuchota quelques mots à l'oreille d'un ami qui, l'instant d'après, se mit à fredonner le refrain d'une de mes romances très-connue : « Est-ce crainte, est-ce indifférence? je voudrais bien le deviner. » Tout ceci n'était-il donc qu'un jeu de hasard? Au reste, si ces deux hommes n'ignoraient point qui j'étais, je ne devais pas m'en alarmer beaucoup. Ce n'eût pas été par des plaisanteries qu'un ennemi m'eût fait comprendre qu'il me reconnaissait. Ainsi rassuré par mes réflexions, je m'aventurai sur Paris.

La visite aux barrières nous épouvantait; nous prîmes contre elle nombre de précautions très-inutiles; on nous laissa passer sans nous dire un mot. Rue d'Enfer, je remerciai mille fois mes compagnons de voyage, et sous les murs des Chartreux, lieu peu fréquenté, je mis pied à terre. Brave homme, dis-je à mon conducteur, vous avez couru des hasards, mais entre Dieu et nous, je vous jure que vous avez fait une bonne action. Que ne m'est-il permis de vous récompenser autant que je le voudrais! je lui donnai les cent francs d'assignats qui me restaient, et que j'avais promis; j'y ajoutai une montre d'or qui valait six fois autant: Et au revoir encore, m'écriai-je, si jamais la chose est possible. C'est pour vous que je le voudrais, en vérité, me répondit-il; quant à moi, cela ne serait pas, et même vous ne m'auriez rien laissé, que je serais toujours très-content! Il me serrait la main : il allait m'embrasser. D'un signe, je lui fis comprendre que c'était une imprudence que je ne permettais pas; je m'éloignai.

Non loin de là était un cabaret, où je me réfugie, tandis que le cavalier va me chercher un fiacre; il l'amène bientôt, je m'y jette. Me voilà seul, en plein jour, à deux heures de l'après-dînée, le 6 décembre, traversant d'une extrémité à l'autre cette ville ingrate, où j'avais tant de partisans faibles et tant de cruels ennemis.

Mais je puis espérer d'y retrouver ma Lodoïska. N'y fût-elle point, je saurais du moins en quels lieux elle vit; quels derniers hasards me restent à courir pour l'aller rejoindre. Je vais trouver ses amis et les miens, nos amis sûrs, dévoués, nos amis de vingt ans. Ils me croient à jamais perdu sans doute; ils vont pleurer de plaisir en me revoyant. Pourquoi donc mon cœur ne peut-il s'ouvrir à la joie? Quel est ce douloureux pressentiment qui m'accable?

Mon plus grand danger m'attendait à l'endroit même où j'allais chercher un asile. Mon intime ami n'y demeurait plus. Moi qui ne m'en doutais pas, je renvoie mon fiacre au coin de la rue voisine, et vais frapper à la porte que je connais si bien; un enfant de sept à huit ans me l'ouvre; je reconnais le fils d'un député, qui l'amenait souvent à l'Assemblée. Je m'écrie : Qu'est cela! n'est-ce pas ici le logement du citoyen Brémont? (Qu'on me permette de déguiser ainsi le nom de l'ami que je demandais.) L'enfant répond non. Qui donc y demeure? lui dis-je.—C'est mon papa, le voilà qui vient. En effet, quelqu'un venait de la pièce voisine. Je n'en demande pas davantage; je me précipite sur l'escalier, dans la cour, au milieu de la rue. Cependant une servante allait rentrer dans la maison ; je lui demande où loge actuellement le citoyen Brémont; elle me l'indique. Me voilà réduit à m'y rendre à pied, à visage découvert; heureusement il n'y a pas loin, et je n'y vais pas, j'y cours.

Je suis dans la maison et à la porte de l'appartement indiqués. La première voix, la seule qui me frappe, est celle de Lodoïska; j'entre, je me précipite; elle pousse un cri, se jette à mes genoux qu'elle embrasse, se relève, me presse sur son cœur, pleure et tombe dans mes bras. Je ne crains rien : ce sont les larmes, c'est le délire de la joie; c'est cette joie qui m'agite, qui me remplit comme elle, qui confond déjà nos soupirs et nos sanglots. O Dieu, voilà de tous mes maux l'entier dédommagement! voilà de tous mes travaux la digne récompense!

La maîtresse du logis, les neveux, la nièce sont accourus. Tous ils s'écrient, tous ils m'embrassent, tous ils pleurent comme nous. Cette scène si douce à mon cœur se prolonge; enfin, nous nous apercevons qu'il me faut du linge, des habits, du repos; que des besoins de toute espèce me pressent. On me conduit à la chambre la plus reculée de l'appartement; c'est celle de Lodoïska; elle et moi nous y entrons. Personne ne nous y suit; c'est apparemment une attention délicate de l'amitié qui nous livre à l'amour. O mon épouse, mon épouse adorée, qui peindra mes transports et le charme de tes caresses? C'est aux amants qui seront assez favorisés pour brûler de tous les feux du véritable amour, que j'en lègue le soin.

Cependant tant de marches, de fatigues, de hasards, et même cette douce joie, ce vif bonheur qui leur succèdent, ont épuisé un corps trop faible contre tant d'agitations? Un lit, mais quel lit, celui de mon épouse va me recevoir. C'est là qu'enfin je vais avec délices reposer cette tête arrachée à tant de périls. Ma femme un instant m'a quitté, pour me faire apporter plus vite les choses les plus nécessaires; elle rentre un moment après, d'un air assez triste. Nous sommes presque seuls dans la maison, me dit-elle; les jeunes gens sont sortis. La nièce aussi; elle a pris son mantelet devant moi, et ne m'a point dit adieu. Sans doute elle n'est allée qu'à deux pas; elle va revenir; mais ne pouvait-elle pas différer un moment ? Et moi, sans défiance, je répète avec ma femme : Sans doute, elle va revenir.

Non, non! nous nous trompions tous deux; elle ne reviendrait pas cette jeune personne, si intéressante, qui m'était si chère, qui avait grandi sous mes yeux, pour laquelle ma femme avait pris l'attachement le plus tendre, et qu'en des temps plus prospères nous parlions d'adopter. La lâche peur commençait à glacer autour de nous toutes les âmes; elle nous abandonnait déjà, celle que nous avions voulu faire notre fille; elle ne reviendrait pas!... Ma femme ne l'a revue qu'une fois; je ne l'ai jamais revue, moi! et quoi qu'il arrive, je ne dois jamais la revoir ! Oh! l'ingrate! c'est elle surtout, c'est elle qui a désormais fermé mon cœur à l'amitié!

Il était dix heures et demie, je dormais profondément. O mon ami, rassemble toutes tes forces, me dit ma femme, tu n'en eus jamais un si grand besoin: je t'annonce, de tous les malheurs, le plus cruel peut-être et le moins attendu. Brémont, qui vient de rentrer, te donne une demi-heure pour sortir de chez lui; je ne change pas ses paroles. C'est le compagnon de l'enfance de ton père, c'est celui qui t'a vu naître, c'est notre ami de tous les temps, qui refuse de te recueillir, qui craint de t'entrevoir, qui nous envoie sur la place de la Révolution. Rassemble tes forces.

Se peut-il que je sois réveillé? n'est-ce pas un affreux songe qui me tourmente? Je tâche à recueillir mes esprits, toutes mes facultés. Je ne puis en croire le premier témoignage de mes oreilles et de mes yeux; dix fois je tâte et regarde autour de moi. Enfin, il est trop certain que je n'ai pas le bonheur de rêver; c'est bien ma femme qui est là, et certainement elle a dit les cruelles choses que je viens d'entendre; car je la vois debout, immobile de douleur, le regard fixe, trop affectée pour verser une larme, et faisant effort afin de retenir ses gémissements. A ma surprise indicible succéda presque aussitôt une indignation vive qui brûlait d'éclater. Ma Lodoïska le remarquait bien. Je n'ai plus, en ce moment, d'espérance que dans ton courage, me disait-elle de sa voix si tendre; au moins quelque consolation me reste. Tu n'es plus dans la Gironde, absolument abandonné, tout à fait seul. Tu n'éprouveras pas le tourment de finir loin de moi, je n'aurai pas celui de te survivre; c'est ensemble que nous allons mourir. Ces doux accents, ces courageuses paroles calmaient mes agitations désordonnées. Eh oui, pensais-je déjà, quelques êtres privilégiés existent encore, fidèles, généreux, magnanimes. Déjà je nourrissais plus tranquillement l'indignation que m'inspirait la lâcheté des hommes.

Pour se pénétrer de toute la barbarie qu'il y avait dans cet ordre de sortir sous demi-heure, il faut savoir qu'après la retraite battue, et surtout quand dix heures ont sonné, nul ne se montre dans les rues de Paris, qu'aussitôt on ne le fasse entrer dans un corps de garde, pour qu'il y produise sa carte de sûreté, sur laquelle se trouvent avec son nom et le nom de sa section, sa demeure et son signalement. Mon ancienne carte, avec mon nom, ne pouvait me servir; je n'en avais pas d'autre qui pût m'aller; on le savait bien. Me renvoyer ainsi, c'était donc, comme le disait ma femme, me pousser sur l'échafaud.

Mon ami, quel parti prendre actuellement? poursuivait Lodoïska. Je lui dis d'un ton calme et déterminé : Réponds-lui de ma part qu'il mériterait qu'à l'instant même je me traînasse au seuil de sa porte, pour m'y brûler la cervelle. Qu'il se rassure pourtant; il aura le bonheur d'apprendre que j'ai fini sans le compromettre. Mais je crois avoir, au prix des périls que j'ai courus pour venir me rejeter dans ses bras, acquis le droit d'exiger quelques heures de répit, et de prendre, avant de terminer mon triste sort, le temps de me reconnaître. Déclare-lui donc positivement qu'aucune puissance ne m'arrachera vivant de chez lui à l'heure qu'il est, de même que rien ne pourra m'empêcher d'en sortir, avec les précautions convenables, demain à sept heures du soir. Que si la peur lui tourne entièrement la tête, qu'il découche; quelque ami de trente ans pourra le recevoir pour une nuit : il n'est pas proscrit. Il va sans doute insister, crier, menacer. Ajoute alors que pourtant il lui reste un moyen, mais un moyen unique, de me voir sortir d'ici avant le temps que je fixe, et qu'après la leçon qu'il me donne, j'attends encore une autre leçon : c'est que tout à l'heure il m'aille dénoncer ; c'est que lui-même, au lieu de m'envoyer à mes assassins, il me les amène.

Du moins il n'ignorait pas que je savais garder mes résolutions ; en les apprenant de la bouche de ma femme, il pâlit, il sortit sur l'heure, il ne rentra que le surlendemain.

Cependant Lodoïska ne revenait pas seule vers mon lit. Madame Brémont accourait me consoler, elle accusait l'inhumanité de son mari. La nécessité de m'abandonner, pour lui obéir, la désespérait. Qu'allais-je devenir ? Elle me couvrait de ses larmes ; je m'étonnais de voir que Lodoïska demeurât tout à fait insensible aux protestations d'attachement qui m'étaient prodiguées. Dès que nous fûmes seuls, ma malheureuse épouse dut m'éclaircir cet autre mystère de douleur. Des indices trop sûrs la forçaient à penser que c'était la citoyenne Brémont, dont nous connaissions d'ailleurs l'empire sur l'esprit de son mari, plus accessible encore à ses conseils quand il avait peur, que c'était elle qui avait déterminé cet homme faible en tout, à montrer du moins quelque force pour me mettre dehors. Pourtant ce n'étaient que de fortes présomptions ; depuis nous en avons eu la preuve. Quel abominable assemblage de barbarie, de fausseté, de lâches trahisons ! O Guadet, m'écriai-je, mon pauvre Guadet, tu te plaignais de tes amis ! si tu voyais les miens !

Au milieu de tant d'horreurs cependant, l'hymen donnait à l'amour une nuit. Oui, l'hymen. Eh ! quel plus saint contrat que celui que nous avions écrit et juré devant nos malheureux amis ! devant quelle autorité civile aurais-je pu, malheureux proscrit, me présenter et faire reconnaître mon épouse légitime ! Dans quels temps elle avait uni ses destinées aux miennes ! Au sein de notre cruelle patrie nous ne pouvions plus avoir d'autres autels, que les échafauds.

Hélas, serait-elle du moins suivie de plusieurs nuits semblables, cette nuit si fortunée? Ne nous touchait-il point, le jour, le jour fatal où nos doux liens, à peine formés, seraient rompus, de la seule manière qui pût les rompre? Écoute, me disait mon amante : il nous reste du moins une consolation qu'on ne peut nous ravir, celle de mourir ensemble. Voici mon plan : dès demain, je cherche dans ce quartier perdu, un logement ; je le prends sous mon nom de fille, et je t'y reçois. Je sais qu'on ira bientôt s'informant quelle est cette nouvelle venue ; je sais qu'on ne peut tarder à me découvrir, et qu'alors, à supposer même qu'on ne me soupçonnât point de te donner asile, il leur suffira de retrouver en moi ton amie, ton amante, la compagne de tes travaux, pour qu'aussitôt mon supplice soit préparé. Ils ne m'y traîneront pourtant pas ; avec toi, comme toi, je saurais me dérober à leur échafaud. Remarque cependant qu'ainsi nous allons gagner huit jours, quinze jours peut-être, peut-être un mois.

O mon ami, combien, dans ce court espace de temps, pourrons-nous vivre davantage que tel qui ne tombe que de vieillesse ! Comme Saint-Preux, tu me pourras dire : Nous n'aurons pas quitté la vie, sans avoir connu le bonheur.

Je la serrais dans mes bras, sur mon cœur ; je la couvrais de baisers ; mes yeux versaient des pleurs délicieux. Si pourtant, lui dis-je, il n'était pas impossible qu'un jour, sans moi, la vie te fût moins à charge ; qu'avec le temps...—Pourquoi cet outrage? interrompit-elle. Par où l'ai-je mérité ? Elle m'échappa, joignit les mains, leva les yeux au ciel. Non, je jure que sans toi, la vie m'est un tourment, un insupportable tourment. Seule, je périrais bientôt, je périrais désespérée. Ah! permets, permets que nous mourions ensemble.

Je n'ai pu me résoudre à passer ces détails, on les trouvera longs peut-être ; qu'on me le pardonne : ces moments furent à la fois les plus doux et les plus cruels de ma vie.

Avant sept heures du soir, le lendemain, ce brave jeune homme qui m'avait déjà recueilli quelque temps avant mon départ pour Caen, vint me prendre encore ; il ne put me garder que trois jours. Des maratistes demeuraient actuellement sur son carré ; le mur qui séparait les deux logements était si mince qu'il n'y avait point de mouvement qu'on ne pût mutuellement entendre. Une amie de ma femme me reçut alors, mais elle prit peur dès le second jour. Ma femme se vit obligée de me venir chercher, quoique la cache qu'elle me préparait dans son nouveau logement ne fût pas achevée.

Les jolies mains de ma Lodoïska, ses délicates mains n'avaient jamais, comme vous le pensez bien, manié le rabot, ni les clous, ni le plâtre; pourtant, en cinq jours encore, elle acheva seule, sans mon secours, car mon myopisme me rendait absolument inhabile à cet apprentissage, elle acheva un ouvrage en menuiserie maçonnée, d'un plan si parfaitement conçu et si artistement imaginé, qu'un tel coup d'essai eût passé pour le chef-d'œuvre d'un maître. A moins qu'on ne sût qu'il y avait quelqu'un dans cette boîte, qui paraissait un mur, et un mur où l'on n'apercevait pas une fente, à moins qu'on ne le sût, je défiais le plus habile de me trouver là.

Désormais nous étions parfaitement assurés contre ces visites générales, dont les sections s'avisaient de temps en temps, chacune dans son arrondissement. Celles-là se faisaient de jour, elles n'avaient point pour objet telle personne en particulier; elles se bornaient à quelques coups d'œil d'inquisition dans chaque logement. Ma cache était, en ce cas, un rempart certain, j'y volais au premier coup de sifflet du portier. Si l'on venait à frapper chez nous sans que le sifflet nous eût avertis, ma femme, à dessein lente et lourde dans sa marche, n'ouvrait jamais la première de nos trois portes qu'après m'avoir donné le temps d'aller au fond de la quatrième pièce, me laisser doucement tomber dans mon asile, où j'entrais fort vite, et beaucoup plus commodément que je n'en pouvais sortir; elle avait calculé que, pour cette dernière opération, j'aurais toujours assez de temps. Si c'était quelque importun, mais dans notre adversité nous n'en avions guère, quelque bavard, on en rencontre en tout temps, une voisine, par exemple, et souvent la portière qui, soit désœuvrement, soit curiosité, restait là quelquefois deux heures, alors je m'arrangeais pour une espèce d'établissement. O Lodoïska, deux heures sans te voir ! c'était bien un exil ! Je tâchais d'en alléger les rigueurs. J'avais, dans mon retranchement assez large, un siége pour m'asseoir, un paillasson sous mes pieds, un petit briquet phosphorique dont j'allumais une bougie, les journaux du jour, et par un contraste assez frappant, les *Géorgiques* de Virgile, les *Jardins* de Delisle, les *Idylles* de Gesner ; j'avais encore de l'encre, du papier, des plumes et, à tout hasard, quelques provisions. Une espèce de soupape me rendait de l'air quand j'en sentais le besoin. Combien de hors la loi, pour avoir ma cache, eussent pris l'engagement de n'en jamais sortir (1) ? Je n'en sortais que quand ma femme accourait me donner elle-même le signal convenu ; et nous nous embrassions alors, comme après une longue absence.

Nous avions des voisins à côté de nous et dessous. Les planchers, les murs étaient minces ; pour les assourdir, nous avions couvert ceux-ci d'une tapisserie épaisse, ceux-là d'un fort tapis ; et afin que je pusse mouvoir, me promener, courir même sans être entendu, Lodoïska toujours inventive et toujours adroite m'avait

---

(1) Des raisons majeures m'empêchent d'en donner aujourd'hui la description. Je n'y suis plus ; mais l'invention n'en est pas restée inutile.

fait de bons chaussons de grosse laine avec une forte semelle de crin; c'étaient là mes souliers. Mille autres précautions subalternes avaient été prises et n'étaient jamais négligées.

Mais cette excellente cache et toutes ces précautions tutélaires ne pouvaient rien contre une visite de l'ordre du Comité de sûreté générale ou de la municipalité; celles-ci se faisaient, à domicile donné, contre telles personnes suspectes qu'on voulait arrêter. A supposer que rien ne pût jamais indiquer aux bourreaux, qu'en dépit de toutes leurs fureurs, une proie ardemment convoitée était là qui vivait encore, toujours paraissait-il certain que ma femme devait être bientôt reconnue et serait plus tôt encore suspectée. Tôt ou tard le municipal Hébert, ou le conventionnel Amar, tous deux ses ennemis personnels et ses ennemis jurés, lui enverraient leurs assassins. Heureusement ceux-ci, comme tous les brigands, craignaient la lumière et ne faisaient jamais leurs expéditions que dans les ténèbres. Quand on viendrait frapper chez nous, au milieu de la nuit, qu'avions-nous résolu de faire ? nous jeter tous deux dans mon retranchement, c'eût été notre perte. Quelque bien que vous puissiez vous trouver cachés, vous ne l'êtes réellement plus dans un petit logement, où des inquisiteurs arrivent bien sûrs que vous y tenez quelque part. Un simple feu de paille mouillée vous enfume dans votre asile, et la nature, qui machinalement résiste à l'asphyxie, vous livre à la guillotine. Le bruit de vos convulsions vous trahit : vous tombez vivant aux mains de vos bourreaux.

Non, non, m'avait dit Lodoïska, ma digne compagne : si l'on frappe, nous nous garderons bien d'aller ouvrir ; nous nous garderons bien surtout de disputer un instant à la mort. Qu'ils enfoncent la première porte !-il en reste encore deux, pleines, épaisses, garnies chacune de sa serrure et de ses verroux. Tes pitolets et l'espingole sont sous l'oreiller. Non pour les assassins ; pourquoi tremper nos mains dans un sang aussi vil ? descendons sans tache au tombeau. Du moins nous aurons tout le temps de nous frapper, et surtout, je t'en conjure, ne commence pas. Laisse-moi, d'une seconde, seulement d'une seconde, mourir avant mon époux.

Que de fois nous nous endormîmes à peu près sûrs que presque aussitôt nous allions rouvrir nos yeux pour les refermer à jamais ! Que de fois, lorsqu'un locataire attardé venait, après minuit, frapper à grands coups de marteau, réveillés en sursaut par le bruit, puis entendant la porte cochère crier sur ses gonds, que de fois il nous arriva de nous embrasser et de saisir nos armes !

Mais quelle joie lorsque le soleil revenu nous apportait la douce certitude qu'un jour nous restait encore ; que nous avions, de bon compte, au moins seize heures à passer ensemble ! que de temps gagné pour l'amour ! Elle se levait, ma Lodoïska, elle se levait toujours plus charmante. Toujours aussi plus attentive à ma sûreté, plus occupée de mes besoins, ses soins pour moi recommençaient avec l'aurore. Une fille, sûre et fidèle, hélas plus fidèle que tous nos amis ! venait l'aider au petit tracas du ménage, en moins d'une heure achevé. La bonne servante allait nous acheter quelques provisions; ma femme aussi devait en chercher, car dans ces temps de disette, une seule personne ne pouvait obtenir, même à prix d'assignats, double portion. Elle sortait donc, mon amante! hélas, oui, nous nous quittions pour quelques instants, pour des siècles! Elle sortait, laissant enfermé, sous la double garde de ses trois clefs et de mon retranchement, son précieux dépôt, qu'elle tremblait encore de ne pas retrouver. Et moi, que j'étais inquiet jusqu'à ce qu'elle fût rentrée! Enfin, la voilà de retour, et c'est pour la journée. Qu'il sera délicieux ce repas qu'elle apprête de ses mains charmantes! Au moins, c'est moi qui mets le couvert! c'est moi qui dois servir à table, quoique je le fasse bien maladroitement, car je n'y vois goutte. Mais j'ai mes raisons pour m'y obstiner : de peur qu'il ne m'en reste point assez, elle me donne tout si je la laisse faire et si quelquefois je ne me fâche. Après dîner, c'est elle qui me fait tout haut la lecture; puis elle est à son piano; ensuite une partie d'échecs; et parmi tout cela de doux entretiens à voix bien basse. Enfin, nous soupons encore en tête-à-tête, car peu de gens sont curieux de troubler notre périlleuse retraite, et nous nous couchons, souhaitant avec ardeur que les barbares ne viennent pas nous ravir la superbe journée du lendemain.

Non, rien n'eût troublé la douceur de ces journées trop courtes; rien, si j'avais pu gagner sur moi de répondre à l'attention de ma femme qui tâchait toujours de me faire oublier les journaux; mais le moyen de n'y pas chercher continuellement des nouvelles de mes malheureux amis ! Que de fois j'en trouvai de funestes ! Tour à tour ils étaient malheureusement découverts, impitoyablement assassinés.

C'étaient : Lebrun, ex-ministre des affaires étrangères, surpris dans un grenier, sous des habits d'ouvrier, à peine interrogé, sur-le-champ conduit à la mort.

Bongon, administrateur du Calvados, qui, à l'époque de la défection de son département, s'était réfugié dans Fougères, où les tyrans furent le trouver ; avant de le frapper, fidèles à leur méthode de calomnier ceux qu'ils égorgeaient, ils publièrent qu'ils l'avaient pris au milieu des rebelles de la Vendée. C'est le même que Charlotte Corday a immortalisé en parlant de lui dans sa lettre à Barbaroux.

Clavière, ministre des contributions ; plus heureux que les deux autres, il avait pu, avant de paraître devant les assassins du tribunal révolutionnaire, se donner la mort ; sa vertueuse femme l'avait suivi. Un poison subtil obtenu, dit-on, de l'amitié de C..., venait de la réunir à son époux. Ils avaient de dignes compagnes, qu'ils rendaient heureuses et dont ils étaient adorés, presque tous ces républicains. Et telle est la réponse victorieuse que les amis de leur mémoire feront à ces vils libellistes qui, non contents de les calomnier dans leur vie publique, ont osé les attaquer dans leur vie privée.

Rabaut (Saint-Étienne), bien caché dans Paris, mais vendu, dit-on, par l'infâme cupidité d'une fille de confiance qui le servait depuis longtemps. La femme de Rabaut fit comme celle de Clavière, mais elle tomba plus tragiquement. Elle alla s'asseoir sur le bord d'un puits de manière que le coup de pistolet qu'elle se tira la précipitât dans le fond. Elle mourut ainsi de deux morts à la fois.

Bois-Guyon, généreuse victime qu'ils immolèrent avec Girey-Dupré. Avec quel courage il finit, ce digne Girey! Les tigres du tribunal entendaient lui faire de son attachement pour Brissot un chef d'accusation. N'avez-vous pas été son ami? lui demandait-on. Il répondit : Oui, je l'aimais. Oui, je le respecte et je l'admire. Il a vécu comme Aristide, il est mort comme Sidney ; je n'aspire qu'à partager son sort. En allant au supplice, il chantait gaîment son hymne de mort qu'il avait composé. Comme il passait au coin de la rue Saint-Florentin, il vit, aux fenêtres du logement de Robespierre, la maîtresse de celui-ci, ses sœurs et quelques-unes de ses féroces complices.— A bas les tyrans et les dictateurs! leur cria-t-il; et il leur répéta ce souhait prophétique jusqu'à ce qu'il les eût perdus de vue. Il mourut enfin comme il avait vécu, plein de courage et de civisme. Son dernier vœu fut pour la République (1).

(1) Ces deux républicains furent arrêtés dans Bordeaux, avec les représentants du peuple Duchâtel et Cussy. Celui qui les a dénoncés tous quatre est un nommé Mahon, aide de camp de Wimpfen, et qui s'était réfugié dans la même ville, avec la femme de ce Puysay dont j'ai déjà parlé. Je ne sais où ce Mahon traîne son existence, mais quelque part qu'il se cache, les remords le rongent et la honte l'atteindra. Vil délateur, il a fait assassiner quatre hommes de bien. Comment se peut-il qu'à son âge (il est tout jeune encore) on

Custine, le fils du général, assassiné comme son père pour avoir trop bien servi cette République maintenant anéantie. C'était un jeune homme de la plus grande espérance, celui dont Mirabeau fait l'éloge dans sa correspondance secrète sur la Prusse. Il mourut en souriant, comme devait mourir un homme loué par Mirabeau.

Mazuyer, coupable d'avoir, par une amère plaisanterie, un moment déconcerté la scélérate hypocrisie

unisse tant de bassesse à tant de barbarie ! Mais faut-il donc s'en étonner ? il est l'élève de Wimpfen.

Le misérable voulait encore nous causer d'autres pertes irréparables ; avec les quatre proscrits que je viens de nommer, on arrêta Marchena et Riouffe : tous deux ils ont langui quatorze mois dans les prisons de Robespierre. Comment n'ont-ils pas été tués ! Talents, vertus, lumières, courage inébranlable, ardent civisme, que de titres pour l'échafaud ! Mais, dans la foule immense, l'assassin public, autrement dit accusateur, les a perdus de vue. Le même hasard a sauvé plusieurs dignes républicains ; les mangeurs d'hommes ne pouvaient tout dévorer, le temps manquait à leurs massacres.

Une chose digne de remarque, c'est que le digne ami de Brissot, Marchena, écrivit plusieurs fois à Fouquier : Vous m'oubliez ; je suis là pour qu'on me guillotine, et je le désire. Il eut beau faire, on l'oublia toujours ; sans doute ils le prirent pour un fou. Le mépris de la mort et l'enthousiasme de la vertu, le moyen que ces gens du tribunal comprissent cela !

Quant à Riouffe, il a fait un digne usage de sa liberté récemment recouvrée. Il est l'auteur des *Mémoires d'un détenu* ; c'est une brochure qu'on ne saurait assez lire. Je n'entends pas seulement parler du rare talent dont elle brille, mais que de faits y sont consignés pour l'histoire !

du maire Pache. Oui, Mazuyer a perdu la tête pour un bon mot.

Enfin, Valady, que j'avais laissé dans la Gironde, et qui fut apparemment bientôt abandonné du parent sur lequel il comptait. J'ai lu que l'infortuné avait passé quelques semaines après moi à Périgueux, qu'il avait été arrêté dans les environs où j'avais couru le même risque, ramené dans cette ville où l'on voulait aussi me ramener; qu'il y avait été examiné, questionné, dépouillé de son déguisement, enfin conduit à le Roux-Fazillac, et de là à l'échafaud. Hélas! quoique le moins intéressant des sept, à ce que je crois, il aura coûté bien des regrets à cet ange du ciel qui, dans la Gironde, désolée de nous voir quitter sa maison, disait : Si l'un d'entre vous périt, je ne me consolerai pas.

C'était une amie, celle-là ! Mais les miens, ces amis de Paris sur lesquels j'avais tant compté, les miens, au milieu des chagrins que me causaient tant de pertes si grandes, quelles consolations me prodiguaient-ils? de quels secours aidaient-ils ma Lodoïska ?

La citoyenne Brémont, du moins, nous rendait quelques visites, et il est consolant pour moi d'avoir à déclarer que son mari, par réflexion rendu à lui-même, à son cœur naturellement généreux et bon, s'exposa bientôt davantage pour nous maintenir dehors avec quelque sûreté, qu'il ne l'eût fait en nous gardant chez lui. Quant au compagnon de mon enfance, il ne vint me voir que quinze jours après mon arrivée ! il ne vint, dans l'espace de deux mois, que trois fois! Il nous restait d'autres amis, réputés intimes, auxquels j'aurais cru faire injure de leur cacher que je fusse dans Paris, et qui sentaient bien qu'en un temps où tout était matière à soupçons, on suspecterait bientôt une demoiselle, à peu près inconnue, nouvellement emménagée, tombée tout d'un coup on ne savait trop d'où, laquelle, se réclamant d'une assez nombreuse famille, n'allait pourtant jamais manger dehors et ne recevait jamais non plus personne. Une voisine, le portier, tous les curieux et tous les espions se diraient : Serait-ce une aventurière? une émigrée? ou seulement une personne suspecte avec laquelle on ne peut point avoir d'intelligences? C'en était assez pour qu'elle fût incessamment notée au comité révolutionnaire de sa section et tôt ou tard arrêtée. Ils le sentaient bien; ils n'en tinrent compte. Aucun ne parut chez nous! pas une fois, pas même une seule fois! De sorte qu'il est vrai de dire qu'à la délation près, ils firent absolument tout ce qu'il fallait pour nous perdre. Au reste, s'ils se privaient du plaisir de nous voir, ils ne s'épargnaient pas celui de s'entretenir de nous. Notre position devenait l'objet perpétuel de leurs entretiens et de leurs alarmes. Moi, j'étais bien malheureux, et je ne l'avais pas mérité, on en convenait. Mais on me plaignait tout bas de n'avoir pas assez de courage pour terminer mes peines ; de n'être pas assez l'ami de mes amis pour les débarrasser, en mourant une fois, de la crainte où ils étaient toujours de me voir mourir. Ma femme, on la trouvait fort extraordinaire. Soit, je l'accorde. Mais on ajoutait : fort égoïste, égoïste à l'excès. Et cela, non pas précisément parce qu'elle exposait sa vie pour sauver la mienne, mais parce qu'en s'obstinant ainsi à me vouloir sauver contre toute apparence, elle finirait par compromettre tous mes amis et tous ses amis. Bon Dieu! quels amis! Comme ils m'ont appris à me défier de ce nom!

Heureusement il existait un homme qui, dans le cours de mes prospérités littéraires et politiques, n'avait jamais affecté de se parer du titre de mon ami, mais qui en réclama tous les droits dès qu'il me vit dans le malheur. Dix ans auparavant, le connaissant à peine, je ne lui avais rendu qu'un service léger en soi, qui tirait seulement quelque mérite de l'à-propos. Dès qu'il fut de retour à Paris et qu'il m'y sut rentré, il accourut. Il vint tous les jours. Vainement nous le conjurions de ne pas paraître si souvent chez nous. Tantôt sous un prétexte et tantôt sous un autre, aujourd'hui parce qu'il passait dans le quartier, demain pour nous rendre compte de quelque nouvelle propre à nous tranquilliser, une autre fois pour nous apporter quelques provisions dont il s'apercevait bien que nous étions dénués, il venait, il revenait; son esprit ne rêvait qu'aux moyens de me sortir de mon cruel état, et s'il se trouvait quelque occasion où il pût me servir, il se croirait le plus heureux du monde.

Lorsque, tombé dans le plus profond de l'abîme, on reconnaît qu'on ne peut essayer d'en sortir qu'au risque d'y entraîner l'ami fidèle qui, de ses bords, vous appelle et vous tend la main, on détourne les yeux, on craint d'imaginer quelque chose, on tremblerait de rien demander; mais pour un autre, pour l'objet aimé, qu'on se sent d'aptitude à inventer le secours et d'éloquence à le solliciter ! ma Lodoïska, depuis qu'il ne lui était plus permis de porter ses regards vers l'Amérique, ne voyait d'asile pour moi que dans le Jura. A force d'y penser, elle découvrit que, sans parler de sa bonne volonté bien reconnue, F..... (je lui donne le nom qu'aujourd'hui je porte, il l'a conquis !) F.... semblait avoir en lui, par un rare concours de circonstances et les hasards les plus singuliers, tous les moyens de me faire arriver à cette terre promise, des moyens dont je ne donne point de détails, de peur de le compromettre, mais tels qu'il semblait que la Providence nous eût conservé tout exprès, tout exprès ramené cet ami. C'en était un celui-là ! c'était un ami véritable. Il en est donc ! et moi qui parais en douter, moi qui me plains amèrement des hommes, ne serais-je aussi qu'un ingrat ? Car enfin quelque petit que soit le nombre de ces êtres privilégiés qui honorent l'espèce humaine, m'ont-ils manqué quelquefois ? ne s'est-il pas, toujours à point, présenté pour moi quelques-unes de ces créatures bienfaisantes, douces, généreuses, intrépides, autant que ....

....

....

..........Eh bien donc, oublions la foule égoïste, et ne nous souvenons que des héros.

Ma femme médita, mûrit son projet. Dès que F..... revint, c'est-à-dire dès le lendemain, elle lui en fit l'ouverture. Il la saisit avidement. Dès lors plus de repos pour lui. Comme son esprit, son corps fut dans un continuel travail. Point de démarches qui lui coûtassent, point de peines qu'il ne prît gaîment, point d'obstacle qui pût l'arrêter, point de danger qui l'étonnât. Quel zèle ! quel dévouement ! que de grandeur d'âme ! Mon cœur en gardera l'éternel souvenir.

En moins de quinze jours les difficultés disparurent devant son invincible activité. Le 6 février 1794, deux mois, jour pour jour, après ma rentrée dans Paris, tout se trouva prêt : déguisement, passe-port, voiture. Nous partions le lendemain à l'aurore. Je dis nous partions, car il m'accompagnait jusqu'à la montagne ; il voulait me voir établi ou périr avec moi. Le courage de Lodoïska ne s'était point démenti dans le cours des préparatifs ; mais les obstacles étant surmontés, l'heure de notre séparation et celle de mes périls s'approchant, la tendresse de l'amante s'était alarmée. Plusieurs fois dans la journée elle m'avait dit : Si pourtant je ne devais plus te revoir ! si voulant te sauver, je causais ta perte ! Tiens, je tremble. Tiens, ne pars pas, ne me quitte pas, reste ; hélas ! nous avions résolu de mourir ensemble !

Le soir, elle venait de m'enfermer, elle me laissait un instant seul ; elle était allée me chercher quelques derniers renseignements indispensables. Je profitai de ce moment pour lui écrire. C'est afin que le lecteur achève de prendre une juste idée de la situation où nous avions été à Paris, et de nos vains projets pour l'avenir, que je lui donne ici l'exacte copie de ma lettre. Il ne tardera point à savoir comment l'original m'est revenu.

A MA FEMME.

De ma cache, à Paris, ce 6 février 1794,
sept heures du soir.

« C'est donc demain, ma bien-aimée, que je pars pour la Cabane. Par quel chemin la destinée nous aura-t-elle conduits à cet objet de tous nos vœux ! Il fallait donc qu'auparavant bienfaiteur et victime de mes compatriotes, lâchement abandonné par tous mes faux amis, je me trouvasse seul au fond de l'abîme où m'avaient précipité les scélérats qui oppriment mon pays ! Mais non, non ! je n'étais pas seul. Quelque chose me restait de plus consolateur, de plus secourable, de plus fort que mon courage, que mon amour et même que mon innocence : tu me restais, ma bien-aimée… et chaque jour, au péril de ta vie, tu m'as défendu, tu m'as sauvé… Quel étrange bonheur ! chaque jour, chaque nuit, environnés de nos dangers imminents, nos armes toujours prêtes sous notre chevet, un pied pour ainsi dire dans la tombe, mais l'âme exempte de tout reproche, mais le cœur plein de nos amours, nous avons constamment, au sein de cette imperturbable tranquillité qui n'appartient qu'à l'homme de courage et de bien (car toi, ma bien-aimée, ma digne épouse, toi, la plus aimable des femmes, tu es en même temps homme de courage et de bien), nous avons goûté de ravissants plaisirs que peu de mortels connaîtront. Nous avons par notre bonheur bravé, puni nos tyrans. Nous avons, toujours préparés à la mort, épuisé la coupe de la vie. Nous aurions, dans notre ivresse, épuisé l'amour même, s'il n'était pas vrai qu'une passion comme la nôtre, à l'épreuve du temps et des supplices, est inépuisable. Nous avons, grâces t'en soient rendues, idole de mon cœur, toi peut-être encore autant que ma femme idolâtrée, liberté, nous avons, dans l'asile secret, dans le profond mystère où les oppresseurs nous tenaient ensevelis, nous avons trouvé le moyen de rester libres !

Mais cet état ne pouvait durer. Des mille précautions qui nous sauvaient, une seule oubliée pouvait nous perdre.... La Providence, oh oui! la Providence vient à mon secours. O ma bien-aimée, c'est encore toi..., c'était toi, c'était l'ascendant de ton étoile, c'était ton impérieux génie qui, du fond de cette Gironde où m'environnaient tant d'embûches mortelles, m'appelait et m'appelait sans cesse. Eh bien! le visage découvert, le front levé, le bras toujours armé, l'esprit toujours vers toi, au milieu de leurs comités, de leurs commissions, de leurs satellites, à travers cette foule d'assassins, j'ai passé. Sans toi je périssais là-bas, sans toi j'allais périr ici. C'est toi, c'est ta patience qui ne s'altère point quand il s'agit de ton amant, c'est ton courage que rien n'étonne quand il faut résister à l'oppression, c'est ta douce éloquence qui me suscite des libérateurs. O ma bien-aimée, s'il arrivait que cette entreprise, commencée sous de si favorables auspices, eût une fin malheureuse; je t'en conjure, n'aie pas cette horrible injustice, ne me fais pas cette peine cruelle de t'accuser. Redis-toi, redis-toi sans cesse qu'infailliblement je périssais ici. Oui, si je me sauve, c'est par toi ; si je succombe, c'est la fatalité, c'est le tort de la destinée. N'accuse...; mais non n'accuse pas... avec le calme de l'innocence, hâte-toi de te réunir à ton époux. Que dans la tombe encore nous nous retrouvions ensemble!... Tiens, ce sont tes alarmes pour moi qui m'entraînent dans de telles suppositions. Jamais je n'eus autant de confiance. Espère, crois-moi ; ne crains rien : me voilà sauvé. Je le suis ; le ciel le doit peut-être aux sacrifices que j'ai faits pour le bonheur des hommes, mais surtout à ta généreuse constance, à ton malheureux amour, à ton dévouement magnanime. Ma bien-aimée, je te le dis : longtemps j'ai travaillé pour fonder la Cabane (1); je vais maintenant la choisir. Dans six semaines je t'y posséderai. Nous la goûterons enfin cette vie casanière que j'ai toujours ardemment désirée ; je les savourerai ces délices de la retraite où je serai tout entier à toi, ces charmes de la solitude que j'ai si longtemps sacrifiés à ma patrie ingrate. Mon amie, entends la prière que je te fais à genoux : veille sur toi. Je laisse derrière moi la plus chère moitié de moi-même : tu le sais. Veille sur toi. Laisse tes affaires, si leurs soins doivent te coûter quelque im-

(1) C'était ainsi que nous désignions la retraite où, depuis dix ans, nous brûlions de nous dérober au tourbillon du monde, pour nous livrer sans partage à l'amour. Et cette retraite, on m'assurait aujourd'hui que je l'aurais dans le Jura.

prudence. Soyons plus pauvres encore, et soyons plus promptement réunis. Songe à l'inquiétude mortelle où je vais languir..... Te voilà de retour. Que j'aurais de choses à te dire encore!... Adieu, je t'adore, conserve-toi ; je pars le premier, je t'attends. »

Le 7 février, dès six heures du matin, je repris ma course aventureuse. A l'extrémité de la rue Charenton, je laissai ma femme dans le fiacre où elle avait voulu m'accompagner. Je la laissai. J'étais à plaindre, elle l'était davantage : celui qui reste est le plus malheureux. La prudence exigeait que la séparation se fît à quelque distance en deçà de la barrière ; il fallait y passer seul et à pied pour être moins examiné. De la portière de devant, Lodoïska me suivait d'un œil plein d'inquiétude ; elle tremblait que je n'allasse échouer au premier écueil. Elle vit trop bien que la sentinelle m'arrêtait, mais elle vit aussi que d'un air assuré je produisais une carte qui n'était pas la mienne, et que d'un air amical je passais. Qu'en ce moment je sentis vivement ta joie, ma Lodoïska ! mais que je souffrais des promptes alarmes qui allaient succéder ! Bien des passages plus dangereux me restaient à franchir, et tes regards ne pouvaient plus m'y accompagner. Que je souffrais pour toi ! L'absence d'ailleurs, la cruelle absence commençait. Ah ! du moins ne néglige rien pour l'abréger. A ton tour, dans six semaines, tu me l'as promis ! dans six semaines au plus tard, viens te présenter à cette porte, mets-toi sur cette route où je te devance. Hâte-toi, sors de cette ville où si longtemps nous avons cru trouver notre tombeau. Viens avant la fin de mars me joindre dans cette contrée qu'on nous a dit être sûre, tranquille, hospitalière... Hélas!

Dans le bourg de Charenton je trouvai mon brave ami qui m'attendait; ensemble nous entrâmes à Villeneuve-Saint-Georges. Par une heureuse précaution, j'avais décidé ma femme à trouver bon que, partant un jour plus tôt et devançant la voiture où ma place était retenue de Paris à Dol, je fisse dix lieues à pied, pour l'aller attendre à Melun. C'était un sûr moyen de diminuer les dangers de ma sortie de Paris, et d'être beaucoup moins inquiété dans ses redoutables environs. Nous lui dûmes notre salut à Villeneuve-Saint-Georges. Un commissaire du pouvoir exécutif se tenait là pour examiner à leur passage toutes les voitures publiques, tous les voyageurs à voitures. On me dit son nom que j'ai oublié; tout ce qui m'en reste, c'est que c'était un jacobin qui très-probablement m'aurait reconnu; mais on ne nous fit point à nous, braves piétons, l'injurieux honneur d'une visite commissariale. On nous conduisit seulement à l'officier de garde qui n'examina que très-légèrement nos papiers, et sans difficulté laissa passer deux soldats: deux soldats, car F... en avait le costume ordinaire; moi, je portais, avec un large pantalon de laine noire, la courte veste pareille, un gilet tricolore, une perruque jacobite à poils courts, plats et noirs, tout récemment faite exprès et qui m'allait si bien qu'on eût juré que c'étaient mes cheveux; enfin le bonnet rouge, l'énorme sabre et deux terribles moustaches que j'avais laissées croître pendant ma réclusion. Si dans cet équipage je représentais encore quelque chose, ce n'était assurément pas un muscadin ; tout cela était alors le grand habit des grands patriotes et s'appelait une carmagnole complète.

J'avais pu entreprendre et j'achevai très-bien cette marche de dix lieues, parce que deux mois de répit et de soins convenables avaient chassé mon rhumatisme.

Le lendemain, tous les voyageurs de la voiture publique que je venais de joindre à..... furent conduits à la municipalité. Un membre du comité de surveillance visait les passe-ports. Je lui donnai le mien ; il le lut attentivement, me regarda beaucoup, et, sans me le rendre, demanda ceux de mes compagnons de voyage. Il les examinait tour à tour, les leur rendait et retenait toujours le mien; il le gardait à part dans la main gauche, qui se retirait chaque fois que j'avançais la mienne pour le reprendre. Un moment, me disait-il toujours. Je commençais à n'être pas fort à mon aise. Tous mes camarades de route étaient déjà renvoyés, je restais seul avec le surveillant. Tu vas rejoindre l'armée ? me demanda-t-il. — Eh non ! tu as pourtant assez lu ! je vais pour affaire de commerce. Il y rejeta les yeux. Ah ! pour affaires de commerce ! oui ! — Donne donc ! m'écriai-je. J'avançais la main. Il fit encore le même mouvement en arrière. Tu es bien pressé ! dit-il. — Et toi, tu ne l'es guère ! Ne vois-tu pas que tu as expédié tous les voyageurs et que la voiture va partir sans moi ? — Mais n'as-tu rien à me dire ?—Non, répliquai-je brusquement dans le style du jour et de mon accoutrement. Il répondit : Eh bien ! j'ai quelque chose à te dire, moi. — Sacrebleu ! dis tout de suite. —J'ai à te dire, poursuivit-il en prenant une de mes mains qu'il serra et en remettant mon passeport dans l'autre, j'ai à te dire que je souhaite de tout mon cœur que tu finisses ton voyage sans accident. Adieu! Je répétai adieu, n'en demandai pas davantage et je cours encore.

Était-ce à mon seul habit que je devais cette politesse? M'avait-il pris pour quelqu'un de sa connaissance? ou plutôt, quoique je ne le connusse pas, ne me connaissait-il pas très-bien? Voilà ce que le lecteur se demandera, ce que je me suis demandé cent fois à moi-même et ce que je n'ai jamais pu décider.

Je ne pourrais fidèlement rapporter toutes les bizarres aventures de ce voyage, sans risquer de compromettre le généreux compagnon de mes périls. Je vais donc tout à coup sauter à....; et de ce qui nous arriva dans ce dernier endroit, je dirai seulement que la voiture y restait, mais que nous ne fîmes point la faute de nous y arrêter, même deux minutes. Je savais qu'il y séjournait un représentant montagnard; nous évitâmes habilement le corps de garde, qui nous eût peut-être conduits à la municipalité, celle-ci au comité de surveillance, et l'un des inquisiteurs au représentant.

De là à..., six lieues que nous fîmes à pied, par un affreux temps. Pour comble de disgrâces, l'abondante pluie qui nous traversait dans la plaine nous promettait une neige plus abondante dans les montagnes. C'est en sortant de........ qu'on commence à gravir le Jura. On nous dit que la route portait, dans les passages les moins chargés, trois pieds de neige.

Dès cinq heures du matin, nous nous y enfonçâmes.

Avant la fin d'une journée pénible, j'embrassai le généreux F... Charmé d'avoir achevé son ouvrage, il allait reporter une heureuse nouvelle à ma femme impatiente. Ah! qu'il jouisse à Paris d'un bonheur constant! qu'au milieu des forfaits qui règnent dans ma patrie, ses vertus y demeurent inconnues pour n'y être pas châtiées! Il est du moins une récompense qui ne saurait lui manquer : cette joie intérieure, ce délicieux sentiment qui suit les belles actions faites courageusement vivra dans son cœur. La reconnaissance ne mourra pas dans le mien. Adieu, mon ami.

Je fis quelques pas, j'entrai dans ma retraite. S'il daigne un moment arrêter ses regards sur moi, Dieu même doit jouir de l'une de ses œuvres. Ce ne peut être un spectacle indifférent à sa justice que celui d'un homme libre, d'un homme de bien, enfin arraché au glaive des dictateurs et des brigands. Mais sa protection n'embrassera-t-elle que moi? Voudra-t-il laisser un peuple immense sous le joug des oppresseurs les plus détestables? ou, pour le châtiment d'une multitude entraînée, souffrira-t-il que ces tyrans soient remplacés par d'autres tyrans? A peine débarrassé de mes plus imminents périls, je tournais ainsi sur mon pays des regards d'inquiétude; ainsi je formais pour son affranchissement d'inutiles vœux (1).

De l'impénétrable asile, de la caverne profonde où je m'étais jeté sur les âpres montagnes qui de ce côté

---

(1) Souvenez-vous que Robespierre vivait encore.

limitent la France, je voyais et je touchais pour ainsi dire l'antique Helvétie. Au premier bruit, à la moindre alerte, je pouvais me précipiter sur le territoire neutre, puis ayant vu passer l'ennemi, remonter à ma retraite et rentrer en même temps dans ma patrie.

Tout ce que j'ai souffert, tout ce dont j'ai joui dans ces retraites, vous ne pouvez le concevoir. Au moins j'y nourrissais mon indépendance. Tous les bons sentiments de mon cœur, ses mouvements les plus louables, il m'était permis de les épancher. Je le pouvais au milieu de ce bois solitaire où je restais des journées entières, où je ne restais pas assez. C'est là que, tantôt renversé sous de noirs sapins, pensant à ma famille à jamais quittée, je soupire; et tantôt me rappelant toute ma patrie, la gloire qui lui était promise et l'opprobre dont ils la souillent, la prospérité dont elle allait jouir et les décombres qui la couvrent, la liberté d'un jour et son esclavage éternel, je pleure. C'est encore là qu'appelant l'amour à mon aide, l'amour et l'espérance, son inséparable compagne, je grave sur l'écorce tendre du fayard le chiffre de mon amante qui demain peut-être me sera rendue. Et puis, afin de donner le change à mes vives agitations, je foule de mes pieds impatients cette terre agreste, avec rapidité je parcours les silencieux labyrinthes de ces retraites; avec effort je gravis les énormes roches jetées sans ordre, taillées à pic, chargées de chênes immenses; bientôt comme suspendu sur les bords les plus élevés de cet abîme, au fond duquel un torrent innavigable roule à grand bruit son onde antédiluvienne, je me retrouve, je pense, je donne l'essor à mes pensées les plus hardies : quel mortel viendrait ici jusqu'à moi? Ici, loin des hommes et devant Dieu, malgré toutes les révolutions, en dépit de tous les tyrans, je suis encore moi, je suis libre!

Mais, ô tourment! si dans le lointain quelques hommes se montrent, s'il n'est pas impossible que l'un d'eux m'entrevoie, il me faut soudain quitter ces hauteurs, m'enfoncer dans le plus épais du bois, retrouver mon dernier asile; ou malheur à moi!... Alors je me rappelle que ce fut ton sort, ô mon maître, ô mon soutien, sublime et vertueux Rousseau. Toi aussi, pour avoir bien mérité du genre humain, tu t'en vis persécuté. Toi aussi, pour avoir été l'ami du peuple.... Ciel! que d'efforts ont été tentés pour rendre odieux ce titre qui, malgré tant de forfaits, restera toujours honoré! Toi aussi, pour avoir été l'ami du peuple, tu fus méconnu, détesté, maltraité par lui. Dans des contrées voisines, à quelque vingt lieues d'ici, à Neuchâtel, on te jetait des pierres! En de telles extrémités pourtant tu m'as donné l'exemple de porter encore le poids de la vie; mais qui t'en imposait le devoir? tu n'avais que Thérèse, et c'est Lodoïska que j'attends.

Hélas, elle n'arrivait pas! plus de six semaines s'étaient écoulées; je n'avais eu de ses nouvelles qu'une fois. L'espérance commençait à quitter mon cœur. J'avais donc perdu l'unique bien par lequel, attaché désormais à la vie, j'aurais pu la chérir encore. Je l'avais perdu! Et comment! pour m'avoir voulu sauver, elle gémissait dans les prisons, elle périssait sur l'échafaud. Quel homme assez malheureusement sensible se représentera mes agitations, mes angoisses, tous mes désirs de vengeance et de mort? Avec l'aurore j'allais me jeter dans ces bois naguère seulement mélancoliques, maintenant tristes, sombres, pleins d'horreurs. Sur ces roches où dernièrement je me bornais à fuir les hommes, aujourd'hui je venais chercher les images du chaos, des abîmes, de la destruction. Que de fois j'ai d'un œil d'envie mesuré ces deux cents pieds d'élévation, d'où je pouvais, me précipitant, rouler de pierre en pierre, et déjà mille fois brisé, m'engouffrer dans ces eaux rapides, tempétueuses, blanchies d'écume et d'ailleurs trop peu profondes pour empêcher que de tout mon poids centuplé par la chute, je n'achevasse de me mettre en pièces sur les tranchants du roc vif qui formait leur lit! Mais de quelle utilité serait cette fin? Aussitôt mon esprit s'élevait à d'autres pensées. Il n'y en eut point de si folles, de si forcenées qu'elles fussent, que je n'embrassasse d'abord avec passion. Je voulais sous un nouveau déguisement rentrer à Paris, pénétrer jusqu'au cabinet de Robespierre, et le pistolet sur la gorge, le forcer à me signer l'ordre qui rendrait à ma Lodoïska sa liberté. [Puis, contraint de m'avouer les invincibles difficultés de l'exécution, je me bornais à examiner lequel des oppresseurs de mon pays je devais aller immoler sur la tombe de mon épouse. Enfin, ma tête s'étant un peu reposée, je m'arrêtai au dessein que voici :

Je manderais au dictateur que l'un des proscrits du 31 mai, celui qu'il détestait le plus sans doute, respirait sur la frontière de France, hors de ses recherches;

hors de ses atteintes. Pourtant je lui proposerais la tête de cet ennemi, à cette condition seule que ma femme serait amenée saine et sauve dans mes roches. Au moment où elle y poserait le pied, je descendrais dans la plaine, moi, je me remettrais sous la hache des licteurs.

On sentira tout ce que ce projet avait de hasardeux. Ma dernière espérance était que ma femme, qui portait dans son sein l'unique fruit de nos amours, consentirait à vivre pour élever le fils de son amant et peut-être un vengeur à la patrie. Que si le traître Robespierre prenait ses mesures de sorte qu'en attirant la seconde victime, il pût aussi retenir la première, au moins Lodoïska ne mourrait pas seule ; ensemble nous irions au supplice, je finirais d'une manière moins triste pour elle et plus digne de moi.

Cinq semaines s'étaient écoulées dans les tourments de cette fièvre où mon corps épuisé perdait le reste de ses forces, mais où mon âme s'exerçait de plus en plus aux résolutions magnanimes. Un jour, celui-là doit faire époque dans ma vie, c'était vers midi, le 21 mai : un homme comme moi victime de la tyrannie, un ami que je m'étais fait dans ces solitudes m'entraîna, sous je ne sais plus quel prétexte, dans une route où je n'avais jamais été, une traverse de ..... à .... Vous vous laissez abattre par le chagrin, me dit-il ; eh ! pourquoi ? votre malheur n'est pas certain : je parierais même que vous reverrez votre épouse très-incessamment.... Jamais, citoyen, tout me le dit : jamais. Il s'était arrêté ; il attachait à quelques cents pas son regard attentif. C'est un char-à-bancs, reprit-il; je n'y distingue qu'une citoyenne avec le conducteur. Tenez, c'est peut-être votre femme! — Ah! citoyen, par pitié, gardez-vous de me présenter de pareilles images. Il poursuivit : Ma foi! je n'y vois qu'une femme en habits de voyage, et elle a des malles. Je m'écriai : Ami, ne vous jouez pas de mon désespoir; je vous avertis qu'il y aurait de quoi me rendre fou. Il indiquait de la main le point de la route où il apercevait la voyageuse; je repoussais sa main, je tournais la tête, je fermais les yeux.

Cependant le conducteur faisait claquer son fouet. La légère voiture venait à nous de toute la vitesse des chevaux. Bientôt une voix... quelle voix, grand Dieu! celle de ces esprits célestes que peint Milton ne laisse point à l'oreille charmée d'impression plus ravissante... une voix dit : Arrêtez. Son doux accent m'a fait tressaillir. Je vole, je me précipite vers le char. C'est Lodoïska qui s'élance, c'est elle que j'enlève dans mes bras. Quel fardeau! quel moment!

Mon bonheur n'a duré que trois jours. Il a fallu se résoudre encore à l'absence, à ses tourments, à ses périls; ma femme a dû le vouloir, j'ai dû le souffrir. Elle est partie, elle est rentrée... Quoi! dans Paris? dans cette ville ennemie?... Elle y est rentrée, oui. Je ne saurais dire, en ce moment, comment ni pourquoi l'invincible nécessité l'ordonne; au reste, tant de sûretés garantissent le succès! Je suis tranquille. Depuis douze jours elle est à Paris; elle y est arrivée sans accident, sans inquiétude; j'en ai la nouvelle. C'est après-demain qu'elle en sort..... Je l'attends dans neuf jours; dans neuf jours nous nous réunirons. Nous nous réunirons pour essayer de nous ouvrir, à travers de nouveaux dangers, le chemin de quelques contrées plus heureuses, mais, quoi qu'il arrive, pour ne nous plus séparer.

Bois d'Elinens, de ce jour, du jour de son arrivée, vous avez recouvré toutes vos beautés naturelles. Vos frais gazons, vos bocages tranquilles, vos perspectives variées, vos sites romantiques n'inspirent plus que les douces rêveries, les émotions tendres, l'espoir, la joie, le bonheur; je l'ai conduite sous vos riants berceaux, mon épouse; avec tous ses attraits elle s'y est promenée, avec toutes ses grâces elle s'est reposée sur l'énorme colosse dernièrement déraciné par l'ouragan terrible; absente maintenant, c'est ici que je la retrouve; j'ai remarqué le lieu, j'ai remarqué la place; chaque jour je la viens reconnaître, je viens chaque jour reprendre celle que j'occupais tout auprès d'elle; la sienne je la lui garde, je la lui garde entière et respectée. Non, jamais couple heureux, aussi doucement agité d'une passion à la fois vive et tendre, sainte et durable, ne parut dans vos retraites, jamais! A moins que de Clarens peu distant de vos solitudes, de ce Clarens célébré par l'écrivain sublime, Julie d'Étanges n'y soit venue, belle de sa jeunesse, de ses charmes, de son amour surtout et même de ses remords après la nuit si fortunée; à moins qu'elle n'y soit venue amenant avec elle le digne ami de son cœur, ce Saint-Preux, rappelé pour mille délices de l'exil de Meillerie, de cette roche désormais immortelle, que je n'ai pas touchée, mais que j'ai vue. Que s'ils ont aussi visité vos ombrages, bois d'Elinens, vous pouvez vous glorifier d'un rare prodige : en moins d'un demi-siècle, vous avez vu deux couples amants.

Depuis que je parcours leur vaste enceinte pour y chercher les plus douces retraites, Lodoïska, j'ai découvert, entre ce bois touffu qui vers l'occident se présente en amphithéâtre, par mille détours monte peu à peu vers la plaine, la couvre tout entière, et d'une pente insensible se prolonge jusqu'à la vallée ; entre ces roches qui du côté de l'orient bornant ces vastes promenades, élèvent, taillé pour ainsi dire à pic, leur inabordable rempart chargé de forêts éternelles ; près de ces eaux, qui plus loin resserrées se précipitent impétueux torrent, mais ici libres dans un vaste espace s'écoulent ruisseau paisible, au milieu de ces jardins inimitables où, dans sa sauvage magnificence, la nature a jeté des modèles pour le génie de Kent (1), et le désespoir de ces trop faibles successeurs ; parmi tant d'enchanteurs asiles, j'ai découvert l'asile enchanteur. Des chênes centenaires et des sapins avec eux vieillis, entrelacent leur cent bras, de cent manières différentes ; autour d'eux, sous leur ombre, et condamnés à ne s'élever qu'après leur chute, de jeunes fayards, quelques rares platanes, une foule de rosiers sauvages se pressent, se confondent, et dans les formes variées qu'ils affectent, laissent au

---

(1) Il passe pour l'inventeur des jardins anglais.

tendre et timide gémir ses amours ; tandis qu'enorgueilli des siennes, au sommet de ce chêne altier, le chantre des forêts module ses airs poétiques ; enfin mille oiseaux saluer, de leurs concerts, la brillante Aurore et tous les plaisirs qu'elle ramène. Mais ce qu'il m'est donné de n'y plus entendre, ce sont les êtres de mon espèce ; jamais le bruit de leur marche et le son de leur voix ne m'y inquiètent ; je ne sais quelle déité conservatrice veille sur ces lieux préférés, et de ses soins jaloux en écarte tout mortel indigne ; j'y ai passé des journées entières sans qu'aucun profane y soit venu troubler mes souvenirs et mes espérances, sans qu'aucun m'ait réduit, par son approche, à voiler ton image. La Fable nous a-t-elle trompés ? Serait-ce donc ici qu'Endymion reçut un baiser de Diane ? Ou plutôt je me figure que tel était le bosquet où la tendre Héloïse recevait de son heureux maître les leçons de l'amour. Je t'y mènerai dans ce bosquet, Lodoïska ; à travers les nombreux détours du labyrinthe qui le masque, je serai ton guide ; tu seras accueillie de la déité tutélaire ; ton nom lui plaît : elle a cent fois répété ton nom. Tiens, nous avons longtemps erré ; je viens d'écarter quelques branches, regarde : voilà cette difficile entrée ; tu n'aperçois rien encore? Avance, approche, baisse-toi. Passe inclinée sous ces pesants rameaux que je soulève, sous cet arc triomphal que mon bras soutient pour toi.

Maintenant, ô mon épouse idolâtrée, je vais graver sur ces arbrisseaux tes chiffres déjà mille fois gravés dans ces solitudes, et si quelque jour des hommes libres et des amants, sans doute il s'en retrouvera dans ces contrées républicaines, si des amants ont mérité que ce délicieux asile leur soit ouvert, à l'aspect de cet antique monument de notre union fortunée, ils sentiront leurs cœurs pénétrés d'une émotion plus douce ; alors reportant sur les événements de notre vie leurs tristes pensées, touchés d'attendrissement, ils accorderont quelques plaintes à nos malheurs peu communs. Qu'ils pleurent le fruit laborieux de nos veilles, le précieux reste de nos amis, la patrie si chère et notre printemps perdus, et perdus sans retour ; qu'ils pleurent, nous le permettrons. Mais que bientôt, consultant leurs cœurs, saisis de cet enthousiasme qui n'appartient qu'aux vrais amants, que bientôt ils s'écrient dans leur joie : La foule des mortels dut encore leur porter envie, il leur restait l'amour (1).

(1) Dans son livre intitulé : *Souvenirs de l'insurrection normande, dite du Fédéralisme*, en 1793. (Caen, Legost-Clérice, 1858), insurrection à laquelle il prit part, M. Frédéric Vaultier a confirmé l'exactitude du récit fait par Louvet de cet événement, à quelques légères méprises près, dont la plus importante à relever est que Louvet accorde trop à l'influence des députés réfugiés, et ne dit pas assez nettement que l'explosion insurrectionnelle avait précédé leur arrivée.

M. Vaultier a tracé ainsi, *de visu*, le portrait de Louvet :
« Louvet était grêle et fluet ; ses yeux de myope, son front chauve et sa face blême lui composaient, dans leur ensemble un masque singulièrement assorti à sa fougue toute juvénile, et faisaient de lui, comme le disait plaisamment Barbaroux, un *orateur mesquinement énergique*. »

MÉMOIRES
DE DULAURE

FRAGMENT PUBLIÉ

Dans le tome XX de la première REVUE RÉTROSPECTIVE
de M. Taschereau

NOTICE

HISTORIQUE ET LITTÉRAIRE

SUR

DULAURE

On ne connaît guère de Dulaure que ses ouvrages historiques. Le fragment que nous réimprimons de ses *Mémoires* inédits nous le montre mêlé de sa plume et de sa personne aux plus grands événements de la Révolution française. Le rôle qu'il y joua eut son importance, son courage et ses dangers.

DULAURE (Jacques-Antoine) naquit à Clermont-Ferrand, le 3 septembre 1755. Il fit de bonnes études au collége de cette ville, et cultiva tout d'abord le dessin et les mathématiques, dans l'espoir d'être admis au corps des ingénieurs des ponts et chaussées. Détourné de cette carrière par des motifs étrangers à ses goûts, il se rendit à Paris au mois d'octobre 1779, pour y étudier l'architecture, et travailla sous Rondelet, qui, après la mort de Soufflot, avait été chargé d'achever l'église Sainte-Geneviève (aujourd'hui le Panthéon), et avant tout de renforcer les piliers qui semblaient fléchir sous le poids du dôme. Un jour que Dulaure, chargé de prendre des mesures verticales, marchait dans l'intérieur sur de hautes corniches, il fut pris d'un éblouissement et faillit être précipité sur les dalles. Il renonça alors à l'architecture, et songea à devenir ingénieur géographe; il obtint même d'être employé au canal projeté entre Bordeaux et Bayonne, pour lequel il fit divers travaux; mais la guerre de l'indépendance américaine ayant empêché le ministère de fournir les fonds destinés à cette entreprise, Dulaure en fut réduit à donner des leçons de géométrie. Il inventa un instrument pour la levée des plans et des cartes topographiques, qui fut soumis à l'Académie des sciences en 1781, et sur lequel Bossut et Cousin firent un rapport favorable. Il publia aussi plusieurs *cartes géographiques* de France et notamment une *carte* d'Auvergne.

C'est en 1782 qu'il débuta dans la carrière littéraire par une *Lettre critique* (in-8°) *sur la nouvelle salle des Français*, qui venait d'être bâtie sur l'ancien terrain de l'hôtel de Condé (aujourd'hui l'Odéon); puis vinrent *les Italiens aux Boulevards*, 1783, in-8°, critique en forme de dialogue de la salle que l'on venait de bâtir, pour les Italiens, sur l'emplacement de l'hôtel Choiseul. L'auteur y faisait raisonner, critiquer et dialoguer entre elles cette salle et celle des Français. Les premières expériences aérostatiques donnèrent à Dulaure l'idée d'un voyage dans la lune (1); il fut ainsi le continuateur de Cyrano de Bergerac et le précurseur du *Cousin Jacques*. C'est là qu'il parle de cette enseigne de *Cinq touts*, qu'il aurait trouvée ou retrouvée, et qui représentait un roi, un noble, un prêtre, un soldat attablés, et un homme du peuple debout auprès d'eux : le roi disait : *Je mange tout*; le noble : *Je pille tout*; le prêtre : *J'absous tout*; le soldat : *Je défends tout*; l'homme du peuple : *Je paye tout*. Pour se procurer des moyens d'existence, il se

(1) *Le Retour de mon pauvre oncle, ou Relation de son voyage dans la lune, écrite par lui-même et mise au jour par son cher neveu.* Ballomanipolis et Paris, 1784, in-8°.

chargea (1785-1786) du compte rendu des pièces de théâtre dans le *Courrier lyrique et amusant ou Passe-temps des toilettes*, que dirigeait madame Dufrénoy, et il s'efforça d'introduire dans cette feuille frivole une partie savante.

Tous ces ouvrages, publiés sous le voile de l'anonyme, sont aujourd'hui profondément oubliés. En 1785, Dulaure donna sous son nom une *Nouvelle description des curiosités de Paris*, qui eut un certain succès et obtint trois éditions, 1785, 1787, 1790, à cause des anecdotes scandaleuses qu'il y avait ramassées et surtout peut-être des efforts que fit le garde des sceaux (Hue de Miroménil) pour en arrêter la publication. Dulaure s'est vanté plus tard d'avoir semé cet ouvrage « de traits hardis contre les rois, « contre la cour, contre la prêtraille. » La vérité est qu'il y perce déjà quelque chose de cet esprit d'hostilité contre la noblesse et le clergé, auquel Dulaure resta fidèle toute sa vie et qui l'entraîna si souvent trop loin. C'est avec les préjugés de son temps qu'il attaque les préjugés d'un autre âge. Pour lui, l'ancien régime n'est pas un justiciable, mais un ennemi. Dès qu'il est à sa barre, il n'écoute plus, il s'indigne ; il ne discute plus, il injurie ; il ne juge plus, il frappe. Son érudition piquante, curieuse et variée manque de critique et de sûreté. Il fait d'ailleurs de l'histoire à coup d'anecdotes ; système dangereux et faux que Saint-Foix avait mis à la mode dans ses *Essais sur Paris*. Dulaure avait moins d'esprit que Saint-Foix ; il est lourd et diffus, il vise au sérieux tout en ayant la prétention d'être badin, et il ne réussit à être ni suffisamment amusant, ni suffisamment instructif. La *Nouvelle description des environs de Paris*, 1786, 2ᵉ édition 1787, suivit et compléta celle de Paris. La seconde édition de chacun de ces deux ouvrages est dédiée au roi de Suède, venu à Paris (1787), pour « y cacher l'éclat de sa majesté sous celui du grand homme. »

A la même époque, 1786, Dulaure publia sa *Pogonologie ou Histoire philosophique de la barbe*, où il demandait assez peu philosophiquement que tous les fonctionnaires publics et les hommes élevés par leur position au-dessus des autres, fussent tenus de laisser croître leur barbe dans toute sa longueur, afin qu'on pût les reconnaître. Singulière réminiscence, chez un partisan de l'égalité, des mœurs des rois chevelus! Ce livre est encore recherché des curieux.

Vinrent ensuite la *Réclamation d'un citoyen contre une nouvelle enceinte de Paris élevée par les fermiers généraux*, 1787, in-8°, qui eut l'honneur d'être attribuée à Mirabeau; une *Lettre à M.* ***, *sur le cirque qui se construit au Palais Royal* (sorte de souterrain que le duc d'Orléans faisait pratiquer dans le jardin de son palais pour des exercices équestres et qui devint plus tard le berceau du Lycée des Arts); et, en 1788, les *Singularités historiques*, in-12. Ce dernier ouvrage, composé avec les rognures de l'*Histoire de Paris*, est plein d'anecdotes burlesques ou scandaleuses, et les conséquences que l'auteur s'efforce d'en tirer sont étrangement hasardées. Il a cependant eu plusieurs édiions. En tête de la dernière, publiée en 1825, in-8°, trente-sept ans après la première, Dulaure écrivait : « Ce recueil, « imprimé en 1788, était devenu rare; je donne cette « seconde édition avec quelques additions. » Ces quelques mots résument, pour ainsi dire, sa longue vie; en trente-sept ans, il n'avait rien oublié et presque rien appris.

Il faut encore citer, parmi les publications de Dulaure antérieures à la révolution, une brochure sur le salon de 1788, *Critique de quinze critiques du Salon*, in-8°, et une *Description des principaux lieux de la France*, dont les premiers volumes parurent la même année, travail estimable et que la Révolution arrêta au sixième volume (1790); il devait en avoir dix-huit. Les volumes publiés comprennent les provinces méridionales et le Poitou. Enfin, on lui a attribué, mais sans preuves suffisantes, la *Petite Lutèce devenue grande fille*, Paris, 178..., 2 vol. in-12, qui paraît être de Caraccioli.

Les antécédents de Dulaure le disposaient naturellement à adopter les idées de la Révolution; il le fit avec une ardeur extrême ; mais quelque jugement que l'on puisse porter sur certains actes de sa vie, il faut du moins rendre hommage à sa sincérité, à son désintéressement, à son indépendance même, car il s'efforça de marcher dans sa propre voie et de se soustraire aux exigences des partis dominants.

Il publia coup sur coup une *Adresse au peuple breton*, qui eut un assez grand retentissement ; un *Avis au peuple français sur le choix des officiers municipaux, des membres des assemblées de districts et de départements;* un *Commentaire sur la procédure criminelle du Châtelet, et Rapprochement des dépositions dans l'affaire des 5 et 6 octobre* 1789 ; 21 numéros de *Métamorphoses ou liste des noms de famille et patronymiques des ci-devant ducs, marquis,* etc. Ce pamphlet, qui porte la signature de Louis Brossard et qui eut plusieurs éditions, peut être considéré comme le premier essai de cette fameuse *Liste des ci-devant nobles* qui devait surtout populariser le nom de Dulaure. En 1790, il dénonça un *Nouveau complot formé par la magistrature,* et donna une vive *Réfutation des opinions de M. Necker, relativement au décret de l'Assemblée nationale concernant les noms, les titres et les armoiries.* Enfin, il s'avisa de lancer, sous le titre des *Évangélistes du jour* (16 numéros in-8°), une assez pâle riposte à ces *Actes des Apôtres* si pétillants de verve et d'esprit. « Cet ouvrage périodique, disait Camille Des-
« moulins en l'annonçant à ses lecteurs, contient les
« détails des menées, des pratiques sourdes des antipa-
« triotes ; les fourberies, les anecdotes et les traits particu-
« liers de l'aristocratie ; les députés qui en sont gangrenés,
« leurs efforts et leurs succès. Il servira d'antidote à ces
« follicules empoisonnées que les ennemis de la révolution
« ou leurs lâches stipendiaires font périodiquement circuler
« dans Paris et dans la province. Ces ennemis y sont
« poursuivis et combattus tour à tour avec les armes
« du ridicule et celles du raisonnement. Les traits gais,
« piquants et curieux viendront souvent adoucir l'âcreté

« de ceux que l'indignation aura lancés. *Variété, franchise
« et patriotisme* seront la devise de cet écrit. » Mais l'esprit
ne vint pas, les abonnés non plus, et Dulaure fut forcé de
renoncer à sa publication au bout de seize numéros.

Ses diverses publications l'avaient lié avec tous les chefs
du mouvement. « Toujours plus observateur qu'acteur,
« dit-il dans le *Tableau de sa vie politique*, je fus placé par
« le hasard au centre de la Révolution, parmi les hommes
« les plus marquants, d'abord dans le fameux *district
« des Cordeliers*, devenu depuis *section du Théâtre-Fran-
« çais*, où figuraient les Danton, les Fabre d'Églantine, les
« Camille Desmoulins, les Linguet, les Dufourni, les Bil-
« laud-Varenne, les Marat, les Vincent, les Ronsin, les
« Chaumette, etc. De ma section, j'ai suivi la plupart
« d'entre eux à la société des Jacobins, puis à la Conven-
« tion nationale... Je n'étais point orateur, mais j'avais la
« réputation d'homme de lettres, de patriote pur, etc. »

Ce fut en 1791 qu'il fit imprimer son *Histoire critique
de la noblesse depuis le commencement de la monarchie jusqu'à nos jours; où l'on expose ses préjugés, ses brigandages,
ses crimes; où l'on prouve qu'elle a été le fléau de la liberté,
de la raison, des connaissances humaines, et constamment
l'ennemie des peuples et des rois*, in-8°. Le titre du livre en
dit assez le goût et l'esprit. Il fut contrefait ou plutôt réimprimé par l'auteur lui-même, sous le titre d'*Étrennes à la
noblesse*.

Il publia ensuite, en trois parties in-8°, la *Liste des ci-
devant nobles, nobles de race, robins, prélats, financiers,
intrigants, et de tous les aspirants à la noblesse, ou escrocs
d'icelle, avec des notes sur leurs familles*, avec cette épigraphe : « Si notre père Adam eût acheté une charge de
« secrétaire du roi, nous serions tous nobles. » Le succès
fut immense. On enlevait avidement chaque livraison
composée d'une feuille d'impression. Un admirateur de
Dulaure avoue que ce pamphlet est écrit « avec de la haine
délayée dans du fiel, » et M. Paul Lacroix, qui l'a réfuté

avec une extrême vivacité dans le *Mémorial de la noblesse*, 1839 (1), n'y voit que « l'expression âcre et perfide d'une « vengeance particulière. » La vérité est que des trois cents noms environ que Dulaure, avec une légèreté souvent mensongère et toujours cynique, signalait aux haines populaires, beaucoup devaient expier dans l'exil ou sur l'échafaud les soupçons et les ressentiments dont il s'était fait la trompette.

La *Vie privée des ecclésiastiques, prélats et autres fonctionnaires publics qui n'ont point prêté leur serment sur la Constitution civile du clergé,* 3 parties in-8°, écrite dans le même esprit que la *Liste des ci-devant nobles,* la suivit de près.

Le 11 août 1791, parut le premier numéro d'un journal quotidien, le *Thermomètre du jour*, dont Dulaure publia 9 vol. in-8°, et qu'il ne cessa que le 25 août 1793. Cette feuille eut, à Paris principalement, une certaine influence. Roland ne dédaigna pas de la comprendre, pour une somme bien minime il est vrai, 452 livres 10 sous, dans celles dont il achetait des numéros pour les répandre. Elle avait pour épigraphe ces mots : *Variété, vérité, célérité.* Pour en faciliter la criée dans les rues de Paris, elle portait, suivant l'usage du temps, des sommaires ridicules et emphatiques : *Grand complot pour favoriser l'évasion du roi! Grande arrestation*, etc. Le style n'en était pas du meilleur goût, témoin cette phrase du n° 3 : « Il y a des hommes « qui sont *dévoyés* par une indigestion, et qui font d'eux-« mêmes *caca* sur leur réputation. » Dulaure avait pour collaborateur B. Chaper. Leur journal ayant été saisi, Dulaure alla réclamer auprès de la commission de censure ou de police, et celui des commissaires auquel il s'adressa, ne sachant que répondre à la solidité de ses raisonnements, finit par lui dire : « Que voulez-vous que j'y fasse? Je

---

(1) Cette réfutation a été réimprimée dans les *Curiosités de l'Histoire de France*, 1858.

« ne gagne rien à cela. Je suis un pauvre serrurier, je
« fais ce qu'on me dit. J'aurais mieux aimé qu'on m'eût
« laissé dans ma boutique. » « Un serrurier censeur de la
« pensée ! » s'écriait Dulaure avec amertume, quelques
années plus tard.

Au mois de septembre 1792, Dulaure fut nommé membre
de la Convention nationale par le département du Puy-de-
Dôme.

Il faisait partie du *club des Jacobins*, et il fut même l'un
des soixante membres formant le comité épuratoire. Mais
c'est surtout dans le comité de correspondance qu'il rendit
des services à cette société fameuse. Il avait voulu fonder,
en 1790, mais sans succès, le *club des Droits de l'homme*,
dont la mission devait être de « provoquer et de recevoir
« la dénonciation de toutes les oppressions ou injustices
« dont les citoyens auraient à se plaindre. » Il prenait le
titre de secrétaire, et Dufourni celui de président de ce club,
qui pouvait devenir si dangereux ; véritable *bouche de fer*
ouverte, comme celle de Venise, à toutes les délations.

Dulaure voulait franchement et sincèrement la république ; mais, soit indépendance, soit défiance d'un esprit
naturellement ombrageux, il ne se rangea dans aucun des
grands partis qui aspiraient à la diriger. Entre les modérés
et les exaltés, il tint une ligne plus indécise qu'habile, se
rapprochant tantôt des uns, tantôt des autres, ne leur
épargnant pas à tous de dures vérités et semant chemin
faisant sur son passage des rancunes et des froissements
d'amour-propre qu'il expia cruellement plus tard. Un de
ses biographes a dit avec assez de justesse : « Il votait
« avec les girondins, il penchait pour les dantonistes, et
« son opinion était plus nette que celle de Marat et même
« celle de Robespierre. » Il le croyait du moins : il ne
pardonnait ni à Marat d'avoir constamment provoqué dans
son journal la nomination d'un *tribun du peuple* ou d'un
triumvirat, puis successivement d'un *dictateur*, d'un *régulateur*, d'un *chef* ; ni à Robespierre d'avoir, par calcul

d'ambition personnelle ou par conscience des dangers de la république, visé à la dictature. Il avait d'ailleurs été républicain longtemps avant eux. Il cite même à cet égard une curieuse anecdote : « Une société du Jura ou de l'Ain
« écrivit à la société des Jacobins de Paris, après les
« événements du 10 août 1792, une lettre où les principes
« républicains étaient vigoureusement exprimés, et où
« l'on demandait l'établissement de la république. J'étais
« chargé (comme membre du comité de correspondance) de
« répondre à cette lettre; ma réponse annonçait mon pen-
« chant à cette espèce de gouvernement. Le comité, alors
« composé d'une partie des membres qui ont depuis figuré
« avec Robespierre dans le comité de salut public, désap-
« prouva ma rédaction; je fus obligé de faire jusqu'à trois
« rédactions pour, suivant les intentions du comité, *monar-*
« *chiser* ma réponse. Cela m'étonna alors; plus tard, cela
« m'étonna moins, quand je pus me convaincre qu'ils vou-
« laient *monarchiser* la république. »

Dans le procès de Louis XVI, Dulaure vota la mort sans appel au peuple et sans sursis. L'*opinion*, qu'il publia à cette occasion, comme la plupart de ses collègues, et dont l'argumentation principale se résume en cette proposition : « La Convention a seule le droit de juger Louis Capet, de
« faire la loi et de l'appliquer, » n'a, du reste, rien de remarquable entre toutes les autres. Il y gourmande « les
« hommes faibles, imbéciles, lâches et injustes qui pleu-
« rent sur la destinée d'un vil oppresseur, » et termine en disant que « si la pitié individuelle peut être une vertu,
« la pitié nationale contre les tyrans est un crime de lèse-
« justice, de lèse-humanité. »

Ses travaux comme membre de la Convention et des Jacobins et comme journaliste (1) ne l'empêchèrent pas de

---

(1) Le décret du 9 mars 1793, qui enjoignait aux membres de la Convention qui rédigeaient des journaux d'opter entre leurs fonctions de député et celles de rédacteur de journal, était dirigé contre Marat. Il ne fut point mis à exécution.

publier, en 1793, quelques nouvelles brochures politiques.

Physionomie de la Convention, janvier 1793; il y traçait les portraits des hommes qui passaient pour avoir l'ambition de la dominer, et conviait la majorité, la plaine, à l'union.

Observations à mes commettants, in-8°; nouvel appel à l'union et à la politique intermédiaire entre l'exagération et la modération. Dulaure, qui n'était pas orateur et qui ne montait jamais à la tribune, fait le procès à l'éloquence bruyante et passionnée de ses collègues; il veut bien reconnaître toutefois que « certains n'obéissent qu'à « leur force physique, qu'à leur tempérament qui les « entraîne d'un côté ou de l'autre. » Il semble qu'il ait assez clairement désigné Robespierre dans le portait suivant : « Tel homme, par exemple, dont les yeux sont « fixes, les mouvements convulsifs, qui a le teint blême, « les lèvres livides lorsqu'il est irrité, dont la haine con- « centrée perce malgré lui, n'est jamais plus à son aise « que lorsqu'il l'exhale tout entière : méfiez-vous de ses « discours, il ne peut être juste, il est atrabilaire; son « tempérament l'emporte toujours au delà de la vérité. » Dans une note, il parle avec une certaine amertume de la tentative de proscription des vingt-deux girondins (la pétition contre eux avait été présentée à la Convention le 14 avril), et il n'y voit « qu'un supplément du projet manqué « de les faire assassiner le 10 mars. »

Dulaure, toutefois, ne s'associa point à la fortune des girondins. Il ne fut pas du nombre des députés qui protestèrent contre la journée du 31 mai.

Il cessa même, le 25 août, la publication de son journal le *Thermomètre*. Il paraît qu'il l'avait vendu au ministre Garat. Est-ce à partir de cette époque qu'il fut attaché à la rédaction du *Courrier français*, journal quotidien in-8° qui prit, en l'an XI, le nom de *Courrier républicain?* Est-ce plus tôt? nous ne saurions le dire.

Mais, après l'assassinat de Marat par Charlotte Corday

(13 juillet), Dulaure, qui considérait Marat comme un monstre, et qui sans doute avait été frappé de ce qu'il y avait de si noble et de si touchant dans l'attitude de Charlotte, n'avait mêlé sa voix ni aux dithyrambes que la plupart des journalistes ses confrères entonnèrent en l'honneur de la victime, ni aux injures qu'ils vomirent contre la jeune criminelle. Il eut même pour celle-ci quelque mots de pitié. Aussi, quand celle qui prenait le titre de veuve Marat, parce que *Marat l'avait épousée un jour de beau temps, à la face du soleil,* se présenta à la Convention le 8 août, Dulaure fut un des journalistes qu'elle signala comme « ayant osé vanter « Charlotte Corday, pour encourager ses pareilles à égor- « ger le reste des défenseurs de la liberté. » Le trait porta. Il avait d'ailleurs froissé dans l'Assemblée nombre d'amours-propres qui cherchaient une revanche.

Toutefois, il ne fut pas compris dans le décret du 3 octobre qui renvoyait devant le tribunal révolutionnaire, accusés de conspiration, les chefs de la Gironde, et ordonnait l'arrestation des députés signataires des protestations des 6 et 19 juin. Amar, dans son *rapport*, se contenta de le signaler comme un journaliste contre-révolutionnaire.

Hébert, que Dulaure n'avait pas ménagé, se plaignit aussitôt de cet oubli, et voici dans quels termes orduriers il attaqua Dulaure, dans le numéro 194 de son *Père Duchesne* publié quelques jours après : « Et toi, misérable barbouilleur « à la toise, gaspillard Dulaure, qui as si perfidement aban- « donné les gros pendards de maman Lejay, pour aller flâner « dans le boudoir de la reine Coco (1), quel rôle joueras-tu « dans cette cérémonie? Pendards pour pendards, il fallait

---

(1) Madame Lejay était la femme du libraire Lejay, éditeur des premiers ouvrages de Dulaure. Elle épousa Doulcet de Pontécoulant, qu'elle avait sauvé pendant la Terreur. Quant à madame Roland, elle avait bien peu d'influence sur Dulaure. Il n'est pas même nommé dans sa volumineuse *Correspondance* avec Bancal des Issarts, qui, comme Dulaure, était du Puy-de-Dôme. Elle se

« plutôt s'en tenir à ceux qui faisaient doucement bouillir
« ta marmite, que d'aller trancher du girondin et du bris-
« sotin. Qui trop embrasse mal étreint... » Dulaure se hâta
d'écrire à Hébert pour expliquer la nature de ses relations
avec Roland et sa femme; Hébert eut la déloyauté de ne
pas publier cette lettre, et dans le procès des girondins, il
l'invoqua comme preuve de la vente que Dulaure aurait faite
de son journal au ministre Roland.

Dulaure, qui se sentait menacé, essaya de conjurer l'orage.
Il composa, en quelques jours, une brochure intitulée : *Du
Fédéralisme en France*, in-8°, dans laquelle, après avoir
discuté et balancé les avantages et les inconvénients du système fédératif, il se prononçait énergiquement en faveur de
l'unité et de l'indivisibilité de la République. Au reste, il
était bien convaincu, et il a affirmé depuis, « que ce mot de
« *fédéralisme* n'avait été inventé que pour donner du corps
« à un fantôme de conspiration, que pour remplacer les
« mots de *brissotin*, *rolandin*, *hommes d'État*, qui étaient
« déjà usés... »

Il était trop tard, et le 21 octobre (1), il fut décrété d'accusation sur un rapport particulier d'Amar. « Je viens, dit
« Amar à la Convention, vous rappeler une omission qui a
« été faite dans la nomenclature des députés que vous avez
« décrétés d'accusation..... Votre intention n'est pas de

borne à dire en parlant de ce dernier dans ses *Mémoires* :
« Homme estimable, que j'ai vu jusqu'au moment où la Montagne
« le séduisit, » et elle ajoute dans une note : « J'ai appris depuis
« que les derniers excès de la Montagne l'avaient éclairé et
« ramené. » Elle lui écrivit de sa prison, le 9 juin 1793, une lettre
fort vive pour se plaindre de la publication, dans le *Thermomètre*,
de l'interrogatoire de Philippe d'Orléans (Égalité), qui renfermait
contre les girondins d'injustes et fâcheuses insinuations.

(1) Et non pas le 22, comme il le prétend dans ses *Mémoires*,
ni le 20, comme l'ont dit ses biographes. Dulaure accuse le jacobin
Desfieux d'avoir été, par vengeance personnelle, l'instigateur des
poursuites dirigées contre lui.

« laisser échapper ce criminel... » Dulaure était inculpé d'avoir *diffamé de la manière la plus indécente*, avec Brissot, Condorcet et Carra, les députés envoyés en mission dans les départements, *d'avoir perverti l'esprit public*, et finalement *d'avoir conspiré contre l'unité et l'indivisibilité de la république, contre la liberté et la sûreté du peuple français*.

C'est dans les *Mémoires* mêmes de Dulaure qu'il convient de lire le récit des transes et des dangers qu'il éprouva. Le dévouement d'une jeune gouvernante qu'il avait *épousée*, lui aussi, *à la face du soleil*, et qui devint plus tard sa femme légitime, celui de Pénières, son ami et son collègue à la Convention, de l'orateur Boucheseiche et de quelques autres personnes généreuses, le sauva. Il trouva moyen de sortir de Paris et d'aller se cacher à Saint-Denis (24 octobre), puis de rentrer à Paris (18 novembre). De là, il partit pour la Suisse (10 décembre) muni de faux papiers.

Sur ce récit prolixe, mais qu'une émotion vive et une sorte de candeur naïve assez éloignée de la manière ordinaire de Dulaure rendent si intéressant, nous n'avons que peu d'observations à faire, moins pour y ajouter des détails que pour signaler ce qu'il y a de romanesque dans ceux dont d'autres biographes ont voulu l'embellir. On verra qu'il n'y a nulle place dans le récit de Dulaure pour la légende suivante, dont la scène devrait se passer avant sa fuite à Saint-Denis, et que nous trouvons dans la *notice* de M. C. Leynadier :

« Déjà cependant on frappait à la porte à coups redou-
« blés : il fallait prendre un parti. La maison où Dulaure
« avait trouvé un asile était située dans le quartier de la
« Ville-l'Évêque. Elle avait deux portes de sortie sur la
« même façade. Elle communiquait par les caves à une
« autre maison dont elle avait jadis fait partie, et à la-
« quelle étaient attenants un jardin et des champs. Dans
« ces temps de terreur sombre, toutes les voies de salut
« étaient minutieusement combinées à l'avance. Cette solli-
« citude entrait dans les prévisions de la vie. C'était triste,

« mais c'est vrai. Aussi, l'arrestation de Dulaure étant
« prévue, son plan d'évasion était tout tracé. Il restait à
« l'exécuter ; il y avait urgence. Du dehors, on menaçait
« d'enfoncer la porte. Au dedans, on n'eut que le temps de
« s'embrasser, de se dire un adieu qui pouvait être le der-
« nier. Dulaure prit le chemin des caves. Alors, sa jeune
« gouvernante, pour faire diversion et attirer l'attention sur
« elle, endosse une vieille houppelande de Pénières, ouvre
« la deuxième porte de sortie qui n'était pas surveillée et
« se met à courir, feignant de se sauver. Les cris : *Le
« voilà ! le voilà ! arrêtez ! feu !* retentissent d'un bout de la
« rue à l'autre. Des coups de fusil s'y mêlent ; nul coup
« n'atteint la femme dévouée, mais les balles courant plus
« vite qu'elle, elle en entend le sifflement aigu : elle
« s'adosse contre un mur : on l'arrête, on l'interroge. Elle
« se dit de la maison du conventionnel Pénières, ajoute
« qu'étant sortie pour aller au pain, elle avait eu peur de
« tout ce monde et s'était enfuie. Prolongeant à dessein ses
« explications, elle les entremêle de protestations ardentes
« pour la république, ouvre elle-même la porte de la mai-
« son, dirige les recherches et dissimule si bien que chaque
« patriote, en sortant, voulut récompenser la jeune ci-
« toyenne de son ardent civisme par un baiser fraternel.

« Pendant ce temps, Dulaure avait pu sortir de Paris et
« gagner Saint-Denis, où le lendemain sa gouvernante était
« venue le rejoindre. »

Ce qui suit n'est pas plus vrai.

« Déguisés, à pied, sans argent, travaillant souvent, lui
« comme manœuvre, elle comme femme de peine, pour les
« besoins du jour, ils traversèrent la Bourgogne, la Fran-
« che-Comté. Dans les montagnes du Jura, les routes étant
« explorées avec une rigueur extrême, Dulaure ne put
« échapper aux ombrageuses investigations de la police
« républicaine qu'en contrefaisant l'aveugle. Sa jeune
« femme le guidait. »

Dulaure sortit seul de France ; sa gouvernante était restée

à Paris ; il ne contrefit point l'aveugle ; il trouva sur toute sa route secours et hospitalité. Voilà la vérité.

En Suisse, Dulaure fut employé comme dessinateur de fleurs dans une manufacture d'indiennes. Il y resta près d'un an, travaillant onze à douze heures par jour pour gagner vingt sous, sans habits, sans linge, presque sans pain. Sa gouvernante l'avait rejoint, et par son dévouement et ses soins, adoucissait l'amertume de son exil. Il voulut la récompenser et l'épousa, non plus cette fois *à la face du soleil*, mais devant Dieu et devant les hommes.

Le 9 thermidor et la chute de Robespierre ne rouvrirent pas immédiatement à Dulaure les portes de la France. Mais quand il vit qu'il était question de rappeler dans le sein de la Convention les soixante-treize députés dont il avait partagé la proscription, il fit des démarches pour obtenir la même grâce ou la même justice. Une première lettre à la Convention étant restée sans réponse, il lui en écrivit le 3 décembre 1794 une seconde. « J'ai, disait-il, adressé de« puis plus d'un mois, une pétition à la Convention. Elle n'a « pas même été lue. Je n'ai pas attendu les circonstances « pour exprimer mes sentiments ; je n'ai suivi que l'impul« sion d'une conscience pure. Ennemi de toutes les factions, « je n'en ai caressé aucune. Comment eussé-je été le com« plice des conspirateurs, moi qui n'ai signé aucune « déclaration liberticide (1), qui n'ai jamais assisté aux con« ciliabules secrets ? J'invoque le témoignage de tous mes « collègues sur ma moralité ; je suis entré pauvre à la Conven« tion, j'en suis également sorti pauvre. Aujourd'hui fugitif « et réduit à vivre du travail de mes mains, j'éprouve « tous les tourments de la misère. Les plus grands crimi« nels ont droit de réclamer justice : pourquoi ne pourrais« je pas l'obtenir de mes collègues ? Je me présente seul à « l'œil de la surveillance la plus sévère ; j'appelle sur ma

(1) Ceci est une allusion assez peu généreuse à la conduite des soixante-treize signataires détenus.

« conduite politique l'examen le plus rigoureux. Si mon
« sang est utile à ma patrie, je suis prêt à le répandre;
« mais du moins je supplie la Convention de faire un rap-
« port à mon égard. » Quelques jours après, le 8 décembre,
il était rappelé en même temps que les girondins, de la
cause desquels il avait affecté de vouloir séparer la sienne,
sur la proposition de Monestier (du Puy-de-Dôme). Il reçut
cette nouvelle au moment où, sans attendre la réponse, et
à l'aide de quelque argent avancé par son patron, il se mettait en route pour la France.

Le rôle de Dulaure à la Convention continua d'être assez
ferme. Il appuya vivement contre Charlier la demande en
réhabilitation de la mémoire de Perrin (de l'Aube), son
infortuné collègue, condamné comme concussionnaire à
douze ans de fers et mort de chagrin en arrivant au bagne
(7 septembre 1795). Envoyé en mission dans la Corrèze et
la Dordogne, il prononça, à Brives, un *Discours à l'occasion
de la fête funèbre en l'honneur du représentant du peuple
Féraud*, et en fit hommage à la Convention. De retour à
Paris, il publia un document très-curieux sous ce titre :
*Supplément aux crimes des anciens comités du gouvernement,
avec l'histoire des conspirations du 10 mars, des 31 mai et
2 juin, et de celles qui les ont précédées, et tableau de la
conduite politique d'un représentant du peuple mis hors la
loi et rappelé à la Convention nationale*, in-8° de 140 pages.
Louvet fut l'éditeur de cet ouvrage, dans sa petite boutique
du Palais-Royal. Dulaure, dans sa brochure, brise sans
pitié ses anciennes idoles : Couthon, dont il flétrit la *féroce
iniquité*; Robespierre et Marat, *aussi dépourvus de courage,
de génie, que faibles en talents, et qui n'étaient que de vils
polissons*, etc.; Chabot, *frocard et dindon*; Fabre d'Églantine, *un des hommes les plus perfides et les plus immoraux qui
fussent dans Paris*, et le reste à l'avenant.

Après la clôture de la Convention, Dulaure fut nommé
député par trois départements : le Puy-de-Dôme, la Corrèze et la Dordogne. N'ayant pas encore quarante ans, il

fut classé dans le Conseil des Cinq-Cents. Le sort l'y laissa en germinal an v. En germinal an vi, son département lui donna une nouvelle preuve de confiance en le nommant député pour la troisième fois.

Il s'occupa surtout d'instruction publique pendant qu'il siégeait aux Cinq-Cents, et comme membre de la Commission d'instruction publique et des institutions républicaines, il fit, le 27 novembre 1798, un *Rapport* suivi d'un *Projet de loi*, divisé en dix titres et soixante-quatre articles *sur la surveillance et la police des écoles publiques et particulières*, in-8°. Quelque temps après, il fit une motion d'ordre sur les *Écoles primaires*. Dans la discussion du projet de loi sur la liberté de la presse, il proposa de forcer tout journaliste qui aurait inculpé un citoyen d'insérer la réponse de celui-ci dans son journal, disposition sage qui a fini par passer dans la législation de la presse. Il termina sa carrière législative en dénonçant violemment (18 août 1799) un pamphlet répandu dans le Midi et intitulé : *Les amis confédérés de l'ordre et de la paix aux autorités constituées des départements*. Ce pamphlet était dirigé contre la loi des otages, et cette loi, que Dulaure ne craignait pas d'appeler *salutaire*, en soulevant l'indignation de tous les honnêtes gens, en réveillant le souvenir des plus mauvais jours de la Terreur, ne contribua pas peu à affaiblir le Directoire que Dulaure voulait défendre, à amener la catastrophe du 18 brumaire et le renversement de la république.

Durant cette période, Dulaure avait pris part à la rédaction de la *Sentinelle* de son ami Louvet. Il y rédigeait la partie historique.

Rentré dans la vie privée, il traversa assez obscurément le consulat et les premiers temps de l'empire.

Il publia, en 1805, un livre étrange et curieux : *Des divinités génératrices, du culte du Phallus chez les anciens et les modernes; des cultes des dieux de Lampsaque, de Pan, de Vénus*, etc.; et, en 1806, un autre livre : *Des cultes qui ont précédé et amené l'idolâtrie ou l'adoration des figures humaines ; des cultes des fétiches, des astres, des héros ou des morts*, 1 vol. in-8°; réimprimés tous deux, en 1825, sous ce titre : *Histoire abrégée des différents cultes*, 1825, 2 vol. in-8°. L'érudition abonde dans cet ouvrage, mais sans critique, sans méthode, sans largeur dans l'ensemble et sans retenue dans les détails. Il est bien en arrière de la science moderne, telle que l'ont faite les recherches surtout des Allemands.

L'Empereur négligea ou repoussa Dulaure dont les idées sur tous les points devaient choquer les siennes ; mais Français de Nantes, directeur général des droits réunis, qui ouvrait son administration aux gens de lettres et de savoir, lui donna, en 1808, une place de sous-chef qu'il conserva jusqu'en 1814.

A cette époque, il perdit tout à la fois sa place et sa fortune : sa place, par suite du changement de gouvernement ; sa fortune, par la faillite de son notaire.

Il reprit la plume et publia de nouveaux travaux sur les sujets les plus divers.

Défense des propriétaires de biens nationaux, par M. D***, 1814, in-8° de 56 pages.

Causes secrètes des excès de la révolution, ou réunion de témoignages qui prouvent que la famille des Bourbons, les chefs de l'émigration sont les instigateurs de la mort de Louis XVI, du régime de la terreur et des maux qui ont désolé la France avant et pendant la session de la Convention, 1815, in-8° de 144 pages. C'est un tirage à part des premières feuilles du tome VI du *Censeur*. A la seconde restauration, le volume du *Censeur* fut saisi, et Dulaure put craindre de se voir inquiété. Toutefois, comme il n'avait ni accepté de fonctions ni prêté de serment pendant les Cent-Jours, il ne fut pas atteint par la loi des catégories et put rester en France. Ses *Causes secrètes* sont, du reste, un assez triste pamphlet, où la révélation de certains faits curieux n'excuse ni la production d'une foule de suppositions hasardées, ni le visible effort de l'esprit de parti.

Histoire physique, civile et morale de Paris, depuis les

premiers temps historiques jusqu'à nos jours, 1821-22, 7 vol. in-8°. Nous avons déjà essayé de caractériser le genre d'érudition et la manière de Dulaure. Son *Histoire de Paris* est restée le plus important de ses ouvrages ; elle a eu onze ou douze éditions. Elle abonde en renseignements curieux et peu connus ; mais, comme le disait, du vivant même de Dulaure, un de ses biographes les plus bienveillants, « il « faut avouer qu'il y a rarement montré de l'impartialité, « et qu'il accumule avec affectation contre l'ancien gou- « vernement, les rois de France et le clergé, tous les faits « qui tendent à les rendre odieux, sans rapporter aucun de « ceux qui pourraient leur être favorables. » M. Taillandier, qui n'est pas davantage suspect, tout en applaudissant à la persévérance que Dulaure a mise à « flétrir les crimes des « hommes puissants et redoutés, » avoue « qu'il eût dû, en « regard, placer plus souvent les belles actions qui ont, « par compensation, consolé l'humanité de tout ce qu'elle « eut à souffrir dans des temps d'ignorance et de barbarie. » Quant à ceux qui, sur la foi de M. Leynadier, continuateur, il est vrai, de Dulaure, chercheront dans ce livre « l'écri- « vain élégant et facile, l'historien à la méthode claire et « sans confusion, à l'esprit vraiment philosophique dans « l'ensemble et surtout dans les détails, » ils courent risque d'être singulièrement désappointés et de n'y pas voir les mérites qui pourtant y sont en effet, l'investigation patiente, la variété piquante, les révélations inattendues. L'*Histoire de Paris* n'est, du reste, que le développement de la *Nouvelle description* par laquelle Dulaure avait débuté dans la carrière de l'histoire.

Le scandale fut grand, l'irritation extrême. Bins de Saint-Victor, auteur d'un *Tableau de Paris*, écrit dans un esprit tout opposé, attaqua le livre comme « un scandale « sans exemple, une furieuse diatribe contre la religion et « la monarchie. » La *Gazette de France* (octobre 1821) affirma sérieusement que l'auteur était « quelque prêtre « défroqué, échappé à la basilique de Clermont, » ce qui était complétement erroné et donna beau jeu à Dulaure pour se défendre.

Histoire physique, civile et morale des environs de Paris... dans un rayon de 25 à 30 lieues autour de la capitale, 1825-27, 4 vol. in-8°. Elle a eu moins de succès que l'*Histoire de Paris*; il est vrai qu'elle a été rédigée trop rapidement et qu'elle ne la vaut pas.

A cette époque aussi se place la réédition de ses *Singularités historiques*, qui donna lieu à des poursuites promptement étouffées. L'ouvrage ne fut point *supprimé*, quoi qu'en ait pu dire M. Paul Lacroix : il est assez commun.

Esquisses historiques des principaux événements de la Révolution française, depuis la convocation des États généraux jusqu'au rétablissement de la maison de Bourbon, 1823-25, 4 vol. in-8°, réimprimés en 6 vol. 1825-1829. Ces *Esquisses*, tracées trop rapidement et dans lesquelles Dulaure a sans doute eu des collaborateurs, puisqu'il avait offert à Villenave une collaboration que celui-ci ne crut pas devoir accepter, sont fort pâles. On n'y trouve presque rien de l'intérêt que le talent de Dulaure, son esprit d'observation, la part qu'il avait prise aux événements qu'il raconte, eût dû y répandre. Partout il voit l'or et l'intrigue de l'étranger ou des contre-révolutionnaires. Les aberrations, les excès de l'esprit révolutionnaire s'expliquent à ses yeux par de si misérables causes qu'on voit clairement qu'il n'en a pas compris le souffle impétueux et irrésistible. Il calomnie ses adversaires politiques, rouges ou blancs, en réduisant aux proportions de mesquines intrigues le rôle que beaucoup soutinrent jusqu'à la mort avec un si héroïque dévouement, avec une sincérité de conviction qui doit excuser en partie leurs fautes devant la postérité. De l'esprit, du rôle des masses qui font tout en révolution, il ne se rend d'ailleurs qu'un compte imparfait. Il ne sait pas

Que tout homme est petit quand une époque est grande.

Les Religieuses de Poitiers, épisode historique, in-8° de

16 pages, 1825, extrait du *Mercure du* xix*ᵉ siècle*, où cette pièce avait été insérée.

A tous ces travaux de nature si diverse, il faut ajouter plusieurs notices dans les *Mémoires de l'Académie celtique* et dans ceux de la *Société royale des Antiquaires de France*, *sur les sénats des Gaules, sur les cités, sur les lieux d'habitation, les forteresses, l'architecture civile et militaire des Gaulois avant la conquête des Romains* (1); *sur les pierres branlantes; sur les pontifes établis dans les villes des Gaules et la signification du mot* STEPS; *sur quelques inscriptions trouvées dans les ruines de Nasium et ailleurs; sur l'archæographie du lieu de la Tombe* (village près de Paris) *et des environs; sur l'archæographie des environs de la Houssaye et de Marle* (Seine-et-Marne); *sur un livre de plomb trouvé dans un tombeau; sur le roman de Parthenopex de Blois; sur Renée de France; un rapport sur la notice de l'église Sainte-Croix, à Bordeaux, publiée par M. Jouannet,* etc. Dulaure, qui était un des plus anciens membres de la Société, faillit en être expulsé en 1815, ainsi que Lanjuinais et Paganel, par le zèle fougueux du président et du secrétaire temporaire. Il y fut maintenu par la fermeté des autres membres et surtout de Villenave.

Dulaure avait encore fourni, pour le texte des *Voyages pittoresques et romantiques dans l'ancienne France,* publiés par Taylor et Charles Nodier, la plupart des renseigne-

---

(1) Dulaure soutient avec habileté que les Gaulois n'avaient pas de villes, et que leurs *oppida* n'étaient que des forteresses habitées seulement en temps de guerre. Cette opinion, trop absolue, a trouvé de nombreux contradicteurs (de Caumont, Deville, etc.). On s'accorde généralement à distinguer deux sortes d'oppida, les *oppida-villes*, habités en tout temps, et les *oppida-refuges*, qui ne l'étaient qu'en temps de guerre.

Il est aussi l'auteur du système d'après lequel le territoire de chaque peuple de la Gaule aurait été entouré de frontières ou *marches* très-larges, incultes, et ordinairement inhabitées.

ments historiques qui se trouvent dans les deux volumes consacrés à l'Auvergne.

Enfin, il a laissé inédits : 1° un *Mémoire sur l'état géographique de la Gaule pendant la domination romaine*. Envoyé en 1811 au concours de l'Institut, ce *Mémoire* obtint la première mention honorable ; ce fut M. Walckenaër qui fut couronné ; 2° des documents sur l'*Histoire des Gaules;* 3° sur la *Féodalité;* 4° sur les *Superstitions, tant anciennes que modernes ;* 5° des *Mémoires* sous le titre de *Relation de mon voyage en Suisse*, dont sont extraits les fragments qu'on va lire et qui parurent en 1838 dans la *Revue rétrospective*, 3ᵉ série, t. III, p. 5, 97, 289 ; cette *Relation* fut écrite en 1794, pendant sa proscription ; 6° des *Mémoires sur sa vie*, qui pourraient former 2 vol. in-8°; 7° un ouvrage sur l'*Origine de l'union du trône et de l'autel;* 8° des essais de *Traduction de Grégoire de Tours;* 9° une *Histoire d'Auvergne*, travail considérable dont Dulaure s'était occupé pendant longtemps, et dont la ville de Clermont fit l'acquisition pour sa bibliothèque, moyennant une pension viagère de 600 fr. à la veuve de l'auteur. La délibération est du 30 décembre 1835 et porte que « cette ville s'honore d'avoir donné le « jour à M. Dulaure. »

Dulaure avait énormément lu, copié, compilé. Ses portefeuilles étaient pleins d'extraits faits par lui d'une écriture large, pleine et quelque peu monumentale. Il possédait aussi une collection précieuse de feuilles volantes, brochures, pamphlets et œuvres de circonstance, se rattachant à l'histoire de France et particulièrement à celle de Paris, classés chronologiquement depuis le règne de Louis XII.

C'est le 19 août 1835 qu'il mourut octogénaire, à Paris (1).

Nous avons essayé d'apprécier avec équité ses œuvres et son caractère. Comme écrivain, il est loin de mériter la

(1) V. dans les *Débats* du 24 août un très-piquant feuilleton de M. J. Janin sur Dulaure historien.

confiance absolue qu'ont en lui beaucoup de lecteurs ; mais on ne peut lui refuser une érudition curieuse et variée et une sorte de sincérité dans la passion même. Ecrivant pour vivre, avec une négligence souvent extrême, il ne fut jamais vénal. L'homme politique resta loyalement fidèle aux idées de toute sa vie. Il eut le rare mérite d'avoir devancé la Révolution de ses désirs et de l'avoir suivie de ses regrets, de n'avoir à aucune époque fléchi ni devant les dangers de l'indépendance ni devant les séductions du pouvoir ; simple particulier, il fut doux et obligeant et garda ses amis jusqu'à la fin. En somme, ses torts comme écrivain et comme homme politique furent surtout ceux de son temps, ses qualités furent à lui.

Léon de la Sicotière.

Alençon, 18 mars 1862.

MÉMOIRES

DE DULAURE

Journée du 3 octobre 1793. — Rapport d'Amar. — Dulaure décrété d'accusation. — Il parvient à se soustraire à ce décret. — Hébert. — Une exécution. — Mort des girondins. — Madame Olympe de Gouge. — Madame Roland. — Faux passe-port. — Projets de fuite avec Devérité. — Départ de Paris pour la Suisse.

Un ami, un collègue, Pénières (de la Corrèze), désirait depuis longtemps faire avec moi ménage commun. Il venait d'épouser une jeune femme fort aimable ; l'amour avait présidé à ce doux lien. J'avais formé, sous les auspices de l'amitié et de la reconnaissance, un lien semblable ; les deux ménages devaient n'en faire qu'un ; cette réunion d'amis nous présageait des jours heureux ! Hélas ! pourquoi ont-ils été si courts ?

Nous nous occupâmes, mon ami et moi, à chercher un logement. Nous étions d'accord que nous habiterions loin du centre de Paris, que nous chercherions un séjour paisible où nous pussions, sans être trop éloignés de nos devoirs, respirer un peu l'air pur de la campagne, et reposer, par la vue de la nature, notre esprit fatigué par les troubles politiques. Enfin, après avoir cherché assez longtemps, nous arrêtâmes un appartement à Chaillot, dans l'ancien monastère de Sainte-Périne. Cet appartement avait été celui de l'abbesse. Un jardin bien planté était sous nos fenêtres ; outre ce jardin, un vaste enclos ombragé de plusieurs allées nous servait de promenades. Nous étions près du bois de Boulogne et d'autres endroits solitaires. Ah ! que dans ce temps de carnage et de fureur l'éloignement des hommes, la solitude, nous semblaient précieux ! Le marché fut conclu, et nous nous installâmes promptement dans notre champêtre demeure. Pénières et moi travaillâmes à notre commun ameublement. Le transport et l'arrangement de ma bibliothèque fut ce qu'il y eut de plus long et de plus pénible ; une pièce entière fut consacrée à cette collection, si chère pour moi et qui m'a si souvent consolé des malheurs de la vie.....

Le 15 septembre, j'étais déjà installé dans ma nouvelle demeure. Le peu de temps que j'y séjournai s'écoula avec rapidité. Nous allions avec mon ami à la Convention, et le chemin, quoiqu'un peu long, était une promenade très-agréable. Les Champs-Elysées, le jardin des Tuileries, ne nous offraient sur la route qu'une belle avenue. Elle était, à la vérité, interrompue par la place de la Révolution qui nous présentait ordinairement un épisode révoltant. C'est là qu'était journellement placée la guillotine ; c'est là que tant de sang innocent a coulé, pour satisfaire à la haine, à l'ambition de quelques hommes. Le spectacle affreux de ces assassinats rendus juridiques nous menait à de tristes réflexions, qu'effaçaient à peine notre retour dans notre ménage et la vue de nos compagnes.

Un jour (1) que le temps doux et serein semblait nous offrir, au milieu de l'automne, une des plus belles matinées du printemps, je m'applaudissais, en me rendant à la Convention avec mon ami, du choix heureux de notre demeure, de la réunion de nos ménages, du bonheur qu'elle nous procurait. L'air pur que je respirais influait sur mon âme et la rendait plus expansive. Je me disais heureux ; j'étais loin de penser à la scène qui m'attendait.

Près d'entrer à la Convention, Pénières me quitta pour aller dans la tribune d'un journaliste faire une souscription ; j'arrivai sans lui dans la salle des séances. Les tribunes étaient extraordinairement garnies, il y régnait un air d'empressement, présage de quelque sinistre événement; plusieurs députés s'en aperçurent et sortirent, je ne m'en aperçus pas et je restai. Bientôt un député de la Montagne vint à la tribune annoncer que le rapporteur du comité de sûreté générale allait faire son rapport sur les membres arrêtés depuis le 8 juin. Il apportait, disait-il, les pièces probantes du rapport et les montrait aux tribunes pour calmer leur impatience. Quelques instants après, parut le rap-

(1) 3 octobre 1793..

porteur du comité de sûreté générale ; c'était Amar, député de l'Isère, ci-devant anobli (1), qui, après s'être longtemps montré ardent ennemi des conspirateurs de la Montagne, s'était, depuis peu, placé au rang de leurs complices et était devenu le plus furieux persécuteur de ceux dont il avait, peu auparavant, partagé et défendu ouvertement les opinions.

Avant d'entamer son rapport, Amar demanda que l'assemblée décrétât que les portes de la salle fussent fermées et que personne ne pût sortir, même des tribunes. Le décret fut rendu sur-le-champ, mais non pas si promptement exécuté que quelques députés n'aient eu le temps de s'évader. J'aurais pu les imiter ; mais, je l'avoue, je n'eus pour moi aucun soupçon de crainte. Je craignais pour Pénières, qui, depuis quelques jours, avait été instruit que l'on ne cherchait qu'un prétexte pour le comprendre dans la proscription. Il n'était pas encore rentré dans la salle ; j'appréhendais qu'il ne vînt se jeter lui-même dans le piége, et je ne pouvais sortir pour lui donner avis. Enfin, mon inquiétude cessa lorsqu'après le décret rendu et la consigne donnée, Amar lut la liste des nouveaux députés qui devaient être décrétés d'accusation ou d'arrestation. Dans cette liste, le nom de Pénières ne se trouvait pas ; je fus donc pleinement rassuré sur son compte. Quant à moi, j'étais dans la plus parfaite sécurité, et je n'éprouvais d'autre sentiment que l'appréhension d'être le

(1) Amar avait, peu de temps avant la révolution, acheté une charge de trésorier de France qui donnait la noblesse.

témoin du coup terrible dont une partie de la Convention allait injustement frapper l'autre. Mon nom ne se trouvait pas non plus dans la liste qui venait d'être lue. Je n'avais jamais été compris dans aucune liste de proscription; ainsi rien ne pouvait me faire naître l'idée d'une crainte que je n'avais pas.

Cependant, quel fut mon étonnement lorsque, dans le cours du rapport, entre les noms de Carra, de Ducos, de Condorcet, j'entendis prononcer le mien; je croyais m'être trompé; mais mon nom, prononcé pour la seconde fois, puis pour la troisième, avec ceux des mêmes députés journalistes, ne me laissa plus de doute. Ce fut alors que j'aperçus toute la profondeur du précipice dans lequel j'allais être englouti. Ma femme, mon père, ma famille, mes amis, se présentaient à ma mémoire; ils étaient les liens les plus chers qui m'attachaient à la vie et qui me la faisaient regretter. Je songeais encore que j'étais innocent et que je ne pourrais me justifier; que je laisserais après ma mort une mémoire odieuse, que la postérité ne s'occuperait de moi que pour me confondre dans la foule des criminels de lèse-nation, des traîtres à la patrie. Je mourrai donc, me disais-je, sans pouvoir prouver que mes accusateurs sont les plus injustes des tyrans, sans montrer que je suis innocent de toute espèce de conspiration. Cette dernière pensée me mettait dans la plus vive agitation. Je jetais çà et là des regards sur tout ce qui m'environnait. Placé dans un lieu de la salle où je me trouvais très en évidence, je voyais, chaque fois que mon nom était prononcé, les yeux de plusieurs personnes se fixer sur moi ; quelques-unes semblaient se réjouir de ma situation ; enfin, après deux heures de lecture, ce long rapport, aussi mal rédigé que dépourvu de preuves et de raisons, s'acheva. Il fut suivi du projet de décret et de la liste de tous ceux qui allaient être accusés ou arrêtés. Au milieu de la crainte qui m'agitait, je conservais un rayon d'espoir. Parmi les noms de ceux qui devaient être arrêtés dans la séance et dont le rapporteur, en commençant, avait donné la liste, mon nom ne se trouvait pas. Cela me rassurait un peu ; mais quand je venais à penser que j'étais impliqué trois fois dans le rapport, je ne pouvais me persuader qu'on y eût placé mon nom sans aucune intention. Pourquoi, me disais-je, m'accuseraient-ils s'ils n'avaient pas le dessein de me ranger au nombre des décrétés d'accusation? Placé ainsi entre la crainte et l'espérance, ou pour mieux dire entre la vie et la mort, j'éprouvais la plus vive agitation. Je ne connais pas de plus pénible situation que celle-là. La crainte et l'espoir qui tour à tour se succédaient dans mon âme, loin de se modifier en se rapprochant, se prêtaient au contraire de nouveaux degrés d'énergie. Plus j'espérais, plus l'objet de ma crainte me causait d'alarmes ; plus je craignais, plus l'objet de mon espoir me devenait cher. On ne peut exprimer convenablement cet état d'anxiété ; pour le bien sentir il faut l'avoir éprouvé... La longue liste s'épuisait, je n'avais plus que quelques secondes pour voir mon sort décidé ; elle s'acheva enfin et mon nom ne s'y trouva pas. Alors je sentis l'espérance se fortifier dans mon âme, mais elle n'en bannit pas tout à fait la crainte. La séance n'était pas finie, on pouvait m'avoir oublié et revenir sur cet oubli.

Le décret d'accusation fut prononcé contre tous les proscrits sans discussion, sans même que la majorité opinât. Quelques-uns de ces malheureux voulurent élever la voix, on refusa de les entendre. Je les vis ensuite tous alors, sans résistance, se parquer dans l'enceinte de la barre, comme des agneaux destinés à la boucherie.

Puis vint le décret contre les signataires de la protestation sur l'affaire du 2 juin; ils furent décrétés d'arrestation. Ce spectacle et l'agitation que je ressentais encore ne me permirent plus de rester à la place où j'étais. Je me levai pour m'enfoncer dans la foule qui se trouvait aux entrées du milieu de la salle. Je rencontrai un député de mes amis, qui me prit la main et me dit : — Eh bien ! je vous félicite, vous n'y êtes pour rien. — La séance n'est pas finie, lui répondis-je; à peine avais-je dit ces mots, que du haut de la Montagne partit une voix qui était celle de Billaut-Varennes. Son discours réveilla tout à coup mes alarmes et fit disparaître mon espérance. « Je vois avec surprise, « dit-il, qu'un membre de la Convention, dont il est « souvent fait mention dans le rapport, ne se trouve « point sur la liste de ceux qui sont décrétés. Je m'in-« digne de ces lâches mensonges et je les dénonce « hautement... » C'est de moi, me disais-je, qu'il veut parler, il n'en faut pas douter. Tout autre à ma place aurait eu la même idée. Les dernières paroles de sa

motion me tirèrent de peine. « Ce membre, ajouta-t-il,
« c'est Philippe d'Orléans. Je demande qu'il soit décrété
« d'accusation. » Sa motion fut applaudie et décrétée.

Cependant cette séance était d'une longueur interminable. Tandis que j'errais dans les corridors qui restaient encore libres, que je rentrais et sortais de la salle, on lut jusqu'à trois fois la liste de tous les décrétés d'accusation et d'arrestation. Chaque membre de la Montagne faisait de nouvelles motions pour faire décréter d'accusation son ennemi, et chaque motion était sur-le-champ adoptée. La liste allait toujours croissant, et cette facilité à y faire des additions ne me laissait pas sans inquiétude. Enfin, cette longue et très-pénible séance finit. La consigne fut levée et je sortis un des premiers des Tuileries ; il était près de six heures du soir. Je me rendis rapidement à Chaillot, où on nous attendait pour dîner. « Il a fait chaud à la séance « d'aujourd'hui, dis-je en me mettant à table, mais cela « s'est passé... » Je ne voulais pas en dire davantage, afin de ne point inquiéter ma femme; mais à peine avais-je fini ces mots, que voilà Pénières qui arrive tout échauffé : « J'ai une mauvaise nouvelle à vous « apprendre, mon cher Dulaure, me dit-il, vous êtes « décrété d'accusation. — Vous vous trompez, lui « répondis-je, j'étais à la séance ; j'ai entendu pro- « noncer mon nom trois fois dans le rapport, mais pas « une seule dans la liste décrétée. J'ai bien entendu, « car j'écoutais de toutes mes oreilles. » Pénières, rassuré, se jette à mon cou, et nous dînons aussi gaiment qu'à l'ordinaire.

Le lendemain, Pénières et moi reçûmes un grand nombre de visites. Plusieurs journalistes, induits en erreur par une similitude de nom, avaient mis Pénières au rang des décrétés, et par inattention me firent le même honneur. Aussi, parents et amis firent le voyage de Chaillot pour nous voir et connaître la vérité du fait.

Parmi les journalistes qui mirent mon nom au rang des décrétés d'accusation, se trouva l'auteur de la feuille du *Père Duchesne*. Il me consacrait un article dont chaque mot était une injure, et il le terminait par cette réflexion : « Pourquoi aussi s'avisait-il de « quitter *les charmes* de la citoyenne *Lejay* (1), pour « s'attacher à ceux de la vieille *Roland* ? »

Mes amis me cachèrent pendant quelque temps cette invective, pensant qu'elle pourrait me causer du déplaisir. Leur zèle à cet égard me parut irréfléchi ; ils devaient bien penser que les injures de pareils hommes seraient honorables si quelque chose de leur part avait pu honorer. Je lus donc cette tirade d'Hébert avec toute l'indifférence qu'elle méritait. Cependant, je craignis les conséquences qu'elle entraînerait en répandant la fausse nouvelle que j'étais décrété. Je crus donc, pour éviter les clameurs que cette lecture pourrait causer à mes amis éloignés, devoir écrire à Hébert et l'engager à rétracter le fait principal. Je me permis aussi, et peut-être ai-je eu tort, de répondre à son

(1) C'était la femme du libraire Lejay, qui a imprimé une partie de mes ouvrages. (*Note de Dulaure.*)

inculpation sur madame Roland. Je lui racontai très-succinctement de quelle nature avaient été mes liaisons avec le ministre et avec son épouse. Pour eux et pour moi, j'aurais été heureux de l'amener à une rétractation. On va voir quel indigne usage cet' homme fit de cette partie de ma lettre.

Hébert reçut ma lettre et ne fit point de rétractation ; malgré la fausseté reconnue de la nouvelle qu'il avait publiée, il refusa de rendre hommage à la vérité. Appelé en témoignage au tribunal révolutionnaire contre les députés décrétés le 2 juin et le 3 octobre, pour prouver les prétendus crimes de Roland et la complicité de ces députés avec ce ministre, il cita l'article de ma lettre où je répondais au reproche d'avoir eu des relations criminelles avec lui. « J'ai, dit-il, « une lettre de Dulaure, qui prouve que le ministre lui « a acheté son journal, et qu'il s'en servait pour cor- « rompre l'esprit public. »

Ainsi Hébert poussait la mauvaise foi jusqu'à faire tourner au détriment du ministre et des députés qui le fréquentaient ce qui devait servir à leur justification. Ainsi il avait l'impudence de me faire jouer publiquement le rôle odieux d'accusateur de l'infortuné Roland, tandis que mes expressions tendaient à sa défense. Hébert annonçait, comme une découverte de sa part, ce fait, qui avait reçu la plus grande publicité, que jamais je n'avais caché, la souscription que le ministre avait faite à mon journal, parce que je n'y voyais rien que de très-simple et de très-innocent. Roland, qui voyait de même, n'en avait pas fait non plus un mystère, car dans le compte qu'il rendit des fonds qui lui avaient été remis pour la formation de l'esprit public, cet article de dépense était porté tout au long, et ce compte fut imprimé, répandu et affiché dans Paris et dans toute la France. Mon crime consistait à avoir reçu, dans l'espace de trois ou quatre mois, pour deux cents livres environ de souscriptions à mon journal (1).

Reprenons l'ordre des faits. J'allais à la Convention, mais j'y restais peu. Il n'existait plus de liberté d'opinion, et on ne discutait plus. Les comités, entièrement composés de membres du parti dominant, proposaient tout ce qu'ils voulaient, et ils n'éprouvaient aucune difficulté à faire adopter leurs projets de décrets. Une partie de la Convention restait immobile et ne semblait assister aux séances que pour témoigner qu'elle ne prenait aucune part aux délibérations. Un jour, me rendant à l'assemblée avec Pénières, nous aperçûmes, en passant sur la place de la Révolution, les préparatifs d'une exécution. « Arrêtons-nous, me dit mon collègue ; « accoutumons-nous à ce spectacle. Peut-être aurons-« nous bientôt besoin de signaler notre courage en « montant de sang-froid sur cet échafaud. Familiari-« sons-nous avec ce supplice. » Malgré ma répugnance, je m'arrêtai, et je vis la victime, qui avait l'air d'un homme bien élevé, se laisser dépouiller et lier par le bourreau. J'étais trop éloigné pour juger de son émotion. Il vivait encore, et bientôt il cessa d'exister : sa

(1) Le journal publié par Dulaure était intitulé : *Le Thermomètre du jour.*

tête tomba... Je ne sais quel prétexte conduisait cet homme à l'échafaud, ni quel était son nom, mais il devait être la victime de ses opinions. L'impression que cette scène fit sur moi fut terrible, parce qu'en la voyant j'essayais de me pénétrer des sensations que devait éprouver celui dont la tête venait de tomber. Je dis à Pénières, et je sentais fortement ce que je lui disais : « Avant de me laisser conduire à l'échafaud, je « ferai, pour m'en préserver, tout ce qui sera humai- « nement possible. »

Cependant je n'étais pas sans inquiétude. Je ne pouvais expliquer comment j'avais pu être impliqué dans le rapport contre mes collègues décrétés d'accusation, sans avoir été compris dans le décret. Mes amis avaient beau, pour me rassurer, me dire qu'on avait voulu me faire peur sans me faire de mal, pour me donner une leçon ; cela me paraissait peu vraisemblable. Je craignais, d'un autre côté, que mes commettants ne se persuadassent que j'étais vraiment complice d'une conspiration contre l'unité et l'indivisibilité de la République. Cette pensée me tourmentait, et je ne vis dans cette occurrence d'autre parti à prendre que celui de publier mon opinion sur la République indivisible et le fédéralisme. Cette idée fut presque aussitôt exécutée que conçue. Je fis une brochure (1) très-médiocre sans doute, mais qui remplissait mon objet, et j'en envoyai deux cents exemplaires aux autorités de mon département. J'espérais que cet ouvrage servi-

---

(1) *Du Fédéralisme en France*, in-8°, 1793.

rait au moins à détruire les soupçons élevés contre moi ; j'en éprouvais par intervalle une heureuse tranquillité, mélangée trop souvent à la pensée du danger qu'offrait ma position.

Telle était la situation de mon esprit avant le 22 octobre, ou, pour me servir de l'expression de la nouvelle ère républicaine, avant le 1er du mois de brumaire, jour qui fait époque dans ma vie.

Ce jour, je fus à la séance de la Convention comme à mon ordinaire, et j'en sortis de bonne heure, parce qu'elle n'offrait rien d'intéressant. Après avoir été au bureau des mandats, et visiter un de mes collègues de département, je pris le chemin de Chaillot et allai me promener sur les hauteurs qui dominent ce quartier. L'air était pur et favorable aux méditations. De ces hauteurs, je jetais de temps en temps les yeux sur Paris. Voilà, disais-je, le centre des malheurs dont les trois quarts de la France sont accablés. C'est de là que partent à chaque instant ces coups funestes qui frappent de terreur la plupart des Français et qui portent chez ceux qu'ils atteignent le désespoir et la mort...

Ces réflexions générales se tournèrent bientôt sur ma situation particulière. Je me rappelai que, dans la distribution du jour, était le rapport d'Amar contre les députés arrêtés ou décrétés d'accusation. Je le parcourus pour y lire les passages où mon nom se trouvait. Je crus qu'on y avait fait quelques changements qui m'étaient favorables, mais je ne tardai pas à voir que je me trompais. La publicité de ce rapport, me disais-je, va réveiller l'attention de mes ennemis sur mon compte, et si une erreur m'a écarté de la liste des proscrits, cette erreur ne peut durer longtemps.

Pendant que je méditais sur ces tristes pensées, j'approchai du lieu de mon domicile. Je dînai avec ma femme et mes deux amis aussi gaîment qu'à l'ordinaire. Après le dîner, je dis à Pénières : « Profitons des « dernières faveurs de l'automne, partons pour le bois de Boulogne. » Mon collègue se rendit à mes instances, nous partîmes, et cette circonstance me sauva la vie.

Il était environ quatre heures lorsque nous sortîmes, et notre promenade dura près de deux heures. Pénières cherchait dans le bois et dans les broussailles des gîtes de lièvres ; il projetait de venir, quand la terre serait couverte de neige, chasser à l'affût. Après plusieurs découvertes et plusieurs projets de ce genre, nous nous entretînmes du plaisir que nous aurions à vivre dans dans une campagne solitaire, éloignés des hommes qui, depuis quelque temps, nous semblaient si odieux. Le simple nécessaire, le travail des mains, la solitude, voilà quels étaient les vœux que nous formions ensemble, et que nous renouvelions chaque fois que la vue de la campagne nous en rappelait le souvenir. Nous nous livrions à ces douces émotions, lorsque la nuit qui avançait nous fit regagner le chemin de Chaillot. Nous suivîmes, pour prolonger notre promenade, le long des murs de l'enclos du monastère où était notre demeure. A peine avions-nous fait quelques pas dans la grande rue de Chaillot, que je vis une femme accourir au-devant de nous ; c'était ma femme. Elle nous pousse assez brusquement pour nous faire rétrograder, et nous annonce en pleurant que deux gendarmes sont venus, un quart d'heure après notre sortie, pour se saisir de moi; qu'un d'eux restait encore à la maison, et que l'autre était parti pour annoncer qu'ils ne m'avaient pas rencontré.

Je reçus cette nouvelle sans beaucoup d'émotion, et j'étais plus occupé du chagrin de ma femme que de mon propre malheur. Je la conjurai de retenir ses larmes et de prendre courage. Après avoir un instant délibéré avec Pénières, il fut résolu que ma femme rentrerait sur-le-champ à la maison; que si c'était un décret d'arrestation qui était lancé contre moi, j'y obéirais; que si c'était un décret d'accusation, je ferais tous mes efforts pour m'y soustraire. Afin de m'en instruire, nous prîmes le parti d'aller chez un journaliste de notre connaissance qui nous communiquerait la séance du jour. Ces délibérations furent prises sur le gazon de Chaillot qui est à droite de la grande route. Ma femme me remit des assignats, je l'embrassai et l'exhortai de nouveau à ne point se laisser abattre par le chagrin. Nous la quittâmes et nous partîmes pour aller rue Jean-Jacques Rousseau. Le résultat de nos recherches fut que j'étais décrété d'accusation. Les crieurs du *Journal du soir* firent souvent retentir à mes oreilles la nouvelle du fatal décret lancé contre moi.

Voici ce qui était arrivé à mon égard : Amar, vers la fin de la séance, était venu, au nom du comité de sûreté générale, annoncer que, par oubli, je n'avais point été compris dans la liste des députés décrétés d'accusation. « Sans doute, citoyens, dit-il, vous ne voulez pas que ce *criminel* échappe à la *justice*. » Ensuite il parla de mes liaisons avec Roland, de mes calomnies contre les patriotes, et de tout cela, il tira les conséquences que j'étais d'un complot contre l'unité et l'indivisibilité de la République. Le décret d'arrestation fut adopté sans difficulté, car on était convenu que tous les projets de décrets de ce genre, contre des membres de la Convention, présentés par le comité de sûreté générale, seraient adoptés sans discussion. De même, il était tacitement convenu entre les dominateurs et le tribunal révolutionnaire que tous les décrétés d'accusation seraient condamnés à mort. C'est un aveu qu'un juge de ce tribunal a fait à une personne de ma connaissance, laquelle me l'a rapporté (1).

Le décret était à peine rendu, ou plutôt il ne l'était pas encore, que les deux gendarmes chargés de m'arrêter s'étaient transportés dans mon ancien domicile, rue du Théâtre-Français. Si je n'avais pas changé de demeure, il est certain qu'ils m'arrêtaient parce qu'ils arrivaient à l'heure de mon dîner. De là, ils allèrent à Chaillot, et ils y arrivèrent par l'extrémité opposée à celle que j'habitais. Ils s'informèrent longtemps de mon domicile ; étant nouvel habitant du lieu, mon nom y était peu connu. Enfin, ce fut à quatre

---

(1) L'expérience a prouvé qu'aucune exception n'a été faite à cette résolution. Tous les députés décrétés d'accusation et soumis au tribunal révolutionnaire ont été décapités. (*Note de Dulaure.*)

heures et demie que leur voiture s'arrêta devant la porte cochère de la maison. Un seul gendarme se présenta à la porte de mon appartement ; l'autre était resté au bas de l'escalier. Il me demanda. Ma femme et madame Pénières se troublèrent. Le gendarme chercha à les rassurer en leur disant que j'étais mandé au comité de sûreté générale pour une affaire particulière, qu'elles ne devaient avoir aucun sujet d'inquiétude, et qu'elles feraient fort bien d'indiquer où j'étais.

Après s'être assurés que j'étais absent, un des gendermes partit pour aller rendre compte au comité du mauvais succès de cette expédition ; il laissa chez moi son camarade, qui y resta jusqu'à neuf heures du soir. Un de mes collègues, instruit de cet événement, se transporta à Chaillot pour m'avertir, mais il était trop tard. Il rencontra le premier gendarme qui sortait de chez moi, et qui lui demanda où j'étais ; mon collègue lui répondit qu'il l'ignorait. Ma femme inquiète, et tremblant que je n'entrasse sans être prévenu, pria instamment le concierge de la maison de faire sentinelle d'un côté de la rue, et elle se tint elle-même du côté opposé jusqu'au moment où nous la rencontrâmes.

Ainsi l'on voit que quatre choses m'ont sauvé la vie : d'abord, l'oubli de mon nom dans la liste des décrétés d'accusation, sans lequel, étant dans la salle des séances, il m'eût été impossible de n'être pas arrêté comme les autres, ensuite mon changement de domicile, puis la promenade que je fis ce jour-là après mon dîner, et enfin les soins empressés, la vive sollicitude de ma femme qui prit toutes les mesures imaginables pour m'empêcher d'arriver chez moi, et qui resta plus d'une heure dans la rue pour me prévenir.

Mais qu'allais-je devenir? Quel parti allais-je prendre, et où allais-je me cacher? Après être sorti de chez le journaliste où j'avais appris mon sort, mon premier soin fut de trouver un lieu où je pusse en sûreté passer la nuit. J'avais à Paris des parents et des amis; je pensai d'abord à me rendre chez un d'entre eux. La maison où je voulais aller était située rue du Faubourg-Poissonnière; elle était occupée par l'un de mes parents qui portait le même nom que moi, et par Chaper, qui avait été mon collaborateur au *Thermomètre*. Je m'y rendis avec Pénières. Les personnes que j'allais trouver n'y étaient pas. Nous sortîmes, et après nous être promenés pendant trois quarts d'heure environ, nous y revînmes. Personne n'était rentré; le domestique nous dit qu'il croyait que ses maîtres étaient au spectacle, et qu'ils ne rentreraient que sur les dix heures du soir. Après être sorti de cette maison pour la seconde fois, je pensai qu'il serait dangereux de me réfugier chez des personnes dont on connaissait les liaisons avec moi. Je pris donc aussitôt la résolution d'aller rue de la Harpe demander asile pour la nuit à un médecin nommé Géraud, qui, depuis peu, m'avait offert ses services en cas d'un pareil événement; il n'avait pris d'ailleurs aucune part à la révolution, et mes liaisons avec lui n'étaient point publiques.

Nous montâmes aussitôt dans la première voiture que nous rencontrâmes, et nous en descendîmes au pont Saint-Michel ; nous fîmes le reste du chemin à pied. Géraud était absent ; mais résolu de passer la nuit chez lui, je priai Pénières de retourner à Chaillot et de venir le lendemain m'apporter des nouvelles. Il partit ; je restai seul et sans lumière pour ne donner aucun indice de ma présence dans cette maison. De tristes réflexions vinrent alors m'assaillir, et durèrent jusqu'à l'arrivée de Géraud. Les journaux du soir l'avaient déjà instruit de mon malheur. Après m'avoir donné des témoignages d'intérêt, il m'avertit que sa maison était très-suspecte parce que Roland y avait son logement ; il me raconta ensuite que pendant huit jours il y avait eu des gardes à la porte qui surveillaient et fouillaient même ceux qui entraient ou sortaient, et que ce n'était que depuis la veille seulement que cette garde incommode s'était retirée. Il crut qu'il était prudent que je me couchasse tout habillé, afin de pouvoir plus facilement, en cas de visite nocturne, me réfugier dans un étage supérieur. Je fis ce qu'il exigea, et je dormis assez bien pour une semblable circonstance. Il n'était pas encore jour que nous étions sur pied. Mon ami me promit que dans la journée il travaillerait à me procurer un asile dans quelque maison des environs de Paris. En attendant, il jugea que je ne devais pas passer la journée chez lui, mais chez un autre ami, nommé Boucheseiche (1), dont la maison n'était pas éloignée. Nous partîmes aussitôt, et nous arrivâmes

(1) Voy. son article dans le supplément à *la Biographie universelle.*

chacun par une route différente à la maison indiquée, place de l'Estrapade.

Après être entrés l'un après l'autre et avoir pris des précautions pour que le portier ne m'aperçût pas, Géraud m'introduisit dans la pièce du rez-de-chaussée et fut parler au maître de la maison qui n'était pas encore levé. Bientôt il vint à moi et me fit monter dans une chambre où il fut résolu que je passerais la journée.

Boucheseiche, que j'avais déjà connu assez particulièrement, employa tous les moyens qu'il lui fut possible pour rendre agréable ma nouvelle prison; il mit dans ces procédés ce ton de franchise qui console et qui encourage. Il fit plus, et ma reconnaissance à cet égard ne s'éteindra jamais, il eut la générosité de s'exposer à des dangers pour me sauver, de partager en quelque sorte ma mauvaise fortune pour l'améliorer.

Mon généreux hôte fit tout ce qu'il put pour adoucir mon chagrin; mais, malgré ses soins empressés, cette journée me parut bien longue. J'ignorais ce qui se passait chez moi; je craignais qu'on n'eût mis les scellés sur mes effets, que ma femme fût arrêtée, mon ami Pénières exposé. Mon impatience redoublait à chaque instant; je croyais au moins que sur la fin du jour je recevrais des nouvelles; je n'en reçus point. Pénières, dans la crainte d'être suivi, ne crut pas devoir ce jour-là aller chez Géraud, qui seul avait connaissance de mon asile. Il pensa qu'il était prudent de cacher à ma femme et à mes meilleurs amis le lieu que j'habitais.

Boucheseiche me proposa un refuge plus sûr que sa maison, il s'engagea à m'y conduire lui-même. Il fut en conséquence convenu que le lendemain nous partirions à la pointe du jour. Après avoir passé une nuit assez tranquille, je me levai avant le jour ; mon hôte frappa bientôt à ma porte, il me fit descendre dans sa chambre. Il me fallait une carte de citoyen, car je m'étais défait de celle de député qui en tenait lieu. On ne pouvait les obtenir qu'avec beaucoup de difficultés. Heureusement Boucheseiche en avait une en blanc de sa section, il la remplit en mettant mon signalement et le nom de Dubreuil que je pris alors, en le choisissant parce qu'il commençait par les deux premières lettres de mon nom, et que j'ai conservé depuis pendant mon exil.

Nous devions partir en voiture ; mais, comme il ne s'en trouva pas, nous prîmes le parti d'aller à pied. Ce coup était hardi, car il était grand jour et nous avions tout Paris à traverser, notre route se dirigeant vers le faubourg Saint-Denis. Enhardi par Boucheseiche, la tête couverte d'un bonnet blanc, le corps enveloppé dans une ample redingote que Géraud m'avait prêtée la veille, nous nous mîmes en route, prenant soin de passer par les rues les plus détournées et les moins fréquentées. Arrivés sur la place Saint-Jacques-de-la-Boucherie, nous rencontrâmes un détachement de l'armée révolutionnaire. Mon compagnon fut effrayé de cette rencontre et me proposa de rétrograder. « Gar« dons-nous bien de cela, lui dis-je, ce serait nous « rendre suspects ; allons toujours en avant. » Nous passâmes donc hardiment au milieu de cette troupe de militaires, qui ne fit nulle attention à nous. Enfin, toujours tourmentés par la crainte d'être aperçus par quelques personnes de notre connaissance, nous arrivâmes à la porte Saint-Denis. Là, nous montâmes dans la première voiture qui se présenta. Le cocher n'était pas prêt, il avait encore dans le cabaret voisin une chopine à boire. Ainsi, à mon grand déplaisir, nous restâmes, en attendant, juchés sur cette voiture et exposés aux regards d'une multitude de personnes; enfin nous partons.

Nous avions un autre danger à courir. Il fallait passer devant le corps de garde dont la sentinelle était chargée d'arrêter toutes les voitures et de vérifier les cartes de ceux qui étaient dedans. Il pouvait se faire, et cela était très-probable, que mon signalement eût été envoyé à tous les corps de garde des barrières. — La sentinelle nous demanda si nous avions des cartes et se contenta d'une réponse affirmative, sans en attendre l'exhibition.

Enfin, nous arrivâmes à Saint-Denis, lieu de notre destination, et Boucheseiche me conduisit chez un maître de pension de ses parents. Comme cet homme passait pour un grand révolutionnaire, nous convînmes en chemin que je tairais mon nom, mon état et la nature de l'événement qui me forçait à me cacher. Nous arrangeâmes une fable par laquelle j'étais un patriote victime de quelques intrigants de ma section, qui, parce que j'avais quelquefois dénoncé leur immoralité, étaient parvenus, pour se venger, à me faire déclarer suspect, par conséquent, à me faire arrêter, et à faire mettre les scellés sur mes papiers; on devait ajouter que je m'étais évadé pour échapper à cette persécution. Voilà ce que nous devions en confidence déclarer au maître et à la maîtresse de la maison, en les priant de bien garder ce secret. Quant aux personnes nombreuses qui y habitaient, il fut convenu que je leur serais présenté comme un homme qu'une application très-pénible à des travaux de cabinet et aux affaires publiques avait rendu malade et plongé dans la mélancolie ; que, par ordonnance des médecins, je devais changer d'air, vivre quelque temps à la campagne et ne me livrer à aucun travail qui demandât de l'assiduité. Les inquiétudes que j'éprouvais dans cette maison me rendirent ce double rôle facile à soutenir.

Ce fut donc le 24 octobre, sur les neuf heures du matin, que je débarquai dans cette pension. Le maître ne s'y trouva point ; il était à Paris. La maîtresse nous accueillit ; mon compagnon de voyage, après avoir déclaré ce dont nous étions convenus ensemble, partit et me laissa seul. Me voilà donc jeté dans un nouveau monde, portant un nouveau nom, vivant d'une manière nouvelle, et obligé de jouer à la fois deux rôles différents, et surtout de me dérober autant qu'il était possible aux regards des étrangers qui affluaient dans cette maison.

La première inquiétude que j'éprouvai fut celle d'être mal accueilli par le maître de pension, qui passait, comme je l'ai dit, pour un révolutionnaire très-prononcé et qui pouvait bien ne pas voir d'un bon œil un homme déclaré suspect par sa section, et encore moins lui donner asile. J'attendis son retour avec impatience comme devant décider de mon sort. Il arriva enfin. Boucheseiche, qui l'avait rencontré à Paris, lui avait annoncé son nouveau pensionnaire. Il était favorablement prévenu ; il parut participer à ma peine, et me promit le plus grand secret sur la fable que je lui contai. Je lui montrai ma carte de citoyen, et le lendemain il fit enregistrer mon nouveau nom à sa municipalité.

Rassuré sur ce point, j'étais bien loin de l'être sur d'autres. L'armée révolutionnaire se trouvait alors dans les environs de Saint-Denis ; il en passait de temps en temps des détachements sous ma fenêtre ; deux établissements militaires environnaient et dominaient la cour, le jardin, l'entrée de la maison, qui était, pour ainsi dire transparente, et me laissait vingt fois par jour exposé au regard d'une foule de révolutionnaires dont ce quartier fourmillait sans cesse. Il passait souvent de la gendarmerie, et chaque fois que je voyais ou que j'entendais des gendarmes, je craignais, qu'instruit du lieu de ma retraite par ses nombreux espions, le comité de sûreté générale n'eût envoyé une ordonnance pour m'arrêter. Ces craintes étaient plus fortes lorsque, pendant la nuit, j'étais réveillé par le bruit des chevaux : c'est surtout ce que j'éprouvai la première nuit que je passai dans cette maison.

Une autre inquiétude me tourmentait encore bien davantage, c'était l'ignorance où j'étais de ce qui s'était passé chez moi depuis que j'avais quitté ma maison ; je craignais qu'on n'eût mis les scellés sur tous mes effets, qu'on n'eût arrêté ma femme et mon ami Pénières. Ces craintes, que j'avais déjà eues dès le lendemain de mon évasion, augmentaient avec le temps. Je ne pouvais concevoir comment Géraud ayant pu voir ma femme et Pénières et leur dire le lieu de ma retraite, l'un ou l'autre ne m'avait pas écrit ce qui se passait chez moi.

Ce cruel état d'incertitude et d'impatience dura jusqu'au quatrième jour. Enfin, ce jour-là, j'écrivis quatre lignes très-pressantes à Géraud, qui me fit réponse immédiatement en style allégorique, dont je relisais sans cesse et dont j'étudiais les expressions; mais, dans le vrai sens, elle ne contenait rien que de vague : il me recommandait de me tenir caché le plus que je pourrais, de montrer de la prudence, etc. Tout cela me paraissait bien intentionné, mais fort inutile; je savais bien ce que je devais faire à cet égard. Cette conduite ne me satisfaisait point et était plus propre à redoubler mon impatience et mes inquiétudes qu'à les calmer.

Le lendemain, j'écrivis une nouvelle lettre à Géraud, plus pressante que la première, et où mon impatience était fortement exprimée. En effet, elle était au comble, et je ne pouvais expliquer l'indifférence de ma femme et de mon ami, si ce n'est par quelque événement sinistre. Le soir de ce jour je reçus une réponse de Géraud, toujours allégorique : sous les noms de drogues et de collections de minéraux, il m'indiquait mes effets qui étaient restés entiers, et m'apprenait ensuite qu'aucun accident n'était arrivé chez moi.

Cette lettre, qui cependant ne contenait pas la vérité tout entière, me consola beaucoup. Il ne répondit pas à ce que je lui demandais encore de me faire venir ma femme et mon ami, auxquels j'avais des choses importantes à communiquer. Je craignais que, dans le cas où l'on eût fait l'inventaire de mes papiers, on n'en eût soustrait plusieurs qui pouvaient servir à ma défense, notamment les pièces manuscrites qui avaient servi de base à la dénonciation que j'avais faite contre Desfieux (1). Je voulais indiquer en quel endroit de mon secrétaire étaient ces papiers. Je voulais leur dire le peu de sûreté dont je jouissais dans la maison que j'habitais, étant à chaque instant exposé à être découvert. Toutes ces choses ne pouvaient se confier au papier, il fallait absolument un entretien de vive voix.

Le lendemain je reçus la visite de Boucheseiche ; il me raconta que par prudence Géraud n'avait pas cru devoir confier à ma femme ni à aucun de mes amis le secret de mon asile ; qu'il avait jugé, d'après ma dernière lettre, que ma tête travaillait. Il me dit ensuite qu'il s'était tenu un petit conciliabule de mes amis qui étaient restés d'avis que je devais demeurer où j'étais jusqu'à ce qu'ils eussent trouvé à Paris une maison très-sûre, ce dont ils s'occupaient. Je fis sentir à Boucheseiche que mon impatience était très-fondée, puisque mes amis connaissaient le peu de sûreté du local que j'habitais ; que j'avais d'ailleurs des choses importantes à leur com-

(1) Dulaure avait publié, le 23 mai 1793, dans son journal, une accusation très-vive contre Desfieux, qui, pour s'en venger, engagea Amar à comprendre Dulaure parmi les décrétés d'accusation, ainsi qu'il l'avoua plus tard dans un écrit intitulé : *Desfieux dans la prison de Sainte-Pélagie, à ses concitoyens*.

muniquer; enfin que, dans une affaire qui m'intéressait si fort, à laquelle je réfléchissais sans cesse, on devait compter mon avis pour quelque chose : « Mon « malheur n'a point altéré mon jugement, lui dis-je, et « ma tête est encore tout entière sur mes épaules. En « conséquence, il est bon que mes amis me consultent « avant de prendre aucune délibération. » Je le priai donc avec instance de faire goûter mes raisons à Géraud, afin qu'il m'envoyât quelqu'un de ma maison avec qui je pusse communiquer de vive voix. Boucheseiche me promit qu'il appuierait fortement sur cet objet dont il sentait toute la nécessité. Il me remit aussi un paquet de linge et de hardes et la somme de trois cents livres en assignats dont ma femme l'avait chargé.

Boucheseiche partit de bonne heure; je m'attendais, d'après notre conversation, à recevoir le lendemain une visite tant désirée. Ce jour je comptais les minutes, je guettais toutes les voitures qui passaient sous mes fenêtres, aucune ne vint pour moi. Mon impatience me laissait quelques intervalles que je remplissais en tisonnant mon feu, en fumant ma pipe et en lisant toute la bibliothèque de mon hôte, laquelle consistait en cinq ou six volumes, dont le plus important était la traduction de Quinte-Curce, par Beauzée, que je lus tout entière avec intérêt, quoique je la connusse déjà.

Les journées des 28 et 29 octobre s'étant passées sans que je reçusse de visite, je pris le parti, le 29 au soir, d'aller moi-même à Paris y chercher une communication qu'on s'obstinait à me refuser. J'attendis le moment où le jour baissait pour partir. Je m'armai d'un pistolet que mon hôte me prêta et je partis par des chemins de traverse qui, en diminuant le danger de ma route, la rendirent plus longue de moitié. La nuit me surprit bientôt. Enfin, après avoir couru plutôt que marché pendant deux heures, j'arrivai entre sept et huit heures au faubourg Poissonnière, chez Chaper. Ma visite l'étonna, mais sa surprise cessa lorsque je lui en eus dit les motifs. Je passai la nuit chez lui. Le lendemain, ma femme, avertie, vint me voir. Avec quel plaisir, avec quel attendrissement ne vis-je pas cette malheureuse compagne de mes infortunes. Le chagrin, les courses continuelles avaient altéré ses traits. Elle me fit le récit de tous les événements qui s'étaient passés depuis mon départ.

Le lendemain de mon évasion et la nuit qui la suivit, il ne se passa rien de remarquable chez moi. Il n'en fut pas de même dans mon ancienne demeure : soit par une suite de premiers ordres, soit que l'on pensât que je m'y étais retiré, le comité de surveillance du *Théâtre-Français* y fit poser une garde nombreuse pendant vingt-quatre heures, garde qui épouvanta et gêna beaucoup les locataires de la maison. Le troisième jour, la section des *Champs-Élysées,* de laquelle la maison que j'habitais à Chaillot dépendait, fit chez moi une visite nocturne ; la maison fut investie, et on entra à trois heures du matin dans mon appartement, par une porte de derrière, dans l'intention de me surprendre. Les visiteurs firent une exacte perquisition dans tous les coins et recoins de l'appartement, jusque dans le jardin qui était au bas ; n'ayant rien trouvé, ils allaient se retirer lorsque l'un d'eux s'avisa de demander à Pénières, qui les accompagnait dans leur recherche, où étaient mes papiers. Pénières leur ouvrit la porte de mon cabinet; ils y entrèrent. Un d'eux eut la bonne foi de croire et de dire qu'ils arrivaient trop tard, que les correspondances criminelles avaient été soustraites. Tant il est vrai que le mal est facile à persuader, surtout aux personnes passionnées ou irréfléchies.

Pénières et ma femme, tranquilles sur la nature de mes correspondances, ne s'étaient point occupés de chercher parmi un millier de lettres entassées dans de vastes tiroirs celles qui pourraient servir à fonder quelques soupçons dangereux. Ils se bornèrent à tirer de ma bibliothèque deux ou trois cents volumes, quelques manuscrits relatifs à l'histoire d'Auvergne et quelques objets qu'ils crurent m'être les plus chers, et notamment deux cartons remplis de pièces curieuses relatives aux deux partis dits des *Robespierrots* et des *Brissotins;* mais ils oublièrent de retirer une vingtaine de volumes de mes ouvrages qui pouvaient servir à ma justification. Voilà ce qui a été soustrait de mon cabinet : aucune lettre n'en a été retirée.

Les commissaires de la section, après cette visite, au lieu de mettre les scellés sur mon secrétaire et sur mes papiers, trouvèrent qu'il était plus court de les apposer sur les deux portes de mon cabinet; ce qui fut exécuté sans aucune des formes ordinaires et sans établir de gardiens des scellés. Ils employèrent pour cela mon cachet, qu'ils trouvèrent sur mon bureau et ils l'emportèrent; une grande malle remplie de journaux les offusqua encore; ils voulurent d'abord y mettre les scellés, mais ils sentirent que cela ne serait d'aucune utilité. Ainsi se termina cette visite nocturne, faite par des gens armés, pendant laquelle ma femme tremblante n'avait pu sortir de son lit.

Ma femme s'excusa de ce qu'elle n'était pas venue me voir, en me disant que Géraud, qui connaissait seul mon adresse, avait refusé de la lui donner. Après être restée quelques heures auprès de moi, elle fut forcée de se retirer à Chaillot. Je vis aussi Géraud, à qui je ne pus m'empêcher, en rendant justice à ses bonnes intentions, de reprocher, peut-être avec un peu trop d'humeur, les violentes inquiétudes que m'avait causées sa prudence mal entendue. Il fut convenu alors avec lui et Chaper que j'irais dans quelque temps loger à Paris, chez une femme qui avait, de l'un et de l'autre, reçu des services, et qui avait promis de me recevoir et de me cacher. Déjà on avait remis à cette femme la somme de cent livres, afin d'acheter pour moi les meubles de première nécessité ; elle n'attendait, pour me donner refuge, que le départ d'une voisine, qui occupait une pièce qu'elle me destinait, et, dans quelques jours, elle devait me rendre une réponse définitive. Voilà tout ce que je sus ce jour-là.

Le lendemain, 31 octobre, j'appris bien d'autres nouvelles. Ce jour, qui fera époque dans les annales de la France, fut un jour de crimes, de deuil et de consternation ; j'appris que mes collègues, décrétés comme moi d'accusation, étaient tous condamnés à mort, et si j'eusse été pris, j'eusse partagé leur sort. Bientôt

Pénières, qui vint me voir, me donna des détails sur leur exécution, et si quelque chose devait me consoler d'une perte aussi déplorable, c'était le courage héroïque qu'ils montrèrent en cet instant terrible. Leurs ennemis même les plus déclarés n'ont pu s'empêcher de leur rendre cette justice. L'un disait que plusieurs de ces victimes méritaient plutôt des couronnes civiques que la mort; un autre, et ce propos a failli causer sa disgrâce, disait qu'ils étaient morts en Romains. Les Français doivent se rappeler qu'en cette circonstance ils perdirent leurs plus habiles orateurs, leurs plus profonds politiques, et peut-être leurs plus hommes de bien. C'est ainsi que, pour assouvir la vengeance infernale de quelques dominateurs, tant de lumières furent éteintes en un seul jour!...

Ce coup inattendu glaça d'effroi tous ceux qui avaient admiré le talent de ces hommes publics, et qui ne croyaient pas à la prétendue conspiration dont on les accusait. Un morne silence régnait de toutes parts; le peuple, aveuglé toujours par le parti triomphant, faisait seul retentir l'air de ses acclamations, et, sans le savoir, il applaudissait au meurtre de ses meilleurs amis. Un jour, les Français, mieux éclairés, déploreront cette perte, et en maudiront les infâmes auteurs.

Ce sinistre événement rendit Chaper plus craintif; il crut que je n'étais pas en sûreté chez lui, et cette idée n'était pas sans fondement. D'autres amis, troublés par la frayeur, me donnèrent des conseils extravagants. Je suivis celui de ne pas passer la nuit dans la maison où j'étais. Pénières me proposa d'aller coucher dans une petite chambre qu'occupait un ami commun, sous les auspices d'une femme suisse, rue Montmartre. Leroux était juge de paix d'une section de Paris; après avoir été emprisonné par une cabale ennemie et avoir été tiré de prison par les soins amicaux de Pénières, il avait de nouveau encouru la disgrâce de ses ennemis, qui voulurent le faire arrêter; mais Leroux, averti à temps, s'évada. Depuis six mois il vivait caché, tantôt à la campagne, tantôt à la ville, tantôt à la cave, tantôt au grenier. Cet homme, rempli de connaissances, avait une tournure d'esprit singulière, qui lui faisait très-patiemment et même gaîment supporter la triste position où il se trouvait.

Voilà l'homme que je connaissais déjà, chez lequel je fus logé et qui me reçut sans aucune inquiétude. J'y arrivai le soir pendant l'obscurité; la chambre, située à un premier très-humide, n'était éclairée que par une espèce de lucarne qui donnait sur un toit voisin. Les murs offraient des lambeaux du papier qui les tapissait autrefois. Ce séjour n'était pas gai, mais l'hôte l'était assez, et sa conversation vive, animée, faisait oublier ce que le local avait de désagréable. Il n'y avait qu'un petit lit, il le partagea avec moi; sa Suissesse nous fit faire assez bonne chère. Je passai dans ce réduit obscur deux jours et deux nuits; pendant cet intervalle, ma femme et quelques amis vinrent me voir. On m'apprit que le local que me destinait la femme chez laquelle je devais loger n'était pas encore disponible, parce que celle qui l'occupait ne voulait plus le quitter. Un de mes amis ayant d'ailleurs vu lui-même les lieux jugea qu'ils n'étaient pas convenables. Cette même femme lui proposa de me loger dans l'île Saint-Louis, dans une maison où étaient déjà des personnes qui se cachaient, mais qui ne voulaient point en recevoir une autre sans auparavant savoir son nom et la cause pour laquelle elle se cachait. Mon ami répondit que je ne ferais jamais cet aveu, ainsi que je n'y viendrais pas. Par circonstance, ce fut un grand bonheur pour moi de n'avoir pas accédé à ces propositions. J'ai appris depuis que la maison de l'île Saint-Louis, où l'on voulait me conduire, avait été investie, et que les personnes qui s'y cachaient et qui étaient des prêtres non assermentés avaient été arrêtés. J'aurais indubitablement, en vivant avec eux, éprouvé le même sort.

Je m'en tins aux propositions de ma femme; elle avait pris le parti, avec Pénières, de quitter la maison de Chaillot, quoique nous eussions payé six mois d'avance, et que nous eussions encore près de cinq mois à en jouir. Pénières avait déjà arrêté un logement dans une maison très-vaste, très-retirée de la rue de la Chaise, maison dont il se trouvait seul habitant. Ma femme me proposa d'attendre que le déménagement fût effectué, ce qui devait avoir lieu avant quinze jours; je pourrais alors venir demeurer avec elle et avec mon ami, et, en attendant, elle pensait que je ferais bien de quitter Paris, où l'on était sans cesse menacé de visites domiciliaires. Je goûtai cet avis, et l'espoir de vivre avec ma femme et mon ami me réjouit et me fit approuver cet arrangement. J'y gagnais du côté des agréments de la vie et du côté de la sûreté personnelle; en attendant, je devais retourner à Saint-Denis, dans la maison où j'avais déjà demeuré. Je me disposai à partir le soir du 2 novembre. L'obscurité de la chambre où j'étais me fit croire que le jour était tout à fait tombé; je fis mes adieux au bon Leroux, et je m'élançai dans la rue. Je m'aperçus qu'il était encore grand jour; je ne voulus pas rétrograder; je pris des rues détournées; mais il me fallait absolument traverser le boulevard, qui se trouvait alors couvert de monde qui se promenait. J'eus une assez vive appréhension d'être reconnu par des personnes qui ne me voulaient pas de bien, qui habitaient ce quartier et qui, si elles m'avaient vu, n'eussent pas manqué de me faire arrêter au premier corps de garde. Je traversai sans accident le boulevard et tout le quartier immense qui est entre le faubourg Montmartre et le faubourg Saint-Denis. Après avoir marché trois quarts d'heure, je me trouvai au bourg de La Chapelle, il était alors tout à fait nuit; arrivé là, j'aperçus un homme monté à cheval, qui allait aussi lentement que moi, et qui semblait me suivre de très-près; je ralentis ma marche pour lui laisser prendre les devants. Alors il descendit de cheval, et, quoiqu'il y eût beaucoup de boue, il marcha à pied; je crus que cet homme m'observait. Après avoir avancé quelques pas comme lui, je m'arrêtai tout à coup : aussitôt il s'arrêta; mes soupçons se confirmèrent par cette dernière allure. Me rappelant qu'il était seul et que j'avais un pistolet, je pensai à m'éloigner de La Chapelle. Je m'élançai donc dans une des contre-allées de l'avenue de Saint-Denis ; l'obscurité et le chemin que je tins me firent perdre mon homme de vue, et j'arrivai sans accident au lieu de ma destination, où mon hôte m'attendait depuis deux jours.

Le surlendemain de mon arrivée, j'appris qu'Olympe de Gouges venait d'être guillotinée. J'avais connu cette femme, je connaissais son caractère et sa capacité, et je ne doutais pas que la prétendue conspiration qui la conduisait à l'échafaud ne fût autre chose que la vengeance de Robespierre, contre lequel elle avait fait imprimer et placarder, jusque dans les corridors de la Convention, une affiche qui était ce qu'elle avait composé de plus énergique. Olympe de Gouges était bien propre à faire contre ses ennemis quelques écrits vigoureux, la colère des femmes est un Apollon qui les inspire puissamment, mais je l'ai toujours crue incapable de conspiration. Elle était trop vive, trop emportée, et par conséquent trop peu réfléchie pour conspirer. Elle était trop inconstante, trop légère, et se faisait trop facilement connaître pour qu'on l'eût fait entrer dans le secret d'un complot.

Il y avait environ cinq ans que j'étais en relation avec elle. Tantôt elle me boudait pendant un an, puis je la voyais arriver chez moi plus amie que jamais, et ces brouilleries venaient souvent de quelques vérités peu galantes que je lui disais, de quelques avis très-utiles que je lui donnais, et qui, si elle eût pu les suivre, lui eussent épargné sa fin tragique. Après avoir composé quatre ou cinq gros volumes de comédies qu'elle

faisait toujours imprimer parce que les comédiens ne voulaient pas les jouer, elle se mit à écrire sur la politique. Je tâchai de l'en détourner, ce qui me brouilla avec elle. A propos d'un article de mon journal dans lequel elle était un peu critiquée, elle fit placarder contre moi une affiche dans tous les coins de Paris, où les injures n'étaient point ménagées. Cela ne l'empêcha pas, environ six mois après, de venir me voir et de me traiter en ami. Je reçus son accueil avec la même indifférence que ses injures. Olympe de Gouges était une espèce de folle qui, après avoir vécu dans les plaisirs, voulait recouvrer en célébrité ce que l'âge commençait à lui faire perdre en galanterie, et attirer à son esprit des hommages que l'on ne rendait plus à ses charmes. Elle était si ambitieuse de célébrité et surtout du titre de femme de lettres, qu'elle se ruina à faire imprimer de mauvaises pièces qui n'étaient pas plus lues par le public que représentées par les comédiens. Je lui entendis dire : « La gloire est ma maî-
« tresse ; je la violerai plutôt que de ne pas obtenir ses
« faveurs. »

Le désir d'être célèbre fit croire à Olympe de Gouges qu'elle l'était réellement. Quelques décrets avantageux au public étaient-ils rendus, c'était elle qui en avait donné l'idée, les législateurs en avaient puisé l'esprit dans ses ouvrages. Les comédiens ne voulaient-ils pas jouer ses pièces, ou ces pièces jouées tombaient-elles, c'était une cabale d'auteurs dramatiques qui, jaloux de ses grands talents, conspiraient contre elle. Un secrétaire, dans ses manuscrits, un imprimeur, dans ses ouvrages imprimés, laissaient-ils échapper quelques fautes, c'était encore une conspiration. Elle était persuadée que toute la France avait les yeux fixés sur elle. C'est cette soif inextinguible de réputation qui l'a portée à l'échafaud. Elle se faisait gloire de n'être point la fille de son père putatif, mais bien du marquis Lefranc de Pompignan. Elle racontait à ce sujet que sa mère, une des plus belles femmes de Montauban, était aimée de l'académicien si vilipendé par Voltaire; que ce dévot personnage, pour jouir moins scandaleusement de sa maîtresse, lui donna un mari à sa guise, à qui il fit avoir une place à une autre extrémité de la France, tandis que l'épouse resta à Montauban à la disposition de son amant. Ce fut de ces amours, et plus d'un an après le départ du mari, que la femme mit au jour madame de Gouges. Enfin, pour terminer ce portrait déjà trop long, je dirai qu'elle n'était pas sans génie, mais qu'elle manquait absolument des connaissances qui peuvent le développer, le faire valoir. Elle n'était ni royaliste, ni aristocrate, ni démocrate, ou plutôt elle a été tour à tour l'un et l'autre; elle n'était rien et était tourmentée du désir d'être quelque chose. Elle parlait toujours et ne savait pas dire deux phrases de suite en bon français; elle faisait des livres et ne savait à la lettre ni lire ni écrire. Son éducation avait été entièrement négligée; elle attribuait à sa vivacité naturelle l'éloignement qu'elle avait eu pour la plus commune des instructions. Elle n'avait jamais pu apprendre à lire; elle ne savait que signer son nom. Elle était toujours pressée; ses plus longs ouvrages ne lui coûtaient que quelques heures de travail. Sans cesse agitée, furieuse, emportée, elle battait son fils et ses domestiques ; sa société n'était guère agréable, et cependant elle croyait être et se disait sans façon une seconde *Ninon*. Malgré ce caractère bizarre, elle avait le cœur bon et aimait à rendre service. C'est sur cette femme singulière que le farouche Robespierre crut devoir exercer sa vengeance. Le supplice d'Olympe de Gouges m'a consterné, non-seulement parce que je la connaissais, mais parce qu'il m'a éclairé encore sur le caractère sanguinaire et atroce des hommes qui gouvernaient alors (1).

Je fis connaissance avec un ci-devant moine qui vivait et occupait bien tranquillement un appartement dans la maison de Saint-Denis où je me trouvais. Il me prêta des livres. Je lus avec intérêt le *Théâtre des Grecs* du père Brumoi ; je restais le plus que je pouvais dans un petit bâtiment isolé que j'habitais, lisant, fumant, tisonnant le feu, me promenant avant le jour dans le jardin et quelquefois dehors, étudiant la topographie des lieux, pour en connaître toutes les issues, tout ce qui pouvait faciliter une évasion ou me procurer un asile secret, ayant toujours des craintes et peu d'espoir, ne voyant rien de bon dans l'avenir et attendant avec impatience le moment où je me rendrais auprès de ma femme et de Pénières.

(1) Voir sur Olympe de Gouges l'étude de M. Charles Monselet dans son livre *les Oubliés et les Dédaignés*, 1 vol in-12. Poulet-Malassis, éditeur.

Après quelques jours passés dans ces angoisses, je pris le parti de rentrer dans Paris et fis connaître mon dessein à mes amis. Le 18 brumaire, Boucheseiche et Leroux vinrent me prendre et nous nous rendîmes ensemble à Paris, au milieu de bien des dangers. Arrivé dans la maison habitée par ma femme, je la visitai; elle était très-convenable à notre situation. C'était un vaste hôtel composé de cour, de jardin et de deux corps de logis. Nous en étions les seuls habitants; point de portier, point de domestiques, par conséquent point d'espion, point de délateurs. Nous nous servions nous-mêmes. On pouvait se promener au jardin sans être aperçu des voisins. Nous cherchâmes les endroits qui pourraient nous servir, en cas d'accident, à nous cacher ou à nous évader; nous en trouvâmes plusieurs, mais qui ne me parurent pas assez sûrs.

Après avoir longtemps réfléchi, je proposai à Pénières le projet d'une cachette dans l'appartement que nous occupions; après en avoir discuté les inconvénients et les avantages, il fut arrêté que nous y travaillerions nous-mêmes sans le secours de personne. Mon ami était fort adroit et bon travailleur. Nous nous mîmes à l'ouvrage. Il s'agissait d'enlever proprement le papier qui couvrait le mur sur lequel nous devions opérer, de construire deux cloisons, une de face et l'autre en retour, de pratiquer une entrée et de placer une porte faite de telle manière qu'elle ne pût être aperçue même en y regardant de près; il s'agissait ensuite de coller sur tout l'ouvrage l'ancien papier que nous avions enlevé, afin de ne laisser aucune apparence de notre travail. Tout fut achevé dans l'espace de trois jours. Ce réduit pouvait facilement contenir deux personnes; il eût été difficile, même aux yeux les plus exercés dans l'art de découvrir des cachettes, d'apercevoir celle-ci.

J'eus une seule fois occasion de m'y réfugier. Un jour nous entendîmes une voiture s'arrêter à la porte cochère, puis on frappa trois coups très-violents. Nous ne recevions que très-peu de visites, et mes amis ne s'annonçaient jamais de cette sorte; il n'y avait que des émissaires du comité révolutionnaire qui pussent se présenter ainsi, et ils étaient en usage de se transporter en voiture aux maisons où ils avaient des arrestations à faire. Aussitôt, je me précipite dans mon trou; pendant que je m'y arrange, ma femme va à la porte cochère pour l'ouvrir, et madame Pénières est à la fenêtre pour voir et me dire qui c'est. Bientôt elle m'apprend que l'auteur de notre frayeur était un cocher de fiacre que notre ami Leroux avait pris à son grand déplaisir. Ce cocher était ivre et avait, en route, cherché dispute à des passants et mis notre ami dans le cas d'être reconnu et arrêté, par l'affluence de monde que son procédé attira autour de sa voiture. Par suite de son ivresse et de sa mauvaise humeur, le cocher se permit de frapper magistralement à notre porte, et même de quereller et de dire des injures avant de se retirer, ce qui me déplût fort, parce que j'aurais désiré qu'aucun bruit ne partît du lieu de notre demeure.

Cependant, ce n'était pas tout de se cacher; les

découvertes que les visiteurs domiciliaires faisaient chaque jour, soit d'argent, soit de personnes, ne me rassuraient pas. Je pensai d'abord à quitter Paris et à habiter une campagne des environs.

La plus forte considération qui me déterminait à prendre ce parti, c'était la crainte, si je venais à être découvert, de compromettre Pénières, qui me donnait si généreusement un asile que je n'avais encore pu trouver ailleurs, qui se privait des aisances les plus ordinaires pour augmenter ma sûreté personnelle, enfin qui s'exposait lui-même pour me sauver. Non, je n'oublierai jamais l'importance du service que cet excellent collègue, sans aucune ostentation, m'a rendu à cette époque. Je dois un hommage à son aimable épouse; elle partageait, à cet égard, tous les sentiments de son mari. Mon supplice m'eût été mille fois plus cruel, si les services que m'ont rendus ces deux amis eussent causé leur malheur.

Cette pensée me pénétrait fortement et me fit prendre la résolution de partir le plus tôt possible de France. Bientôt, un moyen de faciliter mon évasion se présenta; j'avais bien prévu que je trouverais des ressources à Paris.

Un de mes collègues était dans la même situation que moi; décrété d'accusation le 3 octobre, il n'avait, depuis cette époque, cessé, de concert avec quelques amis, de travailler à se procurer des passe-ports et autres moyens propres à favoriser sa fuite. Il était parvenu à faire graver le cachet d'une municipalité voisine et de la société populaire du même lieu; il avait pu tirer l'empreinte de celui de son département; il avait fait imprimer le corps d'un passe-port, ainsi qu'un diplôme de la société populaire; il ne lui manquait que des signatures, et il était fort embarrassé de les imiter. Il vint un soir, sur l'avis de Pénières, passer la nuit et le jour suivant à la maison; il fut convenu qu'il me procurerait par tous les moyens qu'il pourrait le diplôme imprimé avec le cachet de la société, le cachet de la municipalité du même lieu et celui du directoire du département dont il avait pris l'empreinte; mais il n'avait plus de papier timbré de son département; il en attendait incessamment, et il me restait ensuite à faire imprimer le corps du passe-port sur ce papier, lorsqu'il serait arrivé. Je m'engageai à faire de mon mieux pour imiter les signatures dont il me donna des modèles originaux. Je m'exerçai pendant quelques jours, et je réussis assez bien; j'avais devant moi, outre plusieurs pièces originales, un calque très-exact d'un passe-port que lui avait prêté une personne récemment arrivée de son pays. Ce passe-port était revêtu de signatures, de visa sur la route, et du visa d'un comité révolutionnaire d'une section de Paris. Je revêtis donc plusieurs passe-ports, pour lui et pour ses amis, des signatures de la municipalité d'où ils étaient censés partis, des visa et signatures des directoires du département et du district, du visa de la route à Paris, et du visa de la section.

J'attendais toujours le papier timbré, qui tardait à arriver, afin que je pusse aussi travailler pour moi; et en attendant j'essayai de contrefaire l'estampille des comités révolutionnaires de quelques sections de Paris, et surtout la griffe du secrétaire de la municipalité, nommé Colombeau. J'avais à la fin découvert un procédé qui me donnait des résultats assez satisfaisants, et qui imitait assez bien l'effet de l'empreinte à l'huile; en un mot, je faisais des progrès dans l'art de contrefaire les signatures, les estampilles et les griffes. Quel sera l'homme qui osera blâmer ma conduite et me traiter de faussaire? Je puis défier le rigoriste le plus sévère de trouver mon action répréhensible.

Voici la fable que mon collègue avait arrangée pour lui, laquelle je devais accommoder aussi pour moi. Il était supposé parti du département dont le papier de son passe-port était timbré, et de la petite municipalité dont il avait fait graver le cachet, et être arrivé à Paris pour affaires de son commerce, et de là il devait voyager à Chambéry, pour retourner ensuite dans le pays d'où il était parti. Il était marchand de dentelles, et, en effet, il avait pour mille écus de cette marchandise, outre une grande quantité d'échantillons, de lettres, un livre de commerce, etc., etc. Muni de toutes ces pièces, de son passe-port, de son diplôme de jacobin, et de plus d'un certificat d'un des commissaires envoyés par les assemblées primaires pour accepter la constitution, il devait se rendre dans le Mont-Blanc, en prenant la voiture publique qui, de Paris, sort des frontières et passe en Suisse pour se rendre ensuite à Carrouges. Son projet était, après avoir passé la frontière, de s'arrêter dans la première ville suisse et d'abandonner la voiture publique; il devait se rendre de là à Genève. Je trouvais immanquable le projet de son évasion; j'aurais voulu être son compagnon de voyage; mais il jugea que nous pourrions nous nuire réciproquement; il voulut partir seul.

Cependant je ne pensais pas de même, et je désirais ardemment pour moi un compagnon de voyage; on me proposa Devérité (1), l'un de mes collègues aussi décrété d'accusation. Il sortit de sa retraite pour venir me voir et parler de cette affaire; il passa une nuit et un jour à la maison; pendant ce temps, il fut convenu définitivement que nous partirions ensemble aussitôt que nos passe-ports seraient prêts. Nous arrêtâmes aussi nos conventions de manière à ne pas nous contredire dans le cas où nous serions interrogés séparément.

Devérité me parut d'une humeur très-convenable pour notre entreprise : il était gai, avait l'imagination vive et même un peu romanesque; j'ai éprouvé que cette dernière disposition de l'esprit fortifie l'âme dans le malheur et offre de grands moyens de consolation. Cette assertion paraîtra bizarre, mais je dis ce que j'ai senti. Il faisait en outre des vers avec la plus grande facilité; il nous récita une pièce de trois cents vers qu'il avait composés dans sa retraite, sur les malheurs de la France et surtout sur le désastre de nos malheureux collègues morts sur l'échafaud. Cette pièce était

(1) Né à Abbeville le 26 novembre 1746, y exerça la profession d'imprimeur-libraire. Il fut un homme de lettres assez distingué, et, en 1792, on le nomma député à la Convention. Membre du Conseil des Anciens, puis juge au tribunal d'Abbeville, il est mort le 31 mai 1818.

remplie de belles images, de traits énergiquement exprimés ; le style était nerveux et digne du sujet. Je l'ai entendu souvent réciter, et chaque fois elle m'a fait frémir en me reportant aux événements terribles qu'elle décrivait.

J'avais d'abord formé le projet de me déguiser en marchand de parapluies, et de partir avec trois ou quatre parapluies sous mon bras ; mon collègue, quoique peu disposé à voyager à pied, adopta cependant mon projet, et nous nous quittâmes réciproquement contents de nous-mêmes et de notre association itinéraire.

Cependant, j'étais plus que jamais pressé de partir ; outre la grande considération dont j'ai déjà parlé, je ne pouvais supporter l'idée de me voir dans un pays où chaque jour j'apprenais le supplice de quelques amis, de quelques collègues, enfin de personnes auxquelles j'étais attaché. L'arrestation de Rabaut-Saint-Étienne, découvert à Paris, le supplice de Manuel et de madame Roland, etc., etc., me pénétraient des sentiments les plus douloureux ; le récit de semblables tragédies venait comprimer mon cœur ; en vain je savais que ces malheureuses victimes avaient supporté leur supplice avec le plus ferme courage, cela ne me consolait point de leur perte ; ce courage augmentait pour elles mon estime, et par conséquent mes regrets. C'est surtout madame Roland qui, dans ce moment terrible, a montré une force d'âme vraiment héroïque. « Je m'honore, dit-elle à ses juges, qui n'avaient pu la
« convaincre d'aucun crime, de partager le sort des

« hommes célèbres qui m'ont précédée sur l'échafaud. »

J'attribue à cette femme courageuse une lettre anonyme que je reçus quelques jours après le 3 octobre, pendant qu'on faisait le procès à mes collègues décrétés d'accusation. Elle commençait par ces mots : « Tonne, « brave Dulaure, tes collègues vont être victimes de « la plus affreuse injustice ; songe que le tribunal qui « les juge n'est pas nommé par le peuple, etc. » Mais alors je n'avais plus de journal, je n'avais plus de tonnerre en main ; déjà l'orage grondait sur ma propre tête, et j'allais en être frappé.

Enfin le papier timbré tant désiré arriva ; ce fut une difficulté de moins, mais il en restait une autre : c'était d'y faire imprimer la formule de passe-port ; c'était tout au plus l'ouvrage de deux heures pour la composition et le tirage. Un journaliste de ma connaissance s'en était chargé, mais il ne pouvait le faire lui-même, et était obligé de confier le secret de cette opération à une douzaine d'ouvriers. Le cas me parut trop risquable ; je cherchai un autre moyen. Je pensai au citoyen Langlois, imprimeur, qui, pendant près de deux ans, avait imprimé pour moi, à qui je venais depuis peu de payer, pour solde de tout compte, une somme considérable ; c'était un jeune homme qui pouvait, après que ses ouvriers étaient retirés, faire lui-même la besogne. Pénières se transporta chez lui avec un billet de ma main ; Langlois refusa tout net et rejeta bien loin la proposition. Je fus outré de ce refus ; ce service que je lui demandais lui aurait coûté si peu et m'aurait été si utile ! Il fallut recourir à d'autres moyens ; heureusement que l'imprimeur que le collègue dont j'ai parlé avait déjà employé pour imprimer les premiers passeports, voulut bien encore imprimer ceux-là. Pénières fut d'avis que, dans la formule, on laissât en blanc les noms du département, du district et de la municipalité, afin que ces formules pussent servir à plusieurs autres personnes et s'appliquer à d'autres lieux ; cela était d'autant plus facile, que le timbre du papier était tout confus, et qu'on n'y lisait qu'avec beaucoup de peine le nom du département.

Ainsi muni de mon passe-port, je pris toutes les mesures propres à hâter mon départ : je fis avertir Devérité, afin qu'il eût à se préparer, en lui annonçant que, quant à moi, je serais prêt dans deux jours. En effet, je disposai tout ; ma femme, de son côté, me préparait ma pacotille, me procurait le costume qui devait servir un peu à déguiser ma figure. J'avais la coutume de porter un chapeau rond à poils, je pris un chapeau ras et à trois cornes. J'avais les cheveux ronds et le front découvert; je me fis faire une perruque à queue, dont les cheveux recouvraient mon front. Je fis faire un pantalon, veste et culotte, comme je n'en avais jamais portés, et comme les portaient ce qu'on appelait alors les sans-culottes ; je fis acheter à la friperie une ample et vieille redingote bleue qui devait couvrir le tout. J'achetai aussi des demi-guêtres, des pistolets, enfin tout ce qui pouvait servir à faire supporter un voyage long et périlleux pendant les rigueurs de l'hiver.

Il fallait avoir un plan de voyage ; c'était ce qui

m'embarrassait le plus; mes amis, qui n'étaient pas plus instruits que moi à cet égard, me conseillaient de prendre des routes détournées, d'éviter les grandes villes. Je ne connaissais pas les localités; je fis emplette de cartes très-détaillées qui devaient me diriger dans la route. Ce n'était pas tout d'arriver à la frontière, il fallait la traverser sans dangers. Ferroux (du Jura) (1), l'un de mes collègues, qui était décrété d'arrestation, et qui venait souvent nous voir à la faveur de la nuit, m'indiqua des moyens qu'il assurait être immanquables; il me conseilla de passer à Arbois, ville du Jura, de loger chez un hôte de sa connaissance, dont il m'indiqua le nom; puis il me donna l'adresse d'un curé qui était son parent, et qui demeurait dans les montagnes, à quatre lieues d'Arbois. Je devais prendre un guide dans cette ville pour me conduire dans ce village, appelé Le Pasquier, et, étant arrivé là, je pouvais me regarder comme hors de danger. Ferroux me donna pour ce curé une lettre en style maçonique, qu'employaient dans ce pays les membres d'une espèce d'association, appelés les *Cousins Charbonniers*. Voici à peu près la teneur de cet écrit : « A l'avantage une « fois, à l'avantage deux fois, à l'avantage trois fois,

---

(1) Né à Besançon, en 1751. Il obtint un emploi dans les finances et fut élu député à la Convention. Il devint ensuite membre du Conseil des Anciens. Après le 18 brumaire, il fut nommé directeur des contributions, d'abord à Lons-le-Saulnier, puis à Besançon. Exilé en 1816, il ne revit la France qu'en septembre 1830. Il est mort à Salins le 12 mai 1834.

« mes bons Cousins, je vous adresse le *Guépier* (c'est
« le nom de ceux qui ne sont pas initiés), porteur de
« la présente, qui est digne de participer à nos mys-
« tères ; donnez-lui pinte et pain et menez-le à la
« prochaine *vente* ; il vous remettra le signe bien pré-
« cieux de notre reconnaissance.

« Je suis votre bon Cousin Charbonnier de la forêt de
« La Chaux. »

Le signe précieux dont il est parlé dans cette lettre était un morceau de bois taillé d'une certaine manière, propre à faire reconnaître les Cousins Charbonniers ; on le nommait l'*échantillon*.

Suivant mon collègue Ferroux, le curé, son parent, à qui il m'adressait, devait, à la vue de ces pièces probantes, me fournir un guide sûr pour me conduire hors des frontières. Son neveu même, qui connaissait parfaitement la localité, devait me rendre ce service, et me conduire par la montagne du Frarot, dont la cime forme le point de démarcation entre la France et la Suisse. Ainsi, suivant les assurances qu'il me donnait, si je pouvais parvenir une fois au village du Pasquier, je n'aurais plus de dangers à courir ; je devais me regarder comme arrivé en Suisse, les villages qu'il me restait à parcourir étant peuplés d'habitants peu surveillants, qui ne s'occupaient guère de la révolution, qui étaient d'un naturel doux et obligeant, et plus disposés à favoriser mon évasion qu'à la contrarier : on verra dans la suite jusqu'à quel point tous ces renseignements étaient exacts.

D'après ces assurances, je croyais n'avoir de dangers

à courir que dans la route de Paris à Arbois ou au village du Pasquier. Je redoutais surtout les environs de Paris, à douze lieues à la ronde, car la surveillance y était extrême. La plupart des lieux placés sur la route étaient garnis d'émissaires des comités révolutionnaires, qui scrutaient très-scrupuleusement tous les passants. Je résolus d'éviter le plus que je pourrai, à cette distance, les grandes routes, et, d'après les cartes que je m'étais procurées, je traçai le plan de mon itinéraire.

Ce fut alors que j'appris la nouvelle de l'arrestation d'un de mes collègues, nommé Noël. Ce vieillard respectable, décrété d'accusation, était déjà parvenu à l'extrême frontière du côté de Montbéliard, et n'avait plus qu'une heure de chemin pour arriver en Suisse, et, après avoir été condamné sans aucune preuve par le tribunal révolutionnaire, il fut exécuté. Cette nouvelle n'était pas encourageante pour moi; elle ne me découragea cependant pas (1).

J'eus bientôt revêtu des signatures nécessaires le passe-port de Devérité et le mien, ainsi que nos diplômes de jacobins. Tout était prêt. La saison qui avançait et qui devait de plus en plus rendre le voyage difficile et le passage des frontières impraticable, les nouvelles mesures révolutionnaires qu'on prenait cha-

---

(1) Noël, né à Remiremont, le 24 juin 1727, député des Vosges à la Convention, un des sept membres qui refusèrent de prendre part au jugement qui condamna Louis XVI. Il périt sur l'échafaud, le 8 octobre 1793.

que jour pour arrêter les émigrations, tout me pressait de partir le plus tôt possible.

J'étais dans ces dispositions lorsque, le samedi 7 décembre, ou 17 frimaire, j'appris que Devérité était indisposé. Il me fit dire néanmoins qu'il serait guéri et prêt à partir le mercredi ou le jeudi suivant au plus tard. Ce retard me fit de la peine, mais le plaisir d'avoir un compagnon de voyage qui semblait me convenir à tant d'égards me le fit supporter avec patience. Pendant ce temps, je travaillai à fabriquer de nouveaux passeports pour les malheureux qui pouvaient être dans ma situation. J'abandonnai le projet de partir en marchand de parapluies, et formai celui de voyager comme un marchand peu riche. Je fis faire mon costume en conséquence. Un pantalon d'espagnolette, vert-bouteille très-foncé, avec le gilet de même, des demi-guêtres en drap noir, une vaste redingote bleue, rapiécée et retournée, un chapeau déchiré, une perruque, un gros bonnet de laine grise, de gros gants gris, trois chemises sans être garnies, deux mouchoirs bleus à mouches assez communs, que je fis acheter exprès, voilà en quoi consistait mon équipage de voyage; c'est ainsi que je devais arriver en Suisse.

Quant à mes finances, elles n'étaient pas considérables; je partais avec onze cents livres en assignats; mais je ne devais pas manquer de ressources; on m'avait persuadé qu'une fois arrivé sur cette terre hospitalière, j'y serais accueilli avec toutes les marques de déférence et d'amitié. On me citait l'exemple de trois députés qui, après avoir échappé à leur arrestation, avaient fait heureusement le voyage de Suisse, et avaient été reçus avec le plus grand empressement; on m'assurait qu'il suffisait de se dire député pour être favorablement accueilli. Je pensai, d'après tout cela, que mes collègues avaient tous les moyens de communiquer avec la France, et pourraient m'en indiquer un pour communiquer aussi et recevoir un paquet de linge et des hardes déjà préparées, ainsi que l'argent dont j'aurais besoin et des nouvelles. D'ailleurs, je crus que la somme que j'emportais pourrait me servir près d'une année, et il ne me vint pas en idée de m'informer de la perte des assignats chez l'étranger. Comme alors ils étaient en France au pair avec l'argent, je crus qu'ils devaient être acceptés au même taux dans un pays neutre, avec lequel les communications commerciales n'étaient point interrompues. J'avoue que je ne fis guère de réflexions à cet égard; que, tout occupé de mon voyage, je me trouvais trop heureux d'espérer que je pourrais le faire avec succès. Je croyais, au surplus, que, dans le cas où je ne pourrais recevoir aucun secours pécuniaire de la France, j'avais des talents que je mettrais à profit; enfin, je n'avais aucune inquiétude sur la manière de subsister dans ce pays.

Voilà l'opinion que j'avais alors, et qui m'était suggérée par les rapports que l'on m'avait rendus de la favorable réception faite à mes collègues réfugiés en Suisse. Je dirai par la suite combien mon opinion était mal fondée et combien ces rapports étaient infidèles.

Le mardi 10 décembre, ou 20 frimaire, un de mes collègues qui venait souvent me voir et qui communiquait ordinairement avec Devérité, vint de sa part me donner de ses nouvelles. Il m'apprit qu'il ne pouvait partir encore, que sa maladie durait toujours, et qu'au surplus, si je partais sans lui, il était déterminé à faire le voyage seul, en chaise de poste, avec un passe-port d'officier des volontaires de son département; que cependant si je voulais attendre encore huit jours, il pourrait m'accompagner. Cette nouvelle m'atterra; elle me pénétra de la plus vive affliction, et elle me procura un des moments les plus pénibles que j'eusse éprouvés depuis mon malheur; mais en envisageant toute l'horreur de ma situation, je pris le parti définitif de fuir seul ma patrie.

Je communiquai aussitôt cette résolution à mes amis et à ma femme, qui l'approuvèrent en déplorant la triste extrémité où j'étais réduit.

Alors je m'occupai entièrement des objets de mon départ; je partageai avec ma femme le peu de moyens qui me restaient; je pris pour moi la somme de onze cents et quelques livres et un louis d'or. On m'en offrit vingt-cinq d'une part et une demi-douzaine de l'autre. Je les refusai, dans la crainte qu'ils ne fussent un obstacle qui m'arrêterait à la frontière et qui ferait échouer ma périlleuse entreprise.

Le soir de cette journée se passa en visites que je reçus de plusieurs de mes amis et collègues, qui me portèrent des encouragements et des regrets. Pénières me promit de m'accompagner jusqu'à cinq ou six lieues, et de ne me quitter qu'après le dîner. Ma femme cependant versait des larmes, et ne les retenait de temps en temps que pour ne pas me décourager. Je la consolais en lui annonçant ma future délivrance de toutes les alarmes dont j'étais depuis longtemps obsédé, et en lui présentant la Suisse comme un pays très-agréable, où je ne devais manquer ni de bons accueils ni de ressources.

La nuit je dormis peu; à cinq heures et demie j'étais levé. Pénières et ma femme se levèrent en même temps que moi. Je me costumai comme il était convenu, et après avoir pris tout ce qui m'était nécessaire, avoir fait mes adieux à ma femme et à madame Pénières, comme si nous ne devions plus nous revoir, je partis; mon ami était avec moi. Il n'était pas jour, et il pleuvait; nous traversâmes le faubourg Saint-Germain, marchant à quelque distance l'un de l'autre, et nous arrivâmes sur le boulevard Saint-Jacques. La pluie mêlée au vent continuait toujours. C'était un mauvais préliminaire de voyage. Quoiqu'il fût plus de six heures du matin, et qu'après cette heure-là on ne demandât plus de cartes de citoyen à ceux qui sortaient des barrières, nous redoutions encore d'être arrêtés; car, quoique Pénières eût sa carte de député, et moi celle de citoyen, dont Boucheseiche m'avait muni le lendemain de mon décret, nous pouvions néanmoins rencontrer dans les corps de garde quelques personnes de notre connaissance, et cela était d'autant plus possible que ceux qui étaient ordinairement envoyés pour garder les barrières de ce côté habitaient les sections de Paris où j'étais le plus connu. Nous suivîmes donc toujours le boulevard jusqu'au-dessous du faubourg Saint-Marceau; là, nous prîmes la barrière de la Glacière. Nous crûmes ne subir aucune question; cependant une sentinelle nous arrêta pour nous demander nos cartes. Nous les lui montrâmes, et nous enfilâmes un sentier qui devait nous mener sur la grande route de Choisy, lieu qui, d'après mes arrangements, devait être le premier par lequel je devais passer.

Je m'étais souvent promené de ce côté, et j'en connaissais parfaitement tous les chemins; au lieu de prendre la grande route de Choisy, nous suivîmes à gauche des sentiers qui nous conduisirent dans la plaine, au-dessous du coteau d'Ivry. Cependant le vent et la pluie redoublaient, et, après environ deux heures de marche, nous arrivâmes à Choisy tout mouillés, et nous débarquâmes dans une auberge qui est sur le port. Ce mauvais temps m'annonçait une journée très-pénible; j'hésitais si je ne devais pas en attendre à Choisy une meilleure; je pensai un instant à demander jusqu'au lendemain asile à une dame de ce lieu, qui m'avait toujours reçu avec amitié; mais je réfléchis que, dans la circonstance, ma présence ne pouvait lui être agréable.

Pénières voulait, malgré la boue et le mauvais temps, m'accompagner jusqu'à la dînée; moi je voulais qu'il me quittât. Pendant que nous discutions cette matière, une circonstance inattendue vint changer tout le plan de mon voyage.

J'entendis dire dans l'auberge que le coche d'Auxerre arrivait; aussitôt l'idée de m'y embarquer me vint. Je pesai dans mon esprit les avantages et les dangers de cette nouvelle manière de voyager ; elle me présentait deux principaux dangers : le premier était de rencontrer, parmi trois ou quatre cents personnes que contenait ordinairement ce coche, quelques révolutionnaires de ma connaissance, et j'en connaissais beaucoup à Paris qui se seraient fait un mérite de me faire arrêter sur-le-champ, et de me conduire en triomphe devant le tribunal sanguinaire qui devait prononcer mon supplice.

Le second danger était celui d'être obligé de montrer au commis du coche un passe-port visé par la municipalité de Paris, muni de la griffe de son secrétaire Colombeau. Cette formalité manquant à mon passe-port, qui n'avait que le visa d'un comité révolutionnaire d'une section de Paris, je pouvais être rejeté, ou peut-être arrêté comme suspect, et conduit à la première municipalité, pour avoir tenté un moyen contraire aux arrêtés de la municipalité de Paris.

D'un autre côté, si je ne pouvais échapper à ces deux dangers, cette voiture m'offrait plusieurs avantages ; le plus important était celui de passer la lisière de surveillance, qui cernait Paris à douze lieues à la ronde, et de faire une vingtaine de lieues sans éprouver aucune inquisition, sans avoir besoin de montrer mon passe-port et sans être exposé à être reconnu. J'y voyais aussi l'avantage de trouver une voiture douce, qui, sans peines, sans fatigues, m'avançait d'une vingtaine de lieues dans ma route, et m'épargnait l'embarras de chercher des chemins de traverse dans un pays qui m'était inconnu ; d'être fatigué à la fois par la boue, la pluie, la marche, l'embarras d'éviter les grandes villes et qui m'épargnait peut-être aussi plusieurs autres dangers que cette marche détournée aurait pu me faire courir. Enfin, en montant dans le coche, j'évitais à mon ami Pénières (1) les fatigues de cette journée, qu'il voulait partager avec moi. Après avoir rapidement pesé les dangers et les avantages de ce parti, je regardai sur la rivière et j'aperçus le coche annoncé qui s'avançait. Je me décidai sur-le-champ, et me déterminai à y montrer, au risque de me voir arrêter en y entrant. Nous nous dirigeâmes vers l'endroit où le coche s'arrêta ; je fis mes adieux à mon ami, et lui dis que si je me croyais hors de danger avec les personnes du coche, je monterais sur le tillac et lui ferais un signe de contentement.

(1) Pénières (Jean-Augustin), dont il est si honorablement question dans cette partie des *Mémoires de Dulaure*, était garde du corps à l'époque de la révolution. Il fut successivement membre de l'Assemblée législative, de la Convention, du conseil des Cinq-Cents, du Tribunat, du Corps législatif et de la chambre dite des Cent-Jours. Il déploya en plusieurs circonstances beaucoup de courage et de fermeté de caractère. Exilé en 1816, il se réfugia aux États-Unis, où il est mort en 1820.

Le coche d'Auxerre en 1793. — La disette. — Les représentants du peuple en mission. — Le curé maratiste. — Visite des passeports. — Arbois. — Le curé du Pasquier. — Les paysans du Jura. — Dulaure pris pour un prêtre émigrant. — La société populaire de Nozeroy. — Le diplôme de jacobin. — Entrée en Suisse.

J'entrai dans le coche. — Je jetai un coup d'œil rapide sur les voyageurs, et je n'aperçus aucune figure de connaissance. Personne ne me demanda mon passeport; je fus alors tranquille. J'allai aussitôt faire à Pénières le signal convenu, puis je me reléguai dans un des coins les plus obscurs, déterminé à ne pas y faire grand bruit.

A peine y fus-je placé, que j'entendis un marinier traverser la salle commune et appeler à plusieurs reprises le citoyen Dubreuil. Il ne me vint pas d'abord en idée que ce nom qui ne m'était pas bien familier fût le mien, et que ce marinier pouvait s'adresser à moi. Quelques minutes après, le même cri se fit entendre, alors je vins à penser que ce pouvait être moi qu'on appelait. Cependant, comme ce nom de Dubreuil était commun à plusieurs personnes, et que je n'imaginais pas ce que ce marinier pouvait me vouloir, je ne répondis pas.

Quelques heures après, venant à réfléchir, je pensai que Pénières, ayant à me communiquer quelque avis important suggéré par une circonstance fortuite, m'avait fait appeler, et je me repentis de ne m'être pas présenté. Le reste de la journée se passa sans aucun événement remarquable. Le soleil m'attira le soir sur le tillac, et ses rayons séchèrent mes habits mouillés et me réchauffèrent. Je cherchais toujours à deviner ce que Pénières pouvait avoir eu à me dire, lorsque le froid de la nuit me fit penser à couvrir ma tête d'un gros bonnet de laine qui devait également garantir ma figure des frimas et des regards des curieux. Je m'aperçus qu'il n'était pas dans ma poche. Je me rappelai que Pénières s'en était chargé ; je pensai aussitôt que notre brusque séparation avait pu lui faire oublier de me le rendre, et que, voyant le coche prêt à partir, il avait chargé un marinier de m'appeler sous le nom du citoyen Dubreuil pour me le remettre. Cette idée dissipa mes doutes ; je montai aussitôt sur le tillac, et je m'adressai au marinier qui tenait le gouvernail. C'était lui qui m'avait appelé, et il avait mon bonnet ; il ne me le remit pas, parce qu'il était à un poste qu'il ne pouvait pas quitter pour aller chercher le sien. Il me promit de me le donner plus tard, ce qu'il fit en effet au jour.

Ce petit événement fut à peu près le seul qu'heureusement j'eus dans le coche. Le commis ne me demanda point de passe-port, il se borna à écrire mon nom et à recevoir le prix du voyage. La conversation des voyageurs roula longtemps sur les exécutions qui venaient de se faire à Paris ; on parla beaucoup de celles de madame Dubarry et du député Noël. Un particulier de son pays nous fit le récit de son évasion, de son arrestation et de sa mort, à laquelle il semblait applaudir. Il ajouta que les paysans des frontières faisaient bonne garde et arrêtaient chaque jour des fugitifs. Cette conversation, comme on le pense bien, n'était pas de nature à me plaire.

Après avoir passé un jour, une nuit et une matinée dans le coche, nous arrivâmes, le 22 frimaire (12 décembre), à onze heure du matin, à Montereau, où nous débarquâmes. Là, je redoutais la visite qu'on pouvait faire de mon passe-port; je passai devant le corps de garde; on ne me demanda rien; la sentinelle se contenta d'arrêter quelques personnes du coche. Une d'elles m'a raconté par la suite qu'à la vue de son passe-port imprimé, la sentinelle, qui était un paysan, avait dit : « *Il est bon, il est moulé.* »

Après avoir pris quelques rafraîchissements à Montereau, je m'associai à des voyageurs qui allaient à Sens. Nous prîmes ensemble une voiture qui nous conduisit très-rapidement dans cette ville; lorsque nous y fûmes arrivés, la voiture suivit un chemin qui nous fit éviter le corps de garde, et par conséquent j'échappai au danger qui pouvait naître de la vérification de mon passe-port. De Sens, je partis avec trois nouveaux compagnons de voyage et avec un mauvais cheval, mauvais conducteur, mauvais chemin et mauvais temps; nous cheminâmes longtemps pour aller à Joigny. Avant d'y arriver, nous passâmes à Villeneuve-l'Archevêque. Là, notre voiture fut arrêtée et on nous demanda nos passe-ports. Mes compagnons avaient déjà fait vérifier les leurs lorsque je remis le mien. J'avoue que je conçus quelques craintes de cette première épreuve ; je trouvai que l'on tardait beaucoup à me le rapporter et j'attendais avec une vive impatience dans la voiture. On mettait plus de temps pour mon passeport seul qu'on n'en avait mis pour ceux de mes trois compagnons de voyage. Mes craintes augmentaient de ce retard, lorsque tout à coup elles se dissipèrent par l'arrivée de la sentinelle qui vint fort poliment, une chandelle à la main, me remettre mon passe-port et m'apprendre qu'il était bon. C'était pour moi une bonne nouvelle qui me réjouit, me fortifia et me donna de l'espoir pour la suite de mon voyage.

Il était huit heures du soir lorsque nous arrivâmes à Joigny. A l'entrée de la ville, nos passe-ports furent encore demandés, visés et trouvés bons.

Nous débarquâmes à la première auberge que nous trouvâmes. L'hôte nous dit qu'il ne pouvait nous loger parce qu'il manquait de pain. Nous allâmes dans une seconde, dans une troisième auberge, où nous fûmes refusés pour la même cause. Enfin, mes compagnons de voyage, qui avaient conservé quelques livres de pain dont ils s'étaient munis dans le coche, m'offrirent de les partager avec moi, et avec ce pain, nous eûmes un souper et un lit. On nous conta à quel point était la rareté du pain dans le pays : quelques familles en avaient manqué pendant plusieurs jours consécutifs, ce qui causait un grand mécontentement.

Dans la nuit qui avait précédé mon départ, je n'avais presque point dormi; dans celle que je passai sur le coche, je ne pus obtenir un quart d'heure de sommeil.

Celle-ci répara les deux précédentes : je dormis comme si j'avais été heureux.

Dès six heures du matin, nous fûmes sur pied et prêts à monter en voiture, pour aller à Auxerre. Mes trois compagnons de voyage, et un quatrième qui venait également du coche, homme d'un certain âge, partirent avec moi dans la même voiture. Il y monta aussi un grenadier blessé, qui jurait de trouver le pain aussi rare dans l'intérieur de la France, tandis que, disait-il, à l'armée, on donnait le blé aux chevaux.

Je redoutais le passage d'Auxerre, parce que deux de mes collègues, qui me connaissaient et qui auraient regardé un collègue fugitif comme une proie excellente, étaient en mission dans cette ville.

Il était près de midi lorsque nous y arrivâmes ; mes trois premiers compagnons me quittèrent là. Le grenadier fut chercher son étape ; je restai avec l'homme de certain âge que nous avions pris avec nous le matin. Il me dit : « Suivez-moi, je connais les rues d'Auxerre ; « au lieu de traverser toute la ville, nous allons prendre « de petites rues désertes qui nous raccourciront le « chemin, et nous serons bientôt sur le port. » C'était me servir suivant mon goût ; je suivis donc mon conducteur ; nous traversâmes en effet une partie de la ville, sans rencontrer personne, et nous arrivâmes au pont. Nous parcourûmes, à mon grand déplaisir, pendant une grande demi-heure, toutes les auberges du quartier pour trouver une voiture et un dîner. Nous ne trouvâmes ni l'un ni l'autre. La disette de pain était excessive. C'était jour de marché : peu s'en fallut qu'il n'y eût une émeute; elle aurait même eu lieu sans la force armée. On nous raconta que depuis quelque temps, tous les jours de marché, il se manifestait une révolte que l'on avait soin d'étouffer à sa naissance. Enfin, nous trouvâmes un voiturier qui, à un prix exorbitant, promit de nous conduire à Vermanton, à six ou sept lieues d'Auxerre. Son cheval n'était pas prêt, il fut convenu que nous l'attendrions sur le port. Pendant ce temps, nous parvînmes, non sans bien des peines, à trouver dans un misérable cabaret du mauvais pain, du vin blanc et des haricots. Nous fûmes heureux de cette rencontre, sans laquelle nous aurions souffert de la faim, qui commençait déjà à nous tourmenter. Notre dîner achevé, nous nous rendîmes sur le port, lieu de notre rendez-vous. Ce poste me déplaisait beaucoup; nous étions tout près de la sentinelle, qui à la vérité n'arrêtait que les gens à cheval et en voiture pour visiter leurs passe-ports, mais qui, nous voyant monter en voiture, pouvait se raviser et exiger l'exhibition des nôtres. Or, je voulais éviter le plus qu'il était possible cette dangereuse formalité. De plus, il pouvait à chaque instant passer des personnes de ma connaissance, même les deux collègues dont j'ai parlé. Pendant que je faisais ces réflexions, je vis de loin arriver un homme à cheval entouré de satellites, vêtu comme un représentant du peuple en mission. Cette vue m'alarma; je dis à mon compagnon de voyage que j'avais oublié mon couteau au cabaret où nous avions dîné et que j'allais le chercher. Pendant mon absence, le cavalier redouté passa avec sa suite.

Ce n'était point un représentant du peuple, mais un officier général qui était à Auxerre pour la remonte des chevaux.

Je revins à mon poste. Après y être resté un quart d'heure, je le trouvai trop dangereux pour y demeurer plus longtemps. Je dis à mon compagnon de voyage que je ne pouvais plus rester en ce lieu, qu'il y avait trop de boue, que j'avais froid aux pieds, qu'il pouvait rester seul, pendant que j'allais visiter une promenade publique située sur le bord de la rivière et à l'autre extrémité du port.

Il consentit à rester seul, et je fus me cacher entre les arbres de cette promenade déserte. Sans cette précaution, j'étais indubitablement perdu.

Je restai une grande heure, qui, d'après ma vive impatience, me sembla aussi longue que quatre, à marcher en long, en large, à venir sur le pont pour voir arriver la voiture tant attendue. Je redoutais encore que cette espèce de promenade dans un lieu solitaire et dans un jour de marché où tout le monde s'agitait pour ses affaires, ne parût suspecte à quelques individus, comme il y en a partout, habiles à dénoncer, et à qui il ne faut que la plus légère apparence de suspicion pour les déterminer à faire une bonne capture. Enfin, après bien des allées et des venues, et après m'être fortement impatienté, je vis arriver la voiture.

Je me voyais avec plaisir éloigné d'une ville si dangereuse pour moi et où j'avais, sans le savoir, couru et évité le plus grand danger : c'est ce que mon compagnon de voyage m'apprit quand nous fûmes en route.

« Vous avez mal fait, me dit-il froidement, de n'être
« pas resté sur le port; quelques moments après m'avoir
« quitté, le représentant du peuple Jehon est passé près
« de moi; je l'ai salué, vous l'auriez vu! »

Je ne témoignai rien à mon compagnon de voyage de la sensation que cette nouvelle me fit éprouver, et je m'applaudis bien fort d'avoir aussitôt quitté le pont, où j'aurais, selon toute apparence, été reconnu, arrêté, puis conduit à Paris, jugé, etc.

Arrivés à Vermanton, nous descendîmes de voiture et nous nous rendîmes à pied, avec mon compagnon de voyage, à Avallon, où il demeurait; puis je pris le courrier qui me conduisit à Dijon, dont je redoutais beaucoup le passage. J'y arrivai la nuit et je m'empressai d'en sortir le lendemain à cinq heures du matin.

C'était le 26 frimaire (16 décembre 1793.) Je pris la longue et magnifique avenue du parc, parallèle à la grande route, du côté de Saint-Jean-de-Losne, et je rêvai aux moyens d'arriver à Arbois et de là au Pasquier, afin de suivre le plan de route et d'évasion que m'avait tracé mon collègue Ferroux. J'eus l'idée de passer à Pagny, où habitait un de mes amis nommé Baudot, de m'y reposer un jour, et de tâcher d'obtenir de lui un guide qui pût, par des chemins de traverse et sans aller à Dôle ou à Saint-Jean-de-Losne, me conduire à Arbois. Je trouvai ce parti très-salutaire et très-expédient. Il devait me débarrasser de beaucoup de craintes et de dangers. Mais je redoutais aussi de déplaire à Baudot; je craignais que ma visite ne lui causât de l'inquiétude et ne compromît sa tranquillité, car telle était la rigueur de mon sort, que j'étais également repoussé de toutes parts; la présence de mes ennemis pouvait m'être aussi fatale que la mienne à mes amis.

Après avoir balancé les avantages et les dangers de cette visite, je me confiai en la générosité de Baudot et je me déterminai à l'aller voir. Le village qu'il habitait était à sept lieues de Dijon ; j'étais sur la route. Les cartes que j'avais portées avec moi ne m'avaient encore été d'aucun usage, parce que, prenant le coche, j'avais suivi une route toute différente de celle que je m'étais proposé de prendre. Une de ces cartes contenait la route où je me trouvais, et m'offrait tous les hameaux, les bois et les sentiers qui s'y rencontraient. Je la consultais souvent, et me félicitais de ce qu'elle pouvait suppléer aux questions qu'il m'eût fallu faire aux passants pour apprendre le chemin que j'avais à tenir. De pareilles questions étaient dangereuses dans la circonstance ; elles annonçaient celui qui les faisait comme étranger, et par conséquent éveillaient le soupçon contre lui.

Cette carte, que j'avais tant de plaisir à consulter, et dont j'avais d'autant plus besoin alors que, pour arriver chez Baudot, il me fallait suivre des routes de traverse; cette carte, dis-je, je ne pus en jouir que quelques heures : avant d'arriver au premier village situé à trois lieues de Dijon, où je comptais me reposer et me rafraîchir, elle s'échappa de ma poche, et quoique je fusse revenu sur mes pas pour la retrouver, elle fut perdue pour moi. La pluie vint bientôt me surprendre et ne me quitta guère de tout le reste de la journée. Je m'arrêtai deux fois pour me reposer; enfin, après avoir marché longtemps dans des chemins très-fangeux, je me trouvai vers le soir dans un village qui n'était pas éloigné de celui où je devais me rendre; je l'apercevais même à une demi-lieue de distance; mais j'avais, pour y aborder, à franchir la Saône, qui était alors grossie par les pluies abondantes tombées dans ce pays. On m'indiqua le chemin d'une barque qui pouvait me faire traverser cette rivière. Comme je passais par un village pour m'y rendre, je fus arrêté par deux paysans qui me demandèrent d'un ton impérieux où j'allais. Je leur répondis que j'allais à Pagny.

« — Vous n'êtes pas dans le chemin, me dit l'un « d'eux; avez-vous un passe-port?

« — Oui, répliquai-je, mais je ne le montre qu'aux « autorités constituées et non pas au premier venu. Êtes- « vous officier municipal?

« — Oui, je le suis, dit l'un d'eux.

« — A la bonne heure, voilà mon passe-port. »

Ils le lurent, le trouvèrent bon, et me dirent qu'ils m'avaient pris pour un prêtre réfractaire, et qu'il y en avait beaucoup qui émigraient et qui suivaient des chemins de traverse. On verra dans la suite que la plupart de ceux qui m'ont arrêté ont eu de moi la même opinion. Je ne sais si c'est à la couleur sombre de mes habits ou à la gravité de ma figure que je dois attribuer cette erreur; mais elle a été générale, non-seulement en France, mais en Suisse.

Le municipal villageois, après avoir témoigné son contentement sur la validité de mon passe-port, me fit abandonner ma route pour m'en indiquer une plus courte. Il me conseilla de traverser un vaste pâturage qui avait un gros quart de lieue de largeur, m'ajoutant qu'en face d'un certain buisson qu'il me montrait et que je ne voyais pas, je trouverais sans faute un batelier qui me passerait.

Je trouvai, en effet, ce bateau, et il était tout à fait nuit lorsque j'en sortis; j'avais encore dix minutes de chemin pour remonter à Pagny. Enfin j'y arrivai. Je me rendis dans la maison occupée par Baudot. C'était celle d'un oncle de sa femme.

En entrant, je demandai mon ami; il était sorti. Je vis le maître de la maison et sa femme, qui, apprenant que j'étais l'ami de leur neveu, me firent bon accueil. Je ne m'étais pas encore nommé et je ne voulais rien faire à cet égard sans consulter Baudot. Il arriva pendant que j'étais occupé à ma très-urgente toilette. Je l'embrassai avec plaisir. Il parut n'être occupé que de mon malheur; j'avoue que sa réception me fit éprouver une vive satisfaction; j'oubliai aussitôt ma triste situation. Le calme, la joie, le bonheur, l'espoir même entrèrent dans mon âme sous les auspices de l'amitié. Baudot ne put s'empêcher de faire partager son émotion à son épouse. « Sais-tu quel est cet ami? lui dit-il; c'est le « malheureux Dulaure. » A ces mots, cette dame me serre dans ses bras et témoigne combien lui est cher un ami de son époux, et surtout un ami malheureux.

Le maître de la maison ignorait encore mon nom;

lorsqu'on fut à table, Baudot ne crut pas plus longtemps devoir lui en faire un mystère.

« — Vous avez devant vous, lui dit-il, un représentant « du peuple. C'est le citoyen Dulaure.

« — Je m'en étais douté, » dit l'oncle.

Le maître de la maison voulut me régaler de son meilleur vin ; et en effet jamais je n'ai bu d'aussi excellent bourgogne. Le sommeil était aussi un de mes grands besoins ; j'étais accablé de fatigue, et je n'avais pas dormi la nuit précédente.

La journée du lendemain était belle, le ciel serein, l'air doux ; nous la passâmes à table et à la promenade. Madame Baudot s'occupait de moi avec intérêt et me prodiguait les soins affectueux d'une tendre mère.

Je fis à ces bons amis le récit des événements qui me forçaient de fuir ma patrie, des dangers que j'avais courus, des moyens que j'avais pris pour favoriser mon évasion. Baudot vit avec surprise le passe-port et les autres pièces dont j'étais muni. Il admira les ingénieuses inventions de la nécessité. Il me raconta que dans son village il vivait assez tranquille, mais qu'il le serait davantage si le curé, patriote exagéré, n'avait pas aigri et exalté l'esprit révolutionnaire de quelques habitants. Il ajouta que ce curé avait projeté de renverser la croix qui était devant l'église, pour y placer le buste de Marat. Ce fut dans cette maison que j'appris, en lisant les journaux, l'arrestation d'un de mes collègues, Valady, qui s'était caché du côté de Saintes, dans une forêt. Cette nouvelle n'était pas encourageante ; il fut convenu que Baudot me procurerait un guide qui me conduirait par les chemins de traverse jusqu'à Arbois, situé à douze lieues de Pagny.

Le surlendemain de mon arrivée dans cette maison hospitalière, je fis mes adieux à tous ces bons amis, et à six heures du matin, je sortis du village.

Je suivis mon guide à travers les champs, les bois et les terres. Il connaissait bien la route d'Arbois et l'avait faite souvent. Le chemin était mauvais, surtout dans les villages que nous traversâmes. A peine pouvions-nous tirer nos pieds de la boue profonde où nous étions obligés de les plonger ; malgré cela cette route m'était agréable parce qu'elle était plus courte et moins dangereuse. Nous traversâmes les villages de Saint-Aubin et de Chaussin. Nous déjeûnâmes dans ce dernier lieu après avoir marché très-rapidement et très-péniblement. De Chaussin, nous arrivâmes à Champdivers, village situé sur la rive droite du Doubs. Là, nous passâmes cette rivière qui était débordée. Chaque fois que je traversais un torrent ou une rivière, je me félicitais en me disant : « Bon ! voilà encore une barrière que je mets entre mes ennemis et moi. » Mais j'avais des ennemis au delà comme en deçà de la barrière, et le fer mortel semblait toujours suspendu sur ma tête et me suivre le long de ma route.

Nous fûmes dîner à Rahon, petit bourg où nous ne trouvâmes presque rien à manger. Partis de là, nous abandonnâmes bientôt les chemins de traverse pour prendre la route qui nous conduisit, vers la nuit, à un petit village nommé La Ferté-Montigny. Nous avions fait dix lieues ce jour-là ; nous étions fatigués et il était nuit. Il nous restait encore deux fortes lieues pour nous rendre à Arbois ; il fallait donc coucher dans ce village. Nous cherchâmes la meilleure auberge, nous crûmes l'avoir trouvée et nous entrâmes dans un cabaret couvert de chaume. Nous ne pûmes obtenir pour notre souper qu'un mauvais morceau de lard rance dont je ne mangeai point, du fromage, du mauvais pain bis et du mauvais vin blanc. Ce triste souper fut placé au bout d'une longue table, dont le reste était occupé par plusieurs buveurs, du nombre desquels était une sorte d'huissier de village, grand parleur, qui crut devoir m'apprendre qu'il était surveillant ou membre du comité de surveillance de la municipalité. En conséquence, il me questionna sur mon voyage ; je répondis à ses questions, ainsi que je l'avais fait accroire à mon guide, que je venais pour acheter du vachelin ; c'est le nom qu'on donne dans ce pays au fromage qui se fait dans le Jura, et qu'on appelle en France fromage de Gruyère. Il me répondit que c'était trop tard ; que dans ce moment tous les fromages étaient vendus ; qu'on ne trouvait plus que ceux de l'arrière-saison, qui étaient d'une qualité très-inférieure ; qu'au surplus, je n'avais pas besoin de courir dans les montagnes pour faire cette emplette, que j'en trouverais dans les environs. A toutes ces questions, je répondis que le fromage ayant manqué dans mon pays à cause de la grande sécheresse, je venais pour la première fois, forcé par la circonstance, essayer ce genre de commerce, et en charger plusieurs voitures ; que l'on m'avait indiqué le village du Pasquier et les environs, comme des endroits où je pourrais en trouver du bon. A l'appui de toutes ces raisons je montrai mon passe-port au babillard surveillant. L'hôte, témoin de cette conversation, prétendit qu'il n'avait pas le droit de le voir; que c'était à lui-même à l'examiner, puisqu'il était officier municipal. Il s'éleva, à cette occasion, une discussion assez vive entre ces deux individus. Après avoir vu mon passe-port, il me dit que mon questionneur était un sot qui faisait l'entendu et qui avait mangé son bien en procès, et que, n'ayant plus rien, il cherchait à manger celui des autres de la même façon. Mon surveillant, n'ayant plus rien à faire, ne termina pas là son discours; me prenant sans doute pour un prêtre réfractaire qui émigrait, il me fit l'histoire de plusieurs ecclésiastiques arrêtés au moment où ils allaient passer la frontière. Il me vanta la vigilance des montagnards de l'extrême frontière, qui faisaient sans cesse des patrouilles sur leur territoire pour arrêter les étrangers. J'étais fatigué d'entendre les discours du surveillant, je demandai un lit. Sur la paille humide qui m'en servit, je songeai de nouveau à tous les dangers de ma situation; en ce moment, j'eus l'horrible pensée de mettre volontairement un terme à ma triste existence. Le temps affreux qu'il faisait venait encore augmenter la douleur à laquelle mon âme était en proie.

Je hâtai le plus qu'il me fut possible la fin d'une nuit aussi agitée. Un voiturier que j'avais arrêté la veille, et qui devait nous conduire; mon guide et moi, jusqu'à Arbois et partir à quatre heures du matin, vint nous annoncer sur les cinq heures que la pluie était trop forte pour partir, qu'il fallait attendre, qu'elle cesserait peut-être au jour. Je me levai cependant. La pluie diminua, et nous partîmes montés sur une charrette à quatre roues allant très-lentement.

Il était près de dix heures lorsque nous arrivâmes à Arbois, le 29 frimaire (19 décembre); je traversai la ville sans éprouver aucun obstacle, et je me rendis à l'auberge que Ferroux m'avait indiquée; puis je me séparai de mon guide.

Lorsque je pus parler en particulier au maître de cette auberge, je lui dis que mon dessein était d'aller acheter du fromage de vachelin; qu'en passant à Paris, j'avais soupé avec un député du Jura qui m'avait conseillé, si je passais à Arbois, d'aller loger chez lui; qu'il m'avait donné aussi une lettre pour son parent, curé du Pasquier, auquel il m'avait adressé pour qu'il me facilitât les moyens de trouver la marchandise dont j'avais besoin. Au nom de Ferroux, mon hôte parut prendre quelque intérêt à moi; je lui demandai un guide pour me conduire par le plus court chemin au Pasquier; il m'en procura un, et ne pouvant converser plus longtemps avec moi, il m'envoya sa femme, qui parla avec beaucoup de sensibilité et de raison de Ferroux et des autres députés du même département. Je lui donnai quelques paroles consolantes sur leur sort; je lui rapportai même le propos que Danton avait tenu, quelques jours avant mon départ, à un ami de Ferroux, sur les députés en état d'arrestation. « Et ne voient-
« ils pas, disait-il, que ce que nous faisons maintenant
« leur cheville la tête sur les épaules? ».

Mon hôtesse me proposa alors d'aller voir la femme de Laurençot, député du Jura, qui demeurait dans la ville, et dont le mari était en état d'arrestation. J'aurais été bien aise de faire cette visite ; mais je fis observer à mon hôtesse que, dans les circonstances, cette démarche faite par moi, nouvellement arrivé de Paris, nous rendrait tous les deux également suspects et pourrait nous être funeste. Elle se rendit à mon avis, et il n'en fut plus question.

D'Arbois au Pasquier, il y a quatre fortes lieues de montagne ; mon nouveau guide me promettait de me les faire faire par des chemins de traverse et les plus courts. Il ne fut prêt qu'à une heure après midi, et quoique la pluie fût plus forte, nous partîmes. Après avoir marché une demi-heure dans la plaine, nous commençâmes à gravir, par des sentiers d'une extrême roideur, les premières montagnes du Jura. Mon guide était vêtu en habit d'été au milieu de l'hiver ; il voulait revenir le même soir à Arbois, et marchait en conséquence avec une vitesse que moi, chargé d'habits, fatigué par une longue route, je ne pouvais longtemps suivre. Je le perdais à chaque instant de vue ; j'étais obligé de lui recommander un peu moins d'agilité. Après mille peines, nous arrivâmes dans un village appelé Champ-à-Villers ; nous nous y reposâmes dans une auberge. Il nous restait encore une forte lieue avant d'arriver au village du Pasquier. Le jour baissait ; nous hâtâmes notre marche ; mon guide me raconta que l'aubergiste chez lequel nous nous étions arrêtés lui avait demandé qui j'étais ; qu'il m'avait pris pour un prêtre qui émigrait, et que, quoique officier municipal, il n'avait pas osé me demander mon passe-port.

Cette circonstance, ainsi que le mauvais temps et les fatigues du chemin, m'occupaient bien moins que l'entrevue que j'allais avoir avec le curé du Pasquier. En effet, c'était là que mon sort allait se décider ; c'était là que le seul projet d'évasion que j'avais formé allait réussir ou échouer. Dans cette soirée, je devais me sauver ou être plongé dans l'embarras le plus alarmant.

Il était tout à fait nuit lorsque nous arrivâmes au village du Pasquier ; mon guide me conduisit à la porte du curé. Je sonnai, on m'ouvrit ; je demandai à parler au maître de la maison. La personne à laquelle je m'adressai faisait quelque difficulté pour m'introduire ; je tâchai de dissiper ses craintes par des paroles rassurantes : je fus introduit. Je débutai en disant au curé que je lui étais adressé par un de ses parents, qui m'avait remis une lettre de recommandation. Je lui donnai aussitôt la lettre mystique de Ferroux : il en reconnut le seing ainsi que l'écriture, ordonna qu'on m'apportât des souliers et qu'on fît sécher ma redingote toute mouillée.

Il entrait dans mon plan d'évasion de me faire connaître à ce curé : je lui dis mon nom, la fonction que j'occupais et l'événement qui me forçait à fuir. Un ecclésiastique, parent du curé, fut témoin de mon récit. Le curé, malgré l'invitation qui lui était faite de me procurer un guide sûr, restait interdit de surprise et peut-être d'effroi. Son parent, plus délié, sembla s'occuper de moi avec quelque intérêt, dit qu'il songerait aux moyens de me tirer d'affaire. Il avoua qu'au premier abord il m'avait pris pour un prêtre émigré qui rentrait pour quelques affaires d'intérêt, et qui venait demander l'hospitalité, comme cela était arrivé quelquefois. Il me questionna sur les affaires du temps et sur l'arrestation des députés du Jura, surtout sur Ferroux. Je répondis d'une manière satisfaisante. Le curé ne se mêla à la conversation que pour blâmer son parent Ferroux; il dit aussi son avis sur l'arrestation, la condamnation et la mort des vingt-deux députés de la Gironde, et cet avis était remarquable en ce qu'il offrait celui de la classe la plus nombreuse et la moins éclairée du peuple. « *Il fallait bien*, disait-il, *qu'ils fussent coupables, puisqu'ils ont été condamnés.* » Ce trait seul suffit pour faire juger de quelle sagacité d'esprit le curé du Pasquier était pourvu.

Je vis bientôt le neveu, qui, suivant le rapport de mon collègue Ferroux, devait lui-même s'empresser de me conduire à la frontière. Il me salua d'une manière assez niaise, et, pour m'ôter tout espoir en son secours, le curé m'apprit que le lendemain ce neveu devait aller à la campagne.

Tout ce que j'avais vu et entendu jusqu'alors me prouva que je ne devais plus compter sur le plan d'évasion que m'avait tracé mon collègue; que mes hôtes n'étaient guère disposés à entrer pour quelque chose dans mon entreprise; enfin, que le seul moyen d'évasion qu'on m'avait donné, sur lequel reposait tout mon espoir, qui avait fait tout le long de ma route l'objet de

mes combinaisons, était manqué. Je ne connaissais que cette seule porte pour entrer en Suisse et me sauver du dernier supplice, et elle m'était fermée. Cette pensée devait être atterrante pour moi ; elle le fut moins par le soin que prit l'ecclésiastique, parent du curé, de me donner quelque espérance. Après m'avoir déclaré qu'il ne connaissait aucun guide qui pût me faire traverser la frontière, il me conseilla d'aller à Fraroz, en feignant, comme je l'avais déjà fait, de vouloir acheter des fromages. Ce village, ainsi que me l'avait appris Ferroux, est au bas d'une montagne dont la cime sert de point de démarcation entre la France et la Suisse. « Quand vous serez arrivé là, me dit-il, vous vous
« informerez s'il n'y a pas quelqu'un qui ait de la
« poudre à vendre. A coup sûr, il se présentera quel-
« qu'un. La poudre à tirer est dans ce pays un objet
« de contrebande. L'homme qui vous offrira de vous en
« vendre ou de vous en aller chercher sera néces-
« sairement un contrebandier. Vous pouvez lui confier
« votre projet. Je ne doute pas que pour un billet de
« cinquante livres il ne vous conduise jusqu'au premier
« village suisse. Je vous regarde déjà comme hors de
« la frontière. » Cela convenu, le curé crut être quitte envers Ferroux et envers moi du service que nous attendions de lui. Il parut très-satisfait de la découverte de son parent ; moi, je ne l'étais guère : l'exécution du plan qu'il venait de me tracer me parut très-dangereuse ; il me semblait très-imprudent de déclarer à un inconnu mon projet d'évasion. Je pouvais être sur-le-champ dénoncé et arrêté. Pendant

le souper, le curé ne manqua pas de me signifier indirectement qu'il fallait que je quittasse sa maison le lendemain matin. Dans le plan de voyage qu'il traçait, il me dit formellement : « *Vous partirez demain matin*, « vous passerez par tel ou tel village, et de là, vous « irez coucher à Fraroz, à quatre ou cinq lieues, etc. » Je compris bien que ma présence le gênait extrêmement, et je me promis de partir le lendemain à la pointe du jour.

J'étais très-fatigué, car j'avais voyagé à pied et péniblement pendant deux jours ; je couchai dans un bon lit, et dormis profondément jusqu'à quatre heures du matin.

Lorsque je vis poindre le jour, je ne pus rester au lit. Je m'habillai, et je rencontrai bientôt le prêtre, parent du curé, qui était déjà levé. Il m'assura de nouveau que le moyen qu'il m'avait indiqué était d'un succès certain. Il ajouta que je ferais bien de prendre un guide pour me conduire du Pasquier au village appelé Saint-Germain, à une heure de chemin ; que là, je demanderais un certain particulier, dont il m'écrivit le nom, qui était homme à me conduire lui-même à la frontière par la montagne du Fraroz. Il ouvrit ensuite la fenêtre et me fit voir, à travers une gorge de montagnes noircies par les forêts de sapins, d'autres montagnes lointaines qui bornaient l'horizon. « C'est là « qu'est la montagne de Fraroz, me dit-il, et le village « est au bas. Vous pouvez y aller coucher aujourd'hui « sans aucune crainte. Du village à la cime de la mon- « tagne, qui forme la frontière, vous n'avez qu'une petite

« heure de marche. Il est encore trop matin pour partir,
« ajouta-t-il, allez vous recoucher, attendez qu'on vous
« procure un guide pour aller à Saint-Germain ; comme
« il n'y a pas dans ce pays-ci de chemin d'un village à
« l'autre, vous pourriez vous tromper. » J'appris bientôt
que le curé et ses deux parents étaient tous les trois
partis pour aller à la ville. Je vis bien que ce départ
précipité était occasionné par la crainte qu'inspirait
ma présence. J'attendis quelque temps le guide, et
quand il fut arrivé, je m'éloignai de cet endroit.

La pluie avait cessé ; après une heure de marche,
j'arrivai à Saint-Germain. J'entrai dans la première
auberge pour y déjeuner. Mon guide était un enfant de
quatorze à quinze ans dont le peu d'intelligence
m'avait frappé pendant le chemin.

Lorsque je sortis de la pièce où j'avais déjeuné, je
vis autour du foyer sept ou huit villageois, qui me
demandèrent qui j'étais, où j'allais et d'où je venais. Je
répondis à toutes ces questions en montrant mon passe-
port. Ils l'examinèrent, le tournèrent en tous les sens, et
finirent par me déclarer qu'ils ne le croyaient pas bon.
Sur ce que je leur dis que j'allais acheter du fromage,
ils me répondirent que la saison était trop avancée
pour cela ; qu'ils voyaient bien que j'étais un prêtre qui
voulait émigrer. Je leur faisais valoir autant que je
pouvais la régularité de mon passe-port, les signatures
nombreuses et le cachet du département et de la municipalité dont il était revêtu ; ils me dirent que tout cela
pouvait bien être faux, que l'on fabriquait des cachets
pour les passe-ports, et, à ce propos, ils me citèrent

l'aventure d'un prêtre arrêté muni d'un passe-port revêtu de cachets qui furent reconnus faux. Ils me firent ensuite une autre querelle sur la disposition typographique de quelques mots de mon passe-port. Cette querelle n'avait pas le sens commun, et prouvait également l'ignorance et la prévention de ceux qui m'arrêtaient. Mon costume et surtout la demande que j'avais faite du particulier de ce village auquel le parent du curé du Pasquier m'avait conseillé de m'adresser, lequel était mort, me dit-on, depuis plusieurs années, mon arrivée trop tardive pour acheter des fromages, et quelques arrestations faites précédemment avaient fortement prévenu les habitants de ce village contre moi, et les fortifièrent dans l'opinion que j'étais un prêtre émigrant. Un d'eux proposa de me conduire à Champagnole, bourg où était la gendarmerie ; cet avis commençait à être goûté par les autres. Alors j'employai le spécifique suprême dont j'avais toujours usé avec succès dans des cas urgents.

Je tirai de mon portefeuille mon prétendu diplôme de jacobin et leur dis que j'étais jacobin, que j'en montrais la preuve. L'apparition de cette pièce qui avait jusqu'à présent fait merveille auprès des patriotes les plus crédules ne fit aucun effet sur ces esprits endurcis. « Oui, oui, dit l'un des obstinés villageois, vous êtes « un jacobin. Je l'avais bien vu d'abord que vous étiez « prêtre ou moine. Vous pouviez bien être de ce cou- « vent de jacobins qui est près d'Arbois. » Je ne pus m'empêcher de sourire à cette méprise grossière qui prouvait que si les principes des jacobins étaient adoptés par ces pauvres villageois, leur nom ni leur réputation n'avaient guère pénétré encore dans ces montagnes. J'expliquai le mieux qu'il me fut possible que ce qu'on appelait en France *Jacobins*, était une société de séculiers terriblement patriotes. Un interlocuteur, se souvenant d'avoir entendu parler de cette société, dit naïvement : « Mais on assure que cette « société fait beaucoup de mal. » A cela je répondis : « Fort bien ! ce sont les aristocrates qui en médisent et « qui font courir ces bruits. »

Les sept ou huit villageois qui m'entouraient ne me quittaient pas. Ils me promenaient de maison en maison, de grange en grange, cherchant dans le village un lecteur assez habile pour arguer mon passeport de faux. Après avoir ainsi parcouru tout le village sans obtenir aucune décision, je choisis un parti qui me réussit, ce fut de prendre un ton un peu haut, et tout en louant leur zèle et leur surveillance, de les traiter d'ignorants. Je me plaignis aussi que depuis près d'une heure ils me tourmentassent par leurs soupçons injustes et retardassent mon voyage. Je leur demandai impérieusement où étaient le maire et le procureur de la commune, ne voulant avoir affaire qu'à eux ; on me répondit qu'ils étaient tous les deux absents. « Eh bien, leur dis-je, emmenez-moi au moins chez un « homme qui sache lire. Si vous avez confiance en votre « curé, allons chez lui et je me soumets à sa décision. » Ils consentirent à cette proposition, et nous allâmes chez le curé. Il était absent également. Mes hommes s'adressèrent à son neveu, que nous trouvâmes vêtu en garde national. Il lut entièrement mon passe-port, dit qu'il était bon et qu'on avait eu tort de me soupçonner. Cette sentence prononcée, mes villageois ébahis me laissèrent en liberté et m'indiquèrent même le chemin que je devais tenir à travers une forêt de sapins pour arriver au village de Mousnand.

J'avoue que si ces difficultés ne m'avaient causé que peu d'inquiétude dans le moment, elles m'en donnèrent beaucoup dans la suite. Pendant que je marchais à travers un bois de hauts et sombres sapins dont les cimes étaient couvertes de brouillards, je me livrai à de sérieuses réflexions sur ma situation ; je vis bien que je ne devais plus compter sur le projet d'évasion que m'avait tracé Ferroux. La surveillance extraordinaire des villageois qui habitaient le voisinage des frontières me paraissait un obstacle très-difficile à surmonter, et je devais m'attendre à trouver à chaque pas de nouveaux dangers dont mon collègue ne m'avait pas prévenu.

Après avoir cheminé longtemps encore, j'aperçus la petite ville de Nozeroy, et je pris le parti d'y passer la nuit. J'y fis viser mon passe-port par le maire, qui mit beaucoup de bonne grâce à remplir cette formalité, et le lendemain je me mis en route avec un guide pour arriver à Fraroz, but si ardemment désiré de ma course périlleuse.

J'arrivai dans la matinée du 24 décembre à ce village situé au bas de la montagne du Fraroz dont la cime forme la ligne de démarcation entre la France et la Suisse. Ce village est composé d'environ une douzaine de maisons éparses : il y a un curé, mais il n'y a point d'auberge. Ainsi, si j'avais suivi le conseil du curé du Pasquier, que je fusse venu directement la veille à Fraroz, sans m'arrêter à Nozeroy, j'aurais été fort en peine pour avoir un gîte. Nous parcourûmes deux ou trois maisons où l'on nous dit qu'il pouvait y avoir du fromage; je n'en trouvai point. J'aurais bien pu tirer quelques renseignements de mon guide qui était un jeune homme très-parlant et très-rusé ; mais je n'osais lui faire trop de questions, parce que ses discours m'avaient déjà prouvé qu'il avait le patriotisme des maratistes. Cependant, par des questions détournées, je parvins à me faire raconter des faits qui me donnèrent la mesure de la surveillance et des opinions du pays. Il me conta plusieurs aventures d'émigrants arrêtés sur la montagne du Fraroz, et entre autres celle d'un prêtre qui, prêt à franchir la frontière, fut tué et volé par son guide. Il ajouta que les habitants des hameaux répandus sur cette montagne faisaient une garde exacte et arrêtaient tous les étrangers qu'ils voyaient passer. Ces discours n'étaient pas propres à déterminer mon évasion par un passage aussi dangereux.

Cependant il faisait beau, je mesurais des yeux la hauteur de cette montagne; il semblait que trois quarts d'heure de marche m'eussent suffi pour parvenir à sa cime. J'étais agité d'une vive inquiétude en voyant si près de moi le terme de mon dangereux voyage, sans pouvoir y atteindre. J'éprouvais la soif de Tantale, et si j'avais trouvé dans mon guide des sentiments moins exagérés, je lui aurais, malgré les dangers dont j'étais menacé, fait la proposition de me conduire ; mais la prudence me retint.

Quant au projet conseillé par le prêtre du Pasquier, de demander de la poudre à tirer, je fis cette question dans les maisons où je fus introduit ; on me répondit négativement. Pendant que, pour arriver au village du Latet, je longeais la montagne du Fraroz que j'avais à ma droite, je braquais sans cesse ma lorgnette sur cette barrière insurmontable qui me fermait l'entrée de la Suisse. Je maudissais ma destinée qui me faisait arriver si près du port du salut sans pouvoir y aborder.

Ne sachant quel parti prendre, je retournai à Nozeroy, où j'avais trouvé un maire si raisonnable. J'y passai la journée du dimanche 22 décembre. Ce jour je fis un coup de hardiesse qui manqua m'être funeste. Il y avait dans la ville une société populaire qui devait avoir reçu des journaux. Je brûlais de lire les nouvelles, je parlai de ce désir à mon hôte et lui dis que je serais bien aise d'aller à la société affiliée à celle de Jacobins de Paris, et que j'y serais certainement accueilli. Un membre de la société de Nozeroy se trouva présent et se chargea de m'introduire. Il me fit entrer à tâtons dans une chambre haute du couvent des Cordeliers. Là je fus présenté par mon introducteur : je dis qu'étant membre d'une société, j'aurais été fâché de partir sans venir fraterniser avec les sans-culottes. Je présentai mon diplôme ; le président en fit lecture à haute voix. A ces mots de Dubreuil et de district du

Puy, un particulier s'approcha de moi et dit : « Ah!
« c'est vous, citoyen Dubreuil, je connais bien votre
« famille. J'ai demeuré au Puy. Par quel hasard dans
« ce pays? etc., etc. » Cette prétendue reconnaissance
et les questions de cet homme m'embarrassèrent, et
mon embarras aurait été certainement remarqué si le
lieu des séances eût été mieux éclairé. Heureusement il
n'y avait qu'une seule lumière. Cette conversation, si
elle eût duré plus longtemps, m'aurait trahi, m'aurait
perdu. Je me hâtai de la rompre en demandant la
parole au président. Je dis que mon commerce m'appelant dans cette ville et dans les montagnes du Jura,
il y avait longtemps que je n'avais eu de nouvelles, et
que l'intérêt que tout bon citoyen doit prendre aux
affaires publiques me déterminait à prier la société de
me communiquer les feuilles périodiques qu'elle recevait. Aussitôt on m'invite à prendre place auprès du
président. Je quitte avec plaisir mon fatigant questionneur ; on met sous mes yeux plusieurs feuilles
publiques, on approche de moi la seule lumière qui
éclairait la société ; je lis pendant trois quarts d'heure ;
enfin, je prends congé de cette triste société en la
remerciant de l'accueil qu'elle a bien voulu me faire.
Un sociétaire complaisant cherche longtemps et trouve
enfin un petit bout de chandelle qu'il allume et me
conduit, en me tutoyant fraternellement et en me
traitant de bon sans-culotte.

Le lendemain, je pris le parti d'aller à Saint-Claude
pour chercher à entrer en Suisse de ce côté. Avant le
lever du soleil, j'étais en route avec mon jeune guide

qui devait, par des chemins très-courts, me conduire au village des Planches, situé à trois lieues de Nozeroy.

Après avoir traversé quelques villages, avoir passé devant les sources du Pain qui jaillissent du fond d'une caverne et forment dès leur naissance un ruisseau assez fort, j'arrivai aux Planches, où je dînai d'assez bonne heure. Après le repas, mon guide me quitta. On m'indiqua le chemin assez facile pour aller joindre la grande route. Après avoir monté sur une éminence, je descendis dans un vallon où est situé le village d'Entre-deux-Monts. J'atteignis enfin la grande route, que je voyais s'élever sur les plus grandes hauteurs de la chaîne du Jura, et qui était taillée en plusieurs endroits dans le roc. J'eus longtemps à ma droite des rochers dont les énormes lames semblent se détacher de la montagne et menacer le voyageur de leur chute. Je traversai des vallons couverts de bois de sapins. Pendant que je cheminais dans ces lieux pittoresques, le bruit du canon se fit entendre; plusieurs coups à des distances presque égales firent retentir les nombreux échos de ces montagnes. Je ne savais à quoi attribuer cette canonnade, d'autant plus que j'étais persuadé que la paix régnait sur cette frontière, et qu'il n'y avait aucune place forte dans le voisinage. Ce ne fut que le lendemain que j'appris que ces coups de canon partaient des remparts de Genève, dont j'étais cependant, en ligne directe, à cinq fortes lieues, et que le motif qui les occasionnait était la reprise de Toulon par les républicains français.

Je passai à Grandveau, toujours montant, jusqu'au village appelé le Moulin-du-Pré, où je me rafraîchis. Depuis Arbois je n'avais cessé de monter; en quittant le Moulin-du-Pré je commençai à descendre. Le jour baissait, j'avais encore trois heures de chemin pour arriver au village de La Rixouse où je voulais coucher. N'importe, je continuai ma route et bientôt la nuit me surprit dans le fond d'un ravin où la route fait un détour, et où elle est dominée des deux côtés par des montagnes couvertes de noirs sapins. Plus loin le terrain fut plus découvert et je n'eus plus qu'une montagne à ma droite et un vaste précipice à ma gauche, dont l'obscurité de la nuit m'empêchait de mesurer des yeux l'effrayante profondeur. J'allai toujours descendant jusqu'à La Rixouse, où j'arrivai après deux heures et demie d'une marche pressée. Je trouvai, en entrant, un homme qui me demanda où j'allais; avant de lui répondre, je lui demandai à mon tour s'il était officier public pour me faire cette question. Il me répondit qu'il était maire. « Eh bien ! lui dis-je, j'en suis bien « aise, je vais vous montrer mon passe-port et vous le « viserez. » Nous entrâmes dans la première auberge, et d'après le visa du maire de Nozeroy, il ne fit pas difficulté d'y mettre le sien. De là je fus dans une autre auberge que l'on m'avait indiquée pour être la meilleure. J'étais fatigué; j'y fus très-mal, et je ne pus me coucher qu'avec mes habits. Un paysan, qui avait couché près de moi, voulait partir le lendemain de très-bonne heure pour aller au marché de Saint-Claude. Je lui dis que je ferais route avec lui. Nous partîmes vers les six heures et demie du matin ; ce fut lorsque le jour commença à nous éclairer que je pus mesurer des yeux l'effrayante profondeur du vallon que j'avais à ma gauche. La veille j'avais descendu pendant l'espace de trois lieues ; ce jour nous descendîmes pendant près de quatre lieues, suivant, dans la même direction, la même route pratiquée sur la pente de la même montagne, et ayant toujours à ma gauche le même précipice. Enfin, nous en atteignîmes presque le fond vers les dix heures du matin, lorsque nous arrivâmes à Saint-Claude.

Mon premier soin fut de me transporter à la municipalité pour y faire viser mon passe-port. Fort du visa de Nozeroy et de celui de La Rixouse, on ne pouvait me suspecter aucunement, ma qualité de marchand de fromage y étant authentiquement établie. Je traversai la ville dont les rues étaient remplies d'étrangers à cause du marché. Un citoyen dont la figure ne m'était pas inconnue me conduisit lui-même à la municipalité, située à côté de l'église cathédrale. A ces mots de *département de la Haute-Loire et de district du Puy*, il s'adressa à un municipal qui était près de lui et lui dit à deux reprises : « Citoyen, vous connaissez ça, vous ? » Je redoutais un interrogatoire qui pouvait me perdre ; mais ce municipal, très-occupé à écrire, ne daigna pas lever les yeux sur moi, et se contenta de répondre : *Oui, oui*. Le maire mit ensuite son *visa* ; je pris mon passe-port et je sortis promptement.

J'avais mal soupé la veille, fait quatre lieues ce jour : il était dix heures, je mourais de faim. Le même particulier, qui m'avait indiqué la municipalité, m'indiqua aussi une bonne auberge. Cette indication me fut très-favorable et décida de mon sort.

Je fis un ample repas qui me tint lieu de déjeuner et de dîner ; je n'avais pas dormi la veille ; j'essayai de me jeter sur un lit, mais je ne pus obtenir qu'un très-léger sommeil. Un jeune homme, marchand de dentelles, pendant mon repas me demanda où j'allais. Je lui répondis : « Dans le Mont-Blanc. — Eh bien ! nous « irons ensemble, » me répliqua-t-il. Je lui exprimai que je serais très-aise de voyager en sa compagnie, mais qu'ayant appris qu'il était à cheval, je ne pourrais le suivre étant à pied. Alors il n'insista pas davantage. Moi, j'avais formé le projet de passer le reste de la journée à Saint-Claude, d'y coucher et d'aller le lendemain à Gex ; mais mon marchand de dentelles, qui venait de vider quelques bouteilles de bourgogne avec des amis et qui se trouvait plus déterminé qu'auparavant, me demanda de nouveau si je partais avec lui. Je lui objectai, comme je l'avais déjà fait, mon défaut de monture. « Vous n'en avez pas besoin, « reprit-il, nous allons monter par des chemins où je « serai presque toujours obligé d'aller à pied ; nous « marcherons ensemble. Allons, déterminez-vous. Si « vous voulez me suivre, nous pourrons demain aller « dîner à Genève. » Aller demain dîner à Genève ! dis-je en moi-même ; cela serait-il possible ? Essayons. — Je ne balance plus, et je conviens que je partirai avec le marchand à deux heures et demie après midi. — Nous partons ; sa monture était un beau mulet ; il l'enfourche sans façon, moi je le suis en trottant par derrière ; pour aller dîner le lendemain à Genève, j'étais résolu à tout supporter. Bientôt, arrivé au bas de la montagne, il est obligé de descendre pour monter à pied un sentier très-rapide. Il prend ma redingote, que je portais sur mon épaule au bout de mon bâton, l'attache au dos de son mulet, et nous grimpons tous les deux pendant deux heures.

J'arrive tout en eau à Septmoncel ; le jour commençait à baisser. En entrant dans le village, une sentinelle saisit la bride du mulet de mon compagnon de voyage et lui demande brusquement son passe-port ; nous nous rendons au corps de garde ; on lit nos passeports : ils sont trouvés bons. Nous entrâmes dans une auberge pour me rafraîchir ; jamais je ne pus parvenir, auprès d'un grand feu, à me sécher de la sueur dont j'étais inondé. Mon camarade, qui avait la tête montée, voulait toujours aller le lendemain dîner à Genève, et pour cela, malgré l'approche de la nuit, il voulait aller coucher deux lieues plus loin. Si j'avais consulté ma lassitude et l'état où se trouvaient mon linge et mes habits, je serais resté à Septmoncel ; mais j'avais aussi une forte envie de suivre mon compagnon de voyage et d'aller le lendemain dîner à Genève. — Nous partîmes donc.

Nous avions un peu descendu avant d'arriver à Septmoncel ; nous montâmes beaucoup après l'avoir quitté. Après avoir grimpé pendant trois quarts d'heure, nous nous trouvâmes sur une des plus hautes sommités de la chaîne du Jura ; la terre était couverte de neige.

C'était la première fois que, dans mon voyage, je rencontrais de la neige ; chose étrange ! car ordinairement, dans une saison aussi avancée, j'aurais dû, dans toutes les montagnes que j'avais déjà parcourues, en trouver au moins trois pieds. Jamais, depuis un grand nombre d'années, l'hiver n'avait été aussi doux.

Nous voici donc sur la cime de cette montagne, marchant dans l'obscurité et dans la neige, perdant à chaque instant la trace du chemin. Deux fois nous fûmes obligés d'aller frapper aux portes de quelques maisons éloignées ou nous voyions briller du feu, pour demander la route ; à la seconde fois nous demandâmes un guide. Qui l'eût cru ? ce fut dans une maison isolée, située sur ces hauteurs, dans les neiges, que nous trouvâmes, en demandant un guide, un surveillant qui exigea de nous nos passe-ports, et qui, une lampe à la main, sortit de la maison pour en faire lecture. Il les trouva bons ; son beau-père fut chargé de nous guider dans notre route pour aller à Mijoux, où nous devions coucher. Tandis que mon compagnon de voyage, monté sur son mulet, marchait devant, je conversais avec le paysan qui nous conduisait ; il me dit que si l'on nous avait demandé nos passe-ports, c'est que plusieurs personnes émigraient du côté de la frontière.

A ce sujet, il me raconta qu'un particulier, échappé de Lyon, avait quelques jours auparavant passé dans leur maison ; qu'il leur avait dit qu'il était officier dans l'armée lyonnaise et qu'il était fort innocent. «En consé-
« quence, me dit le guide, nous l'avons conduit en lieu

« de sûreté et il a été sauvé. » D'après ce que me disait cet homme, il y a apparence qu'il se serait volontiers chargé, moyennant une somme un peu forte, de me conduire jusqu'en Suisse ; mais, déterminé à suivre mon compagnon pour aller avec lui le lendemain dîner à Genève, je ne pensai pas à lui faire d'autres propositions.

Notre guide nous quitta dans un endroit où le chemin cessait d'être incertain ; nous marchâmes en descendant par un chemin pierreux pendant trois quarts d'heure ; nous atteignîmes enfin le fond du vallon où est situé le village de Mijoux. En entrant, la sentinelle nous arrêta et nous conduisit au corps de garde, où nous exhibâmes nos passe-ports. Cette cérémonie achevée heureusement, nous nous adressâmes à plusieurs mauvaises auberges pour être logés. Dans les unes, il n'y avait pas de lit ; dans les autres, pas de pain ; enfin nous arrivâmes ainsi à l'extrémité du village. On fit quelque difficulté pour nous recevoir ; cependant, comme nous insistâmes, on nous reçut. C'était dans cette auberge que logeait un détachement de volontaires préposés à la garde des frontières ; l'officier du poste me demanda mon passe-port ; je lui dis que je l'avais déjà montré en entrant dans le village, mais que je ne refusais pas de le montrer une seconde fois. Il le lut avec attention, il parut élever quelques doutes et me fit même en conséquence quelques questions. Je lui répondis par l'exhibition de ma pièce de réserve, de mon diplôme de jacobin. L'effet magique de cette pièce et sa subite apparition me rendirent l'officier très-

favorable. « Voilà qui vaut de l'or! s'écria-t-il, et s'il y
« avait votre signalement sur ce diplôme, je l'aime-
« rais mieux que votre passe-port. » Mon camarade de
voyage, qui était occupé dans l'écurie, ne subit point
un pareil examen.

Nous attendîmes auprès d'un poêle un mauvais
souper que nous mangeâmes de bon appétit, à côté des
volontaires, qui chantaient à pleine gorge ou qui caressaient la fille de l'auberge. Nous couchâmes, mon compagnon et moi, dans le même lit. J'étais assez fatigué
pour bien dormir, et, malgré le bruit que faisaient
les volontaires qui couchaient dans notre chambre, je
dormis profondément.

Le lendemain, à cinq heures du matin, nous étions
sur pied. Nous partîmes après avoir disposé nos affaires ; nous montâmes, à la faveur du clair de la lune,
par un chemin couvert de glace et de neige, péniblement pratiqué sur la pente très-roide d'une montagne
appelée spécialement le Jura. Après avoir circulé sur cette
énorme masse, nous arrivâmes jusqu'à sa cime, ou plutôt
nous atteignîmes un col de la montagne par lequel la
route était pratiquée. C'était le 25 décembre, un des
jours les plus courts de l'année, il était environ
sept heures et demie du matin, le soleil n'était pas
encore levé.

Nous restâmes près de trois heures à traverser le
nuage, et près de quatre à descendre la montagne.
Arrivés dans la plaine, le temps était tout couvert, à
la vérité, mais point du tout nébuleux. Il était environ
onze heures du matin quand nous arrivâmes à Gex.

Nous déjeunâmes assez bien; mon compagnon connaissait l'aubergiste, qui était officier municipal, et dont le fils était secrétaire de la municipalité; ils lurent tous les deux mon passe-port et y mirent un visa. Comme de Gex à Genève on ne trouvait qu'une plaine de trois lieues, et que je désirais suivre mon compagnon au passage de la frontière, je demandai à l'aubergiste un cheval; il ne tarda pas à m'en procurer un dont le propriétaire, suivant nos conventions, devait aller à Genève, dans une auberge indiquée, pour le reprendre.

Il était environ midi quand nous montâmes à cheval. Avant de quitter Gex, nous fûmes arrêtés par une sentinelle qui nous demanda nos passe-ports. Je présentai le mien en disant qu'il avait déjà été visé; on me le rendit bientôt en m'assurant qu'il était bon. Nous voilà partis de Gex, trottant dans une plaine qui, au milieu même de l'hiver, me parut riante et fertile, ombragée d'un grand nombre d'arbres. Elle me rappelait de doux souvenirs, ceux du pays qui m'a vu naître, la féconde et belle Limagne, *où la nature, toujours jeune, toujours amoureuse, prodigue ses faveurs à ceux qui lui rendent un culte digne d'elle.*

Après une heure de marche, nous arrivons à Ferney-Voltaire, où il fallut encore exhiber les passe-ports; nous descendîmes de cheval et entrâmes chez le maire; il nous trouva très en règle et nous laissa partir. Toujours trottant, nous arrivons dans un petit village où je vois mon compagnon de voyage, qui marchait devant, être arrêté par un commis de très-mauvaise mine, qui lui demande si le mulet sur lequel il est monté est pour le compte de la nation ; sur sa réponse négative, il lui demande encore s'il porte de l'argent. Mon compagnon répond qu'il n'a que neuf livres et quelques sous, et le voilà quitte. A mon tour. « Avez-« vous de l'argent? — Non, je n'ai que neuf francs ; les « voilà. — Qu'avez-vous donc dans cette poche ? — Des « bas, des mouchoirs; regardez. » Mon commis, après avoir labouré extérieurement ma poche, me dit : « C'est bon; » et puis, sans avoir mis pied à terre, nous partons ; nous voilà quittes pour le commis des douanes.

Une nouvelle perquisition bien plus terrible pour moi m'attendait. Après quelques minutes de marche, nous sommes arrêtés encore par une sentinelle ; c'était sur cette route le dernier poste français. Sans nous obliger de descendre de cheval, on lit le passe-port de mon compagnon de voyage, puis on lit le mien ; on les examine tous deux avec beaucoup d'attention ; pendant qu'on épluche le mien, je m'avise de faire l'homme qui n'a rien à craindre, et je prie un des volontaires occupés à entendre cette lecture de me couper à la haie voisine une verge pour fouetter mon cheval, celle dont j'étais armé étant rompue ; il me rendit ce petit service de bonne grâce, et à peine m'eut-il coupé cette houssine, que mon passe-port me fut remis ; je me hâtai de l'empocher, de saluer les volontaires et de fouetter ma rossinante, qui trottait passablement à la suite de l'excellente monture de mon compagnon de voyage, et bientôt nous arrivons à un carrefour. « Voyez-

« vous cette grande borne qui est couchée par terre ?
« me dit mon camarade, c'est la limite de la France.
« Puis il ajouta en avançant quelques pas : *Et nous voilà*
« *émigrés*. — Nous pouvons donc sans obstacle aller
« dîner aujourd'hui à Genève ? lui dis-je. — Avant
« une demi-heure nous serons à table, » répondit-il.

Me voilà donc quitte de tant d'inquiétudes, voilà la frontière franchie. Voilà qu'il a disparu, le fer mortel qui semblait suspendu sur ma tête et la menacer sans cesse le long de ma route. La joie éclatait dans mes yeux; je n'osais trop la manifester devant mon compagnon de voyage, qui ne se doutait pas que je fuyais ma patrie et la mort.

Arrivée à Genève. — Dulaure y rencontre un de ses collègues fugitifs. — L'abbé Soulavie, résident français. — Précautions contre les étrangers venus à Genève. — Etat des partis dans cette ville en 1793. — Embarquement sur le lac. — Enlèvement de la cocarde tricolore. — Arrivée à Coppet. — Les émigrés lyonnais. — Nyon, Rolle, Aubonne, Orbe, Yverdun, Payerne. — M. de Dompierre lieutenant d'avoyer. — Neuchâtel. — Bienne. — Les prêtres émigrés. — L'abbé recruteur. — Soleure. — Bâle et les émigrés. — Aarau. — Le chevalier de Labarre. — Le général Montesquiou. — Le chancelier des bailliages libres. — Bremgarten. — Le curé alsacien. — Arrivée à Zurich.

Bien me prit d'avoir franchi la frontière sans marchandises; car, environ huit jours avant mon passage, un arrêté du pouvoir exécutif en prohibait la sortie de France. Mon cheval se sentit de la nouvelle situation de mon âme; je le pressai plus vivement, et je croyais être encore loin de Genève, lorsque j'étais sur le premier pont-levis de cette ville. Comme nous n'avions point de porte-manteau derrière nos chevaux, la sentinelle ne nous prit point pour des étrangers et ne nous arrêta pas pour prendre nos noms et l'adresse de l'auberge où nous voulions loger ; nous fûmes donc sans retard remettre nos chevaux à celle qui avait été indiquée au propriétaire de ma monture. De là nous entrâmes chez un marchand pour faire quelques emplettes ; nous lui demandâmes une auberge où nous pourrions être logés convenablement ; il nous indiqua l'enseigne du *Petit-Maure*, et nous nous y rendîmes.

Toutes ces petites particularités sont les chaînons nécessaires d'un événement singulier qui m'arriva dans la journée et qui amena un de ces heureux hasards, une de ces rencontres inattendues qui ne se trouvent guère que dans les romans.

Nous dînâmes amplement, comme nous nous l'étions promis, à l'auberge du *Petit-Maure*, ensuite mon compagnon de voyage me quitta. Me croyant tout à fait délivré des dangers que j'avais courus en France, je ne m'occupais plus que des moyens d'assurer mon existence à Genève ou en Suisse, et surtout de me procurer une communication sûre pour annoncer à ma femme et à mes amis le succès de mon voyage. Je désirais ardemment, pour avoir sur ces différents points des notions certaines, obtenir des nouvelles de mon collègue Bonnet, avec lequel, à Paris, j'avais fabriqué nos passe-ports, et qui était parti par le courrier de la malle six jours avant moi. J'ignorais si le plan d'évasion qu'il avait adopté avait réussi, s'il était parvenu à franchir heureusement la frontière. Après m'être bien reposé, je descendis dans la salle basse pour prendre indirectement quelques informations auprès de l'aubergiste. J'entendis plusieurs patriotes génevois, qui buvaient près de là, chanter des chansons patriotiques. Comme jusqu'à présent je m'étais annoncé pour un marchand français et non comme un émigrant, je soutins par mes discours d'autant mieux le rôle de patriote, que le sentiment en était dans mon cœur. Je dis que c'était avec bien du plaisir que j'entendais ici répéter des airs et des chants qui m'étaient si chers. Cependant je ne persuadai ni mon hôte ni son garçon, qui s'efforçaient de me faire entendre qu'ils ne doutaient pas que j'émigrasse, et ce qu'ils me disaient à cet égard était prononcé en souriant et avec le ton de l'amitié qui veut arracher un secret sans envie d'en abuser. Tout cela ne me détermina point à m'annoncer pour un émigrant; d'ailleurs, je l'avoue, j'avais en horreur et le nom et la chose, et j'aurais voulu une expression qui distinguât précisément la grande différence qui existe entre un traître qui quitte librement sa patrie pour aller s'armer contre elle, et un malheureux persécuté injustement, qui est forcé de se réfugier dans un pays neutre pour se sauver du supplice.

Mon hôte me demanda ensuite si j'avais une permission; je lui répondis que j'ignorais qu'il en fallût une pour rester à Genève; il me dit alors que je ne pouvais y rester que vingt-quatre heures, et que pour ce temps il me fallait une permission, mais qu'il ne fallait pas que cela m'inquiétât, qu'il la demanderait pour moi et qu'il connaissait le commissaire du quartier; il parut s'étonner de ce qu'on m'avait laissé entrer dans la ville sans être arrêté par la garde et sans recevoir un billet de logement. Tout ce qu'il me dit me fit sentir qu'on exerçait une police sévère sur les étrangers, et que je n'avais pas longtemps à rester à Genève. Cette circonstance me faisait désirer plus ardemment d'avoir des renseignements à cet égard, et pour les avoir il fallait trouver quelqu'un à qui je pusse confier mon secret et faire connaître ma situation. Je demandai donc à mon hôte s'il n'avait pas logé chez lui un nommé Masson, marchand de dentelles. C'était le nom et la qualité qu'avait pris mon collègue Bonnet. Mon hôte me répondit que non. Comme il continuait à me prendre pour un émigrant, je lui montrai mon passe-port; je le tenais à la main, lorsqu'un jeune homme s'avança derrière moi pour en lire le contenu. Après l'avoir examiné, il me prit à part et me dit : « Citoyen, je connais la fabrique de votre passe-port, « j'en ai vu un semblable, et celui qui l'avait est cer- « tainement un de vos amis : c'est le citoyen Masson. » A ce mot, je saisis avec empressement la main de ce jeune homme, je le conduisis dans la chambre où j'avais dîné, afin de tirer de lui des renseignements dont j'étais si curieux. A peine fûmes-nous seuls qu'il me dit que mon collègue était heureusement arrivé à Genève, qu'il l'avait rencontré dans cette même auberge, qu'ils étaient ensuite passés ensemble en Suisse, mais que mon collègue, ayant été reconnu, avait été forcé par le bailli de Nyon de quitter le canton. Il ajouta qu'il devait arriver le lendemain matin à Genève dans l'auberge où nous étions. Cette nouvelle me transporta de joie, je ne savais comment en témoigner mes remerciements à celui qui me les donnait. Il était encore jour et il faisait beau; nous fûmes ensemble nous promener sur le rempart, nous entretenant toujours sur le même sujet. En rentrant dans l'auberge et dans la chambre même où l'on m'avait établi, quelle fut ma surprise d'y trouver mon collègue lui-même qui arrivait de Suisse (1).

Ainsi, dans le même jour, ma destinée, comme un heureux présage, me fait jouir de la vue du Mont-Blanc, c'est-à-dire d'un des plus magnifiques spectacles que la nature ait offerts aux yeux des hommes, me fait heureusement franchir la double barrière de la frontière, m'arrache aux dangers imminents dont j'étais entouré, me conduit sans obstacle à Genève et m'y fait rencontrer un compagnon d'infortune avec lequel j'avais concerté et préparé pendant longtemps nos moyens d'évasion, et me le fait venir pour ainsi dire

(1) Bonnet de Treiches était lieutenant de la sénéchaussée du Puy-en-Velay lorsque la révolution éclata. Élu membre des États généraux en 1789, il devint ensuite membre de la Convention, vota la mort du roi et fut décrété d'accusation. Rentré en France après le 9 thermidor, il devint administrateur de l'Opéra, puis membre du Corps législatif et de la chambre des Cent-Jours. Exilé en 1816, il fut autorisé à rentrer en France et mourut à Paris.

tout à propos pour me donner des instructions d'autant plus salutaires, que sans elles je n'aurais pu trouver d'asile nulle part. J'étais sensible à tant de bonheur. Ce que me raconta Bonnet, les avis qu'il me donna sur les dangers que j'avais encore à courir à Genève, et même en Suisse, durent nécessairement atténuer ma joie, mais ne furent pas moins très-heureux pour moi, en ce qu'ils me firent prendre des mesures auxquelles je n'aurais jamais pensé.

Voici ce qu'il me raconta : il partit de Paris le 15 frimaire au soir (5 décembre 1793) par le courrier de la malle; il arriva sans accident à Dôle le 17 frimaire (7 décembre); de là, il se rendit à Saint-Claude, puis à Septmoncel, où il prit avec lui un guide. Arrivé aux bureaux de la douane, on fouilla son porte-manteau plein de dentelles, et on n'en permit pas la sortie parce qu'un ordre, arrivé depuis deux jours, venait de prohiber de France l'exportation de toute espèce de marchandise; il fut obligé de laisser son porte-manteau à Ferney. Il arriva le 24 frimaire (14 décembre) à Genève; il chargea le guide qu'il avait pris à Septmoncel d'aller chercher son bagage à Ferney et de le lui apporter en franchissant la frontière par des chemins détournés. Cet homme fit fort ponctuellement et fort heureusement cette commission.

Bonnet partit le 28 frimaire de Genève et s'embarqua sur le lac pour aller en Suisse. Ce jour-là même, un décret des représentants de Genève ordonna, d'après les insinuations du résident de France, de ne laisser embarquer sur le lac aucun particulier, à moins qu'il ne fût muni de bons passe-ports. Mon collègue exhiba le sien et n'éprouva point de difficultés. Il avait entendu raconter à Paris, comme moi, que les émigrés ou plutôt les réfugiés français étaient très-bien accueillis ; que ceux qui avaient soutenu la cause de la justice, de l'humanité, le respect des propriétés, etc., et qui étaient persécutés comme nous, étaient reçus avec des marques toutes particulières d'amitié. On nous avait même cité l'exemple de deux ou trois de nos collègues qui nous avaient précédés en Suisse et qui y avaient été reçus, nous disait-on, d'une manière digne de leur infortune, de la sagesse de leur conduite et de la fonction importante qu'ils avaient remplie. En conséquence, Bonnet crut qu'arrivé en ce pays, il pouvait sans danger se faire connaître sous son nom. D'autres circonstances l'y déterminèrent encore. Pendant qu'il naviguait, la barque prit deux particuliers qui attendaient à la gauche du lac : l'un était de Lyon, l'autre de Montbrison. Ce dernier avait commandé à Lyon le détachement de Montbrison ; il était vêtu en pauvre paysan, ayant un sac sur le dos ; il s'était fabriqué lui-même un passe-port qui, d'abord, ne devait servir que pour une ville voisine de celle d'où il était parti ; puis, arrivé là, il y ajoutait de sa main le nom de la ville par où il devait passer, ainsi de suite ; il se nommait Fluquet et il reconnut Bonnet, qui était à peu près de son pays. Arrivés ensemble à Coppet, première ville suisse, ils furent engagés par l'officier de police chez lequel on les conduisit de déclarer leurs véritables noms. Cet officier leur dit que, s'ils faisaient une fausse déclaration et qu'elle vînt à être reconnue, on les ferait reconduire sur la frontière. Mon collègue, ainsi que tous ceux qui étaient avec lui, déclara donc son propre nom, mais il cacha sa qualité et ne prit que celle de négociant. On leur délivra à chacun un passe-port pour la Suisse. Arrivé à Nyon, Fluquet, ignorant l'esprit du gouvernement, ne fit point mystère de la qualité de Bonnet : il dit à plusieurs Nyonnais qu'il était député. Bientôt le bailli de Nyon en fut informé et fit faire des recherches en conséquence. Mon collègue en fut instruit et rencontra des administrateurs du département du Jura qui lui déclarèrent que les députés étaient persécutés en Suisse ; qu'il existait même une convention secrète par laquelle le corps helvétique avait promis de livrer à l'Empereur tous les députés réfugiés en ce pays. Quoique cette nouvelle parût peu croyable, Bonnet, pour éviter des poursuites, changea d'auberge, puis, accompagné du jeune homme que j'avais rencontré à Genève et qui m'avait annoncé son arrivée, il se rendit le 30 frimaire (20 décembre) dans un joli village appelé Cran, situé sur le lac de Genève, entre Nyon et Coppet, et se mit en pension chez un habitant dont on lui avait indiqué la maison. A peine y eut-il resté avec le même jeune homme trois jours, qu'un sergent du bailli, qui s'était fait accompagner d'un homme du village, vint lui signifier de se rendre auprès du bailli de Nyon. Bonnet obéit au mandat. Le bailli lui parla avec politesse et lui dit qu'il avait des ordres et qu'il ne pouvait lui donner asile dans son bailliage ; qu'il lui accordait deux fois vingt-quatre heures pour en sortir, et il écrivit sur son passe-port : *Bon pour deux fois vingt-quatre heures.*

Le secrétaire du bailliage montra à mon collègue un registre sur lequel son nom, son signalement, le jour, l'heure de son départ et de son arrivée dans telle ou telle ville, étaient exactement inscrits, tant la police sur les étrangers était scrupuleusement observée en Suisse. Bonnet, qui attendait des lettres de Paris qui devaient être arrivées à Genève et qui voulait rentrer en Suisse sous un autre nom et sous un autre costume, prit le parti de retourner dans cette ville ; le jeune homme qui l'avait accompagné partit le 5 nivôse au matin pour Genève, et mon collègue s'y rendit le soir par le lac et y arriva le même jour que moi.

Ce que je venais d'apprendre de l'espèce de persécution que Bonnet avait éprouvée en Suisse me fit prendre la ferme résolution de cacher ma qualité et mon nom et de conserver celui de Dubreuil, que j'avais pris sur mon passe-port et pendant ma route.

J'appris aussi que les réfugiés n'étaient pas en sûreté à Genève ; que l'ex-abbé Giraud de Soulavie, résident de France, y exerçait un pouvoir despotique sur les Français ; que le petit conseil de Genève lui était bassement dévoué et faisait exécuter scrupuleusement toutes ses volontés. Quelques Lyonnais, échappés au carnage, s'étaient réfugiés dans cette ville. Le résident, par le secours de ses nombreux espions, apprit leur arrivée et chargea le petit conseil de les faire arrêter. Ces représentants d'un peuple républicain obéirent aux ordres de l'abbé ; les malheureux réfugiés furent traînés sur les terres de France et ramenés à Lyon, où ils furent mis à mort.

Tous ces renseignements, qui m'inspirèrent de salutaires précautions, terminèrent la journée du 5 nivôse ou mercredi 25 décembre, journée remarquable par d'heureux hasards, journée décisive pour mon sort et par un succès qui passait mes espérances, mais qui ne suffisait cependant pas, ainsi que je l'avais cru d'abord, pour assurer ma tranquillité. Il me restait encore des obstacles à surmonter, des dangers à courir. Depuis que j'avais quitté Nozeroy, je m'étais fatigué, j'avais très-mal reposé et m'étais couché sans quitter mes habits. Cette nuit, je me livrai tranquillement au plus doux et au plus profond sommeil.

Le lendemain, il était grand jour quand je me levai. Notre hôte, qui ne doutait plus de notre projet de passer en Suisse, nous conseilla, puisque nous n'avions point de permission, de ne point sortir de sa maison et même de notre chambre, en attendant que nous eussions trouvé une barque qui pût secrètement et en contrebande, nous conduire par le lac jusqu'à la première ville du pays de Vaud.

Les ordonnances de police étaient précises : un étranger ne pouvait rester plus de vingt-quatre heures à Genève sans permission. Notre hôte, qui avait enfreint cette loi en faveur de quelques Français, avait été, peu de temps auparavant, condamné à une forte amende.

Il était aussi très-strictement défendu depuis quelques jours à tous mariniers et conducteurs de barques de conduire en Suisse aucun étranger, à moins qu'il ne fût muni d'un passe-port de Genève. Plusieurs préposés étaient chargés de veiller à l'exécution de cette loi ; les commissaires de quartiers et même les magistrats du petit conseil faisaient, au moindre soupçon et sur le moindre avis du résident de France, des visites chez tous les aubergistes pour y découvrir des étrangers qui n'étaient pas en règle. Les aubergistes étaient obligés tous les matins de faire écrire aux étrangers logés chez eux leurs noms, leurs qualités et pays ; ces indications étaient le soir rapportées à la police.

La connaissance de ces dispositions et des événements récemment arrivés à plusieurs étrangers nous fit un devoir de garder scrupuleusement la chambre et de ne pas même descendre en bas, où se rendaient un grand nombre de jacobins genevois, très-vigilants à observer et à dénoncer tous les étrangers.

Dans cette journée, nous nous racontâmes, Bonnet et moi, toutes les particularités de nos voyages depuis l'instant que nous nous étions quittés à Paris. J'observai que j'avais fait le mien sans neige et sans souffrir, quoique au milieu de l'hiver ; sans avoir perdu aucun des objets que j'avais apportés, quoique je ne misse pas une grande vigilance à cet égard (j'en excepte la carte qui s'échappa de ma poche après Dijon) ; sans avoir eu les pieds blessés ni aucune incommodité, quoique j'eusse fait des marches pénibles et que j'eusse en plusieurs occasions exposé ma santé ; enfin que je m'étais maintenu frais et dispos, malgré les fatigues, et que j'avais conservé non-seulement du sang-froid et de la présence d'esprit dans les dangers que j'avais courus, mais une sorte de gaîté, d'énergie dont je ne me croyais pas capable en pareille circonstance; j'en conclus que la marche, le mouvement des voitures, le changement d'air et d'objets, enfin toutes les distractions d'un voyage sont également salutaires au corps et à l'esprit, et sont les meilleurs remèdes contre les affections de l'âme, contre la mélancolie, et doivent être un puissant spécifique contre toutes les maladies qui prennent leur source dans le moral (1).

J'ai raconté succinctement l'histoire du voyage de mon collègue, elle n'avait rien de bien remarquable que l'opposition que mirent les commis de la frontière à la sortie de son porte-manteau, et le bonheur avec lequel son guide parvint le lendemain à l'aller chercher à Ferney, où il avait été laissé, et à le rapporter à Genève. Outre les marchandises dont il était rempli, Bonnet, plus avisé que moi, passa aussi vingt-deux louis d'or, soit dans les semelles de deux paires de souliers, soit dans des boutons de culotte; il me raconta à ce sujet plusieurs événements singuliers, dont voici les plus remarquables. Une dame, près d'arriver à la frontière dans une voiture publique, instruite des perquisitions qui l'attendaient, déclara au cocher les louis dont elle était chargée et l'appréhension qu'elle avait d'être prise en contravention. Le cocher, touché des

(1) J'avais fait en quinze jours environ cent cinquante lieues, dans le temps où les journées sont les plus courtes de l'année; j'avais séjourné environ quatre jours; j'avais voyagé de toutes les manières, sur l'eau, en voiture, à pied, à cheval. (*Note de Dulaure.*)

prières de l'émigrante, se charge de la somme et répond du succès; en effet, ce ne sont point les louis qu'on saisit à la frontière, mais c'est la femme elle-même dont le passe-port n'était que pour le Jura et non pour le Mont-Blanc.

Deux particuliers, en bonne chaise de poste, arrivent à la frontière. Une somme considérable était renfermée dans différentes parties de la voiture; les commis en étaient informés. Les voyageurs, ayant déclaré n'avoir rien en contravention, mettent pied à terre pour laisser faire les perquisitions. Ils voient les commis s'avancer avec des haches; comprenant que leur secret est connu, ils abandonnent rapidement leur voiture et s'élancent au delà de la frontière, perdant leur fortune et sauvant leur vie.

Notre hôte nous porta son registre pour que nos noms y fussent inscrits. J'écrivis le nom de Dubreuil, avec la qualité de marchand; mon collègue inscrivit un nom différent de celui qu'il avait pris dans cette même auberge avant d'arriver en Suisse. L'après-midi nous fûmes fort étonnés de recevoir la visite d'un commissaire de police; l'hôte l'accompagnait et l'avait déjà prévenu de l'irrégularité de notre séjour dans son auberge, car les vingt-quatre heures qui nous étaient accordées commençaient à s'écouler; il avait même eu soin de faire porter dans notre chambre une bouteille de bourgogne, afin de se rendre plus favorable le magistrat, qui nous parut très-débonnaire. Bonnet, qui ne s'attendait pas à cette visite et qui pensait rester secrètement à Genève, avait mis sur le registre de l'hôte un nom différent de celui qui se trouvait sur son passeport. Le commissaire s'aperçut bientôt de cette différence et en fit des reproches à mon collègue, qui s'excusa en disant qu'ayant, dans le premier séjour qu'il avait fait à Genève, éprouvé des difficultés pour obtenir une permission, et ne voulant rester que quelques jours dans cette ville, il avait cru, pour s'éviter le désagrément de solliciter une seconde permission, devoir prendre un autre nom sur le registre. Le commissaire, qui n'était pas un homme bien révolutionnaire, se contenta de ces raisons. Nous lui demandâmes une permission pour rester trois jours : il nous l'accorda par écrit et la remit à l'hôte ; néanmoins il crut qu'il était bon pour notre sûreté de ne point sortir de notre chambre ; il nous le recommanda positivement, en nous disant que le résident de France exigeait des magistrats de Genève la plus grande surveillance sur les Français qui passaient dans cette ville, et que lui-même faisait faire par des agents secrets les plus exactes perquisitions.

Le résultat de cette visite nous réjouit ; nous n'avions plus d'inquiétude sur notre séjour à Genève, et nous étions autorisés authentiquement à y rester trois jours dans notre chambre. Nous plaisantâmes sur ce petit événement qui avait d'abord causé quelque inquiétude à mon ami, qui se trouvait en contravention. Je dessinai sur la cheminée la scène qui venait de se passer avec cette inscription en bas : *Comme quoi ils échappèrent à un grand danger.* Mais un danger plus grand encore nous attendait le lendemain, et les magistrats de la petite république ne nous tinrent pas quittes à si bon marché.

Le 7 nivôse (27 décembre) nous lûmes dans les papiers publics que *Pétion* et *Condorcet* s'étaient réfugiés en Suisse, et séjournaient à Bremgarten, dans les bailliages libres, avec le fils du ci-devant duc d'Orléans (1), Montesquiou, madame de Sillery (2), etc. Cette annonce nous fit désirer d'aller les rejoindre. Dès ce moment nous nous y déterminâmes, et de cette détermination résulta plusieurs rencontres et événements heureux ou malheureux qui ont fixé notre sort en Suisse.

Nous sentîmes alors le besoin d'avoir une bonne carte de ce pays pour pouvoir nous diriger dans nos voyages. Le jeune homme que mon collègue avait rencontré à Genève et dont j'ai déjà parlé, était encore avec nous dans notre chambre. Nous le chargeâmes d'aller faire quelques commissions dans la ville et notamment de nous acheter une carte.

Ce jeune homme était de Pont-de-Veyle, département de l'Ain; il était marchand de toiles et concierge des prisons de cette ville; accusé d'avoir favorisé l'évasion d'un prisonnier, ses parents avaient cru son absence nécessaire pendant quelque temps. Il paraissait fort peu inquiet des suites de cette affaire, et se disposait au premier jour à rentrer chez lui; il était muni d'un passe-port pour le Mont-Blanc, qui avait favorisé sa sortie des frontières et qui devait favoriser sa rentrée en

---

(1) Depuis le roi Louis-Philippe.
(2) Madame de Genlis.

France; en conséquence il parcourait sans se gêner les rues de Genève, disposé qu'il était d'en partir au premier moment. Ce jour, pendant ses courses, il eut le malheur de perdre son portefeuille qui contenait quatre-vingts livres en assignats, trois louis en or et son passe-port. Il nous apporta une carte bien gravée, sinon bien bonne. Nous y cherchâmes le lieu où nous voulions nous rendre. Nous pensions que, puisque nos collègues et autres étaient reçus dans les bailliages libres, nous devions avoir le même sort; au reste, nous ne savions guère ce que c'était que ces bailliages libres, et nous ne rencontrâmes personne à Genève qui pût à cet égard nous donner des renseignements positifs.

Nous avions dîné. Cette carte de Suisse était posée très en évidence sur un lit; mon collègue s'amusait à parcourir son porte-manteau ; le jeune homme de Pont-de-Veyle déplorait la perte de son portefeuille; moi, après avoir fumé ma pipe, je dormais auprès du feu, lorsque trois magistrats, membres du comité de sûreté générale de Genève, accompagnés d'un huissier, les épaules couvertes d'un petit manteau rouge, jaune et noir, entrèrent dans notre chambre. Ils s'adressèrent à Bonnet et lui demandèrent son passe-port; il répondit que nous avions la permission de rester trois jours à Genève, et il descendit auprès de notre hôte pour l'aller chercher. Il faut dire qu'il ne montrait pas son passe-port parce que le sien et le mien ayant été fabriqués ensemble, et étant supposés de la même municipalité, avaient cependant des différences dans la partie imprimée comme dans la partie écrite qui pouvaient, étant tous les deux rapprochés, faire voir qu'ils étaient faux. C'est pourquoi il ne répondit pas à la première question qui lui fut faite.

Il n'était pas encore rentré et je dormais lorsque je fus réveillé par une voix qui me dit assez haut :

« Et vous, citoyen, avez-vous un passe-port? »

Je me lève, je regarde avec étonnement les questionneurs et l'huissier affublé de son manteau bariolé. Je ne savais d'abord ce que signifiait cette mascarade et cette visite. Néanmoins je tire de mon portefeuille mon passe-port. On le lit, on me le remet; aussitôt mon collègue arrive avec la permission que nous avait accordée la veille le commissaire Royer. Puis on demande au jeune homme de Pont-de-Veyle son passe-port. Il raconte avec beaucoup de naïveté l'événement du matin, et comme quoi il avait perdu son passe-port et son argent. Mon collègue fut immédiatement sommé d'exhiber le sien, il répondit comme le précédent : « Je l'ai aussi perdu en allant en Suisse. » Cette réponse ne parut pas très-heureuse; mais, sans s'étonner et sans donner aux questionneurs le temps d'en apprécier la valeur, il sortit de son portefeuille une pièce authentique équivalente à un passe-port; c'était une patente qu'avait donnée la Convention nationale à chaque député ou commissaire des assemblées primaires envoyées à Paris pour accepter la nouvelle Constitution. Il avait été décrété que cette pièce équivaudrait à un passe-port. Celle que possédait mon collègue lui avait été remise par un commissaire de la ville de Saugues, et c'était d'après cette pièce qu'il avait pris le nom de Masson, et qu'il avait fabriqué son passe-port comme émanant de la municipalité de Saugues. Cette pièce parut satisfaire les magistrats. Bonnet leur rappela que, dans son premier séjour à Genève, il fut demander une permission pour y rester trois jours, et adressant la parole à l'un d'eux :

« Vous-même, citoyen, vous avez tenu mon passe-
« port entre vos mains, et vous l'avez lu avec beaucoup
« de soin ; au surplus, ajouta-t-il, je ne suis ni émigrant,
« ni aristocrate ; je suis marchand, et en voilà la preuve. »

Alors il montra ses dentelles, étala ses portefeuilles, livres de commerce, échantillons, etc. Les magistrats, n'ayant rien à soupçonner après tant de preuves, se tournèrent ensuite vers moi ; l'un d'eux me dit ces propres paroles :

« Et vous, citoyen, c'est-à-dire que vous êtes un
« prêtre qui émigrez ? »

A ce titre de prêtre qu'on m'avait donné si souvent dans ma route, je fis un mouvement d'humeur et je fus prendre dans mon portefeuille ma pièce de réserve, mon diplôme de jacobin, et dis en le montrant à celui qui m'avait apostrophé :

« Je vous demande si un prêtre qui émigre est muni
« de pareille pièce. »

Il lut le diplôme, puis apercevant sur le lit qui était près de lui, la carte de la Suisse, il ajouta :

« Voilà une carte de Suisse que vous venez d'ache-
« ter pour voyager dans ce pays. »

Je ne m'attendais pas à ce coup, aussi fus-je un peu embarrassé de riposter ; cependant, feignant d'avoir mal entendu, je répliquai :

« Cette carte, c'est une commission. On m'a prié
« d'en faire emplette. »

Il se contenta de cette réponse, et me dit en me rendant mon diplôme :

« C'est que tous les prêtres qui émigrent ont comme
« vous une perruque à queue. »

Alors, ripostant par un argument démonstratif, j'arrachai ma perruque, et lui dis :

« Voyez que je suis jacobin par les cheveux. Je suis
« ainsi coiffé en été ; mais ayant la tête un peu chauve,
« je porte perruque en hiver. »

Mon inquisiteur n'ayant plus rien à dire, se radoucit beaucoup et ajouta pour excuser sa démarche :

« C'est qu'il passe ici beaucoup d'émigrants, et
« nous avons des ordres du résident de France pour les
« arrêter. »

Je trouvai fort étrange que les représentants d'une république fussent aux ordres d'un étranger et fussent si empressés de lui obéir ; mais je ne témoignai rien de la surprise que me causa cet aveu, et nous nous accordâmes à dire que c'était fort bien fait à eux d'arrêter les émigrants ; que, quant à nous, nous n'étions pas dans ce cas. Nos visiteurs ensuite se retirèrent en nous recommandant de partir après l'expiration des trois jours qui nous avaient été accordés. Nous leur répondîmes que nous serions déjà partis si nous avions reçu des lettres que nous attendions.

Ainsi se termina cette visite dont le succès fut heureux, mais qui pouvait nous devenir funeste et rendre nuls tous nos travaux, tous les dangers surmontés dans notre voyage et nous mener à Paris et à l'échafaud.

Nous apprîmes que cinq Lyonnais, arrivés la veille à Genève, dont deux avaient logé une nuit dans notre auberge, étaient, par ordre du résident de France, soigneusement recherchés par les magistrats de cette ville et que leur arrestation leur était expressément recommandée, et nous pensâmes que les visites que nous venions de subir devaient être attribuées à ces nouveaux débarqués plutôt qu'à nous. Nous apprîmes aussi que ces cinq Lyonnais ne furent point arrêtés, qu'ils avaient fort prudemment prévenu les visites et s'étaient embarqués sur le lac pour se rendre en Suisse.

Nous vîmes bien qu'il nous fallait sérieusement nous occuper de quitter Genève et de nous affranchir enfin de tout danger en nous rendant aussi en Suisse. Notre hôte, instruit de notre dessein, se prêta volontiers à en favoriser l'exécution ; il nous dit qu'aussitôt qu'un batelier se présenterait à son auberge, comme cela arrivait souvent pour conduire secrètement et en contrebande des émigrants, il l'avertirait de notre projet. Le territoire de Genève est tellement enclavé dans les terres de France, surtout depuis la conquête de la Savoie, que le lac est le seul passage par lequel on puisse sortir, encore la partie que l'on en franchit appartient-elle à la France, et ce trajet ne s'est pas toujours fait sans danger pour les émigrants et leur offrait des obstacles à surmonter. Outre le besoin de me délivrer de toute inquiétude sur mon sort, j'étais tourmenté par celui de donner de mes nouvelles à ma femme et à mes amis.

Le jeune homme de Pont-de-Veyle devait partir le lendemain pour se rendre dans sa ville. Nous écrivîmes des lettres d'affaires en encre ordinaire ; ce qui restait de la feuille était rempli en encre sympathique, formée avec de la couperose, qui devait être apparente seulement lorsque le papier serait trempé dans de la dissolution de noix de galle. Le jeune homme devait porter nos lettres dans l'intérieur de la France, et les jeter dans la première boîte aux lettres de son département : par ce moyen elles se trouvaient affranchies de la visite et de l'interception qui se faisaient à la frontière, et des autres inconvénients qui pouvaient en résulter. Ce jeune homme nous promit la plus grande exactitude dans notre commission. Il partit en effet le lendemain, 7 nivôse ; nous payâmes les dépenses qu'il avait faites à l'auberge, et lui donnâmes environ vingt-quatre livres en assignats pour faire son voyage.

Le 8 nivôse, nous vîmes de notre fenêtre la cérémonie de l'anniversaire de la révolution génevoise. Une statue très-mesquine de la Liberté, accompagnée d'un cortége d'environ trois mille hommes, parcourut les rues de la ville au bruit de la musique et des cris de Vive la liberté ! Je ne parlerai pas de l'état politique où était alors Genève : il suffit de dire que les principes français s'y trouvaient en vénération ; qu'il y avait trois partis : celui des amis de l'ancienne constitution, qui n'osaient se montrer ; le parti des patriotes enragés, semblables à ceux que l'on nommait en France maratistes, appelés à Genève bonnets rouges, et un parti de vrais républicains, composé d'hommes probes et instruits qui ne partageaient ni les idées aristocratiques des premiers, ni la fureur destructive des seconds. Les bonnets rouges ou sans-culottes de Genève étaient sur le point de proposer une motion le jour même où j'arrivai : son objet était de réunir cette ville à la France. Cette proposition fut faite ouvertement dans un des deux clubs de la ville, mais elle n'eut pas plus de succès que l'insurrection que les magistrats prudents eurent soin de prévenir. Le résident de France et ses nombreux satellites conduisaient toute cette affaire.

Le 9 nivôse notre linge était blanchi; l'habit que Bonnet s'était fait faire pour entrer en Suisse sous un costume qui n'était pas signalé par la police, était prêt. Un batelier avait promis de nous prendre le lendemain en contrebande et de nous conduire à travers le lac de Genève jusqu'à Coppet, première ville suisse. Je songeai pour la première fois à mes finances, qui m'avaient peu occupé jusqu'alors. Parti de Paris avec onze cents livres, et ayant dépensé, pendant les quinze jours de mon voyage et pendant près de quatre jours que j'avais passés à Genève, environ deux cent soixante livres, il me fallait, pour voyager en Suisse et même pour payer ma dépense à Genève, changer mes assignats en argent.

Une circonstance que j'avais ignorée jusqu'alors, et que j'appris avec bien de la peine, c'est que les assignats perdaient plus de la moitié au change. Voilà donc tout à coup les huit à neuf cents livres qui me restaient réduites à la moitié tout au plus. La perspective d'une misère prochaine, dans un pays étranger, se présenta d'abord à mon esprit d'une manière inquiétante ; mais l'espoir de recevoir des secours de France et de trouver des amis qui me procureraient des communications avec mon pays, me rassurèrent. Pensant tirer ailleurs un meilleur parti de mes assignats, et surtout après la confirmation de la reprise de Toulon par les Français, je n'en échangeai à Genève que pour une couple de cent livres, qui me valut moins de cent livres en argent.

Le lendemain 9 nivôse (29 décembre), à trois heures et demie après midi, sur l'avis que le batelier nous avait donné de nous rendre hors de Genève dans un lieu indiqué, pour que de là il pût, à la faveur de la nuit, nous conduire sur le lac jusqu'à Coppet, guidés par le garçon de notre auberge, qui portait nos paquets, nous partîmes de Genève, et nous nous rendîmes dans un endroit appelé le Paquis, dans une grande auberge située sur la rive du lac, où se retiraient ordinairement les voyageurs qui arrivaient aux portes de la ville après qu'elles étaient fermées. Nous étions bien hors de la ville, mais nous n'étions pas pour cela hors de la petite république, ni à l'abri des recherches de ses magistrats. L'hôte, prévenu par celui qui nous conduisait, nous fit mystérieusement introduire dans un appartement éloigné, mais propre et commode, où nous trouvâmes un Lyonnais échappé à la fusillade, qui attendait avec beaucoup d'impatience le moment favorable de s'embarquer sur le lac. Bientôt nous vîmes notre nouvel hôte, qui nous annonça qu'il fallait nous tenir cachés, qu'il venait d'être défendu à tout aubergiste de recevoir aucun étranger sans une permission du comité de sûreté générale de Genève, sous peine de la prison et d'une forte amende ; il ajouta que ce décret était affiché à sa porte, et que, quelques jours avant notre arrivée, les membres de ce comité étaient venus chez lui faire une visite rigoureuse dans l'espoir d'y trouver deux Lyonnais, vivement recommandés aux magistrats de la république par le résident de France.

Le batelier qui devait nous conduire à Coppet vint aussi nous voir. Il nous indiqua, en cas d'une visite dangereuse, une maison particulière où nous pourrions nous réfugier à travers des jardins ; il nous dit qu'à la nuit tombante il viendrait nous prendre, et que nous pourrions aborder aisément à Coppet avant neuf heures du soir. La nuit vint, mais le batelier ne vint pas, ce qui nous impatientait beaucoup ; cependant sur les huit heures du soir, il nous annonça qu'il s'était élevé depuis quelques heures un vent de bise qui contrarierait notre voyage, que les eaux du lac étaient fort agitées, et que ses vagues étaient très-fortes. Il ajouta que le vent pourrait bien baisser vers le milieu de la nuit, et qu'alors, s'il s'en apercevait, il viendrait nous réveiller, et que nous partirions. La nuit s'écoula tout entière sans que le temps fût plus calme ; nous entendions de notre lit le sifflement du vent et le bruit des vagues. Le lendemain matin, le batelier vint encore nous voir et nous déclara que si le vent ne s'abaissait pas vers le milieu du jour, il fallait nous attendre à ne pas partir encore ; qu'ordinairement il durait trois jours et trois nuits. C'était là le décret du destin. Nous couchâmes trois nuits à l'auberge, et ce ne fut que le troisième jour que nous pûmes partir. Boire, manger, dormir, nous chauffer, écouter le vent, pester contre lui, faire des contes pour rire et des tours de cartes que Bonnet faisait adroitement, entendre les plaintes de notre hôte, qui était aussi inquiet de nous garder chez lui que nous d'être forcés d'y rester, mais qui, balançant entre la crainte et l'intérêt, ne nous montrait que la moitié de son inquiétude et ne semblait s'inquiéter que pour nous, voilà comme, dans cette nouvelle prison, nous passâmes le temps.

Pendant la nuit du 11 au 12 nivôse (31 décembre 1793 au 1ᵉʳ janvier 1794) le vent de bise cessa, et nos oreilles attentives n'entendirent plus ses sifflements. Notre joie fut grande en voyant approcher le moment de notre délivrance ; je pensais que notre batelier, prompt à saisir l'instant favorable, allait tout préparer pour notre départ et nous embarquer avant que le jour eût pu éclairer notre évasion, mais son intérêt en ordonnait autrement. Un Lyonnais, qui était dans Genève, devait être du voyage ; notre batelier, qui l'attendait, nous dit qu'il ne pourrait nous joindre qu'après que les portes de la ville seraient ouvertes, c'est-à-dire après sept heures du matin. Nous attendîmes ce moment avec beaucoup d'impatience : le Lyonnais ne vint pas ; cependant le jour croissait, le vent de bise semblait s'élever et nous menaçait de nouveaux dangers et de nouveaux retards. J'étais tourmenté par la plus vive impatience. A neuf heures seulement, un commissionnaire, porteur du paquet du Lyonnais, nous annonça sa prochaine arrivée. Aussitôt notre batelier prit ce paquet des mains de ce précurseur et nous avertit de le suivre de loin et de ne pas marcher ensemble. Nous quittons notre auberge, évitant la route ordinaire; nous traversons un verger. Après huit ou dix minutes de marche, nous arrivons sans danger, quoique vus de beaucoup de monde, jusqu'à un petit havre où était amarrée la barque qui devait nous faire aborder au port de salut. Nous y étions, et le Lyonnais tant désiré n'arrivait pas encore.

Malgré les dangers que nous courions à attendre en plein jour sur cette rive garnie de maisons de campagne et fréquentée par de nombreux passants, nous étions cependant moins exposés que si nous eussions été sur la rive opposée, peuplée de révolutionnaires très-ardents. Quelques jours avant, cinq ou six Lyonnais, mal informés, s'adressèrent à un batelier de cette rive dangereuse; prêts à mettre le pied dans la barque, une troupe de sans-culottes génevois tombèrent sur eux, les assaillirent à coups de pierres; les malheureux échappèrent à une mort certaine en fuyant dans les vignes; ils rentrèrent ensuite dans Genève et se gardèrent bien de se rembarquer sur la même rive.

Enfin le Lyonnais qui causait depuis si longtemps notre impatience arriva ; je ne pus m'empêcher de lui témoigner assez vivement combien il était peu convenable à un homme d'en exposer quatre autres par un si long retard, et de les laisser dans une si pénible attente ; il s'excusa comme il put sur la difficulté qu'il avait eue de trouver une personne qui devait lui échanger ses assignats. Nous étions cinq passagers, dont un Suisse qui avait servi dans le Mont-Blanc lors de la dernière insurrection des Savoisiens, et qui désertait l'armée française, quoiqu'il ne voulût pas en convenir. Nous l'avions déjà vu dans notre auberge, à Genève, où il nous avait caché son projet ; il était comme nous logé au Paquis, dans la même auberge où nous séjournâmes trois jours, sans vouloir se montrer à nous, quoiqu'il sût bien que nous devions partir ensemble ; il avait encore son uniforme national, et le batelier fut obligé de lui prêter une redingote pour le cacher et le sauver des dangers imminents auxquels il l'exposait. Le second était le Lyonnais qui avait attendu et vécu avec nous dans l'auberge du Paquis ; c'était un jeune homme de vingt-six à vingt-huit ans, marié, et qui tenait auberge à Lyon ; il avait acheté comme beaucoup d'autres, de la municipalité de Lyon, un passeport. Les membres de cette municipalité en faisaient alors un commerce ; nous avons trouvé des Lyonnais qui les avaient achetés vingt-cinq louis, d'autres douze cents livres, enfin d'autres les avaient payés jusqu'à six mille livres. Le troisième était le Lyonnais qui s'était fait attendre : c'était un petit homme d'environ cinquante ans, qui paraissait actif et vigoureux ; il avait servi, à ce qu'il disait, avec beaucoup de fermeté dans le siége de Lyon ; il regrettait une fortune assez considérable ; il s'était sauvé à la faveur de l'habit de garde national, et comme allant joindre l'armée du Mont-Blanc. Bonnet et moi complétions le nombre de cinq. Enfin nous nous plaçâmes tous dans la barque ; quatre vigoureux bateliers s'emparèrent des rames ; bientôt nous nous éloignâmes des bords, et après quelques instants, nous nous applaudîmes de nous voir hors de la portée des fusils ; il n'était pas sans exemple qu'on eût tiré sur de pareils embarquements.

Un vent de bise qui soufflait, quoique légèrement, poussant les flots en sens contraire, nous empêchait de faire usage de notre voile, et par conséquent retardait notre marche. Cependant nous nous éloignâmes des terres de la petite république ; la ville de Genève fuyait dans le lointain ; la masse d'eau sur laquelle nous voguions s'élargissait ; nous nous trouvâmes bientôt sur la partie du lac qui appartenait alors à la France, et qui est bordée d'un côté par la Savoie et de l'autre par le pays de Gex ; de ce côté, sur le bord du lac, est situé Versoix, dernier village français de cette frontière et où étaient les bureaux des douanes et les détachements de volontaires. Environ un mois avant, il était d'usage que des barques d'observation, parties de Versoix, s'avançassent au milieu du lac et visitassent les barques qui allaient en Suisse ou qui en venaient, arrêtant à volonté hommes et marchandises, et tirant sur celles qui refusaient d'arrêter.

Notre pilote crut qu'il était prudent de gagner le large et de voguer au milieu du lac, qui, en face de Versoix, a une lieue de largeur. Ainsi nous passâmes à une demi-lieue de ce village, et devant lui, sans être

menacés d'aucun accident. Aussitôt que nous n'eûmes plus rien à craindre à cet égard, et que nous fûmes en face du rivage suisse, le patron de notre barque nous dit : « Voilà le moment de quitter les cocardes trico-
« lores, avec lesquelles vous ne pourriez pas entrer en
« Suisse. » Chacun de nous dégarnit son chapeau de ce signe de la liberté et le rendit au patron. Les uns firent cette cérémonie avec joie, d'autres avec indifférence ; moi j'avoue que j'éprouvai de la répugnance à me dépouiller d'une marque que j'avais toujours portée avec plaisir ; mais il fallut faire comme les autres, et faire ce sacrifice à une terre qui allait bientôt me mettre entièrement à l'abri du supplice qui n'avait pas cessé de me menacer jusqu'alors. Oh ! qu'il sera beau, m'écriais-je souvent avant de partir de Paris, pendant ma route, à Genève même, le moment où j'aborderai sur le territoire suisse, où je toucherai cette terre de salut ! Là des transports de joie éclateront ; allégé du fardeau de mes craintes, je la baiserai, cette terre hospitalière et protectrice, je bénirai ce sol prospère sur lequel mes pieds pourront enfin se poser avec assurance ! Voilà ce que mon imagination avait plusieurs fois pressenti, et c'est ce qui n'arriva point, soit que j'eusse éprouvé déjà à Genève une partie de cette sensation, soit que les peines que me coûtait cette faveur de la fortune m'y eussent rendu moins sensible, soit que les dangers que j'avais encore à courir et dont Bonnet avait fait déjà la triste expérience, me la rendissent moins précieuse. J'abordai en Suisse avec l'indifférence d'un homme qui entre dans une propriété

qu'il a chèrement achetée. Le patron de notre barque nous avait déjà entretenu des diverses impressions qu'avaient manifestées, en touchant la terre suisse, des fugitifs échappés à la mort. Les uns, nous dit-il, qui s'étaient promis de se livrer aux plus vifs transports de joie, abordaient cette terre sans marquer aucune émotion ; d'autres, au contraire, s'élançaient sur le rivage, baisaient le sol hospitalier qui les recevait et versaient des larmes d'attendrissement.

Après avoir navigué plus de deux heures, nous abordâmes à onze heures et demie du matin au pied des murs de Coppet ; nous nous avançâmes vers la porte de cette petite et première ville suisse. Une sentinelle, apprenant que nous étions Français, nous conduisit au bureau des passe-ports, où un commis était sans cesse occupé à en délivrer à tous les fugitifs de France et à enregistrer leurs noms. Le commis nous voyant plusieurs, nous conseilla de revenir après notre dîner.

Si j'avais débarqué en Suisse avec une indifférence à laquelle je ne m'attendais pas, Bonnet était agité par un autre sentiment. La crainte d'être reconnu après avoir, huit jours auparavant, été expulsé de ce pays, le tourmentait. Ce ne fut qu'avec effroi qu'il entra dans Coppet et dans l'auberge où nous devions dîner ; là, se trouva un grand nombre d'émigrés lyonnais, qui, ne pouvant rester que quinze jours dans une même ville, allaient alternativement les passer à Lausanne, à Nyon et à Coppet. Nous dînâmes avec un certain Pavy, qui avait joué un rôle dans la révolution de Lyon, et qui commandait l'artillerie. C'était un petit homme à grosse

23.

tête, dont la figure annonçait plus d'intrépidité que d'instruction. Nous remarquâmes aussi un autre Lyonnais, vêtu d'une veste de boucher, la tête couverte d'un bonnet blanc, qui, sous cet extérieur commun, avait la figure d'un homme bien élevé, très-délié et instruit ; sa conversation ne démentait pas sa figure. Il me raconta qu'il s'était sauvé de Lyon sous le costume de garçon boucher, et qu'après avoir couru bien de hasards, il était heureusement arrivé en Suisse, mais qu'il n'en était pas de même d'une centaine de louis qui lui étaient destinés : cette somme fut remise au cocher de la voiture publique qui va de Lyon à Genève ; le cocher promit de la remettre, à Genève, à une adresse indiquée ; mais arrivé à la frontière, il fut le premier à dénoncer la somme dont il était porteur et dont une partie lui fut remise pour prix de sa dénonciation. Chacun contait des aventures dont il était le triste héros : un des interlocuteurs, en parlant d'un événement à peu près semblable, dit : « Je voudrais « que cela fût arrivé au b..... de député qui a été arrêté « il y a quelques jours à Nyon et qu'on a forcé de re- « tourner en France. » Là-dessus l'orateur, en s'adressant à Bonnet même, lui conta sa propre histoire, avec des détails fort exagérés, et dont mon collègue n'était pas fort curieux ; cet incident augmenta son inquiétude. Après avoir dîné, nous payâmes le patron de notre barque, qui, outre la dépense de son dîner et de celui de ses trois rameurs, prit à chaque passager la somme de douze livres pour un voyage de deux heures et demie ; mais la circonstance ajoutait un grand prix à ce petit trajet, et les bateliers savaient bien en profiter.

Cependant Bonnet était en peine ; il craignait de rester dans l'auberge, où les Lyonnais commençaient à nous regarder comme suspects, parce que nous n'avions pas raconté nos aventures ; quelques propos que j'entendis bien distinctement ne me laissèrent aucun doute à cet égard. D'autre part, il craignait de partir et voulait attendre l'approche de la nuit, afin de n'être pas vu sur le chemin de Coppet à Nyon, où il aurait pu être reconnu par des émigrés, dont ce chemin était couvert. Je le déterminai néanmoins, non sans quelque peine, à partir le plus tôt possible. Cependant je crus devoir auparavant m'avancer vers un groupe de Lyonnais qui étaient près du feu et les entretenir aussi des événements qui m'étaient arrivés ; je leur dis que j'étais du district de Thiers, qu'y ayant signé une pétition tendant à empêcher la levée en masse du département du Puy-de-Dôme, le commissaire national Couthon m'avait dévoué à la guillotine ; que j'avais eu le bonheur d'échapper. Je fis sur le compte de mon camarade une histoire à peu près semblable ; alors les Lyonnais ne doutèrent plus de la sincérité de mes discours et ne parurent plus se contraindre devant moi.

J'appris en cette occasion, pour la première fois, des choses dont je n'avais eu jusqu'alors que de faibles soupçons, et que, pour rendre hommage à la vérité, je me fais un devoir de rapporter. Les discours de ces Lyonnais me convainquirent qu'il existait à Lyon un parti de contre-révolutionnaires bien prononcés ; que ce parti profita habilement du mécontentement que causaient les vexations des patriotes lyonnais et des commissaires de la Convention et les premiers progrès de la domination sanguinaire du parti de Robespierre, qui commençait alors à se manifester. Le parti des contre-révolutionnaires prit les allures et le langage de la masse du peuple mécontente, ne parla, comme elle, que république, que patriotisme, et ne s'occupa qu'à blâmer les excès dont chacun était en effet révolté. Les patriotes honnêtes ne firent alors qu'un même parti; ceux-là, qui étaient de bonne foi et trompés sans cesse par les autres, ne balancèrent pas à s'armer contre le parti des dominateurs qui s'était manifesté à la Convention nationale dès le mois de juin 1793. Ils croyaient se battre pour la république, et ils se battaient réellement pour elle avec le courage que donne une si belle cause, mais ils étaient dirigés par des aristocrates, qui, sous prétexte de les sauver de la tyrannie de Robespierre, les conduisaient à celle des émigrés et des royalistes. Voilà ce que j'appris dans une courte conversation et ce qui m'a été confirmé d'une manière plus positive encore par d'autres Lyonnais que le hasard me fit rencontrer.

Avant de partir de Coppet, il nous fallut aller chercher des passe-ports. Bonnet, quoique sous un autre costume et sous un autre nom, avait peur d'être reconnu par celui qui les délivrait et qui lui en avait remis un environ quinze jours avant; cette crainte était assez fondée. Un des passagers et nous deux entrâmes dans son bureau; je cachai tant que je pus Bonnet aux yeux de l'homme aux passe-ports, qui ne pensa guère à le regarder ; il n'en était pas besoin, car ces passe-ports ne contenaient point de signalement. Il nous délivra donc, moyennant six sous par personne, nos passe-ports, et, quoique nous eussions déclaré que nous étions d'un autre lieu que de la ville de Lyon, il nous qualifia de Lyonnais, en nous disant que c'était la même chose ; il data du 1er janvier 1793 au lieu de 1794. Cette affaire terminée, nous partîmes de Coppet à deux heures et demie, suivant la route de Nyon, qui est sur le bord du lac ; nous vîmes sur cette route beaucoup d'émigrés qui profitaient du beau temps pour s'y promener et qui allaient de Nyon à Coppet pour y recevoir des nouvelles. Nous remarquâmes aussi, pour la première fois, des chariots suisses dont la forme est aussi légère qu'élégante ; quelques-uns sont suspendus et tous fort découverts. Les élégants de ce pays, ainsi montés, la bouche armée d'une longue pipe, se rendaient ce jour-là à un bal qui se donnait à Coppet. Nous tâchions, du mieux que nous pouvions, de les éviter. Nous fîmes de fréquentes stations hors de la route et sur les bords du lac ; enfin nous ménageâmes tellement notre chemin, que nous restâmes près de trois heures pour faire les deux petites lieues qu'il y a de Coppet à Nyon et que nous arrivâmes dans cette dernière ville à la nuit tombante. Au lieu de suivre la route où se trouvaient plusieurs auberges dans lesquelles Bonnet aurait pu être reconnu, nous traversâmes la ville et fûmes ensuite rejoindre la grande route.

Après avoir échappé à ce danger, quoique nous eussions encore trois lieues à faire pour arriver à Rolle, petite ville située sur la même route et sur les bords du lac, et quoique nous marchions pendant la nuit, nous nous livrâmes à la joie d'être enfin délivrés de toute crainte; ce fut dans un de ces élans de gaîté que Bonnet eut une entorse à un pied qui l'incommoda pendant quinze jours de suite et nous retarda beaucoup dans notre route. Il était sept heures et demie du soir lorsque nous entrâmes à Rolle ; nous soupâmes et prîmes du repos dont nous avions grand besoin. Ainsi se termina le premier jour de l'année 1794, remarquable pour nous par notre arrivée en Suisse et les dangers auxquels nous avions échappé en fuyant le territoire de Genève et en traversant Nyon.

Le lendemain 2 janvier, à sept heures et demie du matin, nous partîmes de Rolle, abandonnant la route de Lausanne que nous avions suivie depuis Coppet, et nous dirigeant vers Yverdun et Payerne. Voici ce qui nous détermina à passer dans ce dernier lieu.

A Payerne était un magistrat, le seul homme que je connusse en Suisse et avec qui j'avais eu des relations épistolaires à l'occasion de mon journal, dont il avait été pendant plus d'un an le souscripteur. Les lettres assez fréquentes qu'il m'adressait alors ne se bornaient pas à de simples demandes relatives à l'expédition du journal, mais elles entraient souvent dans des détails assez piquants, contenaient des observations politiques et me donnaient des nouvelles dont je faisais quelquefois usage. M. de Dompierre (c'était le nom de ce magistrat) ne manifestait dans ses lettres que des opinions absolument conformes aux miennes; il me paraissait attaché sincèrement à la révolution française, chérir la liberté, les vrais principes politiques, détester la superstition et la tyrannie, le pillage et la violation des droits des citoyens, et, comme moi, détester les nouveaux dominateurs qui commençaient alors à manifester leurs tyranniques prétentions.

Cette conformité d'opinions, jointe à nos relations épistolaires, me faisait croire que je trouverais en M. de Dompierre un homme qui me verrait avec intérêt, qui me fournirait des renseignements dont j'aurais besoin pour vivre dans un pays étranger et aiderait à me trouver une retraite sûre, tranquille et convenable à ma situation ; mais ce qui devait, à mon avis, le déterminer à s'intéresser à moi d'une manière plus particulière, c'est une circonstance dont je n'ai pas encore parlé.

Quelque temps après avoir vendu mon journal au comité de salut public, croyant le vendre au ministre Garat, et quelque temps aussi avant le décret d'accusation rendu contre moi, M. de Dompierre, s'apercevant que le journal intitulé *Feuille de Salut public*, qui, rédigée par Rousselin, avait remplacé le mien, annonçait des opinions toutes différentes des miennes, m'écrivit pour s'en plaindre. Lui, qui n'avait rien à redouter, inséra dans sa lettre des expressions peu ménagées contre Rousselin et contre les dominateurs aux gages desquels était ce rédacteur. La circonstance était telle alors qu'une lettre venue de l'étranger et adressée à un député suspect ne pouvait manquer d'être arrêtée ; elle le fut en effet et portée au comité de salut public; sa lecture dut en irriter les membres. Il était naturel de conjecturer que si cette lettre n'avait pas déterminé le décret d'accusation contre moi, elle avait pu être de quelque poids dans cette détermination et y contribuer pour quelque chose. Rousselin vit cette lettre au comité de salut public, il en parla à son commis qui avait demeuré chez moi avant la cession de mon journal; celui-ci, qui m'était entièrement dévoué, me le répéta quelque temps avant le jour fatal qui me força de quitter ma maison. Ainsi il est possible que M. de Dompierre, par cette lettre, ait contribué à mon malheur, et je pensai que cette circonstance, lorsqu'il en serait instruit, serait pour lui un nouveau motif de m'être utile, et que les services qu'il pouvait me rendre deviendraient presque un devoir. On verra bientôt que j'avais trop présumé de lui.

En partant de Rolle par une matinée assez fraîche, nous manquâmes la route qui conduisait à Aubonne et suivîmes jusqu'à Saint-Prex la route de Lausanne, ce qui nous détourna d'une petite heure. Saint-Prex est un joli village élevé sur un coteau qui domine les bords du lac de Genève; il y a un vaste château; les campagnes environnantes, quoique au milieu de l'hiver, nous parurent charmantes, et la nature semblait elle-même dessinée en jardins anglais. Nous reprîmes la route d'Aubonne, bourg situé sur une éminence où nous montâmes par un joli chemin bordé par un petit ruisseau dont les eaux sont vives et pures. Nous déjeunâmes dans ce bourg assez bien bâti, devant lequel est une promenade faite en terrasse d'où l'on jouit de la plus magnifique vue. Reposés, rafraîchis, égayés par la campagne pittoresque et riante que nous parcourûmes en quittant Aubonne, nous nous livrâmes aux élans de la joie française; arrivés dans le vallon, nous chantâmes de bon cœur l'hymne des Marseillais, et peut-être, pour la première fois, les échos d'alentour retentirent des accents de la liberté. Nous réfléchîmes sur notre situation, ce que nous n'avions pu faire encore. Nous nous applaudissions d'être en Suisse, de n'avoir plus de guillotine à redouter, d'avoir sauvé notre tête et d'être à l'abri des tyrans qui opprimaient les Français.

Nous traversâmes plusieurs villages du pays de Vaud, où nous remarquâmes que les habitants parlaient, ainsi que les villageois d'une grande partie de la France, la langue *romande* ou *patoise*.

En admirant la propreté extérieure des maisons, presque toutes peintes de couleurs fraîches, la beauté des sites, l'abondance et la vivacité des eaux, le grand nombre des fontaines, nous côtoyâmes gaîment du côté de la Suisse la même partie de la chaîne des montagnes du Jura que, douze jours avant, j'avais en sens contraire côtoyée assez tristement du côté de la France, et nous arrivâmes de bonne heure à Cossonay, petite ville bien bâtie, où, à cause de la foulure que Bonnet avait toujours au pied, nous résolûmes de rester jusqu'au lendemain.

Le 3 janvier, nous partîmes de Cossonay; nous déjeunâmes à deux lieues de là, au joli village de la Sarraz. Après avoir franchi plusieurs montagnes et vallons, nous arrivâmes à Orbe, petite ville très-pittoresquement située au-dessus de la rivière qui porte le même nom, qui contourne en partie la ville et coule dans un lit très-profond au-dessus duquel est un beau pont en pierre.

En sortant de la ville d'Orbe, nous remarquâmes un château en partie ruiné, très-pittoresque, très-vaste, qui me parut être antique dans son origine et avoir été réparé dans des temps postérieurs. L'antiquité de la ville d'Orbe appuie cette conjecture : elle existait du temps des Romains ; il en est fait mention dans l'itinéraire d'Antonin. On croit qu'elle était le chef-lieu du *Pagus Orbigenus*.

La beauté des prairies, les soins employés à leur clôture, la recherche dans les moyens d'irrigation, nous offraient, en route, matière à observations. Nous arrivâmes ensuite à Yverdun, jolie ville, bien bâtie, bien percée, située à la tête du lac de Neuchâtel à l'endroit où la rivière se divise en deux bras et après avoir entouré la ville se jette dans le lac.

L'incommodité de Bonnet ne nous permettant pas de voyager tout le jour, nous nous arrêtâmes dans cette ville. C'est là que je songeai, pour la première fois, en Suisse, aux soins de ma toilette. Un chapelier me raccommoda mon vieux chapeau déchiré tout exprès pour mon évasion de France ; un barbier peigna, poudra ma perruque et en même temps me rasa entièrement la tête.

Le lendemain, 4 janvier, nous partîmes d'Yverdun. Nous vîmes une jolie promenade, située sur les bords du lac de Neuchâtel ; nous suivîmes la route qui devait, ce jour-là, nous conduire à Payerne. En côtoyant toujours les bords du lac, nous arrivâmes à un village dont la moitié était de la religion réformée, et l'autre catholique et du canton de Fribourg. Après y avoir déjeuné, nous continuâmes notre route, toujours sur les bords du lac, que nous ne quittâmes que pour gravir des montagnes assez élevées, derrière lesquelles se trouvait la petite ville de Payerne. Avant d'y arriver, et en entrant dans le canton de Fribourg, nous fûmes arrêtés dans un petit village par un garde qui nous demanda nos passe-ports, les visa et enregistra nos noms.

Il était quatre heures du soir quand nous arrivâmes à Payerne, petite ville composée à peu près d'une large rue, où se trouvent deux ou trois grandes auberges. Nous entrâmes à l'enseigne de *l'Ours*. Aussitôt que nous pûmes obtenir une chambre, du papier et une écritoire, j'écrivis à M. de Dompierre un billet pour lui demander rendez-vous.

A peine ce billet fut-il reçu, que M. de Dompierre, pressé, je crois, par la curiosité, parut en personne dans notre chambre. Je vis un petit homme maigre, de cinquante-huit à soixante ans, ayant les manières d'un homme bien élevé et parlant bien. Aussitôt qu'il fut assis, je lui dis mon nom ; à ce nom il parut surpris et me dit : « *Vous vous êtes donc sauvé des « prisons?* » Je lui appris que je n'avais jamais été arrêté, puis j'amenai la conversation sur les causes du décret d'accusation lancé contre moi, et en lui déclarant que je présumais qu'une lettre qu'il m'avait écrite avait pu contribuer à ma disgrâce ; je le prévins que je ne prétendais pas par cette déclaration lui faire un reproche, ni exiger de lui rien qui excédât l'intérêt que sans elle je devais naturellement lui inspirer. Cette manière délicate de lui annoncer qu'il pouvait être en partie cause de mon malheur ne parut pas le toucher infiniment ; il fut plus occupé de chercher dans sa mémoire quelle était cette lettre et quelles en étaient les expressions. Après avoir beaucoup parlé des affaires de France, je lui demandai s'il était possible que nous restassions à Payerne. Il nous répondit que cela était impossible, qu'il avait des ordres ; que déjà beaucoup d'émigrés habitaient Payerne et ses environs ; que nous ne pouvions rester plus de trois jours dans cette ville. Nous l'invitâmes à souper avec nous, il nous remercia et se retira.

Le lendemain matin nous lui rendîmes visite. La veille il ne nous avait pas manifesté ses opinions politiques ; ce jour-là il ne se gêna plus, et nous prouva bientôt qu'il était un parfait aristocrate. Son fils servait en qualité d'officier dans l'armée autrichienne ; il fulminait contre les députés même qui étaient persécutés par la faction dominante. En nommant Isnard, il s'écria : « *Oh ! le scélérat qui a dit qu'il n'avait pas « d'autre Dieu que le Dieu de la liberté !* » Enfin il me conseilla, avec un sourire malin, de bien me garder de me faire connaître en Suisse ; que *nos seigneurs de Berne* avaient défendu l'entrée de mon journal ; que j'étais connu dans ce pays par mes opinions révolutionnaires, etc., etc.; qu'il était défendu de recevoir aucun député. A ce propos, je lui dis : « Cette con-« duite me paraît peu conséquente ; vous êtes si forte-« ment indignés contre les dominateurs de la France ; « leurs actions, leur tyrannie vous font horreur, et « cependant vous repoussez ceux qui pensent comme « vous à cet égard ; vous refusez de donner asile à « ceux qu'ils persécutent, aux victimes échappées à « leurs bourreaux.—Cela est vrai, me répondit-il, mais « on ne fait pas de distinction, cela entrerait dans des « discussions étrangères aux intérêts de la Suisse. Il « suffit d'avoir été de la Convention pour être réprouvé, « parce qu'on suppose qu'elle n'a été composée que de « révolutionnaires, et nous n'en voulons d'aucune espèce « en Suisse. » Il me conseilla de ne point me servir souvent du terme de *citoyen* que j'employais toujours au lieu de la qualification aristocratique de *monsieur*, et m'avertit sérieusement que cela pourrait me faire passer pour un homme suspect. Ensuite il nous dit, ce que nous avions déjà lu à Genève dans une gazette, qu'il était instruit, de très-bonne part, qu'il y avait des députés en Suisse ; que Pétion, Condorcet, le duc de Chartres étaient à Bremgarten ; qu'il croyait que Dumouriez était à Moudon ; que le bailli de cette ville, qui était patriote, lui avait donné asile.

J'étais d'autant plus surpris de trouver dans M. de Dompierre un ennemi de la révolution de France, que par les lettres qu'il m'avait écrites en France, comme je l'ai dit plus haut, il avait montré des opinions tout opposées. Il nous invita à dîner ; nous le remerciâmes et allâmes dîner à notre auberge; il vint nous y voir, et nous lui rendîmes encore quelques visites. Tout ce que nous obtînmes de lui fut des passe-ports. Le mien contenait cette note particulière : « J'atteste qu'il est « un fort honnête homme, et que d'ailleurs je le connais « depuis longtemps. » Il nous enseigna aussi un moyen de faire parvenir un paquet ou un porte-manteau que j'attendais de Paris et que ma femme devait me faire passer à la première nouvelle qu'elle recevrait de moi. Il me conseilla de le faire adresser à M. Lerebours, contrôleur des postes à Pontarlier, ajoutant sur l'adresse : *Pour le faire remettre à M. de Dompierre, lieutenant d'avoyer, à Payerne*. Il me promit d'écrire à M. Lerebours, qu'il connaissait, pour réclamer mon porte-manteau, en disant que c'était celui de son neveu. Ce point était très-important pour moi, ne possédant que de mauvais habits et trois chemises, et mes fonds étant peu suffisants pour remonter ma garde-robe. Après avoir recommandé à M. de Dompierre de garder sur nos noms et nos qualités le silence le plus rigoureux, nous prîmes congé de lui. Nous avions des lettres pour la France en employant le même procédé dont nous nous étions servis à Genève, et nous avions formé le projet, voyant qu'il n'y avait rien à faire à Payerne, d'aller les mettre à la poste de Neuchâtel, où d'autres affaires nous appelaient. J'avais le projet d'y échanger mes assignats; Bonnet espérait y trouver des lettres qui devaient lui être adressées poste restante. En conséquence nous partîmes le 7 janvier au matin, après être restés près de trois jours à Payerne sans sortir de notre chambre, si ce n'est pour aller voir M. de Dompierre. Un temps neigeux et la crainte de rencontrer quelque émigré de notre connaissance nous y avaient retenus. Le ciel était serein, et à l'aide d'un guide qui nous conduisit par les plus courts chemins, nous arrivâmes après deux heures de marche à Estavayer, petite ville du canton de Fribourg, située sur les bords du lac de Neuchâtel. Cette ville et ses environs étaient remplis de prêtres français émigrés. Là on visa nos passe-ports, et l'officier chargé de cette commission disserta longtemps avec nous sur les affaires de France et sur les forces de la Suisse en cas d'attaque. Il nous dit à cet égard que les forces ne manqueraient pas, mais ce qui manquerait, ce serait les magasins de vivres et de fourrage.

Nous voulions prendre une barque à Estavayer pour naviguer sur le lac jusqu'à Neuchâtel, situé à quatre lieues et demie de là. Nous attendîmes depuis onze heures du matin jusqu'à trois heures du soir avant de trouver un batelier. Enfin il s'en trouva un ; nous montâmes sur son petit bateau qui avait à peine deux toises de longueur. Nous quittâmes le bord, deux rameurs nous en éloignèrent, et bientôt la ville très-pittoresque d'Estavayer et ses tours anciennes semblèrent fuir devant nous. Le temps était calme, le ciel serein, et la surface, unie comme une glace, n'était agitée que par le mouvement de notre frêle barque. Arrivés au milieu de la vaste étendue d'eau sur laquelle nous voguions, nous aperçûmes pour la première fois du côté du midi les cimes aiguës des montagnes qui composent une partie de la chaîne des Alpes. Elles étaient couvertes de neige, et leur blancheur, éclaircie par les rayons du soleil couchant, en recevait une teinte couleur de rose. La nuit commençait à nous dérober les objets que nous avions aperçus sur les deux coteaux qui bordent à deux lieues de distance la largeur du lac, et nous étions encore à trois lieues du port où nous devions aborder. L'air était frais, le besoin de nous réchauffer et d'arriver plus tôt me détermina à me saisir d'un rame oisive. Dans deux ou trois coups j'appris la manœuvre et à frapper à l'unisson avec les autres rameurs. Bonnet m'imita et, se joignant à un rameur, doubla l'effet de ses mouvements. Nous voguions avec la rapidité d'un trait; enfin, à six heures et demie du soir, après avoir côtoyé les rochers énormes qui de ce côté précèdent Neuchâtel, nous terminâmes cette agréable traversée, et nous débarquâmes au port de cette ville, en face de la grande place, au milieu de laquelle est une fontaine formant monument. Cette vue nous donna une idée assez imposante de Neuchâtel. Nous prîmes congé de nos matelots et nous fûmes loger à l'auberge de la *Maison de ville*.

Le lendemain de notre arrivée, nous ne sortîmes guère que pour faire quelques emplettes; il ne faisait pas à beaucoup près aussi beau que la veille, et nous évitions les occasions de nous montrer en public. Le papier qui tapissait notre chambre était rempli d'inscriptions tour à tour aristocratiques et démocratiques, ce qui annonçait la diversité des opinions du temps. J'y ajoutai aussi quelques lignes, et le cœur pénétré de douleur d'avoir quitté une patrie si chère à tous égards, que je n'aurais jamais fui si je n'avais eu la mort à éviter, j'écrivis ce vers si conforme à ma situation :

Nos patriam fugimus et dulcia linquimus arva.

Ce n'est pas seulement dans ma chambre à Neuchâtel, mais dans celle où j'ai séjourné à Genève, au Paquis, à Payerne, que j'ai laissé sur les murs les sincères témoignages de mes regrets. Notre hôte ne prit point nos noms par écrit, comme c'est l'usage. Ayant répondu à la demande qu'il nous fit du lieu d'où nous venions, que nous arrivions de Payerne, il nous prit pour des Suisses, et nous n'éprouvâmes nulle autre perquisition. Le surlendemain de notre arrivée, le 9 janvier, bien informé que ce jour était celui du départ du courrier pour la France, je mis une des lettres que j'avais écrites de Payenre à la poste. L'adresse et le contenu étaient de telle manière que personne ne pouvait être compromis; une grande partie du papier était invisiblement écrite en encre sympathique. J'annonçais dans cette lettre mon arrivée en Suisse, la perte qu'éprouvaient les assignats ; que, loin d'être accueillis comme on me l'avait dit en France, les députés y étaient persécutés et couraient même des dangers. Enfin, j'indiquai, d'après ce qui avait été convenu avec M. de Dompierre, quelle adresse il fallait mettre sur mon paquet de hardes pour me le faire parvenir en Suisse sans obstacles.

Nous restâmes cinq jours et sept nuits à Neuchâtel; pendant ce temps, nous dînâmes plusieurs fois à la table d'hôte où se trouvaient divers émigrés qui, devant nous, parlaient avec circonspection, et cependant ne pouvaient cacher leurs opinions aristocratiques; leur conversation contrainte ne nous instruisit de rien, si ce n'est que le chargé d'affaires de France, Barthélemy, jouissait de leur estime:

Je fis emplette de quelques objets de pure nécessité; j'achetai en outre chez Borel le *Dictionnaire de la Suisse*, en trois volumes. Bonnet acheta aussi quelques ouvrages; je demandai à ce libraire s'il était possible de faire imprimer chez lui; il me répondit qu'il imprimerait tout, pourvu qu'on avançât les frais d'impression. Nous vînmes à plusieurs reprises chez Borel; nous y lûmes des journaux français. C'est là que je parcourus pour la première fois le célèbre ouvrage de *Lavater*, que j'avais vu vendre à Paris, deux ou trois mois avant mon départ; jusqu'à quatre cents livres; le libraire m'aurait vendu cet exemplaire cinquante écus, mais il fallut sacrifier mon goût à la nécessité. J'avais une envie d'autant plus grande de posséder et de lire cet ouvrage, que depuis longtemps, et surtout depuis la révolution, où l'on a vu se développer les caractères dans toute leur énergie, j'avais fait moi-même un grand nombre d'observations sur le même sujet.

Ce que nous pûmes apercevoir de l'esprit des habitants de Neuchâtel, c'est que le peuple y est patriote, aime la révolution française; mais nous avons entendu ces patriotes déplorer la mort de Louis XVI.

Bonnet avait reçu de Genève son porte-manteau, contenant des hardes et des dentelles ; mais il n'avait pas trouvé les lettres qu'il attendait de France. Moi je trouvai de mes assignats cinquante et une livres pour cent ; j'en voulais avoir davantage. Je croyais toujours que les succès de la France en hausseraient la valeur ; j'ajoutais aussi un peu de foi, parce que je le désirais, à la prédiction du financier Cambon, qui avait dit, d'après les journaux que j'avais lus en Suisse, qu'avant un mois les assignats seraient chez les puissances neutres au pair de l'argent. Je crus qu'en retardant je gagnerais, et qu'à Bâle, ville encore plus voisine de la France qu'à Neuchâtel, et où les relations commerciales sont plus multipliées, je perdrais beaucoup moins sur le change. D'après cette opinion, n'ayant plus rien à faire à Neuchâtel, je résolus d'en partir. Bonnet, qui attendait des lettres à Bâle, et qui, par le moyen d'un négociant qu'il y connaissait, espérait obtenir séjour dans cette ville ou dans le territoire du canton, était aussi résolu à faire ce voyage. En conséquence, nous nous disposâmes à faire les vingt-cinq lieues qu'il y a de Neuchâtel à Bâle.

Le 12 janvier, jour du départ du courrier pour la France, je mis ma seconde lettre, écrite de Payerne, à la poste ; elle avait une adresse différente de la première et devait cependant parvenir au même but. L'écriture, ainsi que l'objet apparent de cette lettre, ne ressemblait en rien à la première, quant à ce qui était écrit en encre sympathique, et contenait à peu près la même chose ; cette seconde lettre était un duplicata de la précédente, et devait la suppléer dans le cas où celle-ci ne parviendrait pas à sa destination. C'était la troisième lettre que j'adressais à ma femme ou à Pénières depuis que j'étais hors de France, et la cinquième depuis que j'avais quitté Paris.

Le 13 janvier, après avoir payé très-chèrement notre hôte, nous partîmes de Neuchâtel, à pied, côtoyant le lac, que nous avions à notre droite, et la chaîne du Jura, qui était à notre gauche. Nous voilà marchant, chargés chacun d'un paquet posé derrière l'épaule au bout de nos bâtons. Moi, comme à mon ordinaire fumant ma pipe, Bonnet, toujours incommodé de son pied, clopin clopant comme il pouvait, et tous deux dissertant sur les affaires de l'Europe et sur nos propres affaires.

Jusqu'à présent, nous avions caché à tous ceux qui nous questionnaient notre qualité d'émigrés ou plutôt de réfugiés français. L'événement arrivé à Nyon à mon compagnon l'avait rendu très-circonspect à cet égard. Nous nous disions Français, marchands, mais non émigrés. Cette mesure de prudence pouvait nous éviter des dangers, mais elle nous privait aussi d'une foule de renseignements dont nous avions le plus grand besoin pour obtenir ou pour choisir un séjour convenable, et c'était le principal objet de nos courses. Je fis sentir à Bonnet que nous devions nous dire émigrés, et nous ne tardâmes pas à sentir les effets de cette résolution.

Le chemin était semé de loin en loin de petits hameaux, de villages, de maisons très-agréables. Le ciel était couvert, et les nuages nous dérobaient une grande partie de la hauteur des montagnes ; l'air était calme et le froid insensible. En traversant quelques bois de sapins qui bordaient le rivage, nous entendions les oiseaux, qui, sans doute trompés par la verdure éternelle de ces arbres et par la douce température qui se conserve sous leurs rameaux, chantaient au milieu de l'hiver le retour du printemps. Le voyage de cette journée fut pour moi une longue promenade : nous fîmes six lieues et nous atteignîmes et outrepassâmes l'extrémité septentrionale du lac de Neuchâtel.

Bientôt après nous nous trouvâmes sur le bord occidental du lac de Bienne. Celui-ci, plus petit que le premier, nous offrit des points de vue plus variés encore. Au lieu de suivre la grande route, qui est à la rive orientale du lac, nous suivîmes un petit chemin plus court et moins fréquenté qui est à la rive opposée. Ce chemin était tellement resserré entre la chaîne du Jura et le lac, qu'il ne pouvait souvent être qualifié que de sentier. Des forêts de sapins sur ce penchant très-roide de la montagne, des chutes d'eau, de petits hameaux très-pittoresques, étaient à notre gauche ; à droite nous avions la vaste étendue des eaux du lac. Bientôt nous nous trouvâmes à la Neuve-Ville, que les Allemands nomment Neustadt, petite ville où nous remarquâmes sur une fontaine un très-élégant *Guillaume Tell*, armé de pied en cap et fraîchement enluminé. Il faut dire que dans presque toutes les villes de la Suisse on voit de pareils monuments. Il est peu de fontaines où ne se trouve *Guillaume Tell*. La statue de ce fondateur de la liberté helvétique se rencontre souvent dans les lieux où la liberté n'est plus.

Bientôt nous aperçûmes, au milieu des eaux du lac, une île assez vaste, abondamment couverte d'arbres, à travers lesquels nous pûmes voir quelques habitations : c'est l'île de Saint-Pierre, où J.-J. Rousseau a fait quelque séjour, et dont il parle dans ses *Confessions.* C'est ainsi qu'ayant toujours, d'un côté, de belles horreurs, et, de l'autre, le plus riant tableau, nous approchâmes de la ville de Bienne, chef-lieu d'une petite république alliée au corps helvétique et située à l'extrémité septentrionale du lac qui porte son nom.

Il était environ quatre heures après midi, lorsque nous nous trouvâmes sur la promenade de Bienne, lieu où nous devions terminer notre course pour cette journée. Nous nous aperçûmes que les habitants de cette petite ville parlaient allemand. Nous avions déjà observé, à quelques lieues de Neuchâtel, ce changement d'idiome, qui nous faisait regretter la partie de la Suisse dans laquelle nous avions jusqu'à présent voyagé, où la langue française est en usage. Nous faisions ces réflexions lorsque nous vîmes venir à nous, avec une sorte d'empressement, un particulier qui nous demanda si nous étions Français et émigrés. D'après la résolution que nous avions prise ce jour-là, nous lui répondîmes affirmativement ; il n'en fallait pas devantage pour obtenir ou plutôt pour entendre une foule d'ouvertures sur la ville de Lyon, sur l'esprit de ceux qui avaient dominé l'insurrection de cette ville.

Notre Lyonnais de Bienne nous parla ensuite de plusieurs émigrés qui vivaient dans les environs d'une manière économique, et à qui leur pension ne coûtait que dix-huit livres par mois. Après nous avoir longtemps entretenus avant d'entrer à Bienne, il nous introduisit lui-même dans cette ville, et nous conduisit dans son auberge.

Avant de nous mettre à table pour souper, il arriva un prêtre émigré. La conversation s'engagea sur les affaires de France. A cet égard, il nous dit, comme en confidence et comme une chose qu'il tenait de bonne part, qu'il avait été résolu et accordé entre les puissances coalisées de se partager la France, afin de s'indemniser des frais de la guerre. Cet appât, ajouta-t-il, devait leur faire faire, à la campagne prochaine, des efforts dont le succès ne lui paraissait pas douteux. Nous lui demandâmes si les prêtres suisses voyaient de bon œil et secouraient les prêtres français émigrés; il nous répondit qu'au contraire, ceux-ci étaient fort mal accueillis, même méprisés par eux.

Jamais je n'avais entendu, sous un extérieur hypocrite, un langage plus passionné, plus assaisonné de ce fiel, plus animé de l'esprit de vengeance que celui de ce prêtre émigré. Parlait-il du peuple et des pauvres, il n'employait que l'expression de *canaille* ; était-il question des amis de la révolution, c'étaient *des gueux, des scélérats*. Je dois ajouter que j'ai entendu tenir ce même langage à la plupart des prêtres émigrés que j'ai rencontrés.

Tantæ ne animis cœlestibus iræ!

Il nous conta ensuite une aventure qui nous intéressa vivement, il nous parla de deux de nos collègues, Babey et Vernier, qui, nous dit-il, s'étaient présentés à Fribourg, où ils avaient d'abord été voir le frère de Babey, émigré, autrefois grand-vicaire; que leur arrivée ayant été connue, les prêtres s'étaient concertés pour solliciter leur expulsion; qu'en effet, ils avaient été obligés de quitter la ville au bout de vingt-quatre heures, et quoique le frère de Babey, ajouta-t-il, s'intéressât vivement à son frère, on lui refusa le séjour *parce qu'il avait été persécuteur*, c'est-à-dire parce qu'il avait sévi contre les perturbateurs. Il nous dit ensuite qu'il croyait que les députés Babey et Vernier s'étaient retirés du côté de Bremgarten, où ils s'étaient réunis avec Montesquiou, madame de Genlis et le duc de Chartres.

Cette dernière partie de la conversation du prêtre nous fit plus que jamais persister dans la résolution que nous avions prise de nous rendre à Bremgarten, dans les bailliages libres, où, d'après plusieurs avis, nous devions trouver Pétion, Condorcet, et de plus, Babey et Vernier. Nous ne doutions pas qu'il n'y eût quelque chose de vrai dans ces divers rapports, et nous étions plus que jamais impatients de partager le sort de nos collègues et de nous réunir à eux. Nous savions que Babey et Vernier, décrétés d'arrestation, et un autre député du Jura avaient quitté Paris environ deux jours avant nous; qu'ils s'étaient cachés pendant trois jours et trois nuits dans le bois de Boulogne. On nous avait conté qu'après un voyage de quinze jours ils étaient heureusement arrivés en Suisse et qu'ils y avaient été bien accueillis. La conversation du prêtre nous apprit de quelle nature était l'accueil qu'ils avaient reçu, et sur ce point seulement il ne s'écarta guère de la vérité.

Le 14 au matin, nous quittâmes Bienne. Après avoir marché pendant une heure et demie, nous entrâmes dans une auberge de village, dont l'hôte ne savait pas un mot de français. Nous eûmes assez de peine à obtenir ce que nous demandions pour notre déjeuner. Nous remarquâmes un usage nouveau pour moi. L'hôte, pour parfumer la pièce où il donnait à boire, faisait brûler dans un vase la résine qui découle des pins, et sa fumée répandait une odeur agréable.

Nous arrivâmes dans un autre village où un garde nous arrêta et nous fit entrer dans un bureau où un officier décoré de la croix de Saint-Louis visa nos passe-ports et nous interrogea sur les affaires de France.

Après avoir quitté cet officier, une jolie auberge s'offrit à nos yeux. Nous y entrâmes par le besoin de nous rafraîchir. A peine eûmes-nous mis le pied sur le seuil de la porte, que nous fûmes frappés par le plus ravissant spectacle. Une beauté presque divine apparut à nos yeux sous les habits d'une villageoise. Je n'ai rien vu de plus beau ni qui approche d'une telle perfection. Sa stature un peu forte et les traits de sa figure nous présentaient les belles formes de l'antique. Elle rougit et sourit en même temps au mouvement d'admiration que cette vue nous causa. Sa mère et une sœur l'égalaient presque en beauté.

A côté de ce tableau ravissant, il s'en présenta un

autre d'un intérêt tout différent. Un jeune abbé étourdi, Français émigré, s'occupait dans ce village à recruter pour l'armée de Condé. Nous le vîmes arriver avec une recrue qu'il régala d'un bon dîner, et à qui il promit bientôt une place d'officier et même de colonel. Je n'ai jamais vu d'homme plus fat et plus impertinent que cet abbé. Il battait les armées françaises aussi facilement qu'il élevait ses recrues au grade de colonel. Après avoir pendant près de deux heures admiré la belle famille villageoise et entendu les sots discours du prêtre recruteur, nous nous remîmes en route et nous arrivâmes de bonne heure à Soleure.

Cette ville est celle de toute la Suisse qui a les plus belles fortifications; je n'entreprendrai pas de les décrire, je me bornerai à dire qu'après avoir passé sur deux ponts-levis, nous fûmes arrêtés à la porte et introduits dans le corps de garde, où je fus pris pour un prêtre émigrant et où nos noms furent enregistrés, ainsi que celui de l'auberge où nous devions loger. Cette cérémonie faite, un garde nous accompagna jusqu'au bureau où tous les étrangers étaient tenus de déposer leurs passe-ports. Nous vîmes là des officiers suisses et français qui nous parlèrent avec intérêt des malheurs de la France et nous firent plusieurs questions relatives à la révolution et à nos propres affaires; nous répondîmes comme nous voulûmes, et de là nous fûmes à la *Tour-Rouge*, auberge qu'on nous avait indiquée. Nous y vîmes deux jeunes émigrés de l'armée de Condé qui étaient venus à Soleure dans l'intention d'y passer leur quartier et d'aviser aux moyens d'écrire à leurs parents en France et d'en tirer de l'argent. Nous eûmes avec eux une conversation assez longue, qui dura jusqu'au souper. Ils se louaient des Hongrois, sur lesquels ils nous donnèrent quelques particularités. Les Hongrois caressaient les émigrés français et tâchaient de leur éviter des corvées pénibles. Ils avaient d'eux-mêmes la plus haute idée et disaient aux émigrés : *Vous pouvez vous vanter d'avoir combattu avec des Hongrois.* Ils nous apprirent que des militaires de cette nation savaient parfaitement et parlaient avec facilité la langue latine, possédaient à fond leurs auteurs classiques, et s'étonnaient de ce que les Français paraissaient à cet égard moins instruits qu'eux. Ils nous dirent ensuite avec le ton de la douleur que la légion de Mirabeau était réduite à deux cents hommes, et que l'armée de Condé, qui avait fait des merveilles dans une retraite près des lignes de Wissembourg, était presque défaite. Nous les questionnâmes ensuite sur leurs espérances. Ils nous dirent que si la campagne prochaine, qui, selon eux devait être décisive, ne leur était pas favorable, ils avaient la ressource que leur offrait l'impératrice de Russie, d'aller par le Danube en Crimée, où elle avait promis à tous les émigrés des concessions de terre et les premiers secours nécessaires pour leur culture. « Là, nous ajoutèrent-ils dans leur abominable système, les paysans sont des marchandises; nous en achèterons pour cultiver nos terres. » Le rôle que je jouais auprès de ces messieurs me fut fort à charge, et je les vis s'éloigner avec plaisir pour nous laisser souper.

Le lendemain matin, après avoir été chercher nos passe-ports qu'on avait retenus dans le bureau où nous avions été conduits, après avoir considéré la façade de l'église cathédrale qui est richement décorée et ornée d'ordres antiques, nous quittâmes Soleure et suivîmes la grande route de Bâle. Après avoir fait deux ou trois lieues, nous nous trouvâmes dans des vallons dominés par des montagnes et des roches très-pittoresques, sur quelques-unes desquelles on voyait de loin à loin d'anciens châteaux autrefois le siége de la féodalité, et depuis la révolution suisse celui des baillis. Nous parcourûmes pendant quelque temps ces vallons profonds et ténébreux, et nous montâmes pendant deux grandes heures une branche du Jura appelée l'*Ober-Hauenstein*. On a pratiqué un beau chemin sur cette montagne très-rapide. Bientôt le froid se fit sentir, et nous arrivâmes à la région de la neige. La cime de ces montagnes en était couverte, tandis qu'il ne s'en trouvait point dans les vallons. Nous vîmes avec étonnement sur le sommet d'une montagne aussi élevée un beau village et des terres bien cultivées qui l'entourent. Ce village se nomme Langenbruck. Nous nous y rafraîchîmes. Il nous restait encore deux fortes lieues pour arriver à Waldenbourg, petite ville où nous devions terminer la journée. Nous les fîmes toujours en descendant très-rapidement; nous croyions descendre aux enfers. La nuit nous surprit dans un vallon entouré de toute part de monts très-escarpés. Nous n'apercevions aucune issue par où le chemin devait passer; nous étions dans l'attente de connaître quel serait notre passage, lorsque tout à coup, à dix pas de nous, nous vîmes deux énormes rochers coupés à pic qui semblaient s'être disjoints exprès pour laisser un passage étroit à la route. Enfin, toujours descendant, nous arrivâmes à Waldembourg. Nous étions fatigués, ou plutôt mon compagnon de voyage, toujours incommodé de son pied; l'était bien plus que moi. Nous avions fait ce jour-là huit fortes lieues par un chemin très-pénible ; nous avions eu de la boue dans la plaine et de la neige dans la montagne ; nous eûmes le bonheur de rencontrer une auberge dont l'hôte parlait français et nous donna un bon souper et de bons lits.

Le lendemain, 16 janvier, nous partîmes de Waldembourg, et quoique nous eussions beaucoup descendu la veille, nous descendîmes encore pendant près de quatre lieues ; nous ne pouvions concevoir comment il était possible de tant descendre. Il était près de onze heures quand nous atteignîmes la petite ville très-vivante de Liestall, du canton de Bâle. Là, plus pressés par la faim que par la fatigue, nous nous reposâmes; nous déjeunâmes et dînâmes tout à la fois. Nous avions encore trois lieues à faire pour nous rendre à Bâle; nous allâmes encore en descendant, mais par une pente plus douce, et nous arrivâmes de bonne heure dans cette ville. A la première porte nous fûmes arrêtés par la sentinelle qui nous conduisit dans le corps de garde, où nos noms furent inscrits, nos passe-ports visés et notre auberge indiquée. C'était l'auberge de *la Cigogne*.

Après avoir traversé toute la ville de Bâle, nous

arrivâmes enfin à l'auberge que nous avions choisie. Cette auberge, une des plus considérables de la ville, était un vrai repaire d'émigrés. C'était le rendez-vous ordinaire, lorsqu'après la campagne ils voulurent tenter quelques moyens de communication avec la France et tirer quelques secours de leurs parents ou de leurs amis qui y étaient restés. Ils étaient alors une cinquantaine dans cette auberge et ils se renouvelaient tous les jours. Ce fut en mangeant avec eux à la table d'hôte que nous en recueillîmes des renseignements sur leur manière de vivre, sur leurs projets et leurs espérances. Dans la conversation, ils parlaient de leur rapine dans la dernière campagne et de vols qu'ils avaient faits, même à des prêtres catholiques dont ils avaient l'air de soutenir la cause. Tout cela était traité de gentillesses. Ils regardaient tous la campagne prochaine, celle de 1794, comme décisive, et en cas de mauvais succès, ils comptaient aller former une colonie en Crimée, où l'impératrice de Russie leur offrait des terres. C'est ce que nous avions déjà entendu raconter par les émigrés que nous trouvâmes à Soleure; mais ils comptaient beaucoup sur la victoire. Un d'eux nous dit d'un ton confidentiel que leur général avait déclaré que dans la campagne prochaine le projet était arrêté d'user de la plus grande rigueur envers les Français. « Aussitôt, nous disait-il, que nous arriverons dans un « village français et que les habitants feront résistance, « nous les passerons tous au fil de l'épée et nous brûle- « rons le village. » Son propos me fit horreur; mais si nous eussions exprimé nos sentiments, cela aurait été sans aucun fruit et nous aurait exposés beaucoup.

Cependant ces propos insolents et barbares ne se tenaient pas ouvertement ; d'ailleurs, ces messieurs n'étaient pas fort considérés à Bâle, et sans leur argent, ce qui est en Suisse d'une importance majeure, on les eût volontiers chassés de la ville.

Quelques rixes élevées à l'occasion de leurs opinions politiques avaient déterminé le gouvernement démocratique de Bâle à les surveiller de près. Tous les jours un commissaire venait prendre les noms des nouveaux arrivés, qui ne devaient pas séjourner plus de trois jours ; mais ils éludaient ce règlement de police par toutes sortes de moyens, et l'hôte, qui trouvait son compte à cette fraude, ne s'y opposait pas. Au reste, ces braves chevaliers, si sensibles sur le point d'honneur, étaient chaque jour insultés par les domestiques de la maison, et ils enduraient ces outrages avec une patience exemplaire. J'ai vu le garçon qui nous servait à table se moquer hardiment d'un de ces nobles émigrés, et d'un coup de sa main faire voltiger la queue de renard qui pendait derrière le bonnet à poil dont la plupart de ces messieurs étaient coiffés. Le noble insulté voulut se fâcher, le domestique lui répondit en continuant le même jeu : « *Je me moque de vous, je suis autant que* « *vous.* »

Le lendemain de notre arrivée, le 17 janvier, Bonnet fut visiter un négociant nommé Henri d'Inderland, qu'il connaissait d'une manière indirecte, et duquel il espérait tirer quelques renseignements sur les moyens d'obtenir un permis de séjour dans la ville de Bâle ou dans l'étendue du canton. On lui répondit que cela était absolument impossible, et nous serions partis sur-le-champ si mon compagnon, qui attendait son porte-manteau et des lettres à la poste restante, si quelques emplettes à faire et mes assignats à échanger ne nous eussent encore retenu quelques jours.

Nous pensions plus que jamais à nous rendre à Bremgarten, où nous espérions trouver des collègues, obtenir un permis de séjour et nous procurer des ressources; c'était là le but de notre voyage, le terme de notre odyssée, et nous y serions allés quand même nous eussions pu habiter le canton de Bâle. Dans ces espérances, j'achetai des dessins, des couleurs, des pinceaux, du papier, afin de pouvoir m'occuper d'une manière à la fois agréable et utile. J'achetai aussi une grammaire allemande et un dictionnaire portatif pour me familiariser avec une langue qui était seule en usage dans le pays que j'allais habiter. Nous avions déjà senti dans notre route le besoin de savoir au moins demander en allemand les choses de première nécessité.

Nous parcourûmes Bâle; nous y remarquâmes la grande propreté des maisons, dont les portes garnies en cuivre jaune, soigneusement poli, attirent les yeux des passants par leur éclat. Un autre usage fixa nos regards: c'est celui de placer des miroirs hors des fenêtres; ces miroirs, fixés par une barre, s'avancent dans la rue et sont inclinés de manière que de l'intérieur de l'appartement on peut, sans se mettre à la fenêtre, voir ce qui se passe dans la rue et les personnes qui frappent à la porte de la maison. J'ai vu depuis, dans d'autres villes suisses, de semblables miroirs, mais ils n'y sont pas si communs qu'à Bâle. Nous vîmes la principale église qui, avant la réformation, était la cathédrale; elle est bâtie de pierres rougeâtres; une partie de cette construction paraît remonter à des siècles très-éloignés, le reste est plus moderne. Son portail et sa face latérale sont ornés de figures grotesques, même indécentes, sculptées avant la réformation, et sur lesquelles quelques écrivains protestants n'ont pas manqué de s'égayer. Cette église, bâtie sur une éminence, domine le cours du Rhin qui sépare Bâle en deux parties; le pont réunit ces deux parties. On découvre de là les terres de France, l'extrémité de la chaîne du Jura, la ville d'Huningue et les terres d'Allemagne. Cette vue est très-intéressante.

J'ai traversé le Rhin et me suis promené dans la ville qui est au delà et qu'on appelle le Petit-Bâle. Ce quartier, qui est bien moins grand que le reste de la ville, paraît aussi bien moins opulent et n'a rien de remarquable.

Le dimanche 19, le temps était beau et l'air était aussi doux qu'au milieu du printemps. Nous nous promenâmes dans les alentours de la ville, et nous nous avançâmes très-près de la frontière de France; nous parcourûmes ensuite les promenades qui sont sur les remparts.

La principale affaire qui m'avait amené à Bâle était d'échanger mes assignats. Le jour où se tint le change, ils avaient très-peu de valeur, et le changeur chez lequel je me transportai ne m'offrit que quarante livres pour cent; je me repentis de ne les avoir pas échangés à Neuchâtel où j'en avais trouvé cinquante et une; je ne voulus cependant pas les donner à un prix aussi bas, et me rappelant que le domestique de l'auberge où je logeais faisait aussi ce commerce, je m'adressai à lui; j'en obtins quatre livres par cent de plus, et sur six cents livres qui me restaient en assignats, j'eus en argent la somme de deux cent soixante livres, de laquelle il fallait déduire ce que je devais à Bonnet, c'est-à-dire une cinquantaine de livres qu'il avait avancées pour moi dans le voyage, les frais de notre séjour et les emplettes indispensables que je fis à Bâle. Ainsi, toute ma fortune avant de quitter cette ville consistait en cent soixante ou cent quatre-vingts livres; avec cela je ne pouvais vivre longtemps, surtout si j'avais encore à voyager.

Le 21, à cinq heures du matin, nous montâmes dans une diligence, où nous avions arrêté deux places, et nous partîmes de Bâle pour arriver le soir à Aarau, ville située sur la route qui conduit à Bremgarten. Deux particuliers étaient avec nous dans la même voiture; lorsque le jour fut venu et que nous pûmes nous envisager, nous liâmes conversation. Ces voyageurs étaient Siciliens et négociants; ils nous parlèrent de l'Italie, de l'opinion des habitants de ce pays sur la révolution française; ils nous avouèrent que la première constitution avait eu dans leur pays un grand nombre de partisans, mais que les événements qui avaient précédé et suivi la session de la Convention avaient, à cet égard, aliéné les esprits ; ils nous ajoutèrent que c'était malgré lui et comme par force que le roi de Naples s'était rangé parmi les puissances coalisées contre la France. Ces étrangers étaient instruits et parlaient de tout avec connaissance.

Nous déjeunâmes à Liestall où nous nous étions déjà arrêtés avant d'arriver à Bâle, et puis notre voiture se disposa lentement à nous faire franchir la chaîne du Jura, qui sépare le canton de Bâle du reste de la Suisse. Après avoir monté pendant trois ou quatre heures, nous dînâmes sur la montagne, où nous fûmes bien servis ; nous remontâmes en voiture, et bientôt des enfants, qui nous suivirent pour nous demander l'aumône, nous firent reconnaître que nous entrions dans un canton catholique, celui de Soleure. La mendicité est abolie dans les cantons protestants, et elle est presque en honneur chez les catholiques. On voit ordinairement sur les routes de ces derniers cantons des enfants sortir de leurs maisons, où l'aisance semble régner, et poursuivre les voyageurs jusqu'à un demi-quart de lieue.

Bientôt nous descendîmes, et la descente était telle, qu'il nous fallut mettre pied à terre pour moins fatiguer les chevaux. Nous ne tardâmes pas à rencontrer un passage tellement resserré, qu'entre deux rochers coupés à pic il ne restait que la largeur nécessaire à la route ; ce passage, semblable à celui que nous avions rencontré en allant à Bâle, se nomme la hauteur de Hauenstein. La vue très-pittoresque qu'on y découvre a été dessinée et gravée ; enfin, après avoir franchi cette chaîne de montagnes, nous arrivâmes à la petite ville d'Olten. Après l'avoir traversée sans nous y arrêter, nous passâmes la rivière l'Aar sur un pont de bois recouvert en charpente. En Suisse, presque tous les ponts sont ainsi construits ; c'était le premier que je voyais de cette sorte. Il était nuit depuis près d'une heure lorsque nous arrivâmes à Aarau. Cette ville est très-vivante et renommée par le patriotisme de ses habitants, qui étaient presque tous chauds partisans de la révolution de France, ce qui inquiétait beaucoup nosseigneurs de Berne, qui venaient d'apprendre avec peine que deux agents de la République française avaient, dans un repas où se trouvaient plusieurs bourgeois, chanté nos chansons patriotiques. Cette conduite, scandaleuse aux yeux de nosseigneurs, avait excité toute leur surveillance ; mais les habitants, qui ont des droits qui leur assurent une étendue de liberté plus grande que celle des autres villes soumises alors à la sujétion bernoise, n'en furent guère intimidés. Cet événement faisait alors l'objet de toutes les conversations ; on s'en occupait encore dans l'auberge où nous descendîmes et qui avait été le théâtre de cette scène patriotique. Ce lieu était le rendez-vous ordinaire de plusieurs bourgeois qui, suivant l'usage généralement pratiqué en Suisse, vont après dîner à l'auberge boire chacun leur bouteille, lire les papiers, converser sur les affaires publiques et fumer la pipe. Nous y vîmes quelques patriotes, chauds partisans du parti qui dominait en France et qu'ils ne connaissaient pas. Nous y rencontrâmes en même temps un bourgeois âgé qui, nous prenant pour des émissaires des jacobins, déclama fortement contre les novateurs en politique, vanta la liberté dont jouissait son pays, menaça tous les moteurs secrets d'une insurrection en Suisse du dernier supplice. « Si nous n'avons pas, di-« sait-il, de guillotine, nous savons néanmoins comment « on fait tomber les têtes des factieux. » Puis, parlant de la statue de Guillaume Tell placée sur la fontaine de la ville, il ajouta : « *Le Suisse tient son épée dans le « fourreau, il la dégaînera quand il en sera temps.* » Tout cela, je ne sais pourquoi, s'adressait à nous deux et nous n'y répondions qu'avec assez d'indifférence. Le lendemain matin, pendant que nous déjeunions, un jeune émigré, qu'on nous dit être officier de l'armée de Condé, vint, avec un ton de morgue et de hauteur, nous questionner sur l'état de la France, sur ses ressources pour la campagne qui allait s'ouvrir, et nous demanda notre opinion sur le succès de cette campagne; notre réponse ne fut guère satisfaisante pour lui. Nous parlâmes avec enthousiasme des moyens immenses que la République possédait encore, et nous lui déclarâmes que nous étions persuadés que cette campagne serait décisive et qu'elle assurerait pour jamais la gloire des armées de la liberté et la honte des puissances coalisées. Après avoir ainsi prophétisé, nous quittâmes notre petit fat, notre auberge et la ville d'Aarau, et nous nous acheminâmes à pied vers Bremgarten, qui en est distant de cinq lieues.

Après deux fortes lieues de marche, nous ne cessâmes de nous occuper des moyens qu'il serait le plus convenable d'employer pour découvrir les collègues que nous comptions trouver à Bremgarten sans faire soupçonner notre intention et encore moins notre qualité. Nous étions gravement occupés de cette discussion, et déjà notre plan de conduite était arrêté, lorsqu'une rencontre à laquelle nous ne devions pas nous attendre rendit nos projets inutiles et nous procura les renseignements les plus détaillés et les plus positifs sur ce que nous avions tant envie de savoir. A une demi-lieue de Lenzbourg, est, sur la grande route, le village d'Olthmansinger. Une auberge qui se présenta à nous nous rappela que déjà depuis trois heures nous marchions sans nous être reposés. J'invitai Bonnet à entrer dans l'auberge ; il fit, comme à son ordinaire, quelques façons ; enfin il se rendit. Nous montâmes, car c'est presque toujours au premier étage que sont les ménages en Suisse ; nous vîmes deux personnes qui se disposaient à dîner ensemble. Bientôt un très-bon repas leur fut servi pendant que nous dinions avec du pain et du vin. Un des dîneurs était un jeune homme de bonne mine, qui nous parut beaucoup plus affable que ne le sont ordinairement les Suisses. S'apercevant que nous parlions français, il nous fit quelques questions en cette langue ; nous lui dîmes que nous étions Lyonnais, que nous allions à Bremgarten ; alors il nous apprit qu'il y demeurait et que si nous voulions il ferait le voyage avec nous ; qu'à la vérité il avait un cheval, mais qu'il était incommodé, en sorte qu'il n'irait pas plus vite que nous. Nous acceptâmes son offre avec plaisir ; pendant la route la conversation s'engagea ;

nous lui demandâmes s'il était possible de rester à Bremgarten ; il nous répondit qu'il pensait que, dans ce moment, la chose ne serait pas facile à cause d'un arrêté pris par le conseil de la ville, portant qu'on n'y recevrait plus de Français. L'événement que je vais raconter avait donné lieu à cet arrêté. Un certain chevalier de La Barre, suivant les uns officier de l'armée de Condée, et suivant d'autres envoyé des jacobins, avait séjourné à Bremgarten ; il était parvenu à soulever les esprits contre le général Montesquiou, qui demeurait dans cette ville et n'était pas aimé du peuple, à la fois très-dévot et ennemi de la révolution. Il suffisait que ce général eût trempé dans la révolution et qu'il n'allât pas à la messe pour être en très-mauvaise odeur dans ce pays. La Barre avait assez bien arrangé son coup, et l'on se serait porté à des violences sans les magistrats qui les prévinrent (1). Le chevalier de La Barre fut obligé de quitter Bremgarten et de sortir des bailliages libres. Ce fut après cette équipée qu'il fit insérer dans les journaux un article portant que le général Montesquiou demeurait à Bremgarten ; qu'il y avait fait bâtir une belle maison ; que madame de Genlis, le duc de Chartres et mademoiselle d'Orléans y étaient avec lui, ainsi que Pétion et Buzot. Cet article fut reproduit dans les journaux français. Nous en fîmes la lecture dans un journal, à Genève, et

(1) Madame de Genlis, dans ses *Mémoires* (t. IV, p. 223), donne des détails qui diffèrent un peu de ceux-ci sur cet événement, qui eut lieu au mois de décembre 1793.

ce fut, comme je l'ai dit, ce qui nous avait déterminés à diriger notre voyage vers Bremgarten afin d'y trouver des compagnons d'infortune. Notre nouveau compagnon de voyage, en nous racontant l'événement dont je viens de parler, ajouta que la plupart des faits que La Barre avait fait insérer dans les journaux étaient faux ou exagérés; il n'était pas vrai que le duc de Chartres (1) fût à Bremgarten; il n'était pas vrai que Montesquiou eût fait bâtir une belle maison; il était seulement vrai qu'il en avait loué une et qu'il s'était arrangé avec le propriétaire pour qu'il y fît des réparations. Enfin il était faux que Pétion et Buzot fussent dans cette ville.

Cette dernière partie du discours du jeune voyageur était celle qui nous intéressait le plus; nous tâchâmes, par quelques questions oiseuses en apparence, de le mettre dans le cas de nous faire des aveux; il nous dit que les personnes que La Barre avait prises pour Pétion et pour Buzot étaient des Français qui étaient restés quelques jours à Bremgarten, et avaient été voir Montesquiou, mais qu'ils avaient été obligés de quitter la ville à cause de l'espèce d'émeute excitée contre eux par La Barre.

(1) Le duc de Chartres (depuis le roi Louis-Philippe) ne vint que quelques mois plus tard se fixer auprès du général Montesquiou à Bremgarten, en qualité d'aide de camp, sous le nom de Cerby. Aux mois de décembre 1793 et de janvier 1794, il était au collége de Reichenau, où il professait la géographie. Mais, à cette époque, Mademoiselle d'Orléans (madame Adélaïde) était avec sa gouvernante, madame de Genlis, au couvent de Sainte-Claire à Bremgarten.

Bientôt, devenu plus confiant, notre conteur ajouta qu'un de ces Français était un député à la Convention nationale, appelé Vernier, mais qu'il ignorait le nom et la qualité de l'autre. Nous devinâmes tout de suite que c'était Babey. Croyant que nous devions être naturellement disposés à détester, sans exception, tous les députés à la Convention, comme faisaient presque tous les émigrants, il tâcha de nous prévenir en faveur de Vernier, en nous assurant qu'il était certain qu'il n'avait pas voté la mort du roi.

Il nous dit aussi que ces deux Français avaient bien de la peine à trouver un asile ; que la qualité de député, que portait l'un d'eux, les avait fait sortir de plusieurs villes ; que même ayant loué une maison dans un village près de Bremgarten, la commune avait refusé de les recevoir, et que, dans ce moment, ils étaient dans les environs, mais qu'il ignorait le lieu de leur retraite.

Tout en écoutant ce récit, nous nous trouvâmes dans ce village, et il nous montra la maison où nos deux malheureux collègues, respectables par leur infortune, leurs vertus et leur âge, avaient eu l'espoir de se reposer de leurs longues courses.

La vue de cette maison me fit verser des larmes sur le sort de ces deux compagnons d'infortune. Je désirais bien ardemment de les voir et de leur procurer quelques consolations.

Nous étions déjà près de Bremgarten lorsque notre compagnon de voyage nous conseilla d'aller loger à l'auberge de l'*Ange*, de préférence à l'auberge du *Cerf*, à cause du mouvement qu'y avait causé La Barre. Il nous dit que peut-être l'aubergiste de l'*Ange* pourrait nous prendre en pension, mais qu'en cas qu'il s'y refusât, il nous placerait dans un village à deux lieues de la ville. Nous lui représentâmes que, pour nous fixer dans le lieu où il espérait nous placer, il nous fallait des permissions, et que nous ne connaissions personne qui pût nous appuyer et répondre de nous. Ce fut alors qu'il nous déclara sa qualité, que nous avions ignorée jusqu'à ce moment. « Ceci me « regarde, nous répondit-il ; c'est moi qui suis dans le « cas d'accorder des permissions ; je suis chancelier de « la partie supérieure des bailliages libres. Le bailli ne « réside point sur les lieux, et c'est moi qui, en son ab- « sence, suis chargé de l'administration de la police. »

Nous avions prêté la plus grande attention à son discours, qui nous avait vivement intéressés, à cause des renseignements qu'il nous donna sur nos collègues. L'offre de nous procurer un asile et la déclaration qu'il nous fit de sa qualité et de l'avantage que nous devions en retirer ne nous intéressèrent pas moins. Nous regardions la rencontre de ce jeune homme comme une des circonstances les plus heureuses qui pût nous arriver dans la circonstance. Nous lui témoignâmes combien nous étions sensibles à ses offres obligeantes, et, comme nous étions sur le point d'entrer dans la ville, nous lui souhaitâmes le bonsoir et il prit les devants.

Bremgarten est une petite ville bâtie à peu près comme toutes celles de la Suisse, lesquelles, à plusieurs égards, se ressemblent toutes. Une large rue alignée, au milieu de laquelle sont deux ou trois fontaines avec bassins et surmontées d'une figure de Guillaume Tell ou d'un saint; puis quelques rues latérales, des portes, une mauvaise enceinte, des fossés, voilà à peu près la forme de toutes les petites villes de la Suisse et celle de Bremgarten. La Reuss baigne ses murs, et, avant d'y entrer, nous passâmes cette rivière sur un pont de bois semblable à celui que nous avions vu à Olten.

Nous débarquâmes à l'auberge de l'*Ange*. L'hôte nous reçut d'abord avec beaucoup d'empressement; un curé, émigré d'Alsace, était nourri et hébergé chez lui *pro Deo*, et nous fit plusieurs démonstrations de bienveillance; il nous prenait pour des prêtres. En conséquence, il nous parla, dans son mauvais français, avec une fureur toute divine, contre la révolution, contre la Convention, et surtout contre les prêtres constitutionnels. Il en voulait surtout beaucoup à l'évêque de Paris, Gobel, qui était de son pays. Nous nous amusâmes à l'entendre ainsi prophétiser la mort de cet ecclésiastique : « Gouple, i sera couillotiné, i sera « couillotiné, i sera couillotiné. Gouple! répétait-il sans « cesse avec le ton d'une joyeuse rage, c'est un scélérat, « i sera couillotiné ! » Sa prophétie fut accomplie : *Gouple* a été *couillotiné*. Mais lorsqu'il nous prophétisait le retour de l'ancien régime en France dans six mois, il faisait le rôle d'un faux prophète.

C'était la première fois, depuis notre arrivée en Suisse, que nous logions dans un pays catholique. Nous ignorions et nous apprîmes bientôt que la Suisse catholique ne le cède en rien à l'Espagne du côté de la superstition et des pratiques minutieuses. Lorsque nous fûmes sur le point de nous mettre à table pour souper, nous vîmes l'hôte, l'hôtesse, le curé émigré, etc., se tenir debout à quelque distance de la table, qu'ils semblaient vénérer comme un autel, et réciter un *Benedicite* très-long.

Impatienté de ces simagrées auxquelles je n'étais point fait, je n'attendis pas la fin du *Benedicite*, et comme le curé terminait la prière et de sa main allait, comme à l'ordinaire, bénir les plats, je me plaçai brusquement entre lui et la table pour m'asseoir, et mon dos intercepta la bénédiction. Cette irrévérence indisposa fort notre prêtre fanatique ; il ne nous en témoigna rien d'abord ; mais, le lendemain, nous présumâmes qu'il avait travaillé à prévenir l'hôte contre nous, car celui-ci nous avait déclaré, le soir de notre arrivée, qu'il nous prendrait en pension, que cela ne souffrirait pas de difficultés, et le lendemain il changea entièrement d'avis et nous avertit qu'il ne pouvait pas nous garder. A la mauvaise mine que nous fit ensuite le prêtre, nous ne doutâmes pas que ce ne fût de lui que partait ce coup.

Le lendemain de notre arrivée à Bremgarten, le 23 janvier (4 pluviôse), nous allâmes rendre visite au jeune chancelier que nous avions rencontré la veille ; il se nommait Muller. Nous lui contâmes ce refus de l'aubergiste de l'*Ange* de nous prendre chez lui. Alors il nous dit de revenir après dîner, qu'il nous donnerait un guide pour nous conduire dans un village chez une personne de sa connaissance, où nous serions reçus sans difficultés. Cela fut exécuté comme il le dit. Après midi, nous partîmes de Bremgarten avec le guide, lequel était muni d'instructions et d'une lettre de recommandation du chancelier, et après deux heures de marche, nous arrivâmes au village de Muri, célèbre par un magnifique et richissime monastère de bénédictins, dont l'abbé porte le titre de prince du Saint-Empire.

Nous entrâmes dans l'auberge du *Bœuf*, où nous étions adressés. L'hôte consentit à nous recevoir en pension à l'aide d'un interprète qui parlait un peu français. Nous fîmes marché à raison de huit livres par semaine ; après, nous revînmes sur-le-champ à Bremgarten.

J'avais calculé que mes fonds ne pourraient me mener bien loin ; que dans un pays où l'on parlait une langue que j'ignorais, je ne pourrais faire valoir aucun de mes talents, si ce n'est celui du dessin, dont je pouvais tirer parti sans recourir à un truchement. J'avais autrefois appris à dessiner la figure, l'architecture et la carte. Je m'arrêtai à la résolution de me perfectionner dans cet art qui pouvait seul, dans le pays que j'habitais, me procurer des moyens d'existence. Les emplettes que j'avais faites à Bâle ne me suffisaient pas. Il me manquait encore quelques ustensiles. Bonnet avait aussi quelques acquisitions à faire dans le même genre. Je le déterminai à partir le lendemain pour Zurich, afin de nous y pourvoir de tout ce dont nous avions besoin avant d'aller nous fixer dans le village de Muri.

Le 24 janvier, au matin, nous partîmes donc de Bremgarten pour nous rendre à Zurich, espérant être le même jour à Bremgarten ; mais nous ignorions les difficultés qu'il y a de voyager par des chemins de traverse dans un pays inconnu dont on ignore absolument la langue. Il y a quatre lieues de Bremgarten à Zurich ; le chemin en est mauvais et difficile à tenir. Cependant nous y arrivâmes sans avoir beaucoup erré.

FIN

TABLE DES MATIÈRES

	Pages.
Notice sur Louvet....................................	1
Avertissement.......................................	3
Quelques notices pour l'histoire et le récit de mes périls depuis le 31 mai...............	7

Notice historique et littéraire sur Dulaure.. 257

Mémoires de Dulaure........................ 281

Journée du 3 octobre 1793. — Rapport d'Amar. — Dulaure décrété d'accusation. — Il parvient à se soustraire à ce décret. — Hébert. — Une exécution. — Mort des girondins. — Madame Olympe de Gouge. — Madame Roland. — Faux passe-ports. — Projet de fuite avec Devérité. — Départ de Paris pour la Suisse...................... 281

Le coche d'Auxerre en 1793. — La disette. — Les représentants du peuple en mission. — Le curé maratiste. — Visite des passe-ports. — Arbois. — Le curé du Pasquier. — Les paysans du Jura. — Dulaure pris pour un prêtre émigrant. — La société populaire de Nozeroy. — Le diplôme de jacobin. — Entrée en Suisse................... 338

Arrivée à Genève. — Dulaure y rencontre un de ses collègues fugitifs. — L'abbé Soulavie, résident français. — Précautions contre les étrangers venus à Genève. — État des partis dans cette ville en 1793. — Embarquement sur le lac. — Enlèvement de la cocarde tricolore. — Arrivée à Coppet. — Les émigrés lyonnais. — Nyon, Rolle, Aubonne, Orbe, Yverdun, Payerne. — M. de Dompierre, lieutenant d'avoyer. — Neuchâtel. — Bienne. — Les prêtres émigrés. — L'abbé recruteur. — Soleure. — Bâle et les émigrés. — Aarau. — Le chevalier de La Barre. — Le général Montesquiou. — Le chancelier des bailliages libres. — Bremgarten. — Le curé alsacien. — Arrivée à Zurich.... 376

FIN DE LA TABLE.

www.ingramcontent.com/pod-product-compliance
Lightning Source LLC
Chambersburg PA
CBHW071623230426
43669CB00012B/2056